黑河流域城镇发展的历史回眸和现代检视

王录仓　高　静／著

Historic Retrospection and Modern Review on Urban Develoment of Heihe River Basin

科学出版社

北　京

图书在版编目（CIP）数据

黑河流域城镇发展的历史回眸和现代检视/王录仓，高静著.
—北京：科学出版社，2017.7
ISBN 978-7-03-053332-6

I. ①黑… II. ①王… ②高… III. ①黑河–流域–城市化–研究
IV. ①F299.21

中国版本图书馆CIP数据核字（2017）第130595号

责任编辑：杨婵娟 姜德君/责任校对：何艳萍
责任印制：徐晓晨/封面设计：无极书装
编辑部电话：010–64035853
E-mail：houjunlin@mail.sciencep.com

科学出版社 出版
北京东黄城根北街16号
邮政编码：100717
http://www.sciencep.com
北京凌奇印刷有限责任公司 印刷
科学出版社发行 各地新华书店经销
*
2017年7月第 一 版 开本：720×1000 B5
2020年1月第二次印刷 印张：18 插页：3
字数：312 000
定价：98.00元
（如有印装质量问题，我社负责调换）

前　　言

黑河流域是中国典型的内陆河流域，也是河西走廊最具发展潜力的地区之一。然而，水资源短缺、生态环境脆弱、经济社会水平相对落后、城市化滞后已成为制约这一地区可持续发展的重要因素。优先发展城镇，限制传统的耗水型农业，提高经济增长的质量和效益是其发展的必然选择。为顺利推进城镇建设，必须分析城镇发展演变的过程，剖析城镇发展驱动机制。

黑河流域现有60多座城镇，受山地-绿洲-荒漠自然景观格局和牧区-农区-牧区经济景观格局的影响，绝大多数城镇集中分布在绿洲上，城镇-绿洲在流域各单元中高度耦合。大量的考古事实证明，下游古绿洲上曾发育过许多城镇，但后来却成为荒漠中的遗迹。这些城镇兴衰的过程和驱动机制究竟是什么？内陆河流域城镇的发展演变又与中国总体发展历程存在哪些关联？

城镇的发展受到社会周期性危机的影响，呈波浪形曲线轨迹向前发展。黑河流域的城镇经历秦以前的城镇萌芽期、两汉时期的城镇奠基期、魏晋时期的城镇发展期、南北朝时期的城镇衰落期、隋—中唐以前的城镇重建与发展期、中唐—元朝的城镇再次衰落期、明清时期的城镇再次发展期。发展—衰落—破坏—恢复—发展—衰落—破坏，如此周而复始地循环，成为历史时期城镇发展的一个特点。

在城镇的兴起与发展过程中，移民屯垦、兴修水利、农牧业的消长与进退、人口迁移与聚集、地缘政治和自然环境的变化是城镇发育与成长的主要驱动力。其中，又蕴含了两个相互交错的正负效应：汉民族的西扩—统一的国家—稳定的地缘政治关系—移民屯垦—兴修水利—农业繁荣—气候暖湿—城镇发展；少数民族东进—地方割据—动荡的地缘政治环境—牧业扩张—气候干冷—沙漠化扩大—城镇衰退。其实质是在特定的地理环境和民族分布格局下，对优势生存空间（绿洲）的开发与争夺。

“前事不忘，后事之师”。黑河流域历史时期发展的过程与驱动机制，留给我们许多警示。大量研究表明，干旱区内陆河流域的核心在于水，核心区域在于绿洲。正如家庭是构成社会的基本单位一样，灌区是构成整个绿洲的最基本单元，是水-土-人系统矛盾的聚集区。也可以说，正是具有复杂关系的一个个灌区，经过空间整合后，才形成了现代绿洲。在灌区内部，由于人类的需求和定向调控，渠系的等级、密度、分布格局和引水量，从本质上影响了灌区的范围和规模，进而影响人口的承载能力，而人口的迁移、聚集状态又反过来影响灌区的规模和空间格局。主干渠复杂的串、并联关系，又进一步影响到整个绿洲水资源的配置状态和水-土-人组织状态。要深入理解现代绿洲城镇，就必须从宏观尺度深入灌区微观尺度，以山地-绿洲-荒漠格局为本底，以灌区尺度为基本单元，以“聚落体系”“域面系统”“廊道系统”三大核心为研究焦点，从微观空间过程、微观空间机制、微观空间格局的耦合关系中探讨绿洲聚落体系的形成和发展规律；分析不同灌区类型（沿山灌区与绿洲灌区；绿洲中腹灌区与边缘区灌区）中绿洲聚落体系的空间分布格局，探讨绿洲聚落体系发展的内在机制和特殊规律；探究质点体系、域面体系、廊道体系的耦合关系，建立廊道体系与聚落体系之间的等级规模序列，提供灌区水－土－人协调发展的策略。

本书分为历史回眸篇和现代检视篇。历史回眸篇在综合应用文献资料和考古资料对黑河流域城镇进行纵向考察的同时，将黑河流域城镇置于古代中国历史发展的长卷中，置于更为广阔的地域空间，力图清晰、系统地展示黑河流域城镇发展的样貌，勾勒城镇发展的基本脉络，揭示地缘政治、地缘经济和自然环境演替对城镇发展的综合影响。现代检视篇则聚焦内陆河流域城镇高密度聚集的绿洲，以人类经济活动最复杂的灌区为基础，从微观角度审视聚落-水土资源-经济的复杂的耦合机制。本书共分六章，其中第一章至第五章由王录仓撰写，第六章由王录仓、高静撰写。全书由王录仓统稿，高静绘图。

本书得到了国家自然科学基金项目“基于灌区尺度的绿洲聚落空间格局及耦合关系——以张掖绿洲为例”（41261042）的资助。在课题调研过程中，得到了张掖市发展和改革委员会、水务局等部门的大力支持。特此致谢！

由于时间仓促和水平所限，本书尚存不足之处，敬请读者批评指正。

王录仓

2016年12月23日

目　录

▶ 第一章　绪论 / 1

第一节　背景与意义 / 1
第二节　国内外研究进展 / 9
第三节　聚落及其演化过程 / 11

▶ 第二章　黑河流域聚落的地理基础 / 19

第一节　自然要素 / 21
第二节　人文反应 / 37

历史回眸篇

▶ 第三章　城镇发展的历史过程 / 49

第一节　城镇萌芽期 / 49
第二节　城镇的奠基期 / 65
第三节　城镇的发展期 / 72
第四节　城镇的衰落期 / 79
第五节　城镇的重建与发展期 / 84
第六节　城镇的再次衰落期 / 88
第七节　城镇的再次发展期 / 92

▶ 第四章 城镇发展的动力机制 / 96

第一节 移民 / 96
第二节 屯垦 / 106
第三节 水资源开发利用 / 121
第四节 农牧业的消长与进退 / 130
第五节 战争与地缘政治格局变化 / 145
第六节 丝绸之路开辟 / 173
第七节 自然环境变化 / 184
第八节 驱动机制的耦合关系 / 193
第九节 结论与启示 / 196

现代检视篇

▶ 第五章 城镇发展现状与问题 / 205

第一节 现状特征 / 205
第二节 主要问题 / 212

▶ 第六章 聚落与水土资源耦合关系 / 224

第一节 张掖灌区概况 / 225
第二节 聚落与水土资源邻近关系 / 232
第三节 聚落与水土资源空间耦合关系 / 239
第四节 聚落与水土资源耦合协调度 / 251

▶ 参考文献 / 263

▶ 彩图

第一章 绪论

第一节 背景与意义

法国学者布吕纳（Jean Brunhes）认为人类活动及其后果形成地理与历史之间的真正联系[①]。地理变迁是指时间地理现象的改变，也就是不同的策略，包括以下四种：第一是时间上的横断面（temporal cross section）；第二是同步横断面（synchronic cross section）；第三是历时的次横断面（diachronic cross section）；第四是以上三者中两种或三种的组合。时间上的横断面与时间尺度是相对的，可能是一个世纪中的一年，也可能是1000年中的一个世纪。同步横断面是连续的横断面，展示从一个时期到另一个时期的变迁，同步横断面的结构可以是前进的方式，也可以是回顾的方式。历时的次横断面是垂直主题、纵向的研究或溯源的方式，专门研究特别重要的现象。历时的次横断面有一个显著的优点，可以对过程和互动做最好的分析，因为地理现象的演变是持续不间断的。地理现象具有平衡性、惯性和不确定性，同样的过程，可能产生不同的地理形态，接着又产生同样的过程。反之，不同的过程，可能产生同样的地理形态，接着又产生不同的过程。

从时间的架构上讲，一个区域的地理变迁，可以是从头到尾的全时段变迁，也可以是断代史式的，在两个有特殊意义的时间点之间变迁。一系列的横断面，不论其形式是文字描述、地图或其他的方式，都会产生一些问题。重建和描述过去的地理，需要加以分析与解释，即需要了解从前一个时期到后一个时期之间地理变迁的机制与过程。有些地理变迁是周期性的，涉及两个或多

---

① Jean Brunhes，1909，La Geographie Humaine。最早的英译本见任美锷与李旭旦合译的《人文地理学原理》，南京大学出版社1935年出版。

个变量之间互相关系的形态，也有些变迁是逻辑性的，如图 1-1 所示（Baker，1975）。从广义上讲，现代景观中的每一个要素，都可以视为过去的足迹（footprint）。

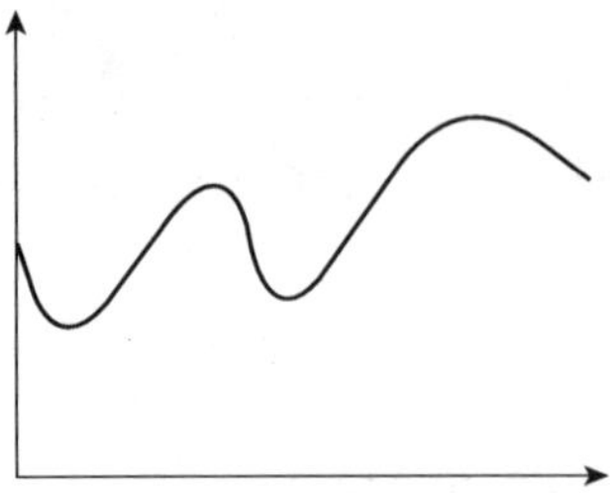

(a) 周期变迁模式

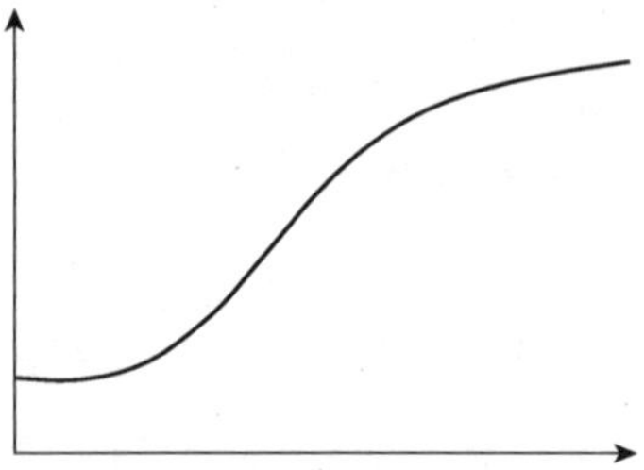

(b) 逻辑变迁模式

图 1-1　两类地理变迁（Baker，1975）

地理变迁的研究，不但要考虑变迁本身及产生变迁的过程，也要讲述在某一特别情况下抗拒变迁的程度。地理变迁常常是修正现在人类活动的空间形态，而不是创造全新的形态。发生在任何一个地区的地理变迁，都会随引起变迁的刺激性因素而变化，也会随存在状况的惯性而变化。减轻压力所导致的变迁是一个长期缓慢的过程（Langton，1972）。

实证主义者孔德和 J.S. 穆勒曾经将规律分为共时态规律、历时态规律和共时–历时态规律。

共时态规律是结构规律或形态规律，是决定系统的结构、形态或构造的本质性的、必然的组织方式。例如，在历史唯物主义学说中，有什么样的生产力性质和水平，就要求有什么样性质和水平的生产关系与之相适应。历时态规律是揭示事物的现象在时间先后序列方向的规律，作为原因的元素的输入和作为结果的元素的输出之间关系的规律，最基础的是因果规律。历时态因果规律描述了某类事实定向依赖于另一类事实的方式，这些规律阐明了一些特定的系统或事物总是生产出另一些系统或事物，这是发生学意义上的规律；或者某些系统或事物内的变化促进和引起另一些系统或事物的变化，这可以称为定向规律。从系统与环境的相互作用角度看，可以称为功能规律。共时–历时态规律是前两种规律的综合性规律，是较前两者高的规律，是发展的整体现律。在社会历史领域里，历史发展的规律既是共时态的又是历时态的。当这些规律的双重性质被综合作用时，发展的原动力也会得到证实。这里将会出现一个有闭合环路的反馈耦合，当起原因作用的系统的变化引起作为结果的系统变化时，又进一步强化原因作用的系统变化，最终引起双方的整体性结构变化。

20 世纪 80 年代，美国著名的经济学家、诺贝尔奖获得者斯蒂格里茨（J.E.Stiglitz）曾预言：中国的城镇化和美国的高科技将是影响 21 世纪人类发展进程的两大关键因素，并认为城镇化是 21 世纪对中国的第一大挑战。到 2016 年，中国城镇化率已达 57.35%，预计到 2030 年，全国城镇人口达 10 亿，城市化水平达 70%，也就是说，有 2 亿人口将转化为城市人口。根据美国学者诺瑟姆（Northam）提出的城镇化“S”形曲线，中国的城镇化正处于由“初期阶段”向“加速发展阶段”过渡的转型期。

全球化、信息化、生态化和知识经济的发展，促使城市体系、城市职能、城市空间和城市社会出现新的变化。城市功能出现了以下变迁：区域城镇空间的群体性及网络化特征使得单个城市功能的定位及发挥更大程度上与城市所在区域发展背景有关，城市功能作用空间区域化；网络技术的支撑使得过去曾经相对集中的各项功能在地域上分散，造成城市内部由集聚向分散型转变；技术的进步，尤其是信息网络的同时化特点，导致城市土地使用具有兼容特性，城市功能边界模糊；城市的部分功能依靠互联网实现（如虚拟社区等），促进了城市功能实现虚拟化；随着城市经济服务化，城市非物质性功能得到了强化。城市功能的转型引起了城市空间结构与形态新的变化和趋势：①城市与区域空间的整体化，大都市形态的区域化；②网络系统及综合交通成为地域开发的先导，土地利用整合兼容化；③高新技术产业的区位带动了城市产业空间整体布局的改变；④中央商务区（CBD）的空间分布呈现市中心集聚与边缘分散同时并存的状况；⑤社会结构社区化，多功能社区成为城市重要的空间载体（Wheeler，2002）。

罗伯特·费舍曼（Robert Fishman）在 1999 年发表的“世纪末的美国大都市：过去和未来的影响”（*The American metropolis at century's end：past and future influences*）一文中，列举了过去 50 年对美国城市发展影响最大的 10 项内容：① 1956 年全美州际高速公路法案和机动车控制；②联邦住房委员会关于（住房）抵押贷款投资和补助条例；③中心城市工业的疏散；④城市更新，即城市中心再开发和公共住房项目（1949 年住房法案）；⑤大规模郊区住房建设；⑥城市和郊区的种族隔离和工作歧视；⑦大型购物中心；⑧阳光带类型的蔓延；⑨空调；⑩ 20 世纪 60 年代的城市暴乱。而且，预测了未来 50 年对美国城市发展影响最大的 10 项内容：①贫富差异进一步加大；②郊区成为在政治上的大多数；③人口出生高峰时期；④城市中心和周边郊区持续增长的贫民阶层；⑤精明增长，即限制城市用地蔓延的环境和规划方面的主动性；⑥互联网；⑦ 1945 年以后“第一环”(first ring）郊区的衰退；⑧住房户均面积的缩小；⑨为服务新的边际城市而延伸超快速公路系统；⑩为增加城市和郊区多元化而采取的种族整合（Fishman，1999）。

我国干旱区内陆河流域主要分布在甘肃、青海和新疆境内，总面积为 229.2 万 km^2（李佩成，1984；王忠静，1998），占整个西北地区土地面积的 75%，约为中国陆地面积的 1/4，是西北区最具发展潜力的地区之一。干旱区内陆河流域总的地貌特征包括：高山环绕盆地，辐合状水系从高山向盆地集中；绿洲依水源而存；垂直分带与水平分带明显，并以盆地为中心呈环带状分布的封闭型地形特征（梁鹏，1999）。

水资源短缺、生态环境脆弱已成为制约这一地区社会经济发展的最重要因素。优先发展城镇，限制传统的耗水型农业，提高经济增长的质量和效益是西北干旱区发展的必然选择。但是在推进城镇化进程和发展城镇体系的过程中，必须弄清城镇体系发展的历史轨迹，探讨城镇体系发展的驱动机制。

黑河流域是我国西北干旱、半干旱地区典型的内陆河流域，具有干旱区内陆河流域的一切特点。它是一个典型的多基质、多层次的景观生态样带，是多种物质体系、能量体系、功能体系，甚至文化和社会意识体系的融合区。受青藏高原和大陆腹地的综合控制，流域内自东南向西北形成了链状山地-斑块绿洲-广域荒漠的生态系统，生态梯度明显，系统界面分明（刘学录等，2002；卢玲等，2001）。土地利用和产业结构呈现出山地牧业区-走廊绿洲农业区-高原牧业区的组合特征，具有典型的农牧业分异和农牧交错特色；传统文化由少数民族牧业文化向汉民族农耕文化、城市文化过渡；在空间组织格局上，呈现出走廊南山（产流区、牧业区、人口散居区）-绿洲区（汇流区、农业区、城市密集区）-走廊北山（散流区、人口城市稀疏区）的组合特征。上述自然、生态、经济、社会，以及文化传统的过渡交错与融合，造成黑河流域有别于西北其他内陆河流域，在充分体现内陆河流域环境底色同质性和相似性的同时，又映射出其复杂性，尤其是地跨三大省区的地缘政治格局对城镇体系发展的历史追索具有借鉴意义。

黑河流域的一些重大问题越来越受到重视，为了整治流域内，特别是下游地区日益严重的生态环境问题，1997 年国务院正式批准了《黑河干流水量分配方案》，并成立了“黑河流域管理局”；2001年国务院又正式批复了《黑河流域近期治理规划》。分水方案实施后，居延海已部分恢复了水面，初步缓解了下游额济纳绿洲的生态危机，但由于水资源格局的变动，上中下游用水矛盾依然存在，并衍生出一些新的问题。

张掖撤区设市后，提出“工业强市，产业富民，加快城镇化发展”的规划构想，然而由于目前张掖市规模小、职能不健全，区域城镇体系不完善，城乡互动机制薄弱，很难发挥中心城市的带动和辐射作用。在生态保护与经济建设发生矛盾的背景下，究竟应发展多大的绿洲、多大规模的城市，构建怎样的城镇体系，才能实现生态–经济–社会复合系统的可持续发展。而要回答这些重大问题，必须站在历史的高度，对全流域及上中下游的城镇发展历史作出全新的审视。

黑河流域现有60多座城镇，这些城镇除了县城外，大部分建制镇设置于1984年城乡建设环境保护部颁布了新的建制镇设置标准后和2002年撤区设市后。受山地–绿洲–荒漠自然景观格局和牧区–农区–牧区经济景观的控制，绝大多数城镇集中分布在绿洲上，规模小、职能单一。空间网络呈典型的“轴向–团块”分布，城镇–绿洲–水资源在流域各单元中高度耦合（张志斌和王录仓，2000；杨永春和赵鹏军，2001）。

绿洲的溯源迁移和下游绿洲古城的兴衰关系分析证明（李并成，2003），由于中游绿洲面积的扩大和人类活动的加剧，打破了天然水资源条件下的荒漠–绿洲动态平衡关系和空间格局，城镇由于失去了最基本的生态屏障和经济基础而逐渐衰落，伴随着绿洲的溯源迁移，城镇分布的重心也从下位绿洲向上位绿洲迁移。与新中国成立初期相比，黑河流域人口的灌溉面积扩大了2倍左右，灌溉面积的扩大不仅导致了中游耗水量的增加，诱变了上中下游天然水资源的空间分布格局，同时固化和加强了以耕作业为主导的产业结构，使水–土–产业–人口形成高度依存又相互制约的关系。人口增长与人口空间聚集的不耦合，反过来进一步加重了对水资源的压力，延滞了城镇的发展，造成水土资源的高耗、低效、分散利用状态和较差的转移性。所以，干旱区内陆河流域诸多问题的核心在于水，核心区域在于绿洲，而问题的症结在于城镇发展不足，空间结构不合理。

水资源是干旱区内陆河流域的生命线，河流廊道是荒漠–绿洲景观格局的生态流，是景观格局变化的驱动力，也是流域城镇体系发展和空间组织的最基本约束条件。然而在人类活动的影响下，流域水资源和水环境出现了诸多严重问题，突出表现为：①水资源供需严重不平衡，城镇化对水资源需求旺盛，流域需水量零增长目标实现任务艰巨；②城乡用水、经济用水与生态用水、上中下游用水矛盾突出；③水资源在城乡间、产业间、区域间的转移和水权交易障碍大，水事纠纷不断。

内陆河流域水资源承载力的目标是：既要保证流域内，尤其是下游的生态需水和生态安全，又要保证生态系统和社会经济系统合理分享水资源，并实现社会福利的最大化和水资源承载力的弹性扩大。但目前决定水资源承载力的自然要素与社会经济要素在城乡空间配置上不耦合，表现为农村占有大量的土地和水资源，却是人口和经济分布的低密度区；城市虽然承载了大量的人口和经济，但并不是水资源利用的偏好区。

尽管 20 世纪 50 年代以来黑河流域大气降水和出山口径流量变幅不大，且西北气候由暖干向暖湿转型的信号已出现（施雅风等，2003），但水资源短缺却在持续加重（图 1-2）。黑河流域现状用水资源总量为 $41.107\times10^8\text{m}^3$，用水量为 $33.577\times10^8\text{m}^3$，耗水量为 $26.76\times10^8\text{m}^3$，其中上中下游的耗水量分别为 $0.24\times10^8\text{m}^3$、$17.88\times10^8\text{m}^3$ 和 $8.64\times10^8\text{m}^3$，结构比为 0.9∶66.8∶32.3。《黑河流域分水方案》实施后，为了维持或稳定下游额济纳现有绿洲的规模，狼心山断面过水量不应小于 $5.8\times10^8\text{m}^3$；而要使绿洲面积恢复到 20 世纪 80 年代初的水平，狼心山断面过水量应不低于 $8.9\times10^8\text{m}^3$，正义峡断面下泄水量要求达到 10.9×10^8 ～ $13.1\times10^8\text{m}^3$。考虑到生态需水和生态安全，生产用水和生活用水势必减少，上述矛盾会进一步加剧。

曲耀光和樊胜岳（2000）认为，在完成水资源开发利用第二阶段后，酒泉盆地和鸳鸯池盆地尚有余水 0.58×10^8 ～ $3.15\times10^8\text{m}^3$，可新增绿洲面积 $10.7\times10^4\text{hm}^2$，但张掖盆地农田灌溉用水存在缺口。陈昌毓（1995）则认为山丹（旧称“删丹”，北魏时改为“山丹”）、临泽、高台绿洲应压缩面积，而张掖、民乐和金塔绿洲尚可扩大面积至 2.06×10^4 ～ $4.46\times10^4\text{hm}^2$。中游绿洲面积的扩大，是否会进一步加重以水为命脉的资源结构–产业结构的错位，使结构性节水的愿望落空？据史料记载：新中国成立之初，黑河流域总人口约 55 万人，灌溉面积为 $6.8\times10^4\text{hm}^2$；现状总人口为 121 万人，灌溉面积为 $22.6\times10^4\text{hm}^2$（含林草灌溉面积）。由于统筹考虑水资源条件不够，20 世纪 60 年代末以来，

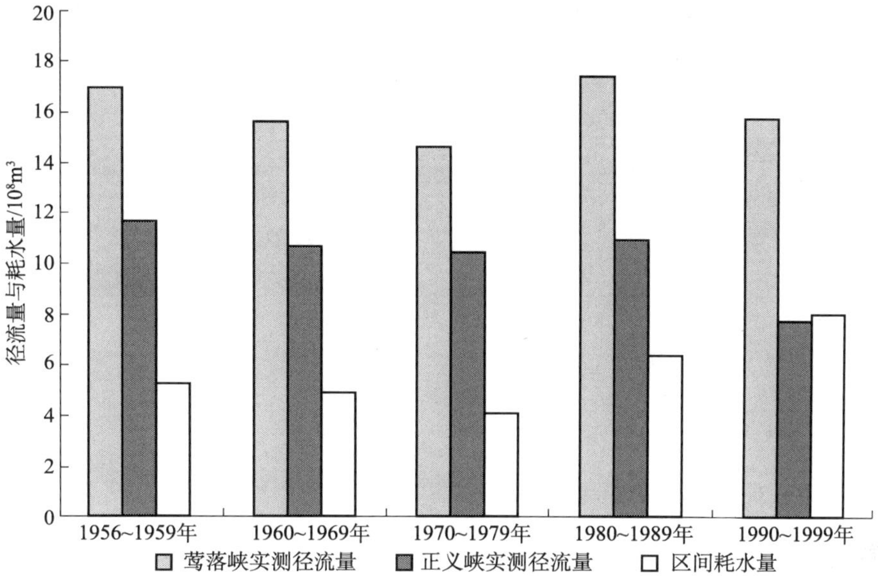

图 1-2 黑河流域水量变化图

在以粮为纲的思想指导下，大规模垦荒种粮，发展商品粮基地，特别是 90 年代后，甘肃省提出“兴西济中”发展战略，并向中游地区移民，灌溉面积发展很快。农业灌溉占用了大量的水资源，挤占了生态用水。随着人口的增长和灌溉面积的增加，全流域生产、生活用水量已由新中国成立初期的 $15\times10^8m^3$ 增长到目前的 $26.2\times10^8m^3$，其中，中游地区用水量增加到 $24.5\times10^8m^3$。钱正英认为，内陆河流域用水量最高开发利用率应不超过 70%（其中，直接耗水占 50%，节水占 20%），生态环境和社会经济系统的耗水量各占 50%。因此，社会经济用水量应基本控制在现有规模，不再增加；超过定额所挤占的生态环境耗水，或从外流域调水补足，或坚决压缩经济用水。黑河流域是典型的封闭型内陆河流域，在“南水北调”西线工程实施前，从外流域调水的可能性几乎不存在，因此，必须从流域内部着手节水。王忠静等（2002）通过对比分析绿洲景观及与其相应的水热平衡关系后认为，由于黑河流域下游内蒙古额济纳旗绿洲区 $6330km^2$ 为规模较大的原始天然生态区，具有特殊的生态保护意义，不宜农业开发，为维持这块天然绿洲向其分水 9.5 亿 m^3，扣除此部分特殊用水后，黑河流域不含额济纳旗绿洲的适宜绿洲灌溉面积为 26 万～ 34 万 hm^2，与现状灌溉面积 32 万 hm^2 相比，也已不具开发潜力。1995 年，黑河流域水资源利用率达 56.7%，其中张掖绿洲高达 72.8%，现状水平年供水保证率为 75% 时，张掖和酒泉绿洲分别缺水 0.5 亿 m^3 和 0.3 亿 m^3，已超出联合国规定的“水资源利用高度紧张状态”。从表 1-1 可见，黑河流域长期处于缺水状态。

表 1-1 黑河流域水资源一次性供需平衡表 （单位：10^8m^3）

水平年	保证率	地表水资源	地下水资源	当地总资源量	需耗水量	供耗水量	蒸发输水损失量	缺水量	正义峡下泄量
2003	多年平均	24.75	3.33	28.08	21.16	16.28	10.51	4.88	6.90
	75%	22.24	3.33	25.57	21.16	14.55	9.74	6.62	5.40
	90%	20.21	3.33	23.54	21.16	13.13	9.12	8.03	4.20
2010	多年平均	24.57	3.33	28.08	24.02	16.28	10.51	7.74	6.10
	75%	22.24	3.33	25.57	24.02	14.55	9.74	9.74	4.60
	90%	20.21	3.33	23.54	24.02	13.13	9.12	10.89	3.40

张掖绿洲和酒泉绿洲是全流域人口、产业最集中，工业化和城镇化水平最高、发展速度最快的重点地区，工业用水和城镇用水将进一步增加。如果仅扩大或压缩绿洲面积而脱离流域及各单元尺度的水资源承载力，如果仅考虑农业结构性节水而脱离城镇对人口和水资源转移的核心作用，那么结构滞后、人口滞留、水资源短缺等一系列问题将难以彻底解决。因为在现行的土地承包关系和用水制度下，农村家庭人口与农村土地的一一对应关系受到法律的保护，其结果导致土地小块分散经营，阻碍了农业产业化的发展，使得农村生产效率和效益低下，农村非农要素扩展空间不足，影响了农民收入水平的提高，农民进城的阻力加大（城镇门槛实际被抬高）。如果农村人口不能从土地中转移出来进入城镇，那么水资源分散、低效利用的状态就不可能改变，城乡用水的矛盾也难以根除。因此，必须从城镇–绿洲–水资源的空间耦合角度、人口–产业–资源协同角度，将人口转移、产业转化、土地流转、水资源转移和城镇化统一起来考虑，在空间过程、空间机制、空间格局的耦合关系中探讨城镇体系发展的历史与驱动机制。

由于黑河流域的城镇发展受制于中国总体发展格局的深刻影响，必须将其置于更大的宏观背景中加以审视，才能更深刻地理解城市发展的过程与驱动机制。

“以史为鉴，可以知兴替”。本书的主旨就是将黑河流域置于历史长河，以及中国宏观背景下，具体辨析城镇发展的过程与分期，探讨内陆河流域与中国在城镇发展时序方面的位相差异；揭示内陆河流域城镇兴衰的驱动机制，并建立驱动机制与城镇发展演变之间的“图谱”关系，为内陆河流域城镇的可持续发展提供科学依据。

第二节 国内外研究进展

关于城市位置的研究是研究历史时期城镇发展演变的基础。它不仅有助于解决城镇的流变，更能够通过对其宏观和微观区位的剖析，解释城镇流变面临的环境和驱动力。李并成（1999，2002）、田瞳（2005）等从考古学的角度，对河西走廊主要城镇的古今位置进行了考证。其中很大一部分城镇有统一明确的定论，尚有小部分城镇的位置依然悬而未决。历史上许多重要的城镇（州、郡、县治）有较强的延续性，其古今位置大致重合，而有些城镇（尤其是下游三角洲绿洲上的古城）的延续性较差，已成为漫漫沙漠中的遗址。

绿洲型城市，按其所处的位置可分为洪积扇型、冲积扇型、冲积平原型、河谷型、冲洪积平原型、湖岸平原型六类，其中冲积扇型城市分布最为普遍（杨发相，1990）。马鸿良和郦桂芬（1992）依据绿洲的分布位置，将城镇划分为扇形地绿洲城镇、沿河绿洲城镇和干三角绿洲城镇，并认为其位置常伴随水系位置的变化而迁移。徐建华等（1995）以新疆冲积扇型城市为例，探讨了影响绿洲城市区位选址的环境地质要素，建立了区位选址优化模型。

关于城镇的发展阶段与分期。由于社会经济的阶段性，城镇的形成和发展也有明显的阶段性，阚耀平（2001）、焦书乾（1994）将城镇的形成发展划分为三个时期：西汉以前的城镇萌芽期，西汉—宋代时期的城镇形成期，明代以后的城镇成熟期。其中，西汉对河西地区城镇的发展起到了非常重要的奠基作用，而唐、明、清代，由于社会经济的大发展，城镇的发展水平很高。城镇的发展与统一强大的国家存在着明显的一致性。

绿洲型城镇体系研究。绿洲是绿洲城镇赖以生存和发展的“摇篮”，严格地影响着绿洲城镇体系的空间分布、规模等级、城镇职能，因此绿洲城镇及其城镇体系有独特的发展规律。受干旱区自然地理、人口发展与分布等特殊条件的制约，绿洲城镇系统的空间规模结构呈现“中小市镇、多中心”的特征；疏密相间、反差极大的空间密度组织，“团块–轴向”的空间网络组织及松散的空间相互作用是绿洲区域城镇体系空间组织的基本特征。城镇职能类型结构以综合性城镇为主，城镇规模等级不完整，总体规模水平较低。针对绿洲城镇特有的发展规律，众学者对绿洲城镇体系建设提出了有力的建议。李志刚（1998）认为在绿洲城镇体系空间规模结构的研究和规划上，应注重建构多中心的地域城镇系统，带动地域整体发展；应促进相邻城市间、城市与境内或周边单位间的空间关联及与近郊集镇的融合，推动城乡一体化。张志斌等（1999）认为城镇体系建设，必须从区域整体发展的宏观思路出发，统一构建与绿洲环境相协调的城镇体系格局，使水资源能够支持重点城镇的发展，形成空间分布合理、职能类型多样、规模等级协调的城镇体系网络。

绿洲城镇地貌特征研究。地貌是城镇建设与发展的重要自然因素之一。李志刚（1999a，1999b，1999c，1999d）通过对绿洲城镇地貌特征的研究，提出了干旱区地表结构的概念，指一个区域的土地类型等地表物质在地域构成和空间分布形态方面的特征，是人口、产业和城镇发展布局的地理基础。干旱区地表结构的一大特点是绿洲常呈串珠状、斑块状分散在荒漠背景之中，对人口与产业的集聚，以及城镇体系的空间发育形态和规模结构具有根本性的影响。杨发相（1990）根据地貌类型，将绿洲城镇分为冲积平原绿洲型城镇、冲积扇绿洲型城镇、冲洪积平原绿洲型城镇、河谷绿洲型城镇、湖岸平原绿洲城镇等类型。梁治寇（1989）从建设开发的角度分析和评价了绿洲城镇的地貌特征，并提出了今后合理发展的方向与对策。方创琳（1990a，1990b）以荒漠绿洲景观为背景，从相对优越的自然条件和资源区位，古丝绸之路和新亚欧大陆桥，城乡推拉的动力效应和行政干预等方面分析了绿洲城镇体系的早生性特征和沿绿洲盆地及新亚欧大陆桥形成的远景空间分布特征。

历史时期绿洲城镇与历史文化名城研究。河西走廊现存各时期、不同等级、规模、形制的古城遗址多达120余座（朱幼棣，1995）。冯绳武（1992）、吴正科（1994）、马鸿良和郦桂芬 （1992）、方步和（2002）、李并成（1995a，2002）、李正宇（1999）、田瞳（2005）等从考古学和文献学的角度，对河西走廊主要城镇的古今位置进行了大量考证。结果表明，历史上许多重要的城镇（州、郡、县治）有较强的延续性，其古今位置大致重合，而有些城镇（尤其是下游三角洲绿洲上的古城）的延续性较差，已成为漫漫沙漠中的遗址。

从宏观自然地理区位上考察绿洲型城镇，按其所处的位置可分为洪积扇型、冲积扇型、冲积平原型、河谷型、冲洪积平原型、湖岸平原型六类，其中冲积扇型城市分布最为普遍（杨发相，1990）。马鸿良和郦桂芬（1992）依据绿洲的分布位置，将城镇划分为扇型地绿洲城镇、沿河绿洲城镇和干三角绿洲城镇，并认为其位置常伴随水系位置的变化而迁移。徐建华等（1995）以新疆冲积扇型城市为例，探讨了影响绿洲城市区位选址的环境地质要素，建立了区位选址优化模型。

关于城镇发展的动力机制。城镇发展的驱动力表现出多元复合的特征，是政治、经济、生态环境、资源、民族与文化等因素相互关联、起伏变化的结果。在自然环境方面，城镇发展主要受地形、河流、地理位置、微地貌景观等因素的影响，其中气候变化、沙漠化和河流改道导致了部分城镇的消亡（李并成，1999；景爱，2003）。任旺兵（1995）、丁文晖和孟宝（2005）、马国霞等（2006）认为，水资源的承载力制约着绿洲城镇的规模，水资源的空间分布影响绿洲城镇体系的空间组合，水资源的数量和质量决定绿洲城镇生态环境的优劣，河流的改道和水资源的不合理利用可导致绿洲城镇的迁徙或衰落。气候变化也是沙漠化的主要驱动力，历史时期的沙漠化往往与土地的大规模开发密切相关。在人文环境方面，屯垦对城镇的发展有较大的带动作用（段汉明等，2004），农耕文明与游牧文明间的冲突对城市的影响比较强烈，农耕文明的扩展往往与城镇的发展相耦合（石培基和李鸣骥，2000）。政治军事因素在西北地区城市发展机制中始终居主导地位，城镇的发展与中原王朝的兴衰息息相关，每当内地中原王朝强盛时，城镇就得到飞速发展；反之，城镇的建设速度变缓甚至变成停止状态（阚耀平，2001）。

第三节 聚落及其演化过程

关于人类聚落，尤其是城市发展的相关理论众多，如著名的克氏“中心地理论”，以及后来的增长极理论、核心-边缘理论、点-轴发展理论、网络发展理论等。本书主要引用的是人类聚落学家道萨迪亚斯（C.A.Doxiadis）在20世纪50年代创立的人类聚居理论。

人类聚落（human settlement）是人类为了自身的生活而使用或建造的任何

类型的场所，它们可以是天然形成的（如洞穴），也可以是人工建造的（如房屋）；可以是临时性的（如帐篷），也可以是永久性的；可以是简单的，也可以是复杂的。

一、聚落体系

道氏将人类聚落分为两部分：

（1）内容，即由单个的人，以及由人所组成的社会；

（2）容器，即由自然或人工的元素所组成的形聚落及其周围环境。

它们可以分为以下五种元素：

（1）自然，指整体自然环境，是聚落产生并发挥其功能的基础，包括地质资源、地表资源、土地资源、水资源、植物、动物、气候；

（2）人类，指作为个体的聚落者，可以从四个方面考察，包括生理的需求、感官和知觉、情感需要、道德价值；

（3）社会，指人类相互交往的体系，可以从七个方面考察，包括人口组成和密度、社会阶层、文化模式、经济、教育、卫生福利、法律和行政；

（4）建筑，指为人类及其功能和活动提供庇护的所有构筑物，包括住宅、社会公共设施、商业中心和市场、娱乐设施、民众事务设施、工业设施、交通建筑；

（5）支撑网络，指所有人工或自然的联系系统，其服务于聚落并将聚落联为整体，包括供水系统、供电系统、交通系统、通信系统、排水系统、实体布局。

早在人类出现之前，自然界（作为容器）就已存在；自人类诞生之日起，人类便进入了这个容器，并且由于相互间的交往而逐步形成社会；为了生存，人类共同建造了用于栖身的构筑物，经过漫长的过程演化直至今天；而当人类聚落的规模不断增大时，人类又根据自身的需要建起了道路和通信设施等联系网络。在此过程中，五种基本要素相互关联，缺一不可。一般而言，越早期越原始的聚落，其构成越不完整，游牧聚落往往只有帐篷和初级交通系统。从组织结构上看，人类聚落构成一个多层次的体系，乡村型聚落处于较低层次，城市聚落则是较高层次的系统。道氏强调，对人类聚落的研究不能只指导注意力局限在聚落的有形实体上，而忽略了其他无形的要素。不能只把注意力局限于五种要素的孤立研究上，而应当注意各要素之间的相互关系。因为正是这层关系才使得人类聚落得以存在。

人类聚落学不仅要分析单个聚落本身，还必须从更大范围，即从聚落体系上分析考察聚落之间的相互关系，以对聚落有一个比较全面的理解。

道氏认为，现代世界的聚落体系大致可以归结为两种类型：一类是六边形模式的聚落体系，六边形模式是从克里斯泰勒（W.Christaller）的“中心地理论”发展而来的。另一类是动态聚落体系。20 世纪 70 年代以来，随着现代科学技术的发展，人们的交通工具和交通方式也发生了很大的变化。铁路和高速公路出现以后，使得聚落体系由过去的以步行为主的单一的交通方式，变成了具有很大有速度差异的多种交通方式。这样聚落体系不再是静止而均匀的六边形模式，而是依照同等时距、同等体力消耗和同等费用距离的原则，沿交通干线发展组合，呈现各种不同的形态。

二、聚落属性

首先，人类聚落是一种社会现象，尽管其内部包含了许多属于自然世界的元素，道氏认为“人类聚落是一些独特的、复杂的生物个体”。他借鉴赫胥黎的做法，将地球上的生物体划分成三个等级。第一级为最简单的细胞，第二级是较为复杂的动物和人等自然生物体，第三级是最为复杂的人类聚落。作为有机体，人类聚落同其他所有的生物体一样，有其特殊的出生、发展、成熟、衰老、消亡的生命周期。然而作为独特的生物体，人类聚落又不同于自然界的大多数生物体，它不是注定要衰退和死亡的。究其原因，主要在于构成人类聚落基因的基本材料是人，而人总是不断革新和变化，即人类聚落和自然生物体之间最大的区别在于人类聚落是自然力量与自觉力量共同作用的产物，它的进化过程可以在人类的引导下不断调整改变，而自然生物体仅仅是自然之力作用的结果，它的进化过程是不可变更的。因此，如果人类能够采取正确的行动，使人类聚落能够不断得以发展，它就可以长期存活下去。

其次，人类聚落是动态发展的有机体。道氏强调，要把时间作为人类聚落研究中一个不可缺少的基本因素来对待，要研究人类聚落的演变过程。这是因为，聚落是不断变化的过程，是不断地对人口增长、技术发展、自然环境变化，以及相应的社会、经济、文化、政治机构等的变化所产生的巨大影响作出响应的系统。由于无法把人类聚落从其居民的生活中分离出来，对人类聚落的分析也就不可能脱离时间因素。

最后，人类聚落是协同现象（synergetic phenomena）。一方面，人类聚落是动态的、不断变化的实体，仅通过对其组成部分的孤立分析是不可能完整理解它的；另一方面，对其任何组成要素的单一分析都不能推断出整个系统的特点。聚落的基本特征来源于物质结构（或容器）和人类（或内容）的融合和相互平衡。对人类聚落的合理研究必须围绕对这两种因素间动态平衡的分析。现有各种学科之所以不能合理地解释和解决人类聚落问题，原因在于它们“或者过于狭隘，不足以涵盖整个聚落体系，或者缺乏必要的动态分析手段”。

据此，道氏建议成立“人类聚落学”，并将其研究的内容概括为三个方面。

第一方面是对人类聚落基本情况的研究，包括对人类聚落进行静态的和动态的分析，并研究聚落病理学（ekistic pathology）和聚落诊断学（ekistic diagnosis）。所谓静态分析，就是分析人类聚落的基本类型、数量和规模，并对聚落进行具体解剖，即分析其“生理特点”；分析聚落与聚落之间相互的结合关系，即分析聚落体系的结构。所谓动态分析就是研究人类聚落从古到今的进化发展过程，了解聚落各个发展阶段的不同特点。研究聚落的病理和诊断，则是分析聚落中出现的各种问题，以及产生这些问题的原因及影响因素，并研究如何找出解决的途径。

第二方面是对人类聚落学基本理论的研究，找出人类聚落内在的规律，以指导人类聚落的建设。这部分工作包括：提出有关人类聚落的基本定理，在此基础上进行基本理论的探讨（包括聚落成因研究、聚落结构和形式的研究等），并根据基本理论，探讨对人类聚落进行综合研究的方法。

第三方面是制定人类聚落学建设的行动步骤、计划和方针，即进行决策研究。这是应用前两部分的工作成果，对聚落的未来作出展望，明确聚落的发展趋势，明确聚落发展中哪些是必然的，哪些是应当加以限制的或克服的，进而制定出正确的方针和政策。

三、聚落的演化过程

人类聚落从诞生到现在已有数百万年的历程，经过了四个发展阶段：无组织的原始聚落、有组织的原始聚落、静态城市聚落和动态城市聚落。这四个阶段的时间跨度分别包括：第一阶段，数百万年；第二阶段，10 000 ～ 12 000 年；第三阶段，5000 ～ 6000 年；第四阶段，约 400 年。

最早的原始聚落出现在 200 万年前，可称作“原始无组织聚落”，呈自然的无组织状态，而且聚落往往是临时性的、游牧式的，人们只是为了生存群集而居。这群人生活在属于他们的领土上，靠狩猎为生。无组织的原始聚落，一般呈圆形，人们居住在中心。

原始无组织聚落一直延续了数百万年，直到大约 1 万年前才发生变化。人类掌握了农耕技术，于是人类建造的永久型聚落——村落便出现了。这个时期，聚落内的建筑物已有了一定的组织，随着人们在生产和生活上的联系不断加强，住宅逐渐靠近时，相互之间的空间关系则显得很别扭。人们不断尝试，发现四边形平面比圆形更合理，四边形平面可以使许多房间互相紧贴在一起，而且室内空间也比较适用。这样方形、长方形逐步取代了圆形而成为聚落内部微观形态的主要特征。另外，从区域上看，村落与村落之间的联系也越密切，最终形成了克氏的“六边形聚落体系”。

有组织聚落阶段比起前一个时期是一个巨大的进步，在村落中，人们生活得更安全，有永久性房屋，有一定的空余时间娱乐，因此也有更多创造更好生活的机会。

随着村落规模的逐渐扩大，某一个区域中一个中心村落的经济、商业、文化、宗教、行政等功能逐步加强了，这样就形成了集镇。每个集镇都是一个村落体系的中心。与村落不同的是，它无法孤立地生存下去，而必须依赖于若干其他社区。多数集镇都经历过一个动态发展期，然后稳定下来，居民们有足够的时间来逐渐改善内部的环境，以获得更好的生活质量。

继集镇出现之后，城市产生了，首先是静态城市的产生。由于很难在集镇与城市之间划一个分界线，人们无法明确指出第一个静态城市是什么时候出现的，只能说，城市是比集镇更大、更复杂的人类聚落。静态城市的形状往往由围墙所确定，城市有组织地向外扩展。

与集镇一样，城市的位置总是在其实际领域的中心。城市的结构沿袭了集镇结构，但大多是自然形成的中心辐射系统框架。当城市规模太大时，便出现许多问题，如中心区的交通拥挤问题。当人类有机会按照规划创建城市时，总是根据正交棋盘系统创建。村落里所有的人能与自然直接接触，而城市里的大量人口则与自然隔离，这导致新的需求——创建公园、绿地和其他开敞空间，增加了私有花园的重要性。

由于数百年来生产力水平低下，经济发展非常缓慢，城市的发展也非常缓慢，其人口规模变化都很小。因此，对于城市内部的居民来说，城市几乎是静止的。静止城市只是一个相对概念，一般是以城市发展的速度来判断。

从无组织的原始聚落发展到村落、集镇和静止城市，这就是工业革命以前人类聚落的发展过程。

工业革命以后，由于生产力的迅速发展，农村剩余劳动力不断增加，向城市集聚。同时，现代技术和现代化交通的发展为城市的扩展提供了可能，这样，原来城市中的静态平衡被打破了，城市迅速突破了以前的边界，向乡村扩展。尤其是20世纪以来，城市更是以前所未有的速度增长，这样，第四维因素——时间因素的重要性就超过了其他三维因素，越来越多的静态城市参与了剧烈的动态发展。从这个意义上讲，人类聚落进入了一个新的时期——动态发展时期。

动态城市与静态城市有着本质的区别。动态城市的最大特点是连续不断地增长，始终处于变化之中，总是没有规则地不断向乡村扩展，破坏自然状态。对于动态城市，用人们习惯的“形态、结构、规模”等来描述已不够了，因为对它来说，最重要的特点是它的动态变化趋势。

与静态城市一样，动态城市也无法给予确切的定义，道氏提出的标准是：若城市每年的人口增长率和经济增长率之和大于1.2%，就属于动态城市；如果每年的人口和经济综合增长率在0.5%～1.5%，就是混合型城市。道氏在对世界上大部分城市作了统计分析之后得出这样的结论：城市人口规模与城市的动静态有密切关系，一般而言，10万人口是动态与静态城市的分界线，凡超过10万人口的城市都是动态城市。在人口规模低于10万的城市中，只有很少一部分城市由于地理条件等特殊原因（如靠近主要交通干线或交通中心，或位于一个正在迅速发展的大城市附近）呈动态发展。

在动态城市中，自然、人类、社会、建筑、支撑网络五大元素总是不平衡的，人口不断涌入，城市功能不断增加，新的活动不断出现。因为动态城市的扩展是无组织的、盲目的，所以它的扩展过程中很少顾及自然界的生态平衡，以及保护景观、水资源、气候资源等方面。

由于动态城市出现的历史还很短，人们尚未认识其规律，因此人们在动态聚落中失去了与自然界的联系，失去了与社会的平衡。

工业革命初期，那些以前具有独立边界和明显行政地域界线的静态城市开始扩展，突破了原来的边界，毫无组织地向乡村延伸，这样就出现了早期动态城市。早期动态城市的出现，在经济上是由于城市的工业化，在技术上则是由于铁路的出现，它使每天远距离上下班交通成为可能。随着城市的进一步工业化，铁路在郊区沿线发挥了更大的作用，早期的动态城市便发展成为真正的动态城市，其特征是城市不再仅仅是沿铁路线发展而产生一个个新的独立的城市，而是向所有方向扩展，吞并了附近的乡村和城市。同时，动态城市还对周围的独立城市产生影响，使它们也呈动态发展，这样整个区域都显示了动态的特征。

从 20 世纪 40 年代起，又出现了一种新的聚落形式。在一个广阔的地域范围内，若干个大小不等、类型不同的动态特大城市和大城市，互相穿插发展形成一种错综复杂的结构，其内部有若干个交通系统，通信系统和各类用途的土地混杂一体，甚至互相冲突，这是一种规模更大的新的聚落形式——都市连绵区。

从原始无组织的聚落到静态城市，再从动态城市到都市连绵区的出现，就是迄今人类聚落的整个发展过程。道氏通过对这个发展过程的分析，得出以下发展趋势：

第一，从时间上看，人类聚落的变化发展速度越来越快，变化越来越频繁。人类用了几十万年时间从原始无组织的聚落进化到永久性的村落，从那时起到工业革命开始为止，大约用了 1 万年的时间才完成了从群居的村落到城市的发展过程。而从 1825 年起到之后的 150 年时间里，就已相继产生了大都市、城市组团和城市连绵区。照此下去，用不了多久，将能够看到更大、更复杂的聚落形式出现。

第二，城市的地域规模与经济发展水平是成正比的。因此，随着经济技术水平的不断提高，世界各地城市的用地规模还将不断发展。

第三，城市人口密度将逐步降低，然后趋于平衡。因为人们总是希望有最佳的个人空间，随着生活水平的提高和交通工具的发展，人们不愿再拥挤地生活在市中心附近，而逐步向郊外迁移。

第四，城市与城市之间的联系将越来越密切，而且这种联系不仅仅局限于一个地区之内，一个国家之内，而将是全球性的。

四、聚落体系的进化过程

当最初的人类在某个地方定居下来的时候，便产生了第一个聚落，这是聚落体系形成的最初阶段。最初的人类来到某一地区以后，总是要选择该地区中最有利的地方作为他们的聚居地。这个选择过程一般受到两方面因素的影响：一个是功能因素，即人们总是要选择对生活和生产最方便和最有利的地方；另一个是安全因素，即总是要选择最易于防守的地方。

当第一个聚落建成后，便会吸引第二批定居者前来该地区定居。这些后来者如果和第一批定居者有同样的习俗，他们就会选择一个次好的位置（一般都是在最好位置的附近）建立新的聚落，如果后来者对首批定居者怀有敌意，便会从安全角度考虑，在离第一个聚落较远的地方定居，而不去考虑这个地方从功能来看是否是次好的位置。

这样便产生出若干类型的聚落体系：一种是许多聚落围着中心聚落（往往是最早聚落）组成系统，另一种是两个聚落分庭抗礼，在较远距离上同时向外扩展，最后必然导致冲突，结果或是其中一个变成比另一个低一级的聚落，或是两者组合成一个更大的系统。这便是最初的聚落体系的形成过程。它完全是自然的发展过程，而不是人们的自觉行动的结果。

在人类历史发展过程中，人类、社会、经济活动都在不断地变化，聚落体系也随之发生变化。聚落体系进入动态发展阶段后，形成聚落体系的“力”也发生很大的变化，新的动态聚落体系和动态区域主要受到三种吸引力的作用：①主要聚落中心（即大城市）的吸引力；②现代交通干线的吸引力；③具有良好景观的地区的吸引力。

这些“力”对于整个区域的人口分布状况产生极大的影响。道氏根据人口集聚的不同情况，将聚落分为下列三种类型：①发展中的聚落，受三种力的影响而人口不断增加；②静态聚落，几乎没有受上述三种力的正面或负面影响，人口基本上保持平衡；③正在衰退的聚落，聚落的人口受上述三种力的吸引而不断外迁，整个社区逐步衰落。

第二章
黑河流域聚落的地理基础

黑河流域是我国西北区典型的内陆河流域，位于祁连山和河西走廊的中段（北纬 37°45′ ～ 42°40′，东经 96°42′ ～ 102°04′），分布范围东起山丹县境内的大黄山，与石羊河流域接壤，西至嘉峪关境内的黑山，与疏勒河相邻，南部河源上溯到祁连山南北分水岭，北端河流尾闾达额济纳旗的嘎顺淖尔，流域面积为 $12.8 \times 10^4 km^2$。

黑河流域由 35 条独立的河流组成（图 2-1），除个别小河沟发源于流域东部的大黄山以外，其他河流均发源于南部的祁连山地区，其中汇水面积大于 $100km^2$ 的河流有 17 条，最大的河流为东部的黑河和西部的讨赖河。历史上，各主要河流均在甘肃金塔的鸳鸯和鼎新地区汇入黑河干流，流经额济纳盆地，最终注入居延海。但 20 世纪六七十年代以后，黑河干流水系逐渐与讨赖河等河流失去地表水的联系，讨赖河、洪河等河流尖灭于金塔鸳鸯盆地，不再有地表径流注入金塔的鼎新盆地，酒泉马营河、丰乐河等河流也不再汇入黑河干流，并消失于肃南裕固族自治县（以下简称肃南县）、高台相邻的盐池–明花盆地。

黑河为黑河流域最大的河流，发源于青海省祁连县，其上游分东西两支，东支俄博河又名八宝河，发源于俄博滩东的锦阳岭，自东向西流，流长 80km；西支野牛沟，源于铁里干山，自西向东流，长 190km。东、西两支流在黄藏寺汇合后折向北流，称甘州河，出山后进入张掖盆地，称黑河。黑河流至张掖城西北 10km 处，纳山丹河和民乐洪水河，折向西北流，经高台汇梨园河、摆浪河等河流，于正义峡穿越北山，流经金塔鼎新盆地，改称额济纳河（古弱水），向北注入内蒙古额济纳旗境内的居延海，全长约 800km。

受青藏高原和大陆腹地的综合控制，流域内自东南向西北形成了链状山地–斑块绿洲–广域荒漠的景观（刘学录等，2002；卢玲等，2001）。南部为

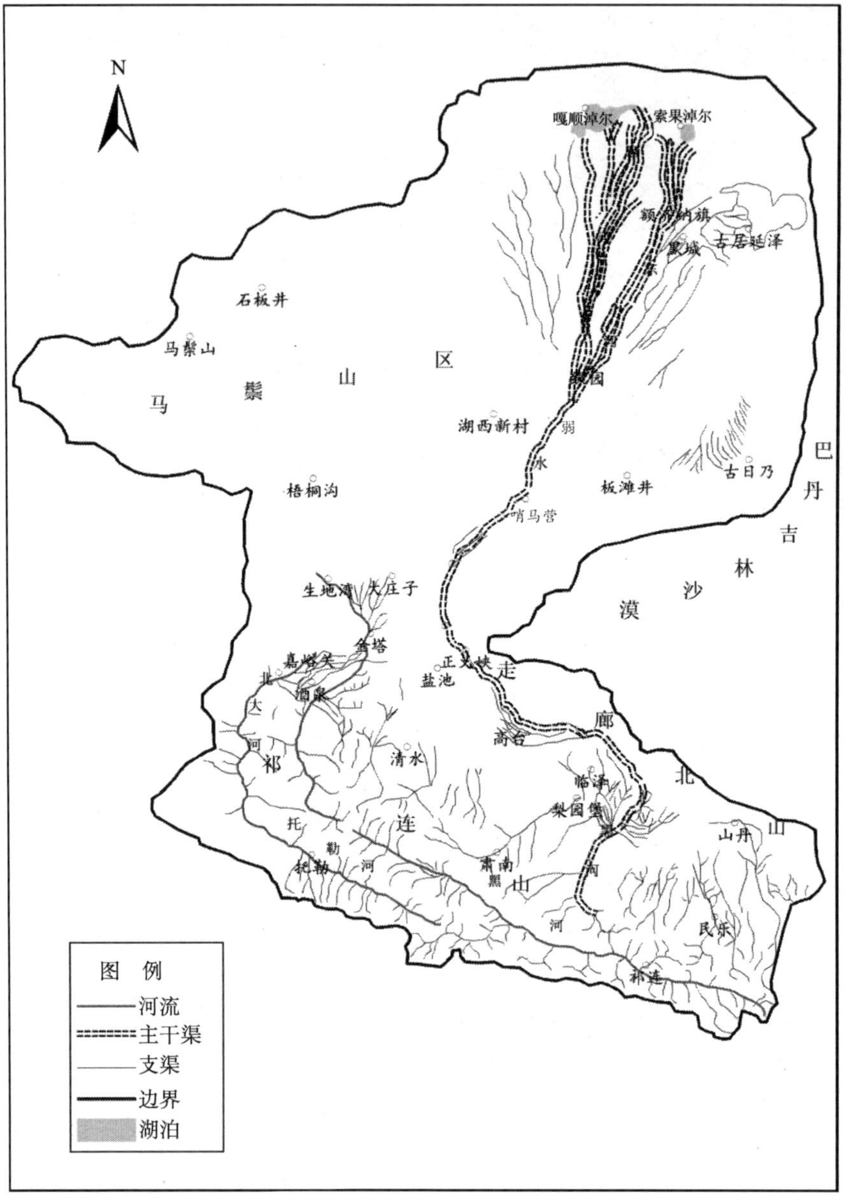

图 2-1 河流流域水系图

祁连山山地，中部为走廊平原，北部为低山山地和阿拉善高平原，东北部为巴丹吉林大沙漠和腾格里大沙漠覆盖。这一景观格局从根本上决定或影响了自然地理要素和人文地理要素的空间分异状态和组合特征。无论从地理景观、地质地貌，还是水文、气象、生态植被特征都表现出十分鲜明的垂直地带性和水平地带性变化（图 2-2）。

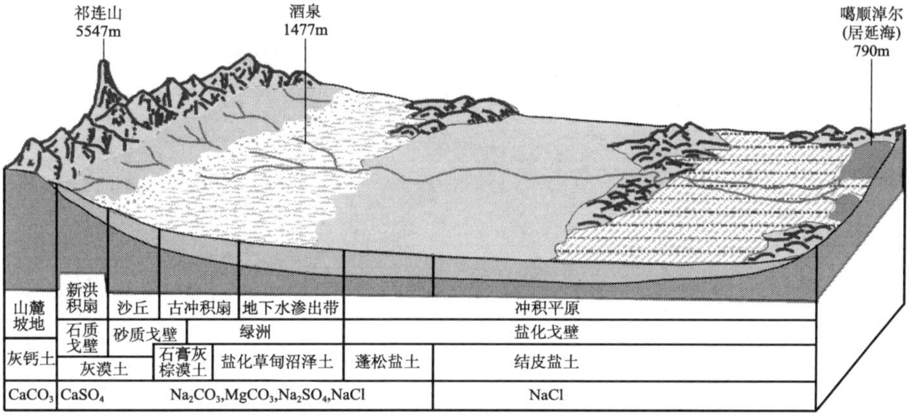

图 2-2　祁连山–嘎顺淖尔景观分异图

第一节　自 然 要 素

一、地质与地貌分异

黑河流域在大地构造上大体可分为三种基本单元：祁连山地槽褶皱带、阿拉善台隆和北山断块带，以及河西走廊拗陷盆地。本区域新生代以来的区域沉积、建造及地下水的赋存与运动是由挽近地质构造运动所控制的，中生代以来，明显进入以强烈的差异性断块运动为主的构造运动期。

祁连山是挽近地质构造的强烈隆升区，地势高亢，是中下游盆地松散碎屑物质的来源，降水丰富又是本区各水系的发源地。南部受祁连山构造控制，中游的构造–地貌盆地呈南北两排展布；南盆地（张掖–酒泉盆地）地势较高，海拔 1400 ～ 2200m，盆地内大型洪积扇构成洪积扇型倾斜平原和前缘的细土平原，地质构造上具有山前拗陷或山间断陷地性质，其南缘与祁连山多为断层相接，该压性断裂与祁连山麓中新生界褶皱一起构成一个阻水屏障，使山区地下水径流难以直接补给盆地。新近系或白垩系构成盆地基底，其上沉积了数百米乃至千余米厚的洪积-冲积相第四系松散物质，其间赋存着丰富的地下水。北盆地（金塔盆地）地势较低，海拔 1100 ～ 1450m，地质构造上属边缘断陷类型，盆地边缘也分布巨大断裂，基底为新近系，与南盆地比较，第四系沉积厚度较小，一般小于 400m，并受基底断块升降运动所控制。额济纳盆地为阿拉善台隆以北的边缘凹陷盆地，其间发育的北东、北西及北北东向构造，将其分割成规模不等的棋盘格式地块，构成拗陷与隆起相间的特征。第四纪以来，区域地壳活动比较稳定，额济纳平原是缓慢隆起带内的沉降区，其相对沉降幅度不大而且具有不均匀性。

上中游与下游具有不同的地貌成因和形态，中上游地貌根据成因和形态特征可分为三种基本类型，包括强烈褶皱断块隆升的高山、断块隆升的中高山、褶皱断块低山等组成的山地，由震荡上升并被水流割切的梯状高平原、构造-剥蚀作用形成的低山丘陵等构成的准平原，以及由冲洪积、洪积砾石戈壁平原，冲洪积细土平原及风积平原等组成的走廊平原区。中生代地质构造奠定了下游地区地貌的基本格架，近期干旱气候的风化剥蚀作用塑造了现代地貌形态，从成因角度可划分为三种类型，分别是由低山丘陵、准平原组成的构造剥蚀地貌，由冲洪积平原、冲湖积平原、湖积平原、洪积倾斜平原等组成的堆积地貌，以及由固定、半固定、垄状、波状及复合式沙丘及其他风蚀地貌组成的风成地貌，其中堆积地貌和风成地貌是主要地貌类型。

二、气候条件分异

黑河流域位于欧亚大陆中部，远离海洋，周围高山环绕，流域气候主要受中高纬度的西风带环流控制和极地冷气团影响，气候干燥，降水稀少而集中，多大风，日照充足，太阳辐射强烈，昼夜温差大。由于受大陆性气候和青藏高原的祁连山-青海湖气候区影响，中下游的走廊平原及阿拉善高原属中温带蒙-甘气候区。根据干燥度，可进一步分为中游河西走廊温带干旱亚区、下游阿拉善荒漠干旱亚区和额济纳荒漠极端干旱亚区。

黑河流域气候具有明显的东西差异和南北差异。上游位于青藏高原北缘的祁连山地，属青藏高原的祁连山-青海湖高寒半干旱气候区，降水相对充沛，降水量由东向西递减，雪线高度由东向西逐渐升高，气温低，蒸发弱。中游位于河西走廊中段，属温带蒙-甘区的河西走廊温带干旱区，降水少，蒸发强，降水量由东部的250mm向西部递减至50mm以下，蒸发量则由东向西递增，自2000mm以下增至4000mm以上，气候相对干燥。下游属内蒙古高原西部的阿拉善高原，属温带蒙-甘区的阿拉善和额济纳荒漠极端干旱区，区内降水少，多年平均降水量仅为47.3mm，而潜在蒸发量高达2248.8mm，干燥度指数为47.5。南部祁连山区海拔2600～3200m，地区年平均气温为1.5～2.0℃，年降水量在200mm以上，最高达700mm，相对湿度约60%，蒸发量约700mm；海拔1600～2300m的地区，气候冷凉，是农业向牧业过渡地带。中部走廊平原，光热资源丰富，多年平均气温为2.8～7.6℃，日照时间长达3000～4000h，是发展农业理想的地区。南部山区海拔每升高100m，降水量增加15.5～16.4mm；平原区海拔每增加100m，降水量增加3.5～4.8mm，蒸发量减小25～32mm。下游额济纳平原深居内陆腹地，是典型的大陆性气候，具降水少、蒸发强烈、温差大、风大沙多、日照时间长等特点。据额济纳旗气象站1957～1995年资料统计，年平均降水量仅为42mm，年平均蒸发强度为3755mm，年平均气温为8.04℃，最高气温为41.8℃，最低气温为−35.3℃，年日照为3325.6～3432.4h，相对湿度为32%～35%，年平均风速为4.2m/s，最大风速为15.0m/s，8级以上大风日数平均为54天，沙暴日数平均为29天。黑河流域气象要素特征如表2-1所示。

表2-1　黑河流域气象要素特征

位置		祁连山区			走廊平原		高原
地区		东部	中部	西部	张掖	酒泉	额济纳
气温/℃	年均	0.7	3.6	−3.1	7	7.3	8.2
	极高	30.5	32.4	28.4	38.6	38.4	43.1
	极低	−31.1	−27.6	−39.6	−28.7	−31.6	−37.6
≥10℃年积温/℃		785	1631	233.3	2896.6	2954.4	—
降水/mm	年均	340.8	386.9	238.8	193.3	73.5	47.3
	6～9月	523.6	257.8	186.1	136.5	53.7	30.7
年均蒸发量/mm		867.1	980.3	1017.1	1324.6	1704.8	2248.8
干燥指数		2.5	2.5	4.3	6.8	23.2	82
无霜期日数/天		60	123	11	153	161	130
年均风速/（m/s）		2	2.5	2.1	2.2	2.4	4.2
≥8级风日数/天		29.9	7	54.4	14.9	17	88

三、水文和水资源分异

根据近代地表水、地下水的水力联系，黑河流域可划分为东、中、西三个子水系。其中，西部水系为洪水河、讨赖河水系，归宿于金塔盆地；中部为马营河、丰乐河诸小河水系，归宿于明花、高台盐池；东部子水系包括黑河干流、梨园河，以及东起山丹瓷窑口、西至高台黑大板河的20多条小河流，总面积为6811km^2。流域中集水面积大于100km^2的河流约18条，地表径流量大于1000万m^3的河流有24条。在山区形成的地表径流总量为37.55亿m^3，其中东部子水系出山径流量为24.75亿m^3，包括干流莺落峡出山径流$15.8\times10^8m^3$，梨园河出山径流$2.37\times10^8m^3$，其他沿山支流$6.58\times10^8m^3$。河川径流以降水补给为主。黑河流域源头分布有大小冰川100km^2，估计冰储量为$27.5\times10^8m^3$，年平均冰川融水$1.0\times10^8m^3$，仅占河川天然径流量的4%左右，其余96%的径流量均由降水补给。

1. 径流年内分配

流域地表水时空分布规律主要取决于祁连山大气降水和冰雪融水的时空分布，以及祁连山区水文气象垂直分带性、下垫面条件等。一般来说，山区地表径流年内分配与降水过程和高温季节基本一致，径流量与降水量集中于暖季，春季以冰雪融水和地下水补给为主，夏秋季以降水补给为主，具有春汛、夏洪、秋平、冬枯的特点。年内变化受气温、森林植被的影响，呈明显的周期规律，冬春枯水季节（10月至次年3月），黑河径流量占年径流总量的19.73%，降水以固态形式蓄存，占年降水量的5%～10%。春末夏初，随气温升高，地表径流量上升，占全年总流量的24.55%，雨季（7～9月）降水量增加，冰川融水量大，地表径流达55.71%。黑河干流出山后进入走廊平原，受人为因素的强烈影响，至正义峡断面，径流年内分配明显发生变化：3～5月，中游地区进入春灌高峰，正逢枯水期，黑河下泄水量很少，甚至出现河床断流现象，因而正义峡以下，地表径流量处于年内最低值；6月河水开始增加，7～9月出现夏汛，9月灌溉回归水和地下水大量溢出，形成年内径流高峰，10月随冬灌和降水量减少，径流量再度减少，至11月达到最低值，12月至次年3月为非农业用水季节，中游用水量减少，地下水（泉）补给稳定，径流量平稳。黑河下游水量年内分配已完全受制于人类活动，年内径流量变化过程是：5 ～ 7 月河水断流，8 月出现径流直至 9 月夏汛，11 月后气温下降，河水封冻，中游来水减少，直至次年 2 月下旬开始融冰，3 ～ 4 月形成春汛（图 2-3）。

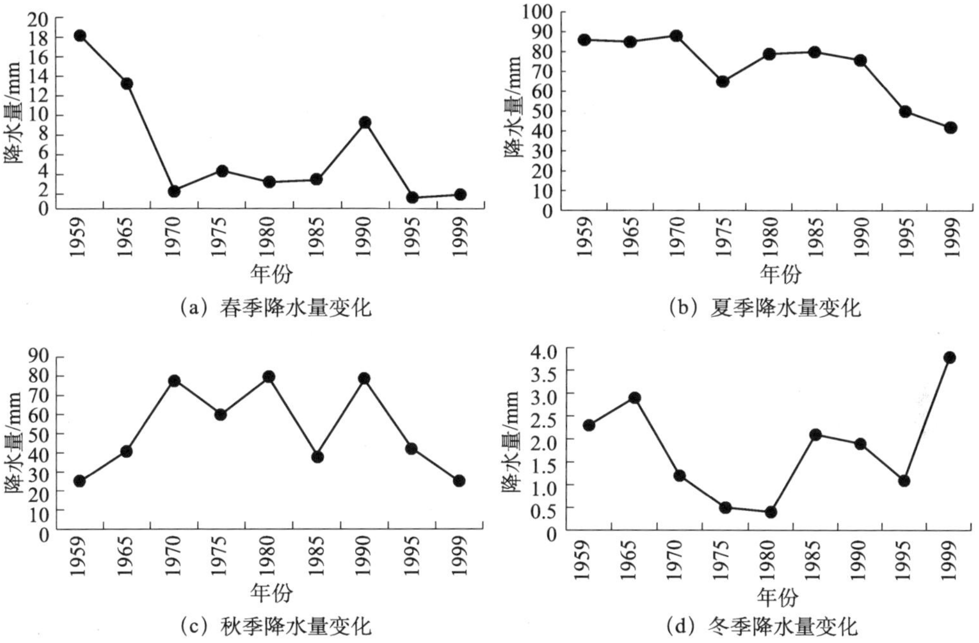

图 2-3 黑河流域各季节降水变化曲线

资料来源：祁连站 1959 ～ 1999 年气象降水数据

黑河出山口莺落峡水文站是山区流域的总控站，该站夏季径流占年径流总量的 55%，其次为秋季和春季径流，它们分别占 24% 和 14%，冬季径流只占年径流总量的 7% 左右。各季节径流均表现为增加趋势。增加速率最快的是春季、夏季径流，尤其是春季径流增加最为显著，平均每 10 年增加 $0.267\times10^8\mathrm{m}^3$，相当于春季水量每年增加 1.2%，这样的增幅是很大的（图 2-4）。春季径流的显著增加很大程度上可能与冬季降水的增加有关。因为冬季降水的增加，会使春季积雪增多，从而使春季融雪径流增加。与相应气候要素的变化相比，很难把春季径流与春季降水和气温相联系，因为春季降水和气温均表现为减小的趋势，而实际上在山区，尤其是高山区，春季降水并不完全补给河流，而是以积雪形式暂时积累下来，直到盛夏时节才可以消融。因此，春季降水对径流的影响还与春季气温的变化有关。由于春季气温也呈下降趋势，从而会使更多的降水以固态形式暂存下来，最后影响到夏季径流。

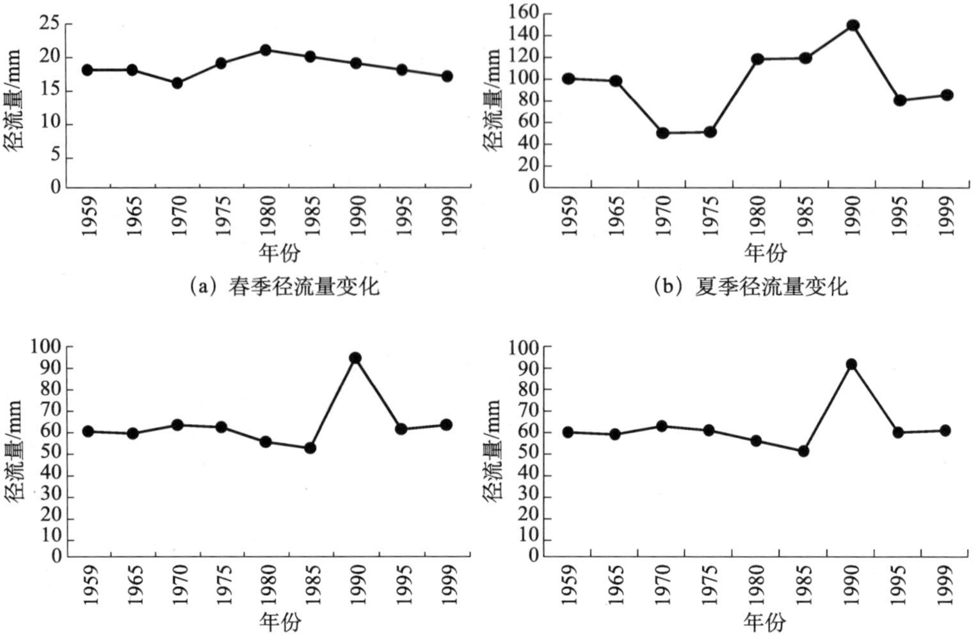

（a）春季径流量变化　（b）夏季径流量变化

（c）秋季径流量变化　（b）冬季径流量变化

图 2-4　莺落峡各季节径流变化曲线

资料来源：莺落峡水文站实测数据

出山径流年际动态变化较为平稳，而年内变化却非常显著（蓝永超和康尔泗，1999，2000）：由于河川径流受冰川补给的影响，径流年际变化相对不大，干流莺落峡站多年平均径流为 15.67 亿 m^3，最大年径流为 23.2 亿 m^3（1989 年），最小年径流为 11.2 亿 m^3（1973 年），年径流的最大值与最小值之比约为 2.1，年径流变差系数 Cv 值为 0.15 左右（表 2-2，图 2-4、图 2-5）。

表 2-2　黑河流域各河流径流量年代际变化

站名	经纬度		海拔/m	年代际平均径流量 /（$10^8m^3/10a$）					90 年代径流量增加值 /（$10^8m^3/10a$）	
	N	E		50 年代	60 年代	70 年代	80 年代	90 年代	与 50 年代比	与 1960 ~ 1990 年比
酥油口河	38°31′	100°21′	2760	0.448	0.406	0.447	0.486	0.448	0	0.002
大渚马河	38°26′	100°29′	2440	0.946	0.839	0.878	0.810	0.791	−0.155	−0.051
莺落峡	34°48′	100°11′	1674	15.967	14.434	14.825	17.427	15.716	−0.251	0.154
梨园河	38°58′	100°00′	1626	2.287	2.007	2.042	2.343	2.180	−0.107	0.049
冰沟	39°36′	98°00′	2015	7.050	6.127	6.720	6.146	5.973	−1.077	−0.358

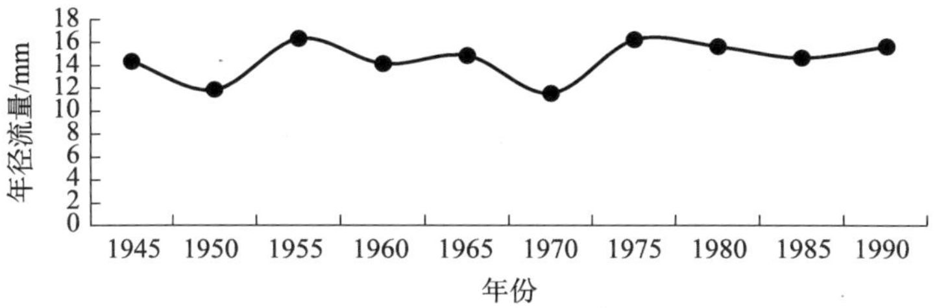

图 2-5　黑河出山地表径流（莺落峡站）变化趋势

资料来源：莺落峡水文站 1945 ～ 1990 年的实测数据

2. 河川径流可划分为径流形成区、径流利用区和径流消失区

上游祁连山区降水较多，又有冰川融水补给，下垫面为石质山区且植被良好，是黑河径流形成区。祁连山出山口以上径流量占全河天然水量的 88.0%。山区径流深自山岭向山脚递减，自东向西递减，山岭径流中心位于大渚麻河上游，径流深约 500mm，逐渐向山口减至 5mm。中游河西走廊和下游阿拉善高平原南部，降水少而蒸发强烈，下垫面是深厚的第四系沉积层，成为良好的地下储水场所，一般强度的降水均耗散于蒸发，偶尔一次强度较大的降水，也下渗补给了地下水，所以基本上不产流。上游来的河水被大量引用，河川径流沿程减少，属于径流利用区。最下游河流尾闾附近，地下径流和余留的河川径流以土壤潜水层蒸发和流入居延海水面蒸发的形式，为尾闾地区生态所消耗，属于径流消失区。

占总流域面积 10% 左右的河川径流形成区，对全流域的水资源动态变化具有先决性作用，据 1955 年以来的资料显示，出山径流年际动态变化较为平稳，而年内变化却非常显著（蓝永超和康尔泗，2000）。而占流域 90% 的中下游地区为主要径流利用区，是绿洲主要分布区，其水资源动态变化受径流形成区水资源下泄的动态，以及自身系统对水的吞吐、留存、蒸散和转化所形成的地下潜水动态变化的制约。因此，不同的绿洲发育层次和发展过程，体现出的水资源动态变化的差异，其主要特点为来自山地的河川径流（是液态、固态、离子和生物源径流的复合流），带给平原、盆地及河流尾闾或三角洲绿洲的不仅是水，而且还有泥沙，特别是富营养化的淤泥（绿洲发生、发展的有效成土母质或土壤），集水区淋溶的盐类、生物籽种、残体等。流域的反向联系是由水汽循环来实现的。由此可见，绿洲系统在干旱、半干旱区的地位极为特殊，是该地域系统中物质、能量和信息流最为频繁的子系统。大气、山地和盆地系统在流水的主导作用下，不断向该子系统输入物质、能量、信息，并很快地得到吸收转化，维持自身消耗和一定的代谢平衡，同时，又不断地向其系统外迅速输出。绿洲系统及环境是在流域系统提供的有利地形、土壤、热量、光照、规律性动态变化的水源，以及其他信息等条件下，在一定地貌部位上所体现出的一种有机动态组合（聂振龙和郭占荣，2001；刘恒等，2001）；而在绿洲边缘及河流水系尾闾附近的径流散失区，由于水平地带性大气及环境的作用增强，河流水系作用减小，水资源质量下降，以及动态变化超阈值，代谢物积累增加，系统功能下降和脆弱度增加，加之人为不合理开发，绿洲极易步入衰退阶段发育，使之趋非地带性演变（马金珠和高前兆，2003；钱正英和张光斗，2001）。例如，绿洲与荒漠或一些非地带性系统交错区，其水资源动态主要体现为地下潜水位的波动趋缓和水系作用衰减等（李启森等，2006）。

地表水和地下水多次转化和重复利用，是内陆河最为独特的水文现象。河流出山后，流入山前冲积扇，一部分被引入灌溉渠系和供水系统，用于农、林业的灌溉，以及人畜饮用、工业用水，其余则沿河床下泄，并沿途渗入地下，补给了地下水。被引灌的河水，除作物吸收蒸腾、渠系和田间蒸发外，相当一部分下渗补给了地下水，地下水以远比地面平缓的水面坡度向前运动，在细土平原一带出露成为泉水，或者再向前回归河流，或者再被引灌，连同打井抽取的地下水，再进行一次地表、地下水转化。在中游非灌溉引水期的 12 月至次年 3 月，由于前期灌溉水回归河道，正义峡断面的径流量比莺落峡断面大 $2.5\times10^8\sim3.0\times10^8\mathrm{m}^3$。水资源多次转换并被多次重复利用的同时，也增加了无效消耗的次数和数量。

以黑河流域为例，平原地区存在着 3 个循环带（高前兆等，2004）：①发源于祁连山的河流首先进入张掖、酒泉盆地的第一循环带，在山前洪积扇群带强烈补给地下水，成为南盆地的地下水主要补给源，到扇缘和细土平原，又以泉水形式出露地表，转换成为地表水，完成第一次循环；②通过走廊北山的峡口进入金塔和鼎新盆地，又开始第二次循环；③流出甘肃省进入内蒙古额济纳盆地，流向居延海完成第三次循环。根据 20 世纪 70 年代的计算，黑河流域各河流入河西走廊的地表径流为 $38.2\times10^8\mathrm{m}^3$，在第一循环带有 64.3% 的地表水通过河渠渗漏转化为地下水，而在盆地中下部这部分地下水中有 54.7% 以泉水形式溢出成为地表水流入河流，这部分水量约占进入第二循环带地表水的 86.1%；进入金塔和鼎新盆地的地表水有 21.3% 转化为地下水；从鼎新盆地出口进入第三循环带，地表径流仅有 $9.82\times10^8m^3$，其中约有一半，即 44.9% 转化为下游盆地的地下水。这种转化关系到 20 世纪 80 ～ 90 年代已发生较大变化，尽管出山地表径流变化不大，但在第一循环带由河水转化为地下水的转化率已有明显变化，地下水补给减小，泉水出流持续减少，加上人工绿洲侧向分支循环作用，消耗水加大，使得进入第二循环带的河水大为减少，当然其转化也就更少。这样，也直接影响到进入第三循环带的河水，造成下游盆地地下水补给量成倍减少，同时还得不到上游洪水期的淡水补给，下游水质逐渐变劣，而且，还受下游盆地的原有植被耗水影响，地下水处于亏缺状态，地下水位连续下降、地下水水循环减缓。

3. 地下水埋深分异

河西地下水与地表径流一样具有带性分布规律。一般来说祁连山区及南部盆地地下水丰富，北部低山及沙漠戈壁区地下水贫乏。天然条件下进入北部盆地的河流基本上是一个再渗入、溢出和蒸发的过程，山区基岩地下水主要来源于降水，山前盆地地下水主要来源于河水，南部盆地洪积扇带地下水的动储量大部分是河水的转化。由于进入北部盆地的水资源大部分是南部的地下水，北部盆地的地下水也就是南部盆地部分地下水的转化再现（范锡朋等，1983）。灌溉条件下水资源的转化规律更为复杂，因为还有在各种情况下的回归水。根据范锡朋等（1983）的研究，河西走廊地下水埋藏深度、含水层富水性、地下水水质从山前洪积扇地带到河流终端湖区依次出现非常复杂的变化：受构造地貌控制，自山前至盆地内部，地下水埋深逐渐变浅，北部洪积扇缘带泉水出露。洪积扇群带，地下水埋藏深度变化最剧烈，扇顶带，地下水埋深大于 200m；扇中地带，地下水埋深在张掖盆地为 50 ～ 150m，如民乐头咚、林阴，张掖朝元寺、安阳，高台马营岗、红屋子、许三湾等地；在河流中上游河网地区及走廊南部盆地，含水层厚度为 50 ～ 200m，地下水埋藏深度为 5 ～ 50m；扇缘地带，张掖盆地地下水埋深仅 10 ～ 20m，冲积平原带，张掖盆地多小于 5m，而酒东盆地南部为 10 ～ 50m，北部为 1 ～ 5m。在各水系的下游地区，包括北部金塔盆地及这些灌区附近宜农荒地，含水层厚 30 ～ 100m。

4. 地下水矿化度分异

山区形成的地下径流在出山口前受断层构造影响，绝大部分就近排入河谷，以地表径流的形式流出山区，经洪积扇带进入盆地。在山区是一个多水中心和少盐中心，进入盆地后，经过地表地下水多次互相转化，地下水含盐发生了明显变化。由南向北可将地下水分为 3 个化学带：①淡水重碳酸盐带，分布于洪积扇和冲积平原中上部，是地下水的补给径流区，矿化度 <1g/L。②微咸水硫酸盐带，分布于细土平原中下部地下水浅藏地段，矿化度达 3 ～ 5g/L。③咸水氯化物带，主要分布于高台盐池，面积不足 50km^2，受北山阻挡，这里成为地下水的汇集场所，地下水埋深为 0.5 ～ 1.5m，矿化度达 5 ～ 10g/L，有的高达 10 ～ 30g/L。在上述 3 个带中，上部是盐分淋洗损失区，末端是盐分积累区，中部既有盐分淋失，也有盐分积累。地表水由洪积扇向尾闾流动过程中，矿化度也有升高的趋势。依据走廊平原地下水的矿化程度，自南而北可划分出 3 个基本水化学带：淡水带、咸水覆盖下的淡水–微咸水带和咸水带（图 2-6）。

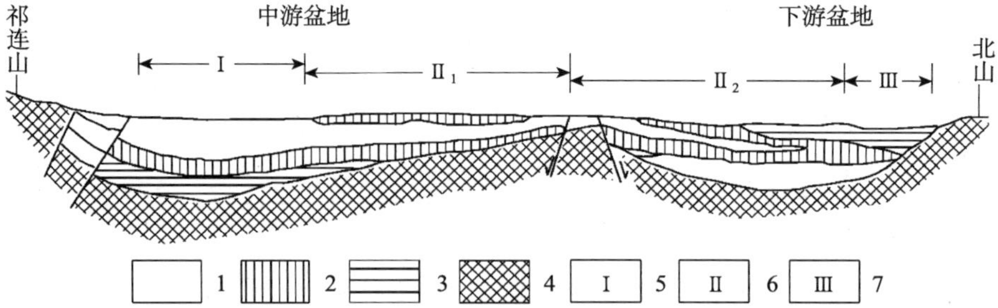

图 2-6　河西走廊水文地球化学分带模型图（丁宏伟和张举，2005）

1. 淡水；2. 微咸水–咸水；3. 咸水–卤水；4. 前中生界；5. 淡水带；
6. 咸水覆盖下的淡水–微淡水带；7. 咸水带

淡水带：分布于河西走廊中游盆地的大部分地区和下游盆地南部，以具有大厚度的地下淡水为特征。地下水矿化度为 0.21 ～ 0.96g/L，水化学类型中重碳酸盐占绝对优势。这个带地下水的矿化度及化学成分与出山河水极为接近。咸水覆盖下的淡水–微咸水带：分布于河西走廊中游盆地北部和下游盆地大部分地区。一般由两个亚带组成，第一亚带与中游盆地的淡水带衔接，其特征是下部厚 100 ～ 1000m 的淡承压水或半承压水，为表层厚 5 ～ 20m 不同程度盐渍化潜水所覆盖。表层潜水具有明显的水平分异性，随着径流流程的增长，矿化度及各种化学成分逐渐增高，而下伏承压水的水质变化不大，即使在表层的盐沼卤水之下也有淡的承压水分布。第二亚带位于下游盆地的中部和北部，其水质反映出地下水经过长途运移后水中盐分累积的趋势。不仅表层潜水已经盐化，而且下伏承压水也呈现较高的矿化现象（1 ～ 3g/L），但仍然低于上覆潜水（丁宏伟和张荷生，2002）。咸水带：仅局限于河西走廊大河下游尾闾地带，如黑河下游的居延海等地。这里基本上是矿化度为 3 ～ 10g/L 咸水的分布区，一般在地表以下 200m 以内完全为咸水所充斥。相对较淡的地下水仅在河流两侧或沙丘附近呈透镜状分布。

这一水资源组合特征表明，水资源与地下水水位-水质在空间上不耦合，势必限制农业生产。上游地区地表水资源丰富，但气候冷凉，热量不足，地下水水质好，但埋藏深，不易开发；下游地区，地下水水位浅，易开发，热量充足，但水质差。唯中游地下水出露区——绿洲区，光热水土条件组合最佳，是农业开发的优势区。

5. 水资源利用

黑河水系包括大小河流 35 条，大多源近流短，水量很小，出山后消失在冲积扇地带。干流水系包括黑河干流、梨园河及 20 多条沿山小支流，出山多年平均径流量为 $24.75\times10^8m^3$，其中黑河干流莺落峡站为 $15.80\times10^8m^3$，梨园河梨园堡站为 $2.37\times10^8m^3$，其他沿山支流为 $6.58\times10^8m^3$；黑河流域地下水资源主要由河川径流补给，地表水资源与河川径流不重复量为 $3.33\times10^8m^3$。天然水资源总量为 $28.08\times10^8m^3$。经水资源供需平衡分析计算，全市在来水保证率为 50% 时，缺水 $1.54\times10^8m^3$；来水保证率为 75% 时，缺水 $3.2\times10^8m^3$。

水资源主要形成于山区，而在盆地内进行开发利用，这种异地产水、异地利用的水资源特点，使得水资源在空间分配上具有可变性。祁连山出山口以上流域面积占总面积的 7%，是河川径流的主要来源区；占流域总面积 93% 的中下游地区，几乎不产地表径流，其中中游地区和下游的上部是利用径流的主要地区；在下游的尾闾附近，是径流的消失区。而从用水量的地区分布看，用水主要集中在中游，中游各部门总用水量为 25.98 亿 m^3，占总用水量的 82.6%；下游区为 $5.08\times10^8m^3$，占总用水量的 16.1%；上游区为 $0.4\times10^8m^3$，占总用水量的 1.3%。这一水资源天然分布格局与水资源利用格局的空间不耦合，导致一系列经济、社会乃至政治矛盾的形成。也就说，在水资源相对丰富的上游地区，正好是人口和产业分布的稀疏区，而在水资源相对缺乏的中游地区，却是人口和产业密集的分布区，也是城乡矛盾最尖锐的地区。

在自然条件下，山区水资源进入盆地后，经多次转化而形成地下水资源，并使各盆地间地下水资源分布达到自然平衡，并维系盆地内的地质生态环境平衡。但如果水资源过度开发利用，中游绿洲不断扩大，就会打破原来的平衡。例如，山前冲洪积平原或河西走廊的南盆地靠近水资源的补给源，水资源被大量开发利用，甚至被无计划、高消耗地浪费，致使进入下游平原或北盆地的水资源量大幅度减少，无法满足下游平原或北盆地对水资源的需求，直接威胁下游平原或盆地的经济发展和生态环境，致使下游的天然绿洲和自然植被衰亡，同时使尾闾湖萎缩消亡。从黑河中游近 10 年来用水量与出山水资源量的变化对比来看（表 2-3），除个别年份外，用水量均大于出山水资源量，这导致中下游水动态平衡关系遭到破坏，危及下游额济纳绿洲的生态安全。

表 2-3　黑河中游 1991 ~ 2000 年用水量与出山水资源量变化（单位：$10^8m^3/a$）

年份	1991	1992	1993	1994	1995	1996	1997	1998	1999	2000
用水量	35.9	34.33	35.459	35.567	34.044	34.64	34.629	34.333	34.695	34.843
出山水量	29.025	27.383	35.395	28.807	29.549	35.761	28.011	41.346	35.45	32.334

四、土壤与植被分异

流域祁连山地受山地气候、地形和植被影响，土壤具有明显的垂直带谱，主要土类有寒漠土、高山草甸土（寒冻毡土）、高山灌丛草甸土（泥炭土型寒冻毡土）、高山草原土（寒冻钙土）、亚高山草甸土（寒毡土）、亚高山草原土（寒钙土）、灰褐土、山地黑钙土、山地栗钙土、山地灰钙土等。流域中、下游地区属灰棕荒漠土与灰漠土分布区。除这些地带性土类外，还有灌淤土（绿洲灌溉耕作土）、盐土、潮土（草甸土）、潜育土（沼泽土）和风沙土等非地带性土壤。

在下游额济纳旗境内，以灰棕漠土为主要地带性土壤，受水盐运移条件和气候及植被影响，也分布硫酸盐盐化潮土、林灌草甸土及盐化林灌草甸土、碱土、草甸盐土、风沙土及龟裂土等非地带土壤。

上游祁连山山区植被属温带山地森林草原，生长着呈片状、块状分布的灌丛和乔木林，垂直带谱极其明显，东西山区稍有差异，由高到低，依次分布：高山垫状植被带，分布在海拔 3900 ～ 4200m，是高山带流石滩植被组成的寒漠；高山草甸植被带，分布在海拔 3600 ～ 3900m，主要是矮草型的蒿草高寒草甸和杂类草高寒草甸等；高山灌丛草甸带，阳坡分布在海拔 3400 ～ 3900m，阴坡分布在海拔 3300 ～ 3800m，由常绿革叶杜鹃灌丛、落叶阔叶高山柳灌丛和金露梅矮灌丛等植被类型所组成；山地森林草原带，阳坡海拔 2500 ～ 3400m，阴坡海拔 2400 ～ 3400m，是祁连山区森林主要分布带，主要树种为青海云杉、祁连圆柏，此植被带对形成径流、调蓄河流水量、涵养水源有着非常重要的作用；山地草原带，阳坡分布在海拔 2300 ～ 2600m，阴坡分布在海拔 2200 ～ 2500m，为山地典型草原、植被稀疏；荒漠草原带，海拔在 1900 ～ 2300m，在中部低山带，具有超旱生小灌木，小半灌木组成的草原化荒漠类型复合分布。

中下游地带性植被为温带小灌木、半灌木荒漠植被。中游山前冲积扇下部和河流冲积平原上分布有灌溉绿洲栽培农作物和林木，呈现以人工植被为主的绿洲景观，是我国著名的产粮基地。下游两岸三角洲与冲积扇缘的湖盆洼地里，生长有荒漠地区特有的荒漠河岸林，灌木林和草甸植被，主要树种有胡杨、沙枣、红柳和梭梭。荒漠植被的植物种类和中游差别不大，呈现出荒漠天然绿洲的景观。

五、土地利用方式分异

海拔引起的热量和降水条件的变化，以及土壤、植被的水平和垂直性分异，进一步导致土地利用方式和地域经济类型的分异（表 2-4，图 2-7）。林地主要分布在祁连山区，草地主要分布在山麓地带，而耕地（尤其是水浇地）主要分布在中游绿洲区，下游地区绝大部为荒漠。这一土地利用结构从根本上决定了地域经济类型。

表 2-4　黑河流域土地类型

山地		荒漠		绿洲		合计	
面积 /km^2	比例 /%	面积 /km^2	比例 /%	面积 /km^2	比例 /%	面积 /km^2	比例 /%
43 376.99	33.6	74 215.05	57.5	11 492.77	8.9	129 084.81	100

资料来源：程国栋等，2006

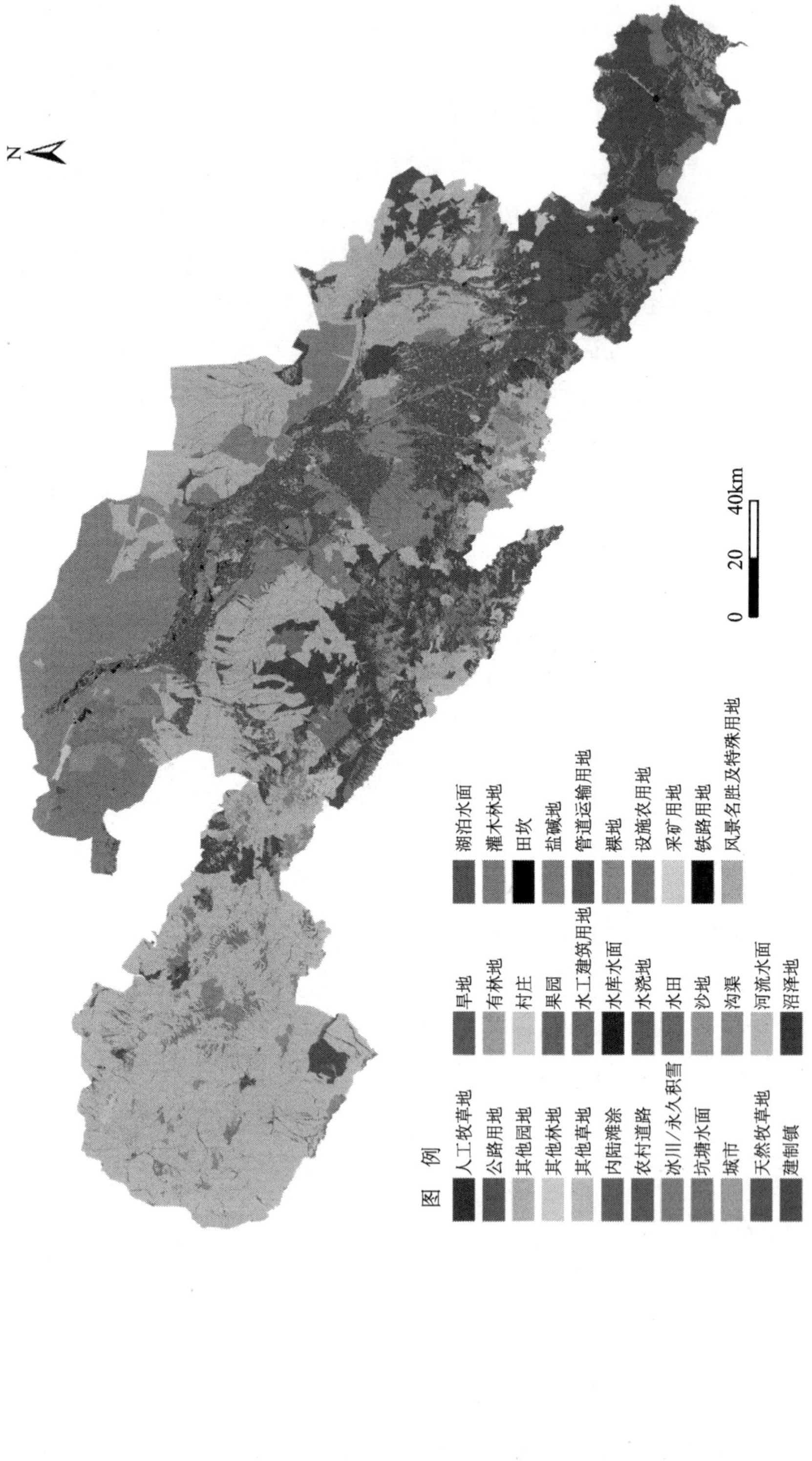

图2-7　黑河流域张掖市土地利用现状图（文后附彩图）

例如，张掖市目前已利用的耕地、园地、林地、草地、城乡居民点及工矿用地、交通用地、水域等的面积占总土地面积的72%。在已利用土地中，草地面积独占73%，主要分布在肃南县，且大多为载畜能力很低的天然草场。若不计这些生产能力较低的天然草场，全区质量较高、能有效支撑产业和人口发展的土地（主要是绿洲）面积十分有限，仅占已利用土地面积的26%。这一土地利用格局也造成农业生产方式的巨大差异：上游祁连区是主要的高寒牧业区，而中游绿区是发达的灌溉农业区，下游又转换为荒漠牧业区。上游区由于寒冷气候的影响，城乡关系主要通过草畜关系得以体现，如果牲畜种群超过天然草场的承载力，那么就必然会引起城乡关系逆向发展。中游地区，城乡关系主要表现为由于对有限水资源和土地资源的争夺，体现为城乡经济和城乡社会发展与协调的矛盾。而下游地区，由于水资源非常紧缺，城乡矛盾又体现为对生态与人居环境之间的矛盾。

张掖市耕地总面积约为350 688.32hm^2，其中平地占82.74%，梯田和坡地面积占17.26%。其中，15°以下的耕地占99.32%，15°～25°的占0.63%，25°以上的仅占0.05%（表2-5），耕地集中分布于中部地区，东西部少，水田多分布于排灌条件好、土壤肥沃的中部平原区域，其中绝大部分集中在甘州区，多为高产稳产田。旱地主要分布在山丹马场和民乐县的半山区和山区，灌溉条件差、土壤肥力低，作物产量受气候条件影响大，多为中低产田。

表2-5 耕地坡度分级分类结构表

区域	平地 /hm^2	梯田及坡地 /hm^2				耕地面积 /hm^2
	0°～2°	2°～6°	6°～15°	15°～25°	25°以上	
甘州区	83 150.41	7 748.34	381.76	11.47	7.3	91 299.28
高台县	33 928.07	5 009.83	328.58	3.42	3.14	39 273.04
临泽县	34 219.24	376.35	11.82	0.7	0	34 608.11
民乐县	62 314.74	18 315.99	3 560.67	1 722.02	152.7	86 066.12
肃南县	7 929.42	2 163.78	2 080.34	295.52	18.36	12 487.42
山丹县	68 619.02	14 504.42	3 658.77	162.15	9.99	86 954.35
总计	290 160.9	48 118.71	10 021.94	2 195.28	191.49	350 688.32

绿洲灌溉农业区的水浇地，由于受渠系的切割影响，地块破碎且集中，多为2亩①；沿山旱作农业区旱地，地块大小差异较大，最小的有2亩，占很小的一部分，大多耕地在5亩以上，马营盆地山丹马场40多万亩地块多在300亩

① 1亩≈666.7m^2。

以上（表 2-6）。土地的生产潜力也由于地貌格局的不同而不同（表 2-7）。

表 2-6　耕地地块规模统计表　（单位：%）

规模	山丹	民乐	张掖	临泽	高台	肃南
0.5 亩以下	8	3.8	—	—	—	6.7
0.5 ～ 2 亩	47	34.0	—	90	90	—
2 ～ 3 亩	10.6	15.6	80.0	10	10	7.8
3 ～ 5 亩	12.4	17.1	10.0	—	—	40.8
5 亩以上	22.0	29.5	10.0	—	—	47.7

表 2-7　耕地生产潜力　［单位：kg/（亩·a）］

生产潜力	地貌区	山丹	民乐	张掖	临泽	高台
自然生产潜力 Y_s	川区	740	746	820.7	834.4	827.6
	沿山区	421	—	—	—	632.4
经济生产潜力 Y_t	川区	560	576	708.1	726.5	722.5
	沿山区	320	—	—	—	577.4
降雨生产潜力 Y_p	沿山区	375	375	—	—	—

六、生态环境质量分异

由于上述自然人文方面的控制，流域生态环境面临的压力也不一致，走廊西部环境脆弱度高，东部环境脆弱度较低；祁连山区各县环境脆弱度要低于相邻的走廊平原地区；越往北，环境越脆弱（表 2-8，图 2-8）。从生态环境质量指数分析，黑河流域生态环境质量具有明显的区域差异，自上游向下游具有恶化趋势。生态环境质量最好的是上游地区，其次为中游的山丹县、民乐县，再次为中游的甘州区、临泽县、高台县、肃州区，最差的是下游的金塔县和额济纳旗。

表 2-8　黑河流域生态环境质量

项目	中游		下游	
	山丹、民乐	甘州、临泽、高台、肃州	金塔	额济纳
气候指数	0.86	0.58	0.38	0
水资源指数	0.69	0.695	0.64	0.5
土地指数	0.64	0.57	0.5	0.5
植被覆盖指数	0.97	0.16	0	0.35
生态环境质量指数	0.79	0.47	0.354	0.355

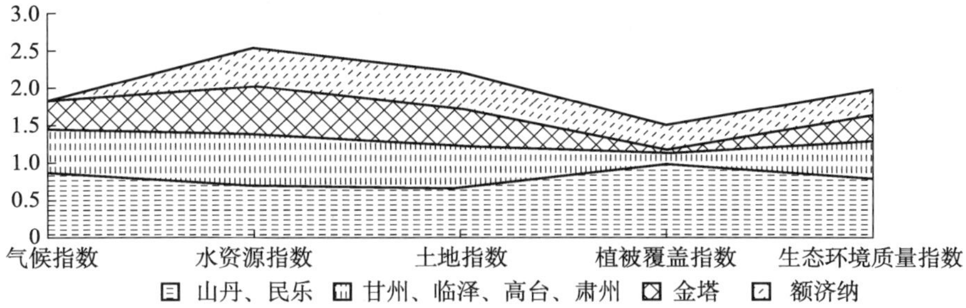

图 2-8　黑河流域生态环境指数自上游向下游的变化

上游地区的主要生态环境问题是以草原秃斑地和草地沙化、杂毒草蔓延、草地生产力下降、珍惜生物物种数量减少为主要标志的草地退化、冰川面积减少、冰川末端波动后退。中游地区主要的生态环境问题是土地沙漠化与盐碱化、水环境污染等。具体表现如下：中游部分地区，如金塔、高台等地在 1990 年以来沙漠化仍呈扩展趋势，盐碱化土地面积有所增加，水污染严重且呈发展态势；下游地区是黑河流域生态环境劣变最为严重的区域，集中表现在终端湖泊消失、众多天然河道废弃并形成绿洲内部沙源、天然绿洲萎缩、土地沙漠化发展迅速。这些生态问题不仅使得本区域环境恶化、生物物种减少、经济与社会稳定发展受到严重制约，而且已威胁到整个流域的生态安全和国防建设的环境保障。

第二节　人文反应

绿洲是山地–绿洲–荒漠复合系统的枢纽和核心，也是人类活动最剧烈的地区。作为一种非地带性生态系统，绿洲具有极强的逐水竞生性。是否有稳定供给的水、来水量的多少、水质的优劣、水的分布形式等对绿洲人居环境的生存、大小、形状和发展建设影响重大（赵克俭等，2005）。因此，绿洲系统及其土壤和植被的发育也正是适应了其水资源的这种规律性时空动态变化，并始终依托河流水系的变化在流域上发生、发展，在本区“水多则稳、水适则殖、水动则新、水止则碱、水少则衰”的现象随处可见，且体现出具有发生上的可衍生性，发育上的阶段性，发展上的层次性，演变上的传承、渐进和替代性，以及受水土动态影响下的代谢物富积过程等特征。另外，由于绿洲系统的开放性、动态性，并随河流水系的水量、水质、流速的动态时空分布而变化。

一、城镇和居民点分布格局的响应

干旱区内陆河流域地表结构的一大特征是绿洲常呈串珠状、斑块状分散在荒漠背景之中，水资源富集区在空间上与绿洲绝对紧密关联、共轭分布。这对人口与产业的集聚，以及城镇体系的空间发育形态和规模结构具有根本性的影响（李志刚，1999a）。总体上看，人口、居民点数量和经济总量表现为与上游—中游—下游格局相一致的递减态势，水资源相对富集及开发利用条件较好的中游绿洲地区，人口规模和 GDP 分别占全流域的 88. 47% 和 87. 93%，而上下游地区的人口和经济在全流域所占比例较小。绿洲中居民地的空间分布特征与耕地、河流渠系和中心城市等因子的影响有关（角媛梅等，2003a）。绿洲核心区的居民地斑块平均面积最大，密度大且聚集度高，表明绿洲核心区开发历史悠久，人口密度大，体现出干旱区发达农业绿洲中居民地密集分布和人类活动强烈的特征。

城市是人类利用改造自然程度的综合标志。自然灾害侵袭、河流淤塞与改道、水源减少、土壤沙化等环境条件的变化势必导致人口的自然变化或者迁移，使一些城镇逐渐衰亡，并寻找自然条件相对优越的区位重新聚集，城市与城镇聚落也随之发生新旧更替（Scott，2001；Robert and Van Rooijen，2002）。形成于古生代早期至志留纪间的古河西构造体系，塑造了祁连山固体水库和长达 1120km 的长廊平坦地貌，奠定了河西走廊城镇布点的良好地质背景，受制于地质地貌条件和水源条件的综合影响，城镇一般位于山前洪积扇及冲积平原，而上游山区和下游绿洲区域则是城镇分布的稀疏区，广大的沙漠更是城镇分布的空白区。

从水网格局上考察，在祁连山区，水系呈树状，对人口和居民点的分布影响不大，但河流出口后，受地貌格局和人类开发的影响，形成典型的扇状水系，天然河道配合人工渠系，深刻地影响和控制了居民点的分布态势。在中游绿洲，水系分布的密度与人口和居民点的分布密度有高度的空间耦合性。各居民点到最近渠系的平均距离为 215m，最临近距离的最大值为 1608m，位于张掖绿洲西北沙井乡的沙地中，属井灌区；最小的仅为 0.1m，位于大满干渠边。

其中最近距离小于 100m 的聚落有 156 个，100 ～ 200m 有 94 个，200 ～ 300m 有 74 个，300 ～ 400m 有 53 个，400 ～ 500m 有 27 个，500 ～ 600m 有 12 个，600m 以上有 17 个。农村聚落斑块的平均半径为 317m，与渠系的平均最临近距离小于 317m 的聚落斑块共有 332 个，占乡村聚落总数的 75.6%，说明大部分乡村聚落均有渠系穿过，因为水是绿洲居民生产生活的核心资源。水源数量及水系变迁制约着城镇的迁徙与兴衰（赵金铭，1997）。

现代河西绿洲城镇体系有如下特征：①城镇因绿洲而产生，因绿洲而发展，先有绿洲，后有城镇是发展的主导过程。绿洲的面积、区位、自然、社会、经济等状况在一定程度上决定了城镇体系空间结构的等级、职能及其之间的联系。②受绿洲承载力和经济发展水平的影响，城镇规模一般较小，各城镇在各自的绿洲上自我发展，导致规模系列和等级规模结构不完整，处于低水平的非均衡分布状态。③绿洲城镇职能主要表现为建立在绿洲农业基础上的中心地综合性职能。各级城镇为其腹地提供着类似的服务，因而产业部门结构齐全，城镇间产业结构类同化严重，互补性分工协作不足，加重了各城镇自我发展、自成体系的封闭程度，具有中国西部落后地区特点。④从整体上看，绿洲城镇分布虽然稀疏，但仍呈现流域城镇空间群组型分布和沿交通线的串珠状分布的相对集聚形态，基本上与绿洲分布和人口分布一致。在各流域内和各城镇群组内部，因自然、区位、社会、经济等因素导致群组内部有很强的同一性，不同群组型城镇区之间较为独立封闭，而区内较为开通，因而基本上各流域形成了自己的城镇经济区。⑤不同群组型城镇区之间主要以交通线相连而呈现点-轴集聚形态网络结构，在各群组内部则是以行政、社会网络联系为主的较为低级的网络结构。⑥虽然绿洲有比较发达的灌溉农业，但农业生态环境脆弱，长期以来发展缓慢，对绿洲城镇的支撑能力有限。各个城市腹地的大小与其所在绿洲又基本一致，众多小城镇各自在一片绿洲上自然地发展，是导致城市腹地范围小的主要原因之一，所以，城镇的产生与发展与绿洲的生态承载力和农业产出密切相关。

二、地域经济类型响应

受气候、水资源和地表结构分异的影响，黑河流域上游祁连区是主要的高寒牧业区，而中游绿区是发达的灌溉农业区，下游又转换为荒漠牧业区。流域的上游地区经济发展水平较低，主要是山地草原牧业为主的牧业经济，其中水资源的利用对中下游生态环境影响微弱；中游是黑河流域的主要绿洲农业经营区，是西北地区重要的商品粮和蔬菜生产基地之一，发展水平较高，也是流域内水资源的主要消耗区和利用区，并出现水资源短缺现象；下游除鼎新灌区为灌溉农业外，金塔县的其他地区及最下游的额济纳旗以荒漠草原畜牧业为主。这样的地域经济类型也导致了流域上中下游产业结构需水与水资源供给矛盾的形成。

黑河流域产业构型表现为“一三二”型，农业是水资源的用水大户。张掖市农业用水 $17.72\times10^8\mathrm{m}^3$，占全部用水量的95.7%；工业用水 $0.39\times10^8\mathrm{m}^3$，占全部用水量的2.12%；城镇居民生活用水 $0.14\times10^8\mathrm{m}^3$，占全部用水量的0.78%；农村居民生活用水 $0.16\times10^8\mathrm{m}^3$，占全部用水量的0.85%；生态环境用水 $0.02\times10^8\mathrm{m}^3$，占全部用水量的0.11%。尽管农业用水占总用水量的95.7%，但是农业在国民生产总值中比例仅为34.49%；第二、第三产业用水量占总用水量的3.86%，而生产总值却达65.2亿元，占国内生产总值的65.51%。水资源占用结构与效益结构的错位，不仅强化了水资源短缺的约束力，而且造成严重的人地矛盾。上游区受寒冷气候的影响，人地关系主要通过草畜关系得以体现，如果牲畜种群超过天然草场的承载力，那么就必然会引起人地关系逆向发展。中游地区，人地关系主要表现为由于对有限水资源和土地资源的争夺，体现为城乡经济和城乡社会发展与协调的矛盾。而下游地区，由于水资源非常紧缺，人地矛盾又体现为生态与人居环境之间的矛盾。

黑河流域土地灌溉面积集中在中游张掖、酒泉两个地区，水资源的开发利用也主要在这两个地区，灌溉面积从中游到下游逐渐减少（表2-9），而耗水量的空间分布格局是：靠近祁连山区的冷凉灌区较走廊地带的平原灌区灌溉水量要小；而同在走廊区的灌区，东部要比西部小；同样处在西部的酒泉–嘉峪关灌区、鸳鸯池灌区、鼎新灌区，则呈现出自西向东急剧增大的趋势，这说明离巴丹吉林沙漠越近，灌溉水量也越大。

综上所述，山丹灌区用水量已经接近现有农业生产技术条件下的最高水平；而同属冷凉灌区的民乐灌区，单位面积用水量达 $5942\mathrm{m}^3/(\mathrm{hm}^2\cdot\mathrm{a})$，用水水平偏高，这与该县水资源较多和水利工程控制较好有关。酒泉地区各灌区用水量都在 $10\,000\mathrm{m}^3/(\mathrm{hm}^2\cdot\mathrm{a})$ 以上，说明在灌溉过程中存在巨大的浪费现象，必须强制节水。

表 2-9　2000 年黑河流域各灌区耗水量分析

灌区名称		山区	山丹灌区	民乐灌区	张临高灌区	酒嘉灌区	鸳鸯池灌区	鼎新灌区	额济纳旗灌区
农田 /10^3hm^2		4.42	23.7	48.0	126.7	65.32	28.58	6.14	1.543
林草 /10^3hm^2		1.80	0.91	2.99	26.31	19.86	6.01	2.59	21.74
总用水量 / ($10^8m^3/a$)		0.246 7	1.437 3	3.030 0	15.619	8.538 3	4.017 1	1.000 0	2.966 4
耗水量 / [$m^3/(hm^2\cdot a)$]		3 966	5 840	5 942	10 207	10 024	11 614	14 306	12 741
绿洲	面积 /10^3hm^2	—	—	—	224.8	140	80.67	—	—
	耗水量 / [$m^3/(hm^2\cdot a)$]	—	—	—	6 948	6 099	4 980	—	—

从产业结构效益指数分析，黑河流域产业结构效益自上游向下游在空间上呈倒“U”形，表现为上游 < 中游高效绿洲农业区、中游高效绿洲农业区 > 下游、上游 < 下游、上游 < 中游山丹及民乐。其中，中游甘州、临泽、高台、肃州的产业结构效益高达 0.728，而上下游仅为 0.5、0.65。这说明中游地区的产业结构基本上决定着整个黑河流域产业结构调整的主要方向与任务，产业转型应该首先从中游抓起，同时兼顾上下游（表 2-10）。

表 2-10　黑河流域产业结构效益

项目	上游	中游		下游
	祁连、肃南	山丹、民乐	甘州、临泽、高台、肃州	金塔
产业结构效益指数	0. 5	0. 328	0. 728	0. 65

三、其他人文响应

1. 民族交流融合乃至执政的舞台

河西走廊面与青藏高原毗连，北与内蒙古高原接壤，东与黄土高原邻境，西与塔里木盆地交界。正由于位处上述几大地理单元交汇的枢纽区，河西走廊在历史上一直是生活在这些区域乃至更大范围内的许多民族交往、迁徙、交流、融合、斗争非常频繁的地区。得益于祁连山冰雪融水的滋润，走廊内发育了片片肥沃的绿洲。而戈壁、草原、绿洲相间分布的空间形态，为不同民族文化的萌芽、成长提供了理想的生存环境。从东西方向来看，南北走向的大黄山（焉耆山）、黑山又将走廊自东而西分割成以武威、张掖、敦煌绿洲为中心的东、中、西三个既相互独立又相互联系的地理单元，这种相对独立的空间结构为河西文化的多元化发展提供了基本的地域条件。

从文化地理区位来看，河西走廊处于我国古代蒙古文化圈、青藏文化圈的交汇地带，也是中原文化、西域文化有效辐射的区域。由走廊西出与东进，即进入西域文化与中原文化的区域，南下北上分别穿越祁连山和走廊北山山地，即步入青藏文化圈和蒙古文化圈腹地。与不同民族文化在地域上的临近性使河西文化对不同质的文化都具有一定的亲和力，历史上不同地域的民族或部落正是基于此而相继进入河西走廊的。而多民族文化的不断加入及其生存空间的交互占用，使河西走廊文化结构趋于多元和开放，在河西儒家文化中异质文化因素加重的同时，也使得河西地域文化更易于接受异质文化的影响，并将这种影响整合到自己的文化格局中，变为区域文化传统（张力仁，2006a）。由于异质文化因子的不断介入，河西多民族文化处于长期变动之中，文化杂糅与整合过程持续发生，促使原来性质不一的河西地域文化趋于均匀与一致，并为新的民族文化的进入，以及更高层次上的多民族文化的交流与整合奠定了基础。

早在先秦和秦汉之际，这里就活动着羌、氐、塞种、乌孙、月氏、匈奴等族。汉武帝开拓河西以来的两千多年间，大约有 1/3 的时间是少数民族在河西舞台上担任主角。河西成了众多民族联系的通道。除汉族外，北方蒙古高原来的匈奴、鲜卑、突厥、回鹘、蒙古等族，南面青藏高原上的羌、吐谷浑、吐蕃等，西方来的昭武胡人、乌孙、月氏等，都曾在这里留下过历史足迹。他们或同台，或轮番演出，多民族的交往赋予了河西走廊历史文化的多元内涵和民族浑融的斑斓色彩。例如，五凉时期的南凉、西凉、北凉就是以武威绿洲、敦煌绿洲、张掖绿洲为中心建立的割据政权。唐末五代时期，河西走廊甚至出现了肃州龙家、甘州回鹘、敦煌归义军政权和凉州蕃汉联合政权等多个民族地域联合体。历史时期河西地域分分合合，统治民族代有更替，促使河西文化不断地发生分异与重组。如果走廊被置于强有力的政权控制之下，其文化的一体性就会得到最大的体现；反之，如果外部力量不足以弹压或控制河西走廊，河西文化就体现为多头出露。农耕民族和诸多游牧民族在本区的进退及其在政治、军事、经济等方面的活动，不仅对于河西不同历史时期自然和人文面貌的形成和演变有着极为重要的作用，而且在全国历史上都产生了不容忽视的影响（李孝聪，2003）。

2. 农牧咸宜的地域经济类型

由于自然条件的制约，中国总体上划分为东部季风农业区，蒙新非季风牧业区和青藏高寒牧业区。黑河流域虽然总体上属于牧业区，但由于其独特的地理位置、气候条件和自然环境，在上游祁连山地及山麓地带、下游的古居延地区发育了广阔的高山草原和荒漠草原，而在水资源条件优越的绿洲地区，有发达的灌溉农业存在。农牧咸宜的自然条件为游牧民族提供了充足的马匹和战略装备，奠定了其机动性；而发达绿洲农业则提供了丰厚的物质给养。同时农牧区在上中下游接壤交替分布格局和总体处于干旱大陆性气候条件下的易变性，为农牧业的进退又形成了外在的动力。

民族之间的交流与融合，促使农牧业两种生产方式不断发生转换。早在两汉之际，由于诸多少数民族与汉族交往、杂居，已出现了由牧业向农业转化的现象；唐代时这种现象更是寻常而普遍，如回纥（后改为回鹘），与汉族杂居，“其可汗常居楼”，同时其经济活动也转向半农半牧。吐蕃统治时期，河西走廊农业文化明显萎缩，但汉文化自身的高势能位，以及此地自汉以来所形成的深厚的汉文化底蕴，使得在形式上和空间上占据河西走廊的吐蕃部落，其固有的生产生活方式在汉文化的影响下也发生了不同程度的改变，在汉代以前，河西走廊基本上是以牧业为主的区域，区内不存在任何文化中心，更不存在文化核心区，只有文化丛和文化点，这是由牧业生产力及其文化的内在结构所决定的。自汉代大规模移民开发河西地区以来，河西文化空间结构便发生巨大变化，以农耕及定居文化为核心的儒家文化（中原文化）迅速沿着河谷及绿洲地带延伸，但从汉代在河西所置郡县来看，还没有一个县在长城之外，表明农牧两大地域文化仍然以汉长城为界，祁连山及长城以外的区域依然游离于汉政权管辖之外。三国时，河西走廊区域内民族和睦，文化兴盛，由于汉文化的高势能位而形成了以汉文化为主导的多民族文化共存的文化空间分布格局。西晋时期河西地方政府对日益复杂的民族关系应对失当，导致民族关系不断恶化。到十六国时代，河西文化的地域分化进一步增强，不但出现了以武威、张掖、敦煌绿洲为中心的三大色彩不一的文化板块，而且在三大文化板块内部也出现了文化地域分化。北魏占据河西走廊时，虽然其地域趋于完整，但北魏时河西大量士人徙往平城，使以儒家文化为代表的中原农耕文化在河西走廊地区急剧衰落。盛唐时代，伴随着中原王朝对河西走廊统治力的加强，以及大批移民开发河西地域经济，使河西走廊农业发达、牧业兴盛。此时期，河西区域不但出现了以武威绿洲为中心的文化中心，而且姑臧城（武威）作为州、郡、县治所所在地，成为河西走廊的政治中心。以汉族儒家农耕文化为主体的多民族文化统一地域联合体已经形成。

中唐以后，河西文化虽然出现了吐蕃化、回鹘化、西夏化、蒙古化历程，在一定程度上也削弱了或压缩了中原农耕文化在河西走廊的空间分布及其影响力度。但毫无疑问，作为河西地域最基本、最稳定的文化形态的汉族儒家文化在河西走廊地域文化中所占的主导地位并没有改变。

3. 重要的地理枢纽区

由于地处黄土高原、青藏高原、内蒙古高原、塔里木盆地四大地形交汇处，特殊的地形地貌特征决定了河西走廊自古以来就是适合农牧业发展的理想场所，并成为多民族迁徙融合杂居之地、历代兵家必争的战略要地、中西交通的必经通道和历代政权屏蔽关陇、经略西域、隔绝羌胡、割据自保的总后方和根据地。河西地区自汉以来在交通和战略上的重要地位，从汉设置河西四郡的动机就可以明显地看出。《后汉书·西羌传》云："及武帝征伐四夷，开地广境，北却匈奴，西逐诸羌，乃渡河湟，筑令居塞，初开河西，列置四郡，通道玉门，隔绝羌胡，使南北不得交关。於是障塞亭燧出长城外数千里。"从此，河西就被视为秦陇与关中的西门，作为中外联系的国际窗口和中原王朝北控漠北、西图西域、南连青藏的战略基地，具有重要的交通军事战略地位。占领河西走廊就可以割断蒙古高原与青藏高原游牧民族的联系，进而向西控制天山南北的广大地域。"欲保秦陇，必固河西；欲固河西，必斥西域"[①]。正因如此，河西走廊在历史时期就成为中国战略地缘格局中的边疆之地和边境战争中的"枢纽地区"。祁连山的奇特之处在于，虽然它沿西北—东南走向延伸约 1000km，但它的山体高度变化并不剧烈，这就决定了祁连山很均衡，即每隔一段距离（约 100km 左右）就有一条河流出现。这种均衡出现的河流，对河西走廊古绿洲的形成和丝绸之路的走向提供了非常坚实的基础。大山不仅划分中国的自然区域，还是影响中国文明形成和统一的重要因素，还影响中国疆域的大小和形状。每当中原文明萎靡不振、活力不足时，北方游牧民族就会越过长城冲进来与汉民族融合，每一次融合后，中华文明就会朝气蓬勃，如魏晋后的隋唐、五代十国之后的宋、元以后的明等。

河西地区南北两侧，皆有天然的屏蔽。南面祁连山，东起乌鞘岭，向西延伸到敦煌西南的党金山口与阿尔金山相连。山势高峻雄浑，山顶常年积雪不

① 顾祖禹，《读史方舆纪要》，卷六三。

化。北面龙首山、合黎山、马鬃山断续相望，绵延千里。尤其是山北的腾格里沙漠、巴丹吉林沙漠，皆海潮广大。这都是防守的有利条件。可是，山间隘口、河道、深入大漠腹地的河谷，却往往成为入侵者必经之路。但并非所有的山谷、小道均可穿行。大军远征，必取地势开阔、水草丰茂、补给便利的大道。即使是金戈铁马的游牧民族，也不能摆脱自然条件的制约。

古代战争水平不高，崇山峻岭、大漠高原都是天然的防守工事。而这正是河西在军事地理上的防守优势。南面只要把守往祁连山各山口要塞，就阻住了自青藏高原来的各民族的进攻。北面只要在漠北民族南下时所循的河谷水源地区设置关卡，重兵把守，切断其士马所必需的水草，也就阻断了其南下的通道。历史时期，中国的民族分布和成分更为复杂，但总体上各游牧民族分布在北方、西北和西南。河西地区的地貌大势总的来讲，南高北低、东西贯通，这非常有利于机动灵活的马背民族从北方和西边长驱直入。

河西地区处在高山大漠之间，这是其在战略上的优势。但河西地区狭长的地形和位处各民族的夹缝，又使它战略上具有了先天不足的缺陷。正如史念海（1998）所言：“陇右道东部，特别是河西诸州，是有战略上的缺点的。河西诸州东西延绵数千里，南北最窄处却短促到只有一百多里，又夹处南北两大强邻之间，万一中间被截断，不仅陇右道东西不能兼顾，就是安西北庭四镇，也将和中原难以联系。”

除了传统的丝绸之路外，河西地区通向漠北的通道主要有两处：居延海道和白亭海道。而南通青藏高原的通道有大斗拔谷道。在横穿祁连山沟通河西走廊平原与青藏高原的通道中，尤以扁都口一线为最。扁都口，古称大斗谷，或大斗拔谷。经此道南可直抵湟水谷地，北出山口可进入走廊，东去凉州，西通甘州，是历代兵家必争之地。这也是丝绸之路——羌中道进入河西的重要干线。隋炀帝西巡时，即穿此道。处在“十”字路口的黑河流域，正如地缘政治学上所讲的“枢纽地区”一样。中原汉民族要进入西域或青藏高原，要么翻越乌鞘岭进入河西走廊，要么沿腾格里沙漠边缘进入西域，要么沿湟水谷地进入青藏高原腹地，并通过“羌中道”与河西走廊取得联系。

这一地理形势正好暗合历史时期中国“北防西通南进”（即“北抗”“西征”“南融”的地缘战略）（王飞，2006）。北防：汉唐在开国过程和初期，由于战争破坏，经济急待恢复，国势弱小，为巩固政权，首先平定割据，求得内部统一，对周边民族国家向中原王朝地区的侵扰，采取和亲政策，或较宽容的做法，实质是防御战略。据张正明的《和亲通论》统计，西汉时期各类和亲至少有 16 起，隋唐和亲 33 起。西汉经过 70 多年的休养生息，到汉武帝时经济空前繁荣。汉武帝时与匈奴先后打了十几仗，其中最重要的是公元前 119 年，全歼匈奴主力，“是后匈奴远遁，而幕南无王庭”（《匈奴传》）。西通：为了北防和西通，即指中原王朝内地与西部及西南各族人民的关系，史称通“西域”与通“西南夷”。对中原王朝而言，河西走廊及西域是汉唐中原大地的西部屏障，是通往中亚、西南亚、欧洲等地丝绸之路的要冲。因而，河西走廊及新疆等地天山南北地域，是汉唐与匈奴、突厥的必争之地。中原王朝为了断匈奴（包括突厥）之“右臂”，一方面对河西走廊实行军事进攻，另一方面派遣张骞、班超等出使西域诸国，开展政治外交活动，配合军事进攻。南进：指中原王朝在北防与西通的过程中，由黄河流域向长江流域、岭南的珠江流域推进，除了运用武力平定各地割据势力外，还采用人口迁移、文化传播、经济开发等手段，使中原地区与南方民族融合为一体。

历史回眸篇 ◎

中国有非常悠久的城市发展史，但在在几千年浩荡时光的冲刷之下，因自然环境和人文环境的剧变，许多城镇已湮没在历史长河中，难觅踪迹。只能站在历史的高度，力图客观、公允、系统地展示黑河流域城镇发展样貌，勾勒出城镇发展的基本脉络。在综合应用文献资料和考古资料对黑河流域城镇进行纵向考察的同时，将黑河流域城镇置于古代中国历史发展的长卷中，置于更为广阔的地域空间，揭示地缘政治、地缘经济和自然环境演替对城镇发展的综合影响。

检测城市发展状态的指标有很多，如城市数量、城市规模、经济发展水平乃至城市制式等，然而在长达2000年历史长河中，经过岁月打磨、蚀化，不少古城镇已成残垣断壁，形制难以推断，甚至湮没在漫漫黄沙中。至于规模更小的一般聚落，更是难觅踪影。中国虽有卷帙浩繁的文献记录，但缺少对城镇人口、经济等方面的专项记载，因此想要真正推测历史时期城镇的发展态势，是一件非常困难的事。

本书站在历史的宏观高度，将黑河流域的城镇放置在更广阔的空间，通过分析全国行政、人口、经济、社会发展的态势和变化，描绘黑河流域城镇发展的场景与过程。

第三章
城镇发展的历史过程

第一节　城镇萌芽期

虽然各地的早期城市在具体表现形式上有所差异，但在构成城市的基本要素上是一致的。在文明初现的早期城市中，两河流域的美索不达米亚文明和尼罗河流域的古埃及文明基本上是以神庙为中心的城市；印度河流域的古印度文明是以贵族城堡为中心的城市；中美洲的玛雅文明则是以金字塔形神庙和广场为中心的城市。

尽管各地早期城市的面貌存在差异，但都经历了相似的城市化进程：从低密度的小型农业村落，到低密度的大型农业村落，即农业村镇（核心村落），再到凝聚化的大型的开始有非农业人口集聚的城镇，最后发展到以非农业人口为主集聚的超大型聚落——城市。这一进程也基本上是所有文明所共有的，有所差异的可能是城市化的不同动因和城市的各种不同类型的面貌。

城市的出现虽然并不意味着所有的人们都有机会居住在城市里，但城市的核心作用和辐射功能是巨大的。从某种程度上讲，城市的出现就标志着单纯意义上的乡村的消亡。因为每个乡村聚落实质上不过是隶属于某个城市的一个依附点而已，城市不会单独孤立地存在，环绕在它周围的众多乡村是它的有机构成部分。城市在吞噬着周围的乡村，城市生活也无时不在由近及远地渗透影响着周围的乡村。如果城市是文明诸多因素的集中概括，那么，城市发生进程或者说城市化进程也就是文明发生、文明化的进程。最早的文明社会应该在最早的城市里出现。是城市这种凝聚的大型聚落形式，将发生文明的各种因素集结起来，最终迸发出文明生活之花。城市向周边乡村的扩展与渗透，实质上就是文明生活的扩张。文明也应该同早期城市一样，最初只是少数几个焦点，后来繁星点点，最后成为一大片。城市与文明的普及化应是一个长期的过程。

对于城市的界定，西方学者一般接受英国史前学者戈登・柴尔德的学说[①]。他依据考古材料考察西亚、北非地区文明出现的进程之后认为城市具有以下因素：

（1）最初的城市较过去任何聚落均更为广大，其人口较稠密；

（2）城市人口的构成和功能与前迥异，包括工匠、运输工人、商人、官吏与僧侣；

（3）直接生产者必须向神或神权下的国王缴纳赋税，以产生剩余财富的集中；

（4）规模巨大的公共建筑不但凸出城市与村落之异，而且成为社会剩余财富的象征；

（5）官吏与僧侣和军事首长形成统治阶级，从事计划、组织等劳心活动，下层阶层从事体力劳动；

（6）财富的经营迫使文字的发明；

（7）文字的发明进一步推动科学的产生；

（8）由剩余财富所供养的其他专家从事美术活动；

（9）剩余财富更用于外来商品的输入，造成原料贸易的发达；

（10）由于原料能够输入，同时受到以居住地位（而非亲族地位）为基础的国家的保护，专门化的工匠成为城市政治构成的下层成员。

科特金（Joel Kotkin）认为，从城市发轫伊始，就带有共同的特征，尽管它们可能远隔重洋，欲成为世界名城，必须具备神圣（sacred）、安全（safe）和繁忙（busy）三个方面的特质，三者缺一不可。只要有一个薄弱环节，都会损毁其基础，甚至最终导致其衰亡！所谓神圣，属宗教层面，可以理解为道德操守的约束或市民属性的认同，是城市赖以维系的精神支柱。所谓安全，就是指一个城市所能提供的最基本安全保障，包括安全的经济环境、社会环境和政治结构。防御体系在城市演进过程中发挥着关键作用。历史学家亨利・皮朗注意到，很多城市最初或是作为逃避游牧民族掠夺之地，或是作为避难之地（Pirenne，1925）。当一个城市保证安全的能力下降时，城市人口就会退避到其他地方或移居到另一个更安全的城市"堡垒"。所谓繁忙，主要指经济基础坚

① Childe V G. 1950. The urban revolution. The Town Planning Review，1（1）：3-17。

实，商业市场完善。科特金认为公元前2000年中国开始的独特的、内生性的城市进程，同样具有浓厚的宗教色彩，大多数早期城市都是小型的宗教仪式中心，周围环绕着为宫廷服务的手工业作坊。公元前1110年，统一的周王朝的建立促进了带城墙的大型城镇的第一次发展；实际上城墙和城市的特征是一致的。周朝及后来的汉、唐创造出一套中央集权的统治模式，其持久性和彻底性举世无双（章生道，1963）。

张光直（1985）认为，新的聚落形态包括在考古材料中所反映的因素，通常至少有以下几个方面：①夯土城墙、战车、兵器；②宫殿、宗庙与陵寝；③祭祀法器与祭祀遗迹；④手工业作坊；⑤聚落布局在定向与规划上的规则性。

不管如何界定，众多学者都承认城市是诸多文明要素累积的结果。最新的考古发掘与研究证明，人类诞生至少有300万年的历史，人类发展到现在的历程又可划分为史前时期和历史时期。史前时期占据了人类历史90%以上的时间。以史前时期人类的遗址、遗迹为研究对象，复原历史，通常可划分为旧石器时代和新石器时代。在旧石器时代，人类一般是居住在天然的洞穴之中。进入新石器时代以后，人们逐渐转为较稳定的定居生活。于是，聚落应运而生。新石器时代至夏商时期，人们以血缘关系为纽带，生前聚族而居，死后聚族而葬（王巍，2003）。在中国早期城址出现以前，曾经存在过聚落遗址的发生（新石器时代早期）、扩大（新石器时代中期）、发展（新石器时代晚期）、分化（铜石并用时代早期）四个阶段。在社会组织的演变上则先后经历了万邦林立的初期国家阶段（仰韶后期到龙山时代）、共主支配下的广域王权国家阶段（夏商西周时期）和逐渐走向统一的封建集权国家阶段（春秋战国时期），它的进一步发展，则是秦汉大一统中央集权帝国的形成。

由于公元前6000年以前的中国新石器时代早期的乡村聚落形态资料很少，目前还难以作出一个详细勾画。公元前5000年至公元前3000年，新石器时代文化继续发展，黄河流域的黄土高原地区生存着著名的仰韶文化，黄河下游地区有大汶口文化前期，长江流域有大溪文化和屈家岭文化前期等。这一时期乡村聚落演进轨迹明显，可分为前后两个阶段。前期阶段著名的大型村落遗址有陕西省半坡遗址、姜寨遗址，甘肃省大地湾遗址等，其中以属于仰韶文化早期的姜寨遗址最具代表性。这种封闭向心式的村落反映着以血缘关系为纽带的氏族村社的稳定性，居民过着较为封闭的自给自足的农业生活，无论是居民之间，还是村落与村落之间，都还是一种未出现明显等级分化的较平等的原始自然状态。遗址的平面位置分布依自然地势，分散不规则；各遗址面积之间互相区别不大，大致相等；没有明显突出的超越邻村的大型村落出现。这种情况在后期阶段开始改变，村落之间出现规模等级分化，原始自然、分散的村落位置分布开始向乡村聚落群集聚发展，每个聚落群中间一般出现一个大型的核心村落，其规模大，占领导地位。

全新世的大暖期里，中原农耕文化的代表者，即仰韶文化时期的人们受人口、生产方式和气候等因素的策动，已经不断北上拓荒，达内蒙古中南部一带。仰韶与龙山之交，环境发生了波动，对中原古文化与古人类的活动产生了强烈影响，促使龙山时代做出了开源节能的日常文化调整、社会分化和守土卫族的城址的兴盛（曹兵武，1996）。距今5000年左右的气候波动昭示着全新世气候最佳期下坡路的开始，其幅度未必很大，但在文化繁荣饱和的中国大地上已足以引起了一场由北而南的振荡，人口运动的模式由此前的拓荒性殖民式移民转变为竞争式迁徙，各个地方特别是位于北方草原与南方低湿的大环境与大文化交汇地带的传统中原地区的文化和人们，都根据自己所处的不同情况，对社会生活的各个方面进行了不同程度的调整性适应，部族内的认同和祖先敬拜得到加强，守土卫族的观念逐步确立起来，由此开启了向由部族文化所代表的早期中国式国家文明迈进过程的竞逐。城址便作为这个时代应运而生的产物（严文明，1991）。

公元前3000年至公元前2000年，属于乡村城镇化进程与城镇时代。这一期间在北方黄河流域是龙山文化的繁盛期，故又称龙山时代，一般又划分为两大阶段：公元前3000年至公元前2600年为前期，黄河流域有庙底沟二期文化和大汶口文化末期，长江流域有屈家岭文化末期和良渚文化早期等。公元前2600年至公元前2000年为后期，黄河流域是龙山文化，长江流域是石家河文化和良渚文化后期。以一座大型围墙聚落为核心，周围集聚一群中小型一般村落的聚落模式，在龙山时代后期阶段发展到顶峰。

这一时期的城市处于万邦林立、战乱频仍的历史环境中，具有规模小且彼此差别不大、独立性强、存在时间较短、城乡分化尚不甚明显等特点，呈现出城市初现期所特有的面貌。但它们都与居住区相结合，属内涵复杂的永久性居民点，是具有多种功能的城邑，属城市范畴，而非单纯军事意义上的城堡。

由新石器时代晚期进入铜石并用时代之初，气候正值全新世大暖期，温暖湿润，极利于农业经济的发展，人口迅速增殖，定居氏族、部落的数量及规模急剧增大，部族内部的阶层分化已逐渐演变为阶级分化，部族之间的交流和冲突也日益增多和剧烈，并发展为掠夺性的战争。在战争的促使下，有血缘关系和有共同利害关系的部落，便结合为联合体（军事民主制的部落联盟或酋邦）。这时，仅有消极防护功能的围墙，已不能适应日趋频繁和规模越来越大的战争需要，因为它在遮蔽敌人箭矢和隐蔽自己行动的同时，也阻碍自己弓弩的发射和遮挡对敌人行动的观察。于是人们便构筑能够进行防守作战的城堡。随着第一个广域王权国家夏王朝的崛起，中国历史进入了建立在发达的青铜文化基础上的王朝文明时期。依三代王朝的社会疆域地理状况，可将这一时期的城址划分为王朝都城址、方国城址和周边邦国部族城址三种类型（徐苹芳，1995）。王朝都城与具有相对独立性的方国城邑构成了此期建立在宗法分封制基础上的、突出政治军事职能的城市网络。根据宗法等级秩序来确定城邑建置和筑城规模的等级城制的存在，决定了城市作为较单纯的政治、军事中心的性质。从商周开始，中国的城市就不自觉地与国家的演进联系在一起。在中国历史上的大部分时间，城市的建设服务于国家的管理。和世界其他文明一样，中国最早的城市也履行着作为神圣、安全、繁忙的基本功能，即有环绕的城墙拱卫其安全、有商业市场维系其经济繁荣和宗教中心。随着时间的推移，中国以国家为中心的城市主义模式最终构建出一个更广阔的城市网络，较小的行政管理中心也随之在全国兴起。在发达的农业和长期稳定局面的维系下，这些城市在发展规模和气势上都取得了不俗的业绩。

春秋时期是中国奴隶制开始瓦解、封建因素逐渐增长的急剧动荡的社会大变革的时代，也是战争极为频繁的时代。由于铁器的发现和逐渐使用，牛耕技术的推广，生产力迅速提高，各诸侯国的政治、经济、军事力量，也随之发展。战国时期是我国封建制确立的历史时期。在社会经济和社会制度急剧变化的影响下，武器装备、军事制度，以及战争和城市都有了较大的发展。列国分立、兼并战争频繁的政治军事形势和社会经济的长足进步，促进了城市的进一步发展，导致其功能与性质的巨大转变。这种变革可归纳为大规模筑城运动的展开和城郭布局的形成两个大的方面。春秋时期开始的筑城运动中，绝大部分城池都是列国出于攻防等军事目的而修筑的；同时，春秋中期以后，卿大夫采邑也逐渐突破等级城制的约束，采邑逾制筑城成了普遍现象。进入战国后，建立在宗法制度基础上的王城、相对独立的诸侯国都及卿大夫采邑，最终为封建国家的都城及作为其股肱的地方政治管理机构——郡县城所取代。各国普遍实行了郡县制，设县之处必有城，即众多春秋至战国前期的小国都邑在为大国吞并后一般也都成为其郡县治所所在，故郡县城的数量急剧增多。城市已经和后来整个封建社会的城市一样，具有三性：政治性、经济性和军事性。政治上，它是一定区域内的统治中心或政权所在。经济上，它集中一定的财力、物力和手工业及商业。军事上，它往往扼居于战略要地，并拥有相当的防御手段。这一时期的大小城市，四周均有城墙及护城河，但面积较前有所扩大。

与城市经济的发展相对应，夏商西周时期以血缘为纽带的聚族而居的城市居住形态开始瓦解，这一时期城市的居民构成发生了很大的变化，与之相应的较严格的民居规划与管理体制开始出现。首先是居民区从分散状态逐渐集中于郭城之内，郭城内分布着官署、居住区、手工业作坊和商业区。郭城内的居民以里[①]为基本的居住单位。里内的居民姓氏混杂，且多按职业分工划分居住区域，以利管理。这种新的居住单位，已是一种地域组织。地缘政治结构在此期开始出现。

甘肃省位于我国西北部，面积约为45.37万km^2，省境呈西北—东南向狭长形，是我国三大地理单元的结合部。辽阔的地域、复杂的地形和自然环境的巨大差异，为人类活动和发展提供了不同的生态位。因此，全省境内的石器文化面貌相异，发展进程与方向不一致。

甘肃史前文化的完整序列：大地湾一期文化（早期文化形态）—仰韶文化（中期文化形态）—马家窑文化（以下为晚期文化形态）—齐家文化—四坝文化—卡约文化—辛店文化—寺洼文化—沙井文化。当中原地区进入阶级社会时，这里依然留存着与之平行发展的齐家文化、沙井文化、卡约文化、辛店文化等地方文化类型，它们一直延续到西周、东周时期。建筑形式从最早的窝棚、半穴居形态逐渐发展为地面建筑（唐晓军和师彦灵，2004）。甘肃省迄今发现的旧石器时代中、晚期的地点，仅在泾川、武山、庆阳等地有所发现（刘玉林等，1984；张行，2000）。中期的地点主要包括华池赵家岔、镇原姜家湾和寺沟口。河西地区仅在马鬃山地区有所发现（谢俊义，1991），河西走廊是

① 里：街坊，古代五家为邻，五邻为里。

古代西城通往中原腹地的重要通道，20 世纪 50 年代以来的考古调查与发掘资料表明，这一地区的古文化面貌及其分布关系呈现出复杂多样化的形态（韩康信等，2005）（图 3-1）。

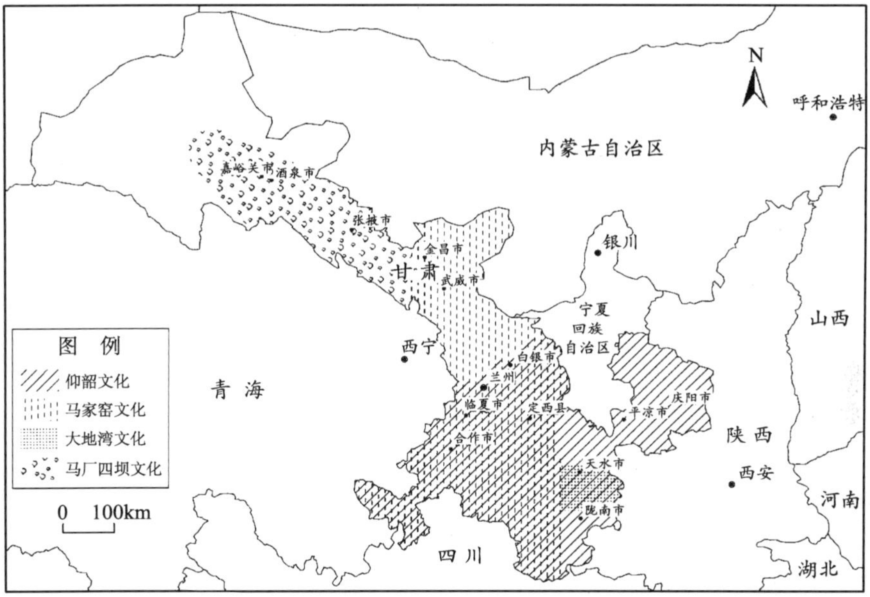

图 3-1　甘肃文化分布图

仰韶文化又可分为早中晚三期，这三期在甘肃的分布呈逐步扩展的态势。仰韶早期在甘肃东南部和南部普遍被发现（以宁县董庄和秦安大地湾遗址为代表）；而中期已发展到甘肃中部和青海东部，但呈点状分布；晚期已扩展到中部，遗址显著增多，面积成倍扩大，而且在经济生活中狩猎捕鱼骤然下降，农业日益发展。早期的遗址多选择在较宽阔的河谷地带，一般位于河边第一、第二台地。村落由壕沟围成椭圆形，中心部位是广场和一座大型房址，作为集会、祭祀的公共活动场所。房屋为半地穴式建筑，除个别为圆形外，大多为长方形或方形。中期遗址大多位于山谷中的河边台地，陇东黄土塬的塬边和沟壑也被先民选作居住地，对环境条件的适应生存能力比早期有所提高。房屋仍为半地穴式建筑，大多为长方形或方形。晚期聚落规模空前扩大，面积有限的河边台地已无法容纳成倍增长的人口，遗址向山地扩展，遗址主体坐落在宽阔平缓的山坡上，两侧以沟壑为天然屏障。一般性建筑大多摆脱了半地穴的陈旧式样，代之以宽敞明亮的平地起建居址（郎树德和贾建成，2004）。

马家窑文化包括马家窑[①]、半山、马厂三个文化类型，或三个依次承袭的发展阶段。它们的分布中心均为甘肃中部、青海东部，但马家窑类型的影响最大，马家窑类型的分布以河湟地区为中心，东抵宁夏海原一线，甚至在四川北部的岷江流域也发现有受其影响的文化遗存，西界抵河西走廊的东端（甘肃省文物考古研究所，1999）。其房屋一般为半地穴式建筑，有方形和圆形，以方形为主。半山类型[②]的分布地域从目前已知的资料看，主要分布在河湟地区，北至景泰一带，西达河西走廊东端。半山类型的房址为方形或长方形的半地穴式建筑。马厂类型[③]却向西延伸，河西走廊的酒泉、玉门一带也有少量发现。主要遗址集中分布在武威、金昌市一带，且沿石羊河呈南北向展布。马厂类型的房址有方形、长方形和圆形，有单间的，还有“吕”字形套间的。有半地穴式的，也有平地起建的。河西地区马厂文化遗址主要分布在祁连山北麓广阔的草原地带，集中分布在河流两岸形成的高数米至数十米的壤土台地上，这里海拔高，气候较寒冷，更适合游牧生活，因而遗址面积十分狭小。与中原一带的农业文化存在着显著的区别。

马家窑文化进入马厂时期后已呈衰退态势。这时齐家文化开始勃然兴起，其领域之广泛，内容之丰富，尤其是大量青铜器的出现预示着人类将进入一个新的文明期。齐家文化[④]因1924年首先发现于广河齐家坪而得名，在时代上处于原始社会倾覆、奴隶制逐步建立的历史阶段，它是西北地区分布最广泛的一支古文化。其分布范围东起渭河流域及泾水上游，西至湟水流域，南及白龙江流域，北至内蒙古阿拉善地区。铜器的使用及冶铜业的出现是齐家文化对历史的突出贡献。河西地区以武威皇娘娘台遗址为代表，聚落遗址一般选在便于生活的绿洲中部的一些河旁台地上，以方形、长方形半地穴式建筑为主。其时农业生产已十分明显，选址也十分重视绿洲精华之地。

自齐家文化之后，处于特殊地理位置的甘肃，由于受诸多方面因素的影响，出现了较为明显的以区域文化和青铜文化为特征、带有较浓重的地方游牧色彩的文化分野现象，以甘肃地名命名的四坝文化、辛店文化、寺洼文化、

---

① 因首先发现于甘肃临洮县马家窑而得名，马家窑文化包括马家窑、半山、马厂三个依次承袭的文化类型。

② 因安特生1924年首先发现位于甘肃广河县洮河西岸的半山遗址而得名，距今4650～4350年。

③ 因最早发现于青海民和县马厂塬而得名，距今4350～4050年。

④ 齐家文化因20世纪30年代在甘肃广河齐家坪遗址发掘器物而得名，据考古学家认定，甘肃齐家文化距今约4000年，与中原夏王朝基本同时。

沙井文化的相继出现，把甘肃带入了一个青铜文化世界（祝中熹和李永平，2004）[①]。它们的分布地域各不相同，呈现出独立分散、多样化的特点（郎树德和贾建成，2004）。它们的起源均与马厂类型和齐家文化有密切的关系，相互间也存在某种交流和影响，但各沿着自己的轨道向前发展。这种情况的形成一方面与马家窑文化和齐家文化的分布有地域特征有关；另一方面，在齐家文化后，气候有一个变干和变冷的过程，降水相对减少，土地有的开始沙化，农业生产的基础遭到彻底破坏，游牧成分的比例增大，造成了地理单元的相对隔绝，因而也形成了文化分布单元的相对独立，形成了多个相对独立的青铜文化。人口的生存状况恶化，文化发展出现停滞和倒退（水涛，2001）。也有学者认为，游牧经济更加适应当地的生态环境，更能扩大人们征服自然的空间范围，所以这种由原始锄耕农业向畜牧业经济形态的转变，是社会发展的一大进步（俞伟超，1985）。需要指出的是，齐家文化的衰落和许多地域性小文化的兴起，事实上的确延缓了甘青地区历史发展的进程，加大了这一地区与中原地区的文化差异，错过了与中原地区前后相继进入文明社会的时机。结果当中原地区已建立起强大的中央王朝很久以后，甘青地区仍然处于众多部族群体游动无常、始终未能形成文化趋同中心的落后状态。游牧业经济形态，造成了人口居住状态的移居性；也不存在以严整贵族体制为核心的政治、文化环境，因此无法形成大规模的定居点。

四坝文化[②]，也有人称之为“火烧沟文化”。因1953年在山丹四坝滩发现而得名，1987年又发现酒泉骨崖、民乐东灰山遗址。主要分布在永昌以西的河西走廊地区，东达山丹，西至安西，南抵祁连山北麓，北到巴丹吉林沙漠西南缘。从航空像片上观察，四坝式遗址分布在山丹县的山羊堡滩、四坝滩、东灰山及西灰山一带，均是一些古老的绿洲，而且地势平坦，说明当时的人类过着原始农牧业经济生活（蒲朝绂和庞跃先，1990）。

---

① 甘肃地区新石器时代晚期的历史，存在着一个非常令人困惑的现象：马家窑文化已进入父系氏族社会，农业和畜牧业均已相当发达。在马家窑文化基础上，齐家文化的地域更加广阔，农牧业进一步繁荣，从各个方面看已临近文明社会的门槛。然而这样一个大文化，不仅没有像中原地区那样正常地进入军事民主制阶段，并通过部落联盟向国家过渡，反而莫名其妙地迅速衰落，代之而起的居然是一些地域性较强的、相对封闭、以牧业为基本经济形态的文化。

② 因1953年在山丹四坝滩发现而得名，1987年又发现酒泉骨崖、民乐东灰山遗址。四坝文化主要分布在永昌以西的河西走廊地区。玉门火烧沟遗址测年的结果，距今为3900～3400年，相当于夏代晚期和商代早期。甘肃酒泉市清水镇的西河滩遗址房屋基址50多座、烧烤坑350座、储藏坑60余座、陶窑5座、祭祀坑20多座。

辛店文化[①]主要分布在黄河上游及其支流洮河、大夏河、湟水及渭河上游地区。遗址多处于河边的二级阶地上。居民已过上定居生活，农业有了一定程度的发展，畜牧业仍占据重要地位。

沙井文化于1924年在民勤沙井柳湖墩发现而得名[②]，1981年又于永昌发现三角城遗址和蛤蟆墩墓地遗址，测年结果为距今3000～2500年（蒲朝绂和庞跃先，1990），大体相当于西周中期至春秋晚期，是西周月氏族人的文化遗存。多年积累的资料表明，沙井文化的中心区域在腾格里沙漠的西部。主要分布在永登、古浪、开祝、永昌、张掖、民勤一带，以民勤和永昌的三角城为代表。沙井文化的生存环境位于沙漠边缘，宜于畜牧业发展（李永成，1992），兼营农业和狩猎。已有聚落城堡，但规模不大，一般群居聚落也很小。当地的生态环境制约了沙井文化的经济形态。公元前3000年左右，中国北方处于一个相对温暖的时期，沙井文化虽处于腾格里沙漠边缘，但石羊河水量充足，下游形成了面积相当大的尾闾湖，湖周围有适宜畜牧业的水草地带。从出土的文物看，沙井人喜以各种水鸟作器物的纹饰题材。沙井文化的最终消失，与后来的气候变冷、湖面萎缩和土地沙化有关。

如果把甘青地区青铜时代的文化整体结构与新石器时代的文化整体结构作一些比较，就会发现二者之间有很大的不同。新石器时代晚期阶段，在甘肃东部和中部地区存在着以仰韶文化晚期遗址-常山下层文化-齐家文化早期遗址为代表的一类文化遗存；在甘肃中西部、青海东部地区存在着以马家窑类-半山类-马厂类遗存为代表的一种文化遗存。这种东西两大主流文化并立的局面，构成了甘青地区新石器时代晚期阶段文化结构的基本格局，然而从齐家文化晚期阶段开始，东西两大主流文化均趋于消失，继而出现了许多小而分散的青铜时代文化。因此可以说，文化的多元分化发展，是甘青地区青铜时代出现的一种新的、有代表性的发展模式。对于这种文化发展进程的转变及新模式的形成机制，需要作进一步的分析探讨。本书认为，人类的文化发展进程和行为方式的转变，主要受人类经济生活方式的影响和限制。

在甘青地区的新石器时代文化中，普遍出现了原始的锄耕农业经济。伴随着农业经济的发展，各地都产生了一些定居的中心聚落，形成了一定的人口规模。

在甘肃中西部地区和青海东部地区，新石器时代晚期的马家窑-半山-马厂

① 因1924年发现于临洮县辛店村而得名，时代距今约3000年。

② 见安特生1925年发表的《甘肃考古记》，由文物出版社于2011年出版。

文化也以发达的农业经济著称。

从张掖地区现有出土的史前遗址的情况看，主要是时间相对靠后的四坝式和马厂式文化类型（表 3-1，图 3-1），并形成了以山丹县大黄山为界的两种文化类型：大黄山以东遗址多属于马家窑和齐家文化（属仰韶文化类型），以西多属于四坝（张掖）、沙井（酒泉）、火烧沟（玉门）类型。

表 3-1　张掖古文化遗址

名称	位置	形制 /m（南北 × 东西，厚）	遗址状况	年代	废弃原因
山羊堡滩遗址	山丹山羊堡滩	400 × 800，0.5	有较多的石磨盘和石斧、石刀等生产工具	四坝式	
壕北滩遗址	山丹县城东 2.5km 壕北滩		有彩陶和石臼	四坝式	
四坝滩遗址	山丹四坝滩	210 × 200，0.5	有较多的石磨盘和石斧、石刀等生产工具	四坝式	现为耕地和村落
红崖子遗址	高台县红崖子乡古城沟		彩陶	四坝式	
东灰山遗址	民乐东灰山	600 × 400，0.5 ～ 5	有较多的石磨盘和石斧、石刀等生产工具	四坝式	童子坝河向东演变
西灰山遗址	民乐西灰山	200 × 300，3.0	有较多的石磨盘和石斧、石刀等生产工具		
下崖子遗址	张掖市下崖子		无灰层	马厂类型	河流淤积改道东流
西城驿遗址	张掖市城西 18km 处古觻得城旁		有较多的石器和陶器	马厂类型	
黑水国遗址	张掖市西北 35km 处		有长方形灰坑	新石器时代	黑河河床淤积
白土崖遗址	酒泉市清水镇盐池村		已为沙丘覆盖	新石器时代聚落	沙化
下河清遗址	酒泉市东 44km	200 × 300，0.25	有较多的石磨	马厂类型	河流改道
赵家水磨遗址	酒泉北大河北岸	20 × 65，1.3	崖壁自然塌落明显	四坝式	现为村寨和农田
古城滩遗址	酒泉市金佛寺上河清村		荒地	四坝式	无水源

资料来源：宁笃学，1960；李水成，1992；马鸿良和郦桂芬，1992

由此可见，黑河流域由于所处的区位条件和地缘关系显著区别文明发达的中原地区，也落后于同属河西地区的石羊河流域，由于文明发展的滞后性，城市的萌芽与发展明显与中原地区城市的发展不同步，存在着相当尺度的滞后期。当中原地区进入文明发达的国家社会形态、城市进入“转型期”时，黑河流域依然停留在原始落后的牧业文明状态，错失了与中原地区同步发展的时代背景。

李吉均（1990）通过对中国西部的山地冰川、湖泊水位、孢子花粉组成状况、黄土中埋藏古土壤层位的分布时段等方面的综合考查，提出中国西部全新世气候变化呈一个“三部曲”的变化，即距今 7500 ～ 3500 年的气候最适宜期及其两头的相对寒冷期。在三部曲的背景下，穿插了多次气候波动。以七个冰进时期为代表（即距今 8300 年、5700 年、4000 年、3000 年、2000 年、1000 年、200 年前后的七次冰进事件）。

从甘肃中部葫芦河流域的古文化分布状况的综合考查中也可看到（张景文等，1984），自齐家文化晚期以来，代表农业经济形态的齐家文化遗存的分布北界、遗址海拔、离河高度、分布密度及单个遗址的总面积等项指数，均有大幅度的缩减，对河流沉积物的分析表明，自仰韶晚期以后，开始了气候逐渐向干冷方向变化的过程。由于距今 4000 年前后的这次气候变化在许多方面都有明确的反映，一般把它看作全新世以来的新冰期或寒冷期。

以上研究表明，在甘青地区的齐家文化农业经济开始衰落的阶段，即距今 4000 年前后，中国西部的气候和环境正处在一个由温暖转向寒冷的新冰期开始阶段。

虽然甘青地区存在着广阔的草场资源，在青铜时代也发展起来了一些典型的畜牧经济文化。但由于畜牧经济本身所具有的特点，以及从农业向畜牧业转变过程所具有的灾变性质，这些文化的发展受到很大的限制。与在定居的农业经济条件下发展起来的新石器晚期阶段的文化相比，甘青地区的青铜文化在许多方面都表现出了停滞或倒退特征：所有的青铜文化遗址均是以小而分散为特点，有的有一些简单居址，有的甚至很少或没有发现典型居址的存在。由于畜牧经济居无定处，逐水草而游动，人们对功能齐全的复杂聚落的建设可能不如以前那么热心，但是聚落规模的缩减必然引起社会结构和人口结构的某些变化。在一个仅有数座居址的聚落中，社会组织结构自然只能是一个简单以血缘家庭为核心的群体。居住条件较差，生活环境不稳定，饮食结构简单粗放，这些都会对人口的平均寿命、人口的再生产能力产生不利的影响，总的来说，人们的生活质量将会明显下降。

河西走廊地区，其南侧的祁连山脉阻挡了由青藏高原下来的冬季降水，其东端的乌鞘岭山脉挡住了由季风气候带来的夏季降水，强烈的日照又使得地面及地下水大量蒸发。这种降水量与蒸发量之间的巨大不平衡状态，造成了这一地区的持续荒漠化及戈壁景观的客观存在。显然，这种环境背景限制了这一地区早期文化的存在范围，一般只能在近水源地的河流下游地区发现一些小规模存在的早期文化遗址。

为什么这些早期定居者能够在甘青地区这种复杂多变且总的来说较为恶劣的环境之中得以生存和发展下去？研究发现，小气候环境的存在是十分重要的条件。

早期的定居者在陇东地区的河谷阶地上出现并延续发展下去，显然是一种必然的选择。

甘肃西部地区在全新世早期是处在寒冷湿润的环境之中，在海拔较高的山地发育有成片分布的针叶林。由祁连山北坡向北流入腾格里沙漠的石羊河、流入阿拉善沙漠的黑河、流入安西和敦煌盆地的疏勒河等，为河西走廊地区动植物群落的存在带来了生命之水。但是，这里除了在河流下游湖滨地带有发育良好的植被景观，在河谷以外的大部分地区仍然是第四纪构造运动形成的大片戈壁和荒漠，植被条件一般仅为耐盐碱的棘刺类灌丛。早期人类难以在这样一种环境中生存和发展。

仰韶温暖期（从全球气候变化状况来看，从距今 6000 年前后开始的温暖期影响非常广泛，这一时期在西欧被称作大西洋期；在我国，由于在黄河流域这一时期普遍发现的是仰韶文化遗存，著名的物候学家竺可桢将这一时期定名为仰韶温暖期）的到来，使这一地区的温度条件得以改变，高温使得山地冰川急剧后退，雪线普遍上移，河流水量暴涨，河流下游一般形成了颇具规模的终端湖和水草地。水热条件的改变也使得荒漠景观发生了变化，在一些河流的中下游出现了小片的次生乔木、灌木混交林地，以林地、小型湖泊为中心形成了一些绿洲。在绿洲的外围，荒漠植被中也出现了一些禾本科野草，如芨芨草、针茅等。生态条件的变化为人类进驻这一地区创造了良好的环境，从考古发现来看，在距今 5000 年前后，分布在甘肃中部地区的仰韶文化已发展到晚期阶段，形成了如秦安大地湾遗址这样的一些大型聚落。高度密集的人群遍布于河谷地带，人口压力迫使部分人群西移，寻找新的发展空间。正是在这样的背景之下，西进的仰韶文化人群终于来到了甘肃西部及青海东北部，他们在湟水、大通河等河流的阶地上安营扎寨，发展农业生产，创造出了以精美的彩陶制品为标志的马家窑文化。又经过了几百年的发展和继承，马家窑文化演变成了一种遍布甘肃中部、西部，青海东部、西北部的颇具地方特色的文化类型，由于马家窑文化的长期发展和繁荣，甘肃西部变成了人类的又一个理想家园。

马家窑文化中的马厂类型遗存代表马家窑文化晚期的最高发展水平。对于这类遗存的大量发现和深入研究，有助于了解当时人类生活各个方面的基本状况。从遗址分布的空间范围来看，根据青海和甘肃两省的文物普查资料显示，马家窑文化的半山类型、马厂类型遗存向西一直分布到了甘肃河西走廊西端的酒泉、安西等地，向北深入腾格里沙漠及内蒙古自治区额济纳旗地区，向西南拓展到了青海湖周围地区。在同一地域内遗址的分布也十分密集，如青海东部的乐都县境内就已发现马厂类型遗址 90 余处，在湟水北岸沿河的每一座小台地或小丘陵上都有遗址分布（李智信，1991）。

在甘肃中西部，受复杂多变的地形条件的限制，在一个聚落中很难发展起规模庞大的人口，但在一个较小的河谷中，往往分布有许多同时期的中小型聚落，如在大夏河流域等地，几乎每一个小台地上都有马厂时期的文化遗存，这些看似单独存在的小型聚落，实际上在一个流域或一个相当规模的地域范围之内，也有着相互的文化联系和共同的文化传统。这些共同的东西使他们在文明化的历史进程中一同迈进了阶级社会的门槛。

许多史前考古学家都注意到了这样一种现象，在中国西北的甘青地区，青铜时代的文化与新石器时代的文化在各个方面都表现出很大的差别。甘青地区的新石器时代晚期的马家窑文化和齐家文化早期阶段，是以定居的农业经济为其特色，农业的发展促进了人口的繁荣，社会组织正逐步演变为结构复杂而等级森严的阶级社会。但是，从齐家文化晚期开始，各方面已显露出了衰败的征兆，并开始出现了文化分化发展的趋势。首先，在聚落的规模方面，每一处遗址都开始相对的缩小，聚落与聚落之间的分布密度也相对减少，显示出人口数量总额的逐步下降。到齐家文化之后，这些表现则愈发明显。

在甘肃西部，马厂类型最终演化为四坝文化，但马厂类型所特有的定居农业生活消失了，四坝文化虽然比马厂类型分布的范围更加偏西和偏北，但从经济类型上看，它是一种从事畜牧业生活的文化，如在四坝文化的玉门火烧沟遗址等地，发现了大量随葬羊骨的现象，少有与农业生产有关的发现（甘肃省博物馆，1979）。这种文化主要分布在甘肃省河西走廊中西部地区，向东可达武威附近，向下进入黑河下游地区，向南进入疏勒河中上游地区，向西直到新疆哈密盆地。在这一范围内发现的重要遗址有玉门市火烧沟、酒泉干骨崖、民乐东灰山、西灰山、山丹四坝滩、安西鹰窝滩、玉门市砂锅梁等地点。

这些发现表明，在整个甘青地区的青铜时代，出现了大范围的经济文化类型的转变，似乎人们在一夜之间，都从原来定居的河谷地区四散离去，变成了到处游动的牧羊人。有的学者认为，这种由原始锄耕农业向畜牧业经济形态的转变是人类社会发展的一大进步（俞伟超，1985）。因为，毕竟他们走出了河谷，征服了更大的空间。可是，当详细考查一下这些游荡在各地的牧羊人的生活状况时就会发现，人们的生活水平降低了，人口减少了，社会的生产总量出现了严重不足，总之，文化发展出现了停滞或倒退。

从甘青地区的环境条件所蕴涵的物质总量来看，在相对较狭窄的河谷地带，只能发展适度的原始锄耕农业，维持一定规模的聚落和人口。出于1000多年的连续的温暖期气候，持续发展的新石器时代文化到了齐家文化时期已经迎来了人口发展的高峰期。大量的人口聚集在空间狭小的河岸边，使可耕地或其他资源的消耗都达到了接近极限的程度，如齐家文化的居址，从河谷边的低阶地一直分布到了离河岸较远的山坡上。

研究者认为，距今4000年前后的这次冰进事件，标志着小国西部全新世气候最适宜期的结束和新冰期的到来（周尚哲，1991）。

对考古遗址分布规律的普查也显示，在六盘山西侧的葫芦河流域，仰韶文化中晚期和齐家文化的遗址向北分布的范围最大，到寺洼文化和西周时期，遗址的分布范围向南退缩了不少，或者说是由于北方地区的普遍干冷气候，压迫着人们向南迁移（李非等，1993）。黄土中的孢粉组合的变化也显示出在距今3500年前后，陇中黄土高原的地面植被类型中喜暖湿的种类在减少，属于草原环境的木本植物成分在增加（李吉均，1990）。

以上几个方面的结论虽然比较零乱，但是综合起来分析，就可以肯定这样一个事实，即在中国西部的大部分地区，在距今4000年前后出现过一次明显的寒冷期气候过程，有学者称之为新冰期气候。

在甘肃西部和青海西北部，气候的强烈变化几乎使这里的文化发展出现了短时间的中断现象，各地对相当于齐家文化晚期以后到辛店文化、卡约文化早期之前的文化遗存的发现都普遍较少，仅在河西走廊西部发现了相当于这一时期的四坝文化遗存。但这种文化已一改过去齐家文化那样的大规模群体聚集一地的经济结构，而是以小团体游动的方式，分散活动在近水源的河口地带或河流下游的水草地旁，从事的也不再是农业经济，而是以养羊为特色的牧业生活。

在甘肃西部的河西走廊地区，继四坝文化之后出现的是沙井文化，这种文化主要分布在河西走廊东北部的武威地区，一些主要的遗址如沙井子、柳湖墩、黄篙井等，现已被腾格里沙漠淹埋。据研究，沙井文化的年代为距今3000年前后的西周时期，其早期时代的遗存或可向前追溯到殷墟时代。据我国著名的物候学家竺可桢的研究，殷墟时期是我国北方地区继仰韶温暖期之后又一个较温暖的时期。此时，在甘肃中部、青海东部等地，辛店文化和卡约文化开始了各自的大发展时期。在甘肃西部的武威地区，石羊河下游地带的植被再度繁茂，因此引来了沙井文化早期时代的人群西进到这里。

沙井文化的聚落多数都很小，一般文化层很薄，应该是季节性居住的营地。曾经在甘肃永昌县的三角城遗址发现了一座沙井文化时期的小型城址，此城平面呈三角形，故得此名。三角城遗址面积比较小，仅几百平方米。城墙为夯土筑成，残高约两米。城内发现一些居住遗址，均为地面起建的小房子，房内有灶坑，居住面为红烧土，房外有窖穴。总的来看，居住址的数目不多，说明同一时期内住在此城内的人口总数不多，也就是说，沙井文化时期，人们也是以小规模群居的方式进行活动。

春秋晚期以后，随着北方匈奴部族的强盛，整个甘肃西部地区都变成了骑着马四处游荡的匈奴部族活动的势力范围，沙井文化也终于被以匈奴为代表的北方青铜文化所同化。这种情况一直持续到了西汉时期，张骞通西域以后，西汉政权设置河西四郡，经略西域，在河西及西域各地设置军屯，开始了新一轮的农业开发活动。由于这次大规模的屯田活动只是出于政治的需要，并不是气候转暖条件下农业生产的自然复苏，虽然新的水利设施的利用使粮食产量有了一定程度的保证，但从总的情况来看，它加速了这一地区的土地沙漠化和盐碱化过程。

春秋战国时期，羌戎族势力扩展到陇东、陇中、陇西渭北高原一带，对东周奴隶制王朝形成强大的政治威胁，危及其王室政权的稳定，作为羌戎族大本营的河西走廊，以牧马为主的畜牧业和种植业不断地扩大规模，为后来秦汉时期的经济繁荣奠定了历史性的物质基础。河西地区已知现有的原始城市是月氏人所建的昭武城和三角城（邵如林，2000）。昭武城位于张掖市临泽县北约

15km 处的黑河岸边，曾是月氏人在河西地区的活动中心，相当于王城或都城，据载公元前 221 年，匈奴冒顿单于就是从昭武逃回匈奴部落的，汉时，在此置昭武县，属张掖郡（李学春，2009）。匈奴约于公元前 176 年占据河西走廊，直到公元前 121 年被霍去病逐出，居河西地区约 56 年。目前在河西地区已知的匈奴城池有 4 座，自东向西依次为休屠王城、盖臧城、祁连城和觻得城。

黑河流域特殊的自然地理环境，造就了特殊的居民点。根据马鸿良和郦桂芬（1992）的研究，可将原始的居民点大致可分为游牧民族的相对定居点和绿洲中农耕居民点。一般前者多分布于山前洪积扇及古河道附近的阶地上，后者则分布于冲积扇前缘的地下水溢出带。而位处河流尾间的三角洲并没有发现遗址（这与石羊河流域的遗址分布格局不一致），这一分布格局既映射出自然环境条件对人类早期居所选择的强烈约束，也影响着后来流域城镇发展的基本走向。

（1）游牧民族的定居点：住处附近土地平坦缺乏深谷为其天然屏障，但却有土墙遗迹，既是堡垒性的防御，又可抵御风沙侵袭。城内灰土堆积较厚，灰土多是 10cm 左右的薄层叠压，每层都不坚硬，显然是人们随畜群转移的草场，由转移生活所造成的结果。

（2）绿洲中的居民点：多数遗址分布在自然绿洲的河流沿岸，或者地下水埋藏较浅的地区，后来人们学会了凿井取水之后，原来的居民点就向地势较高的地方迁移，不但使洪水威胁减少，而且地面干燥，更适合于居住①。

第二节　城镇的奠基期

秦朝（公元前 221 年至公元前 207 年）是河西走廊由新石器时代聚落向城镇转变的最早时期。秦始皇结束了长达 500 余年的纷争割据局面，建立了中国历史上第一个中央集权的封建统一国家，又实行了一系列有利于巩固统治的措施，废除分封制代之以郡县制②。随着分封制的瓦解，郡县制度的兴起，城市自

① 据考古证明，居址位置在不同的时期会有不同的变化。根据渭河上游-葫芦河流域的调查，大地湾一期-仰韶早期遗址坐落在河谷一级阶地上；仰韶中期上移至二级阶地；仰韶晚期再上移至山腰地段；齐家文化继续保持上移趋势，有的已经进入山梁顶部；西周时期遗址回落到河谷阶地。

② 秦先分全国为 36 郡，征服南方百越后增置南海、桂林、象和闽中郡，又增辟了胶东、济北、广阳等郡，除内史，共 46 郡，县 400 多个。

身的性质也在发生着变化。旧的分封制城市逐渐被郡县城市所取代，过去的封君之地成为中央政权的地方统治据点（周长山，2001）。秦统一后，将郡县制推向全国，后期在全国设置48郡，统县900个左右，这种郡县两级行政中所在之地，也就是分布于全国各地的城市了。

行政建置是一种制度文化在地域上的直接体现。河西历史上一直为多元文化分布的区域，其行政建置既有大一统王朝的郡、县、乡、里制，也有少数民族的部落、帐幕制。各种行政建置不但有空间设置的不同，更有时代先后的差异。这种多元化的政治制度及行政建置格局的长期并存，形成了与中原地区不同的政治地图，由此也产生了竞争、交流、迁徙、征战（张力仁，2006b）。郡县政体的实施，把原本落后的边远地区的社会制度用行政手段纳入封建政治的范畴之中，这对于边远地区的开发和城镇的设置，具有极其深远的现实意义和历史意义。但对于地处边地的张掖而言，并未纳入秦王朝的版图，此时依然为月氏、乌孙的驻牧地，居住在敦煌、祁连间的月氏族，所占据之地包括张掖、酒泉、武威三郡，到秦建国时，已发展成为一个势力强大的民族，“控弦十余万”，对雄踞北部的蒙古高原匈奴都不放在眼里。月氏族在其驻牧中心分别建立了两座城池，即东面的月氏城（今民乐永固城）和西面的昭武城（今临泽昭武村一带）。这是黑河流域最早的城镇雏形。与中原地区相比，晚了几个世纪。后来月氏和乌孙先后西迁至今伊犁河流域，这一带地方被匈奴浑邪王和休屠王占领。根据史书记载，匈奴诸王的“分地”——驻牧地（管辖区）之有线索可寻者，约有16个（林干，1977）。其中浑邪王与休屠王的驻牧地在今甘肃河西走廊一带。匈奴浑邪王的驻牧张掖时，前期建立单于城（今民乐永固城），后期建立觻得城（今张掖市西黑水国）。

汉承秦后，力行郡县制，以京师、郡治、县治为中心的三级城市体系开始形成。西汉时期的城镇建到西汉中期，全国已有郡国（中等城市）130个，县城（城镇）1314个，道（城镇）32个，诸侯国（城镇）241个（张呈琮，1998）。由此可见，西汉末年的城镇发展已经有了相当规模，城镇数量和规模都比以前有很大发展。

西汉政府在河西走廊共设置了河西四郡并辖35县，在新疆还设置了西域都护府。从此将边地城市发展的时序纳入与中原区同步发展的进程中。此后虽然有震荡，有迂回曲折，但再也没有完全脱离华夏文明发展的步伐。

《汉书·地理志》载：“张掖郡，武帝太初元年（公元前104年）开，领县十：觻得、昭武、删丹、氐池、屋兰、日勒、骊靬、番和、居延、显美”。其范围大致为今石羊河流域的西部和黑河流域的东中部一带（表 3-2、图 3-2）。

表 3-2　西汉河西走廊城镇（张掖郡）

县	位置	备注
觻得县	今张掖市西 15km 312 国道旁。原为匈奴觻得王居地。《汉书・地理志》载，县境有羌谷水穿流，东北至居延入海，今张掖西：北古城	黑水国遗址范围内，还散布着 7 座卫星式小城堡，觻得古城位于河西走廊中部，丝绸之路干道，经由该城东西横贯，向地越扁都口可过湟水谷地，向北沿黑河而下直抵居延绿洲，地理位置重要
删丹县	山丹霍城乡双湖村邓家庄：双湖古城	《汉书・地理志》："桑钦以为导弱水至此，西至酒泉合黎。莽曰贯虏。"位于山丹河上游河谷平原，水源丰沛，地势平坦，城北、西原有湖泊，今仍有泉水流出
屋兰县	张掖市东南碱滩乡古城村：东古城	《大清统一志》《甘州新通志》等均谓屋兰县城在今山丹县西北。《甘州府志》："屋兰古城，城东五十里，今仁寿驿，俗名古城是也。"山丹河南岸，土地肥沃。元、明、清时期，这里被称作仁寿驿。据《甘州府志》载："屋阑今屋笆也，西汉以名县，东汉晋魏讹阑（兰）。"《读史方舆纪要》上说："屋兰得名自当地居民的称呼，屋、乌同音，兰、阑声母相同，屋兰当为乌犁部旧居之地，部落王降汉之后，汉以其地置屋兰县"。另说，屋兰此地芦苇丛生，芦苇织成房笆，当时的人称"房笆"为屋兰，故名，或以"芦苇"为名
骊靬县	汉为安置匈奴骊靬降众而设置的县，永昌县焦家庄乡杏树村：南古城	西大河与马营河在该城附近交汇绿洲，城周原有护城河（宽 4m、深 1.3m，今为农田）多有泉水溢出，20 世纪 70 年代建老人头水库
居延县	《汉书・地理志》："居延泽在东北，古文以为流沙，都尉治。"额济纳绿城遗址	位于一片东北长 3.5km、南北宽 1.5km 的古垦区内，渠道遗迹最密，为古绿洲农垦生产的精华
昭武县	临泽县北 15km 处的昭武村古城；临泽县黑河北岸长川附近	黑河中游绿洲，地势平坦，河汊众多，蛇曲、牛轭湖发育
氐池县	山丹县西灰山遗址附近；民乐县李寨乡菊化地；民乐县西北 29km 处的南古城	随处可见废弃的田埂、渠道、屋基遗址，已干涸的河渠纵横交错，洪水河、海潮坝河、大都麻河、小都麻河故道遗迹延伸至此，昔为绿洲，今为风蚀荒滩
日勒县	山丹县位奇乡十里堡村，五里墩古城	《汉书・地理志》："日勒，都尉治泽索谷。莽日勒治。"五里墩古城位于山丹河中游冲积细土平原，水源充沛。原有护城河遗址和一片很大的涝池，今为农田
番和县	永昌县西 12km 处的焦家庄水磨关：西古城	《汉书・地理志》："番和，农都尉治，莽曰罗虏。"《甘州新通志》和《甘肃通志稿》均谓在永昌县西；故城位于东大河洪积冲积扇泉水溢出带北侧，明清时设置水磨
显美县	今永昌县城东四十里铺，六坝乡的古城	《大清统一志》《甘肃新通志》谓显美位于永昌县东。《乾隆永昌县志》称显美古城在县东 1 里许的古城子。永昌西大河水库西侧高地上

资料来源：冯绳武，1992；马鸿良和郦桂芬，1992；吴正科，1994；李并成，1995a；方步和，2002；任积泉，2002

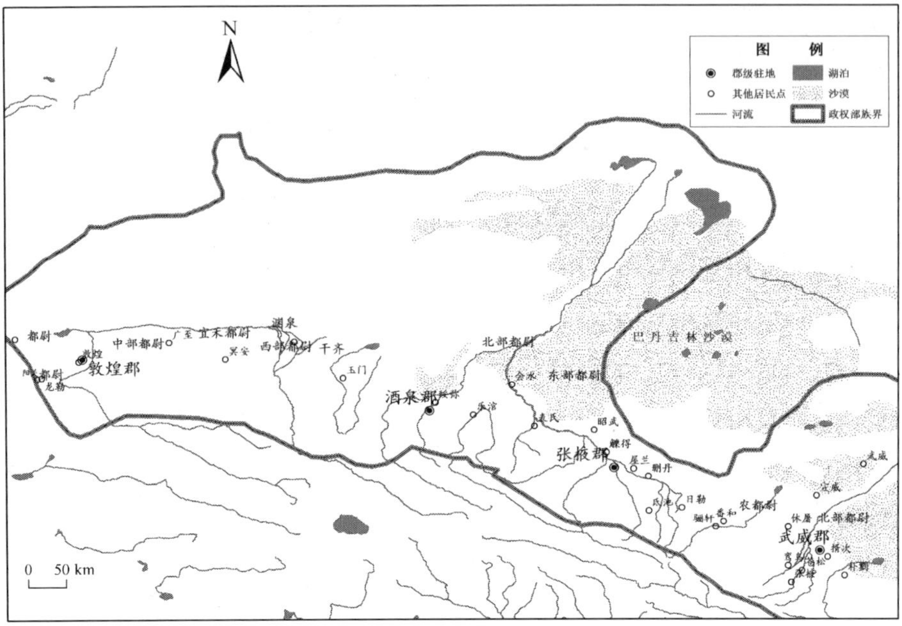

图 3-2 西汉时期张掖郡城镇分布图

资料来源：《中国历史地图集》

除武威、张掖、酒泉和敦煌四郡外，又新增设张掖属国、张掖居延属国和酒泉属国。

汉有河西走廊之后，实行双轨制，即在汉人聚集区设置郡县加以管理，而对少数民族分布区则采取属国制度加以统属。属国通常置于边郡地区以安置归降的少数民族部落，在中央任命的属国都尉管辖下，降附部族可保留原有的官号和部落组织，在指定的地区继续从事游牧生产，其生活方式和风俗习惯都受到尊重，“不致其本国之俗而属于汉，故号属国”①。属国实行“修其教不改其俗，齐其政不易其宜，纳其方贡以充仓廪，收其货物以实库藏”②“武帝置属国都尉，以主蛮夷降者。安帝时，别领五城。”（五城即侯官、左骑、千人、司马官、千人官）（陈家梦，1980）。

张掖属国：《中国历史地图集》认为其在张掖以北、黑河中游东岸今高台县北境以至金塔县鼎新以南一带，而肖化（1983）、吴礽骧和余尧（1984）、李

---

① 《汉书·霍去病传》。

② 《魏书·食货志》。

并成（1995a）认为张掖属国应位于张掖郡南部的黑河上游地区，原为匈奴祁连山、焉支（胭脂）山主要牧场，为交通、军事的要冲。辖地包括今张掖市、山丹县南之大黄山（焉支山）、山丹军马场等处及相邻的民乐县、肃南裕固族自治县东南部以达鲜水上游的祁连山区。可见城镇已开始向上游推进。张掖属国都尉所在的城址（侯官城）为今民乐县永固乡八卦营古城。八卦营古城周围数里、数十里范围内的祁连山北麓山前牧场一带，今残存多座古代城址（表 3-3）。

表 3-3 八卦营周围的古代城址

城名	相对位置	城址状况
马营墩城	距八卦营西南 7km	残垣断续可见
三角城	位于马营墩城北 3km，距八卦营西南 14km	墙垣全坍
铁城子	西南 12km，今南丰乡铁城村	残垣毁坏殆尽
岔家堡垒	西北 45km，今南古乡岔空堡村	残垣
瓦房城	岔家堡西 4km，今肃南县马蹄区大都麻乡	残垣，东、西二垣因围栏草场挖土，破坏严重
南城子	八卦营古城正西 5km 处，今肃南县大沟乡南城子村	残垣
旧城子	位于南城子之西	残垣
黑城（霍城）	八卦营古城东北 10km 处，今山丹县霍城乡	明代古城

资料来源：李并成，1995a

张掖居延属国：《后汉书・郡国志》载，“故郡都尉，安帝别领一城，居延有居延泽，古流沙。”注云：“献帝安末，立西海郡。”其地域为今内蒙古自治区额济纳旗古居延地区。其上有 K688 地点故城址，为居延都尉府的治所（薛英群，1991；色音，2003）。西汉政府在河西设立郡级政权机构的同时，还陆续设立郡以下的县级机构。《汉书・百官公卿表》记载县级机构的制度云：县令、长，皆秦官，掌治其县。万户以上为令，秩千石至六百石。减万户为长，秩五百石至三百石。皆有丞、尉，秩四百石至二百石，是为长吏。百石以下，有斗食、佐吏为秩，是为少吏（王宗维，2001），从而形成一个等级行政序列和城镇序列。河西四郡设立之后，西汉政府征召大批汉人移民实边，并派出大量吏卒在此屯田戍守。这为河西地区的发展，也为汉族与西北少数民族的交融作出了巨大贡献。

其时城镇虽然在全流域都有分布，但主要分布在中游的扇形地绿洲和沿河绿洲，这与当时绿洲优越的自然环境、发达的灌溉农业、突出的贸易转运功能、重要的战略防御地位和丝绸之路的开通密切相关，表现出明显的“亲水型”（沿河流分布）和“亲路型”（沿丝绸之路分布）特征；另外在下游的三角洲绿洲上也有了城镇。这与下游的战略地理位置和“居延古道”密切相关。表现出政治与军事因素对城镇生发的重要驱动作用。“居延古道”比丝绸之路开辟的还要早，是匈奴人南下的通道，中原王朝反击时，也把居延海作为两翼要冲，为了防止匈奴入侵，根据当时军事斗争的需要，沿线设置了许多军事城堡。且绿洲内部与边缘区比较，边缘区也是城镇分布的重心，映射出当在特殊的地缘政治、军事格局下，核心–边缘的倒置效应。西汉河西郡县的设置，奠定了以后 2000 年来的城镇分布格局，也影响到今天河西走廊城镇布局的地域框架。

根据地貌类型，可将河西走廊城镇划分为三类：扇形地绿洲型城镇、沿河绿洲型城镇、干三角绿洲型城镇（表 3-4）。扇形地绿洲，分布在出山后冲积、洪积扇的中下部泉水溢出带附近，这里以亚砂土–亚黏土为主，土层深厚，土壤肥沃，地下水径流畅通，水质也较好，土壤次生盐渍化小。沿河绿洲：河流冲积平原绿洲，分布在水量较大的河流低阶地上，或河流深切不严重，引水较方便的河岸地带。它们沿河流呈狭长分布，伸展范围不大。干三角绿洲：分布在较大河流的终点附近，深居沙漠之中，一些著名的古绿洲，就分布在这里。

表 3-4　西汉时期黑河流域城镇分布

绿洲类型与数量	绿洲名称	绿洲内耕地面积 / 万亩		绿洲内县市城镇		西汉绿洲边缘	
		西汉	现今	西汉	现今	县城	古绿洲城镇
扇形地绿洲	酒泉	20	61.8	福禄、绥弥	酒泉市		乐涫
沿河绿洲	临泽	7	22.9	删丹、屋兰、氐池	临泽县城	昭武	表氏
	高台	10	31.3		高台县城		
	山丹	20	60		山丹县城	日勒	
	鼎新	2.5	7.0				
干三角绿洲	居延					居延	K710 城、K688 城
	金塔	9.0	27.0		金塔县城		会水

资料来源：马鸿良和郦桂芬，1992

从形制上看，河西走廊的古城形制多为长方形或方形，复合型城池也多为方形或长方形的组合。椭圆形的有绿城、石包城；不规则的有六工破城、锁阳城外城（表 3-5）。古城多为单城，复合城池有独立双城式、内外城式。结构复杂的城池有骆驼城，分为宫城、内城、外城。建立复合城池有的是由于城市规模扩大，建设分城，或出于政治军事目的的建设分城（前一种目的，两城建设的时代不同，后一种目的则两城多为同期建设）。河西走廊地处边地，分城多出于政治军事目的，特别是军事的需要。

表 3-5　黑河流域古城形制

形制	古城
方形	雅布赖城（K688）、乌兰德勒布井城（F84）、马圈城（K789）、黑水国南城、黑水国北城、新墩子城、许三湾城、下河清紫禁城、金塔破城子
长方形	K710 城、黑城（K799）、西古城、骆驼城
变形方形	温都格特日格城（K749）
椭圆形	绿城
不规则形	额济纳旗破城子（A8）
不详	骆驼城东北遗址、金塔三角城

资料来源：程弘毅等，2005

东汉初年实行郡国省并制度。建武帝时所废诸国主要有两类：一类为内地之国，一类为边境之郡。内地诸国因其人口减少，而诸王之血统已远，故废除；边地之郡由于人口减少，且受异族的袭击，所以省并很多（顾颉刚和史念海，2000）。东汉后期地方行政区划变为州、郡、县三级。《后汉书·郡国志》："凉州刺史部，郡国十二，县、道、侯官九十八。" 12 郡国包括：陇西、汉阳、武都、金城、安定、北地、武威、张掖、酒泉、敦煌、张掖属国、居延属国（王宗维，1983）。各郡县大体如西汉之旧，局部有所调整。张掖郡仅辖觻得、昭武、氐池、屋兰四县，显美划归武威郡①。又分黑河流域东部山丹河流域置西郡，辖日勒、删丹、骊靬、番禾四县；分黑河流域尾闾置西海郡，仍治居延（图 3-3）。《后汉书·郡国志》："献帝分置西郡"，《晋书·地理志》："西郡，汉置，统五县"，即日勒、删丹、仙堤、兰池，其中后三县为西晋增置，日勒为郡治。

① 《后汉书·郡国志》。

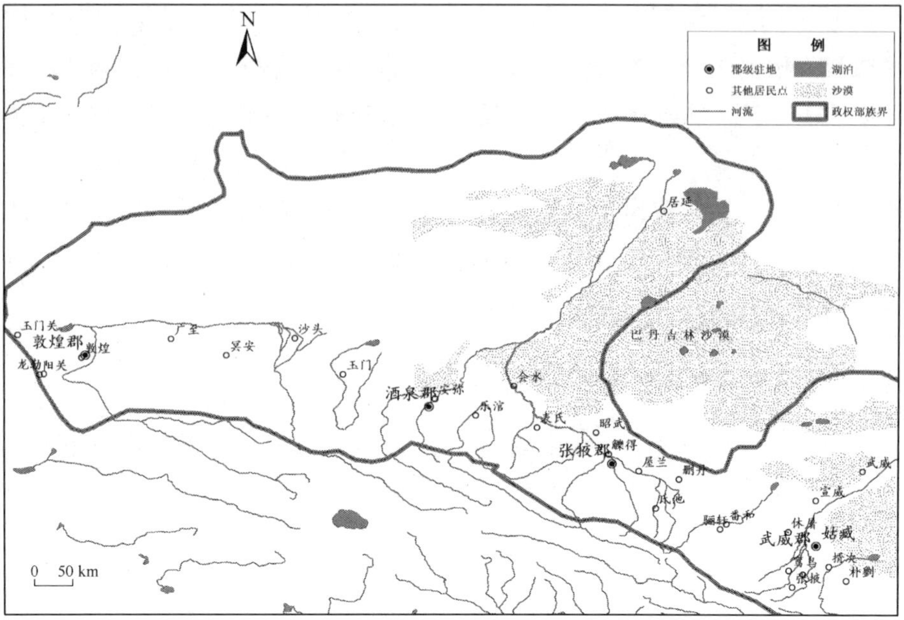

图 3-3 东汉时期黑河流域城镇分布图

资料来源：《中国历史地图集》

第三节 城镇的发展期

东汉后期，政治一片黑暗，宦官外戚轮流专权。他们不仅相互倾轧，卖官鬻爵，滥兴刑狱，而且还利用权力疯狂兼并土地，并将沉重的租赋徭役转嫁到百姓头上。统治者的横征暴敛、竭泽而渔，使作为封建社会经济基础的小农经济日趋破产，部分丧失了进行简单再生产的能力。同时诸羌不断反抗朝廷，出现了 107 ～ 118 年、140 ～ 145 年、159 ～ 169 年三次规模大、持续时间长的反抗斗争，致使农牧业生产衰落，造成人口大量外迁，他们或走辽西，或迁陇右，但是最大量的还是渡江南徙。尤其是西晋末年，由于“八王”之乱，“五胡”入侵，晋室南渡，南迁的人口更多。史书记载，“中州士女避乱江左者十六、七”①“流人在荆州，十余万户”②。

---

① 《晋书 · 王导传》。

② 《晋书 · 刘弘传》。

政治上的分裂割据，导致中国处于政治上的多中心状态。东晋和南朝均建都于时称建康的南京，而长安、邺（今河北临漳）、成都、姑臧等许多城市都曾作过分立朝代或割据政权的都城。从400余年间总的形势来看，全国的政治经济重心偏向于东部。中国城市发展，一个首要特点是发展和分布重心南移，即发展上呈“南升北降”的态势，分布上重心由黄河流域转移到了长江流域。长期而剧烈的战争破坏了社会的正常秩序，各色各样的移民流动不已，社会极不稳定。城市成为军事攻击的主要对象，尤其是大城市，更是屡遭战火，曾受多次破坏。在城市衰败的同时，豪强世族纷纷在农村庄园内筑堡自守，在黄河流域，两汉时期实行的地方基层机构乡亭里失去了作用，却涌现了无数坞垒堡壁，简称“坞壁”。这种坞壁可以说是中国传统社会中特殊的聚落形态。它独立于官府之外，对立于城市，却占据大量社会财富和人口，并拥有自己的武装和坚实的堡垒，是一些大大小小的独立王国。大量人口被“庇护”在豪强巨族的庄园之内，成为“荫客”“部曲”“佃客”，造成人口与官府的分离，进而造成人口与官府控制的城市的分离。在大量人口被庄园吞占的同时，另有相当多的人口为躲避战乱而逃入山林（邹逸麟，2001）。由于遍布大地的一座座城市丘墟的出现，此时的地理文献中也开始记录一个新的景观现象：城市遗址①。

大批城市废墟的出现，说明了我国历史上自秦汉以来的第一套城市体系的大面积瓦解，这种现象在中原地区尤其突出。中原地区的长安—洛阳一线，曾是全国城市体系的轴心地带，在魏晋、南北朝的战乱时期，自然成为军事争夺的主要战场，受创最重，再加上政治格局的变化，其城市体系的轴心地位大为削弱。相对而言，原先属于周边地区的城市反而获得发展，如长江中下游、河西走廊、山陕北部等地区，在这一时期都有重要城市出现。这些城市有的是基于当时特殊的政治形势，只是昙花一现，但有的城市的崛起则反映了全国城市体系格局的深刻变化。

河西走廊原本经济比较落后，甚至货币都不大使用。由于中原战乱，“中州避难来者日月相继”。由于政权相对稳定，城市具备了最基本的，在那个时代又是最难得的发展条件，城市的内容比较丰富。

纵观上述全国的变化，可以明显地发现，魏晋时期，中国政治上割据造成地区地缘政治关系的复杂化和“区域化”，地区之间的局部冲突与战争必然增

---

① 自《水经注》以后，古城废墟成为各类志书记叙的重要内容，到清代的《大清一统志》将其汇总，共得1000多座古城址。

加，并且在冲突与战争中迫使区域走向封闭，许多城市失去了大统一背景下发展的宏观条件；被动型人口迁移与流动的大量出现，必然形成“居无定所”的局面，违背了城市的“定居”和聚集的基本要求；气候的干冷化促使农耕业的生境恶化，适宜农耕业发展的区域趋于缩小，而牧业地域进一步扩张，也就是说先进的农业生产被相对落后的牧业生产所取代，导致整个社会经济结构和综合生产能力的大衰退。所有这些效应叠加的结果，促使城市由于丧失了政治庇护、经济基础和外部环境条件，在封闭、保守的环境中退出历史发展的轨迹，消失在历史长河中。

在这震荡发展过程中，地处边地的河西地区，在许多方面表现出与中国发展不一致的状态。

魏晋、南北朝时期，河西民族变动极为频繁，伴随着大量汉人的移入、迁出，以及少数民族集团的迁入和移出，河西人口的民族结构发生了很大变化，人口数目也忽高忽低，但郡县数目却增加不少。

曹魏政权建立后，采取多种措施恢复社会经济，如苏则“亲自教民耕种，其岁大丰收，凉州刺史凭徐邈兴修武威、酒泉盐池，以便和少数民族交换粮食”，又“广开水田，募贫民佃之，家家丰足，仓库盈溢”①。三国时期（221～264年）的武威，是曹魏政权统治河西地区的军政中心，张掖属雍州，治觻得，州下设张掖郡，领觻得、昭武、氐池、屋兰四县。

西晋（265～316年）时，河西走廊沿袭曹魏建置，张掖仍属雍州，州治永平（由张掖县改），下设张掖郡，领永平、临泽（原为昭武县，为避司马昭讳而改）、氐池和屋兰四县。西郡辖5县：日勒（今山丹东南泽索谷）、删丹（今山丹县）、仙堤、万岁（两县均在今山丹县城东南）、兰池（今山丹县城东北）（图3-4）。

西晋惠帝后，“八王之乱”致使中原动荡，西晋在“永嘉（307～313年）之乱”后，广大的北方地区政权迭起，先后建立了十几个国家（史称“十六国”②）。东晋（317～420年）王朝由西晋的国都洛阳迁往建康（今南京市），河西走廊逐渐远离政治中心，朝廷对河西的开发重视程度大不如以前，河西长期陷入分裂割据的局面，汉、氐、鲜卑、匈奴等先后在河西建立了五个独立的政权（前凉、后凉、北凉、南凉和西凉）。

---

① 《三国志·魏书·苏则传》。

② 成国、汉国、前赵、后赵、前秦、后秦、西秦、前燕、后燕、南燕、北燕、前凉、后凉、南凉、西凉、北凉。

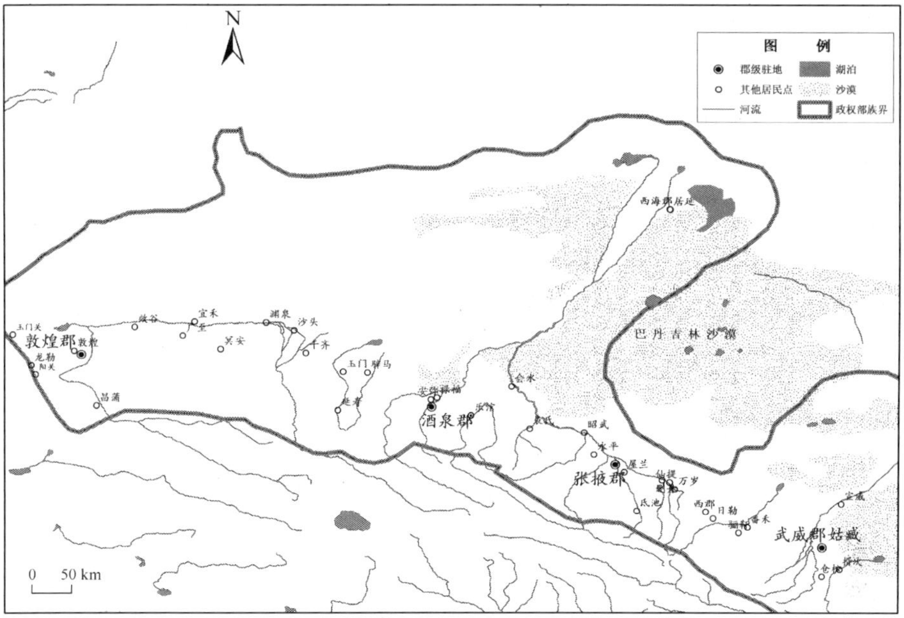

图 3-4　西晋时期黑河流域城镇分布图

资料来源：《中国历史地图集》

尽管这一时期河西走廊也经历着分裂割据政治形势的震荡，但从总体上来看，并未使开发活动和发展趋势受到影响。是历史迂回曲折向前演进中一个特殊地域的特殊现象。到东晋十六国时期，整个中原地区战火弥漫，干戈不息，而河西地区则“秩序安定，经济丰饶，既为中州人士避难之地，复是流民移徙之区，百余年间纷争扰攘固所不免，但较之河北、山东屡经大乱者，略胜一筹”（陈寅恪，2001）。前后相继或交错并存的五凉政权，彼此之间虽有征战，但和中原地区的“八王之乱”和“永嘉之乱”等相比，无论其规模还是造成的破坏都要小得多。相对来说，在当时的中国，河西走廊无疑是一片人间的乐土，因而“中州避难来者日月相继”（房玄龄，1974）。据记载，永嘉之乱时，京城士大夫就认识到“天下方乱，避难之国唯凉土耳。”正是由于这个原因，河西地区的文化事业在两汉以来的基础上得到了迅速发展，出现了繁荣兴盛的局面，并一跃成为北方文化中心。

地方割据政权的建立和政治版图的缩小，使游离于一统王朝的地方政权的权利重建自己的行政和城市管理秩序。在许多变化中，比较突出的是州、郡、县的数量，较之此前的两汉时期有显著增加，与此同时，州、郡、县的面积又普遍缩小。这一变化，在此前因地广人稀而州、郡地界辽阔的边远地区，格外突出（马敏和王玉德，2001）。

在十六国一些政权中，也有为迁徙边地的汉族人设置侨州郡县的，如张轨为凉州刺史时，即为秦雍流人设武兴郡（在今甘肃武威西北）。苻坚建元末年，敦煌、晋昌等地有江汉人万余户，中州人七千余户，武威与张掖以东各地迁入的数千户，至西凉建初元年（405 年），把这些居民皆迁于酒泉，置会稽、广夏、武威、武兴、张掖等侨郡，类似于东晋的侨郡。

前凉时期（320 ～ 376 年），张掖郡仍沿袭旧制（辖永平、临泽、氐池、屋兰四县），但西郡仅辖日勒、删丹两县，又增置建康郡（辖乐涫、表氏两县）、祁连郡（辖祁连、汉阳两县）、临松郡（辖临松县）。其后的后凉、北凉、南凉和西凉割据时期，由于政治版图的变动，引起行政区划的一次次调整，郡的数量有所增加，导致其管理中心——城市的数量也有所增加（表 3-6、图 3-5）。

表 3-6　前凉—北凉时期郡县设置比较（黑河流域）

朝代		前凉（320 ～ 376 年）	后凉（385 ～ 403 年）	南凉（397 ～ 414 年）	北凉（397 ～ 439 年）
持续时间		57 年	19 年	18 年	43 年
郡	设置	辖县			
张掖郡	前凉、后凉、北凉	永平、临泽（汉昭武）、氐池、屋兰	永平、氐池、麟嘉*		永平
西郡	五国全部设置	日勒、删丹、万岁、仙堤、兰池	日勒、删丹、万岁、仙堤、兰池	日勒、删丹、万岁、兰池	永宁、删丹、万岁、仙堤、兰池
建康郡	五国全部设置	乐涫、表氏	乐涫、表氏	表氏	表氏
祁连郡	前凉、后凉、北凉	祁连、汉阳	祁连、汉阳		祁连、汉阳
西海郡	前凉、后凉、北凉	居延	临池		居延
临池郡	后凉、北凉置		居延		临池
临松郡	前凉、后凉、北凉	临松	临松		临松
西安郡	后凉、北凉置		屋兰		屋兰
酒泉郡	南凉置		乐涫		
金山郡	北凉置				氐池
合计		15	17	5	13

*前秦（377 ～ 384 年）郡县均沿袭前凉，表中略

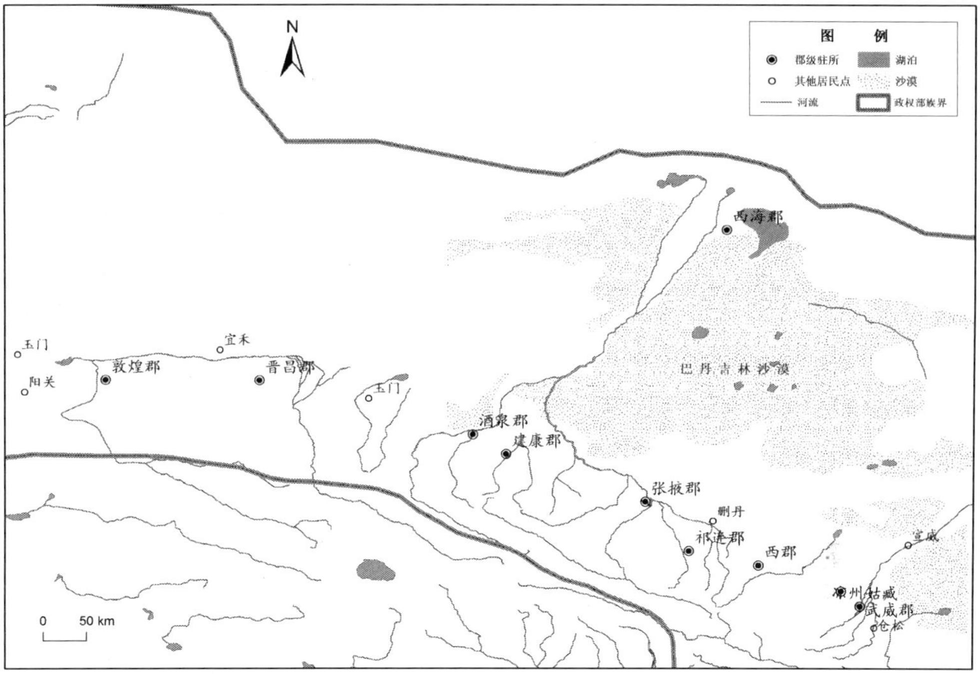
N
图　例
郡级驻所
湖泊
其他居民点
沙漠
河流
政权部族界
西海郡
玉门
宜禾
敦煌郡
晋昌郡
阳关
玉门
巴丹吉林沙漠
酒泉郡
建康郡
张掖郡
删丹
祁连郡
西郡
宣威
凉州姑臧
武威郡
仓松
0　50 km

（a）前凉

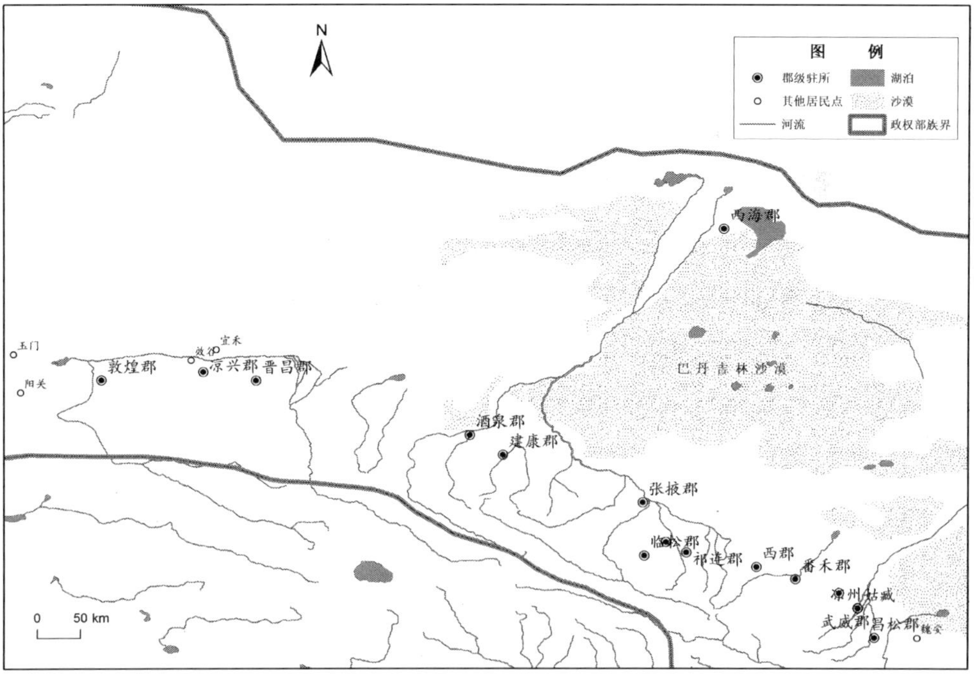
N
图　例
郡级驻所
湖泊
其他居民点
沙漠
河流
政权部族界
西海郡
玉门
效谷
宜禾
敦煌郡
凉兴郡
晋昌郡
阳关
巴丹吉林沙漠
酒泉郡
建康郡
张掖郡
临松郡
祁连郡
西郡
番禾郡
凉州姑臧
武威郡
昌松郡
魏安
0　50 km

（b）后凉

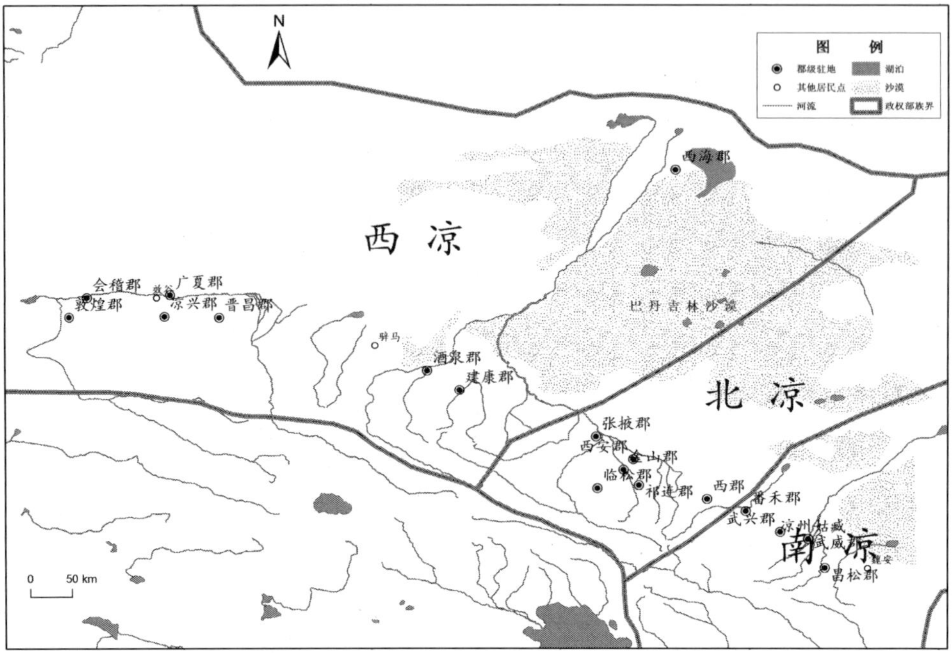

（c）西凉

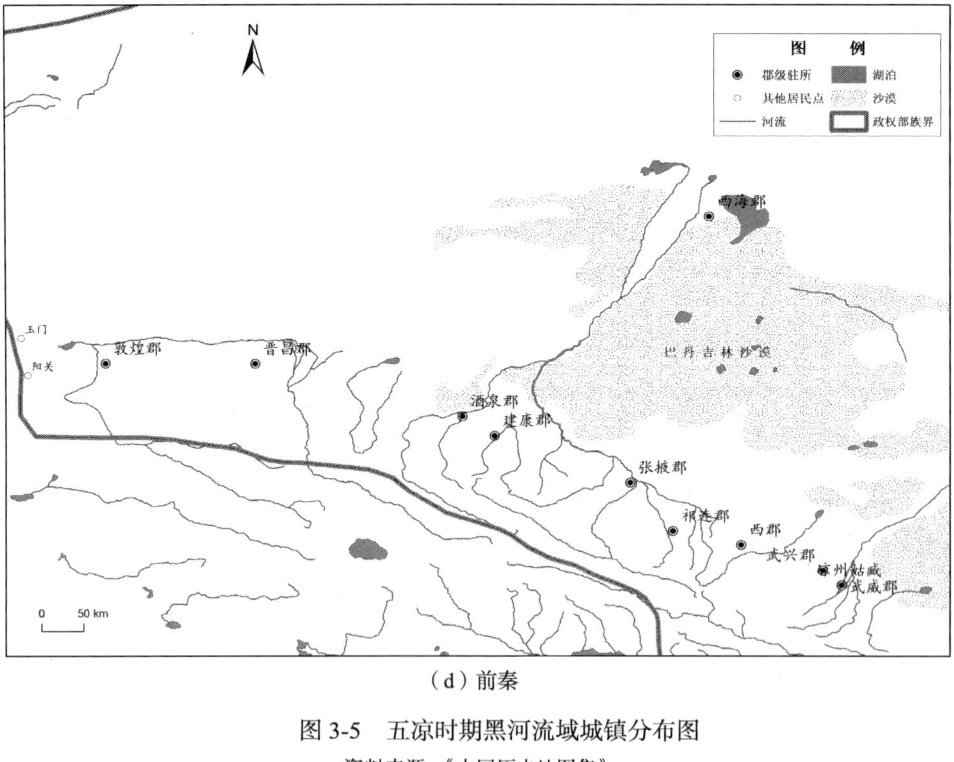

（d）前秦

图 3-5 五凉时期黑河流域城镇分布图

资料来源：《中国历史地图集》

第四节　城镇的衰落期

南北朝是两晋以后，我国历史上一个分裂的时期。从420年起，到589年止，共170年。这一时期，南方经历了宋（又叫刘宋）、齐、梁、陈四个朝代的更换（历史上叫做南朝）。宋朝建立后不久，439年，北魏统一北方，结束北方长期混战的局面。这个统一维持了将近100年。后来分裂为东魏和西魏，接着是北齐取代了东魏，北周取代了西魏。577年，北周灭北齐，北方又重新统一。从北魏到北周，北方先后建立的朝代，历史上叫做北朝。南北政权对立的时期，历史上叫做南北朝。

北魏是鲜卑拓跋部建立的国家，拓跋氏仗恃游牧民族的优势骑兵长驱进入中原，征服了封建制度充分发展、文化比他们高得多的汉族地区。他们统一北方进入中原后，不可避免地要受到汉族先进的文化、生产技术和生活方式的影响，加速了其封建化和汉化。但他们自身带入中原的落后经济、政治制度，还在很大程度上有所保留。两种不同社会制度之间的矛盾，以及统治与被统治民族之间的纷争给北魏王朝带来严重的社会危机。在经济方面，农业经济恢复迟缓，灾荒频仍，农民不断逃亡；在阶级和民族关系方面，各族人民联合起义不断发生，起义斗争的矛头不仅指向拓跋贵族，且多次与南方汉族地主政权联合；在统治阶级内部汉族地主时有起兵，有的且与各族人民起义相呼应。北魏孝文帝改革是中国历史上较全面、成功的一次改革。改革是时代发展的需要、历史发展的必然。然而，通过改革国力达到鼎盛的北魏王朝，在孝文帝死后仅30余年便迅速地分崩离析。全盘汉化，尤其是大定姓族、对门阀士族制度的移植，使得尚无文化积淀可言的鲜卑贵族迅速腐化，而腐化则是导致北魏亡国的根本因素（郝松枝，2003）。南北朝时期，少数贵族和大地主在政治上处于垄断地位。士族（享有种种特权的地主阶级中的上层，其中最有权势的是豪门）力量在两晋时期有了很大的发展，门阀统治不但激化了社会阶级的矛盾，也加剧了统治阶级内部的斗争。这一时期，不属于士族的统治阶级中的庶族（一般地主，又叫寒人或寒门，有大有小），在政治上，逐渐显示了重要的作用。统治阶级内部的斗争，加深了民众的痛苦。

两汉时期，土地兼并和与之相应的小农因破产沦为奴婢、流民，是当时社会的主要问题。魏晋以后，由于人口大量死亡，地广人稀，土地已不再是主要问题，劳动力的不足已成为当时社会经济发展的主要矛盾。为此，国家与国家、政府与世俗或僧侣地主之间，展开了激烈的争夺人口的斗争。各国之间不断地相互掠夺、迁徙人口。各国内部，政府一面实行赐客、复客、荫客、荫亲、送故等制度，满足世俗或僧侣地主的部分要求，以巩固其政权的阶级基础；一面又千方百计地控制、扩大编户，采取括户、土断、检籍、强化符伍制度、立长校户措施，禁止、限制豪强对人口的无限制占有。利用国有荒地，实屯田、占田、均田制度和与之配套的租调制度，使农民有田可耕，负担也可以承受，以保证对劳动力的控制。而世族豪强也毫不让步，与国家针锋相对，或隐占，或豪夺，或巧取，或公开反抗，力图保持对人口的占有。由对土地的争夺，转向对劳动力的控制，是本时期经济的一大特点。

在北方，鲜卑拓跋部贵族和汉族大地主，围绕着汉化，实质上即封建化问题，进行着各种不同的斗争；由于他们的根本利益一致，各个时期，因不同情况，又实行不同的联合，这种联合和斗争，在北方各族人民反对民族压迫和阶级压迫的斗争中，呈现着复杂的情况。

不论是在南方或北方，阶级斗争、统治阶级内部的斗争都是比较剧烈的。南北的对立，北方东西的对立，以及南方和北方政权的较迅速更换，正是这种斗争的集中表现。魏晋南北朝时期的分裂，是豪族地主势力发展造成的。在分裂的情况下，豪族地主垄断政权，形成势力强大的门阀世族集团。这一特权地主集团，占有大量土地，拥有大量佃客、部曲和奴婢。在门阀世族的腐朽统治下，阶级矛盾和民族矛盾十分尖锐。

南北朝时期，土地集中在少数大地主和贵族手里，大量的劳动力也为这些人所占有。地主大土地所有制和部曲佃客占领制，是这一时期社会经济制度的基础。国家直接掌握的土地，因南北情况不同，北方多而南方少。劳动者被束缚在地主的、贵族的、封建国家的土地上，从事牛马一样的劳动，过着十分悲惨的生活。

劳动者被迫逃亡，或者举行起义。南朝境内的起义，140 年间较著名的多达 40 次；北朝起义的次数更多，规模也更大。北方各族人民的起义不但冲击了封建地主和贵族的统治，而且推动了拓跋部的封建化，加速了北方各族的融合（张文强，1994）。

宗教在这一时期成了地主阶级思想统治的重要工具。道教、佛教的香烟弥漫着南北，道观和佛寺随处点缀于城镇。阶级矛盾、民族矛盾、统治阶级内部的矛盾，往往和宗教具有关系。矛盾的真相，往往被宗教这一神秘的网络隐蔽起来。北朝的宗教斗争，比南朝剧烈。非汉族的皇帝，往往通过宗教来表示对汉族大地主的态度。道教被认为是汉族的宗教。佛教信奉的神，被看做“胡神”。因此，北朝佛教和道教的斗争直接牵涉到所谓“胡”汉的斗争。佛教和土地结合，产生了有势力的僧侣。当这个势力影响到皇权的巩固时，皇帝又以灭佛的名义来消灭这个势力（程应镠，1979）。

南北朝时期，国内经历了一次民族大迁移、大融合，边远地区尤其是北方边远地区的生产力有了很大提高，同时也吸收了汉民族较先进的文化和政治制度，逐渐建立了封建制的生产关系，建立了一批集权制的封建国家。根据经济和政治的需要，这些地方也兴建了一些城市，都吸收了汉民族地区城市建设的经验。

战乱引起的人口大规模迁徙，使当时的经济格局也发生了变化。由于大量人口向东北、西北、巴蜀和江淮以南转移，这些地区的经济开发向前迈前了一大步。北方经过反复的破坏之后，逐渐进入正常发展轨道。先后进入中原的游牧民族，在经过由畜牧到农业，由不熟悉农业到熟悉农业，由早期奴隶制向封建制的转化以后，北方经济得到了恢复和较迅速的发展。这种人员、技术、信息的多相交流，打破了两汉时期关中、中原先进，四周越远越落后的经济格局，使其向全国均衡发展的方向前进了一步（高敏，1996）。伴随着民族斗争、民族融合而出现的少数民族定居农业化、封建化，是此期经济发展的趋势之一。在南方，这种变化往往是由军事征服和政治高压而实现的；而在北方，入主中原的胡族统治者多半是自觉地接受封建的汉族文化（刘静夫，1994）。

自战国秦汉以来，随着中央集权制度的逐步形成与确立，就产生了与之相适应的中央王权对地方的统治形式郡县制。秦统一六国后，这种郡县制统治方式，被确定为唯一的统治形式。后来，西汉与东汉时期，虽在郡县制统治形式之间设置了不少封国，形成郡国制度，但封国仍被纳入郡县制的统治系统之中，诸封国也参照郡县的职官而设置官吏，故汉代的郡国制不过是郡县制统治形式的变种或另一种表现形式，本质并未否定郡县制度。西汉中期以后，在郡之上又设立州，到东汉时期逐步形成州郡县三级统治机构，简称州郡制。以后诸代，或设郡县，或设州郡县，变化不已，然而均不离郡县制或州郡制的基本统治形式。但是，当历史进入十六国时期以后，由于以部落形式存在的少数民族的大量进入中原，传统的用以统治农业民族的统治方式已不适应新的情况。于是少数民族统治者为了实行胡汉分治和加强军事控制等的需要，大都同时实行三种统治形式，以至出现了三种统治形式并存的局面：一是用以统治中原地区汉族人民的州郡制统治形式，二是用以统治少数民族人民的单于部落制统治形式，三是为加强军事控制的以军统民的军镇制统治方式（高敏，1997）。所谓军镇制度，简言之，是在正常的地方行政统治系统州郡制及少数民族政权普遍实行的单于部落制统治形式之外，设立以军镇统治居民的一种制度，其特点是合军事组织与行政统治方式于一体，并以军事统治形式代替地方行政系统的一种制度。以军镇统民并以之代替地方行政机构的制度，在北魏末期的缘边地区比较突出和典型。在北魏后期曾爆发起义的北方边缘地区的"六镇"或"七镇"，就是实行以军镇统民制度的典型地区。

这些社会经济方面的巨大变化也导致了魏晋南北朝以坞、垒、堡、壁、固为中心的造城运动的形成（任重和陈仪，2003）。南北朝时期的坞、垒、堡、壁、固，按其组织形式，大致可分为三种类型：①宗族豪强型；②家族共同体型；③流民型。对于坞、垒、堡、壁、固的历史演变，一般认为汉魏是其发生阶段，十六国是其发展阶段，南北朝是其演变阶段，至隋统一则转入衰亡阶段（赵克尧，1993）。

魏晋南北朝时期的坞、垒、堡、壁、固，是汉末以降所发生的筑城运动的产物，从其消长过程来看，基本上是魏晋南北朝时期特有的社会历史现象，与本时期的历史进程相始终。魏晋南北朝时期，特别是魏晋十六国时期，村庄为遍布于全国各地的坞壁所代替，小农躲进了坞壁和城市，广大的地区，基本上就是城市与坞壁，村坞、村堡的城市化倾向非常明显。需要说明的一点是，虽然这些村坞存在着某种城市化的倾向，其中也不乏很有城市气派的例证，但也仅仅是"倾向"而已，从根本上说它们并不能算作严格意义上的城市。充其量只是采取了某些城市的形式，如集中居住和建有高大的城垣或掘出深深的壕沟，包括建立起了自卫的武装等。因为这些村坞其实并不能具备一个城市所必要的政治、文化乃至经济中心的条件，不能作为一个地区的中心，而只能是其附近城市的补充，坞、垒、堡、壁、固本质上是军事性城堡，具有突出的防御功能。这也是这些村坞后来没有成为国家行政版图上的城市，却在战争过后大多数成为真正乡村的原因。

魏初建都平城（今大同市），河西对它来说不仅“关河悬远”，而且也是王化未及的“新附”地区。虽然早在北凉时期，北魏政府已和这里建立起藩属关系，但那只是一种松散的政治关系。居住在河西的广大汉族和少数民族百姓，对北魏统一后的统治是陌生的。因此，北魏政府要有效地控制和管理河西地区，首先必须充分考虑这里的民风民俗及历史状况，尤其是注意如何稳定民心，以免重新招致兵乱。这就决定了北魏初期必将因地制宜，推行适合河西情况的统治方略，而此方略的基本点便是怀柔“杂胡”和优复①“新防”。其次，根据“移远就近，以实内地”的策略，北魏政府“徒凉州民三万户于京师”②，被徒埏既包括沮渠牧犍及北凉宗室，也包括凉州官僚、豪门及一般平民。再次是发展畜牧业，其表现便是官营牧场的设置。“以河西水草善，乃以为牧地”③。将被征服的畜牧民族编为牧户、牧子，课其畜牧。长年养马二百余万匹，骆驼近一万峰，牛羊等杂畜则多至无可数计。这一决策造成的畜牧业经济繁荣，到太和年间达到极盛，“每岁自河西徒牧于并州，以渐南转，欲其习水土而无死伤也。而河西之牧弥盛矣”④。在河西官牧场开辟后，河西更成为中原战马、牛羊、皮毛的供给地。北魏军事力量也因此益强。此外，它与隋唐时期官营马牧在河西的兴盛，也提供了借鉴。所以，隋代人谈到河陇经济前景时，虽根据居民分散的特点，认为如发展屯田，将费多获少；但谈到畜牧业，却认为这里的百姓素有“以畜牧为事”的传统，如发展畜牧，则国家获利会更多。可见，北魏河西经济决策的深远影响。最后是均田制⑤在河西走廊的普遍推行。均田制是发展农村小农经济的一种土地分配制度，国家通过给农民以土地使用权的办法，将农民固着在农业生产上，同时将农民作为赋役的征发对象。均田制并不破坏地主土地所有制，只是将政府掌握的荒田、闲田分配给无地或少地的农户耕种。因此，在实施中又根据各地区人口密度的不同，划分出宽乡和狭乡，并区别对待。同时规定，由狭乡迁往宽乡的农民，可以“随力所及”进行屯垦，

---

① 优复，即享受减免赋役的优待。

② 《魏书·世祖纪》，又《通鉴》作“徙牧犍及宗室民十万户于平城”。

③④ 引自《魏书·食货志》。

⑤ 均田制是北魏创立的，孝文帝太和九年（485年），颁布实行。它规定，男子15岁以上，授露田（不栽树之田）40亩，妇女20亩。由于要休耕，所以一般是加倍给授，分二年轮休的（二圃制），男子给授80亩，妇女40亩；分三年轮休的（三圃制），男子给授120亩，妇女给授60亩。此外，男子给桑田20亩，桑田上要求种植桑树50株，枣树5株，榆树3株。不适宜种桑的地区，男子给麻10亩，妇女5亩。受田者要向政府承担田租、户调、徭役。

政府还提供粮种。这又说明，均田制的法令用意，还在于扩大土地的利用面积，开发土地的生态资源。

另外这一时期，正处于中国古代气候史上的“物候时期”（竺可桢的分期）——暖冷交替的阶段，即第二个温暖期的后一阶段和第二个寒冷期的全部阶段。自然环境的剧变导致农业生产的生境更为恶化，人们在对自然资源进行开发、利用的同时，又给自然界带来了很大的破坏。

在长期的分裂与割据、北方游牧民族南迁、气候变化、经济转型背景下，这一时期位处下游的绿洲已无法纳入统一王朝的管辖范围，而处于战争前沿的城镇更易受战争破坏，所以城镇大量消亡（图 3-6）。

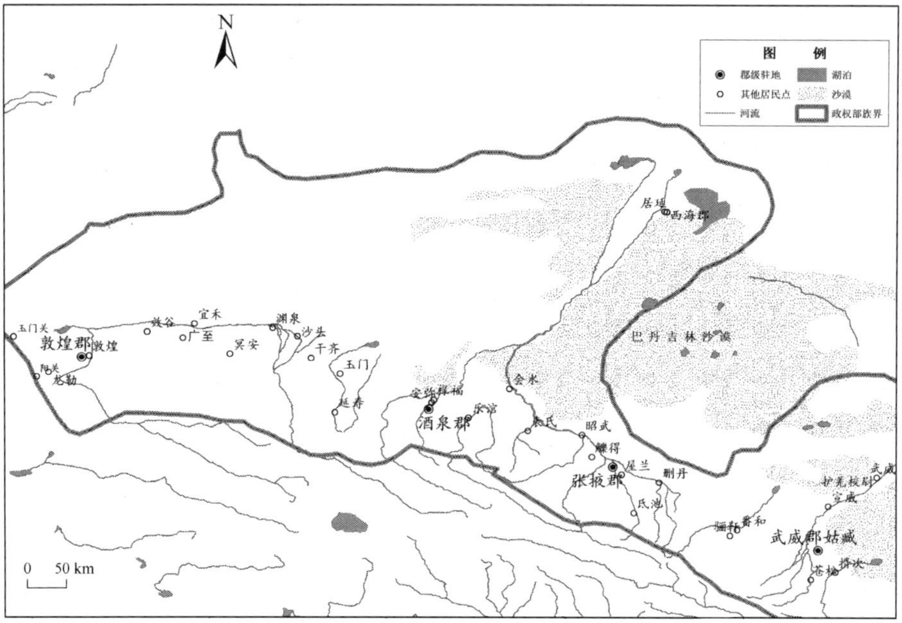

图 3-6 北魏时期（北朝）黑河流域城镇分布图

资料来源：《中国历史地图集》

第五节 城镇的重建与发展期

6 世纪末，经过 400 年大乱的中国历史走向大治的趋势已定，其原因如下：

第一，长期剧烈的阶级斗争大大削弱了汉族士族门阀地主和鲜卑贵族的势力，逐步消除了分裂割据赖以存在的政治基础；第二，经过血与火的熔铸过程，各民族间的融合有了长足的进步，一定程度上克服了不同民族政权分裂割据的社会因素；第三，农业和手工业经济的恢复和发展，迫切要求改变人为的南北对峙、交通阻隔的状况；第四，战争的惨祸教育了人民，南北人民无不要求统一，要求和平。总之，结束分裂割据局面的条件已经成熟，全国大一统已成为历史潮流（刘宏煊，1995）。隋唐两朝，是我国历史上城市的全面重建和又一个大发展时期。这个时期的统一而稳定的政治局面、经济领域的高度繁荣、王朝全境的普遍振兴，为城市的全面重建和大发展提供了充分的条件。

在相当多的地方，包括政治城市轴心地带的长安（隋名大兴）与洛阳，人们放弃了两汉、魏晋、南北朝以来破败的城市废墟，而另辟城址，建立起一代崭新的城市。从地理位置上来看，城址的调整、转换在不同程度上改善了城市发展的环境条件。有些城市，如长安城（大兴），其大地理区位并未改变，但小环境彻底更新，使城市在保持原有地理的区位优势的情况下，获得了更合理的小区条件，经过重新规划，显示出新的生机。全国性的城市体系重新建立起来，它在新的社会经济地理格局的影响下，相对于秦汉统一时期的情况，发生了许多重要的变化。

隋唐统一帝国的出现，为全国交通的重新畅通提供了条件。唐代驿路贯通全国，每 30 里[①] 设驿站。按照《通典》的说法，驿路体系以长安为中心，“东至宋、汴，西至岐州，夹路列店肆待客，酒馔丰溢。每店皆有驴赁客乘，倏忽数十里，谓之驿驴。南诣荆、襄，北至太原、范阳，西至蜀川、凉府，皆有店肆，以供商旅，远适数千里”[②]。另外，隋朝立国后，政治中心又移回关中，而此时关中地区农业的地位已远不如前，所产粮食和物品不敷皇家和军队耗用，为了解决政治中心与经济重心分离的矛盾，从隋文帝开始开凿大运河，沟通了河、海、江、淮、钱塘江五大流域，形成了以政治中心长安、洛阳为轴心，向东北、东南扇形辐射的水运网。沿线商业繁荣，交通繁忙，沿线城市由以发展繁荣。楚州（淮安）、扬州、苏州、杭州时称四大都府；华府（华县）、陕

---

① 以唐太宗李世民的双步（左右脚各迈一步）为尺寸标准，叫做“步”，并规定 300 步为 1 里。1“步”的 1/5 为 1 尺。唐代 1 尺合现在 0.303m，1 里合 452.2m。

② 《通典》卷七《历代盛衰户口》。

州（陕县）、汴州（开封）、宋州（商丘）、泗州（今江苏盱眙县对岸、清康熙时没入洪泽湖中）、润州（镇江）、常州也逐渐发展为较大的城市。此外沿线还兴起了一批县城的重要集镇，从而使中国第一条南北向城市发展轴线开始形成。

在唐朝露出端倪的另一个重要的历史巨变，是长安的京师地位的动摇，造成这一动摇的原因，不是军事打击，而是全国经济-政治地理格局的深刻变化。江南地区的经济发展，逐渐造成经济重心的东移、南移，关中地区的相对落后日益明显，尽管朝廷用行政力量把成千上万的富贾豪族由江南向京师迁徙，但无补于京畿地区经济相对落后的趋势。

隋唐统一后，政治中心虽然又移回中原地区，但在东吴、东晋、南朝业已得到开发的基础上，江南地区的农业、手工业和商业则得到了全面的发展，形成了“今赋出天下，江南居十九”的局面和“扬一益二”之说。

隋朝国祚虽短，却非常重视经营河西。隋炀帝先后两次派遣裴矩坐镇张掖，大业五年（609 年）炀帝又西巡张掖，在燕支山（即焉支山）下大会高昌王麴（qū）伯雅、伊吾吐屯设及西域 27 国首领、使者和商人。足见河西经济的繁荣和丝路贸易的活跃。及至唐代前期，经过太宗、高宗和武则天几朝的大力经营，河西走廊又一次呈现出农桑兴旺、粮储丰盈、夷夏和睦的景象。作为“河西咽喉地”的甘州是当时经济最发达的地区，时人陈子昂称“甘州地广粟多，……仓庾丰衍，瓜、肃以西，皆仰其餫（yùn），一旬不往，士已枵饥。是河西之之命系于甘州矣”[①]。到开元、天宝之际，河西走廊更成了天下最为富庶之地，“商旅往来，无有停绝”。为了统治如此庞大的帝国，隋采取了既有别于秦汉，也不同于南北朝时期的行政区划制度，即以州为主的州-县两级制。隋朝开皇元年（583 年），隋文帝根据地方行政机构繁多，存在“官多民少，十羊九牧”的状况，实行精简郡县的改革。按照“存要去闲，并小为大”的原则，将北周时期的州、郡、县三级制，改为郡县两级制。全国共划 109 郡，辖 1255 县；然后在郡上置州刺史，代表中央司监察之职。隋朝州制的实行，改变了大分裂时期州、郡滥设的混乱状况，有利于国家的统一和疆域的完整。张掖仅领张掖、删丹（隋大业初复改为删丹县，属张掖郡）两县（图 3-7）。

① 《陈子昂传》。

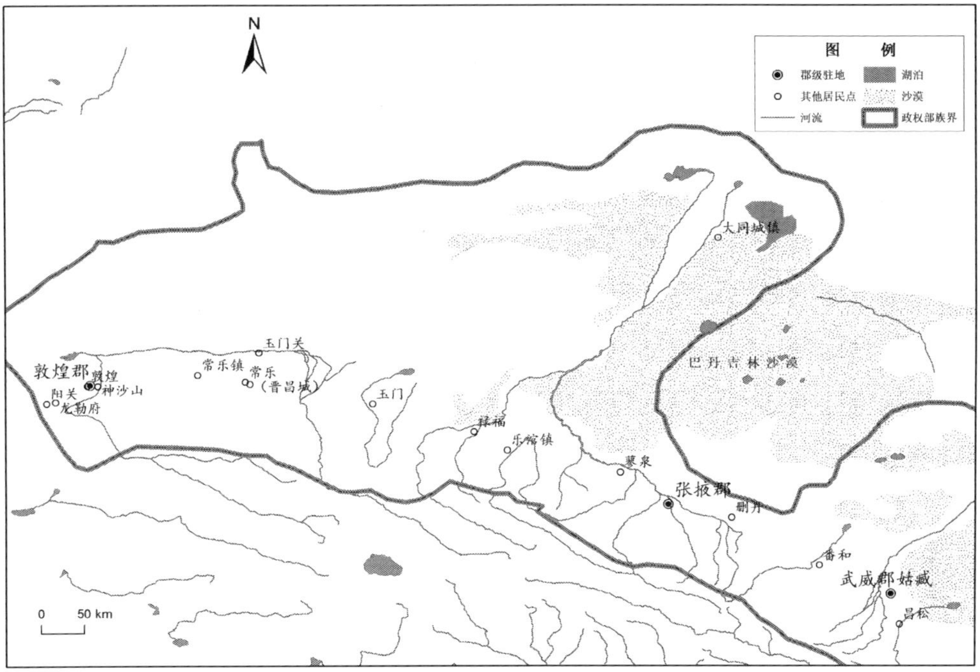

图 3-7　隋朝黑河流域城镇分布图

资料来源：《中国历史地理地图集》

隋末唐初，东、西突厥在北方再度强盛。隋末唐初，由于中原战乱，无力西顾，原已是中国疆域一部分的西域成为西突厥、吐谷浑及吐蕃角逐的战场，西域人民陷于水深火热之中。当时，西域大致有三种情形：一是吐谷浑趁中原内乱之机重新崛起，占领今青海全部和新疆南部，屡屡侵扰内地和河西走廊，威胁唐与西域的交通；二是巴尔喀什湖以东以南广大地区，主要有高昌（今吐鲁番）、焉耆、龟兹（今库车）、疏勒（今喀什噶尔）、于阗（今和田）5 个王国，其时被西突厥控制；三是位于伊犁河下游、楚河、锡尔河、阿姆河流域，有“昭武九姓”，按《新唐书》记载，即康国、安国、曹国、石国、米国、何国、火寻国、戊地国、史国 9 国，当时也为西突厥控制。西域的分裂割据，不仅使当地各族人民深受其害，而且严重阻碍了中国与中亚、欧洲的商旅往来交通。为恢复西域主权，重开商路，唐政府进行了艰苦的斗争，取得了统一西陲的伟大胜利。

在这样特殊的地缘政治背景中，唐政府对河西进行了大规模的开发治理，使张掖作为西北的政治、经济、军事中心的地位进一步巩固。张掖一度成为东西经济文化交流、国际交通的枢纽，是唐政府经略西域的后方总部，并成为国家安全战略的重点（冯玉新和王蓉，2006），而肃州丧失了隋以来的政治核心地位。这一时期人口总量较之隋朝有所增加，城市的数量虽有所减少，城市之间的间距进一步拉大。但由于城市腹地范围的扩大和城市功能由单一的政治军事职能开始向政治、军事、商业复合职能的巨大转型，城市实际上得到了长足的发展。唐朝的地方政权分州、县两级，同时在周边要冲地区又设都督府。唐朝统治期间，本区为甘州辖地，府治张掖，领张掖、山丹两县。

第六节　城镇的再次衰落期

天宝十四年（755 年），安史之乱爆发。黄巢起义失败后，全国又处于大分裂状态，割据政权此消彼起，动乱不息。北方曾先后出现五个政权：（后）梁、（后）唐、（后）晋、（后）汉、（后）周。其中，后唐、后晋、后汉是沙陀（沙陀为西突厥别部，唐宪宗时内附）人建立的政权。南方则主要有九个政权割据：吴、南唐、吴越、楚、闽、南汉、前蜀、后蜀、荆南（南平）。这一段历史时期称五代十国，计 70 余年。唐末及五代十国时期，北方战乱较多，加以契丹族的南下，经济受较大破坏，城市也受到摧残。新建城市极少。但在南方，由于较为安定，经济较为发达。当时江浙一带成为南方经济和文化的发展地带，城镇建设也较为发达。自此，长达千年的以关中地区渭水流域为全国城市重心的格局彻底解体，而东方则成为大城市发展的主要地区。

960 年，北宋赵匡胤又重新统一了中国，但宋太祖没有继承周世宗的事业，乘胜北征契丹人所建立的辽朝。党项族（羌族的一支）所建立的西夏国也还统治着陕北和内蒙古河套一带。因此，北宋王朝从一开始建立就缺乏隋唐那种高度统一的政治局面。待到松花江流域上的女真族兴起灭辽之后，北宋又一直受着金人的威胁。1127 年，金人终于灭了北宋占据了北方大片国土，宋高宗退守江南，形成了一百多年间南北对峙的局面。

辽宋西夏金时期是中国历史上由分裂走向统一的过渡时期。中国古代历史上南北大的分裂有两次，第一次是 3 ～ 6 世纪魏晋南北朝时期；第二次是 10 ～ 13 世纪五代十国、辽宋西夏金时期。纵观辽宋西夏金时期西北民族关系的发展演变，按其阶段性特征，主要可以划分为三个时期（彭向前，2004）。

在发展的各个阶段中，总有一种主要的矛盾起着主导作用，其大致情况如下：①从 916 年契丹建国到 1038 年李元昊称帝，西北民族关系的主要矛盾是宋辽矛盾。可知，北宋与辽朝是南北对峙的两大强国。辽朝联夏抗宋，宋朝也联合吐蕃、回鹘制夏。在宋辽矛盾的支配下，西北民族关系呈现出两大阵营对立的局面。同时，也可以看出宋夏矛盾所具有的发展能力业已不容忽视。②从 1038 年李元昊称帝到 1124 年西夏弃辽附金，宋夏矛盾又逐步上升为西北民族关系的主要矛盾。③从 1124 年西夏弃辽附金到 1227 年蒙古灭夏，这一阶段西北民族关系的主要矛盾为夏金矛盾。

北宋统一中国以后，在社会许多领域中进行了一些较大的改革，社会的各方面都有高度的发展。工商业的繁荣，特别是以城镇为核心的工商业的繁荣，是宋代社会极为明显的特点。政府取消了对城市街巷内商业活动的时间限制与空间限制，城市街巷向商业活动敞开，工商业者可以自由选择适合的营业地点和规定营业时间，这些都使城内廛市面貌出现新的景象。

宋代城市十分繁荣，大城市的数目较前代有大幅度增加。10 万户以上的城市，在唐代有一二十座，而宋代膨胀到四五十座。北方的秦州、太原、真定、京兆、大名（北京）、洛阳（西京）、密州、晋州，东南的平江（苏州）、江宁、扬州、真州、楚州、庐州、襄州，长江中游的南昌、鄂州、江陵、长沙，川蜀地区的成都、梓州、绵州、兴元、遂州、汉州、利州，闽广地区的福州、泉州、广州等都是商业贸易的重要城市。

唐五代时期镇多为军事驻地。至宋代，因朝廷集中兵权，作为军阀割据的兵镇不复存在。而在一些交通方便，商业发达的地方，镇成为工匠、商人、小贩的聚集之所，房舍益广，列肆如栉，原来的镇逐渐转变为工商业小城。《太平寰宇记》《元丰九域志》等书记录了大量镇名。从地理位置上观察，大多新兴市镇都位于交通要道、水陆码头、沿海口岸、大城市四周。运河、汴河、淮河，以及长江下游沿岸，分布的小城镇较多。北宋神宗年间，全国有镇约 1800 个，绝大多数分布在南方。

由于经济中心自西北地区（关中）向东南地区的转变，又由于造船技术、航海技术的大幅度提高，原本中国对外交流的主渠道“丝绸之路”逐渐有东南的海路与之分庭。此外，西夏、回鹘政权在西北的割据，也造成中原与西域间交通的阻隔。在此背景下，西北的长安等城，其对外交流中心地位不复存在，而东南沿海的城市逐渐成为中国对外的重要门户。

自唐朝天宝十四年（755 年）“安史之乱”爆发起，河西经历了历史上第三次大分裂[①]、大动荡时期。期间吐蕃占据河西近一个世纪之久。848年，张议潮起兵，推翻了吐蕃统治，光复河西（高荣，2003a）。其归义军虽奉唐正朔，实际上是一支地方割据势力。在宋朝统治中原的337年中，张掖一直未纳入宋朝的统治版图。回鹘在进入宋代后又统治本区68年，接着是西夏割据本区198年，蒙古汗国割据统治45年，到元代才回归统一的全国政权管辖。甘州回鹘迅速强大起来后，控制了以甘州为中心的河西大片地区，归义军政权实际只占领有走廊西部的瓜、沙一隅之地，走廊东部则为西凉六谷部所控制。因此当时的河西，处于四分五裂状态。

1028年以后，党项人不断向河西发动进攻，至1036年，河西走廊尽为西夏所有。及至元朝，在地方上实行行省制度，河西走廊隶属甘肃行省管辖，其下有甘州、永昌、肃州、沙州和亦集乃五路。然而，自元世祖忽必烈以来，由于大批察合台系诸王及其部民不断涌入走廊西部的瓜、沙及哈密一带，大大改变了当地的民族成分，遂使肃州以西出现了蒙古化、部落化和游牧化的趋势。加之从安史之乱后的数百年间，河西走廊战争频繁，又长时间处于吐蕃、回鹘、党项和蒙古等游民族控制之下，社会经济特别是农业生产有所衰退，使河西走廊“无复昔之殷富繁华矣”。吐蕃化、回鹘化、西夏化、蒙古化历程，在一定程度上也削弱了或压缩了中原农耕文化在河西走廊的空间分布及其影响力度。城镇由于失去了农业的支持和战争的一次次破坏而进一步衰退（图3-8、图3-9）。

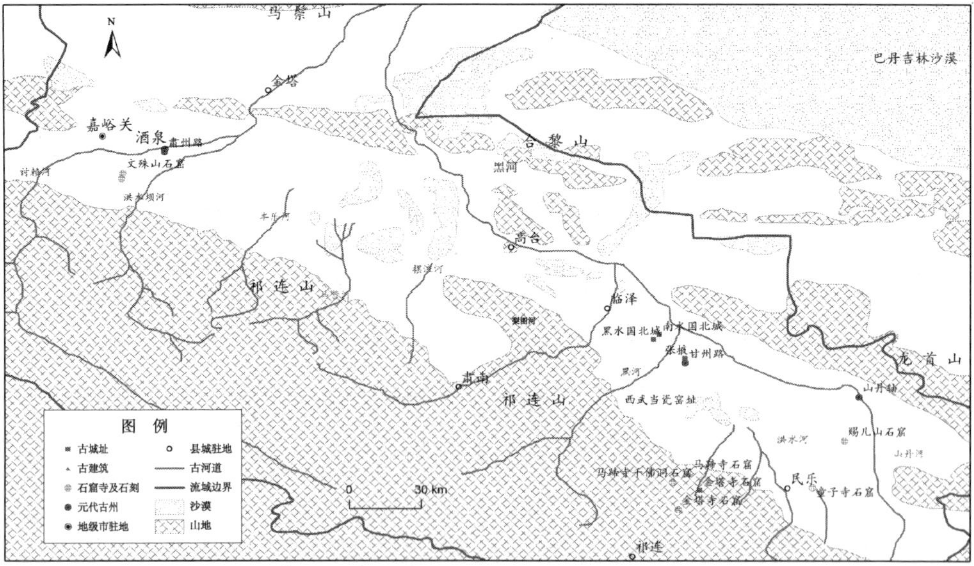

图3-8　西夏黑河流域（中游）城镇分布（史志林等，2014）

① 中国历史上有三次大分裂：春秋战国时期；三国两晋南北朝时期；五代十国及两宋时期。

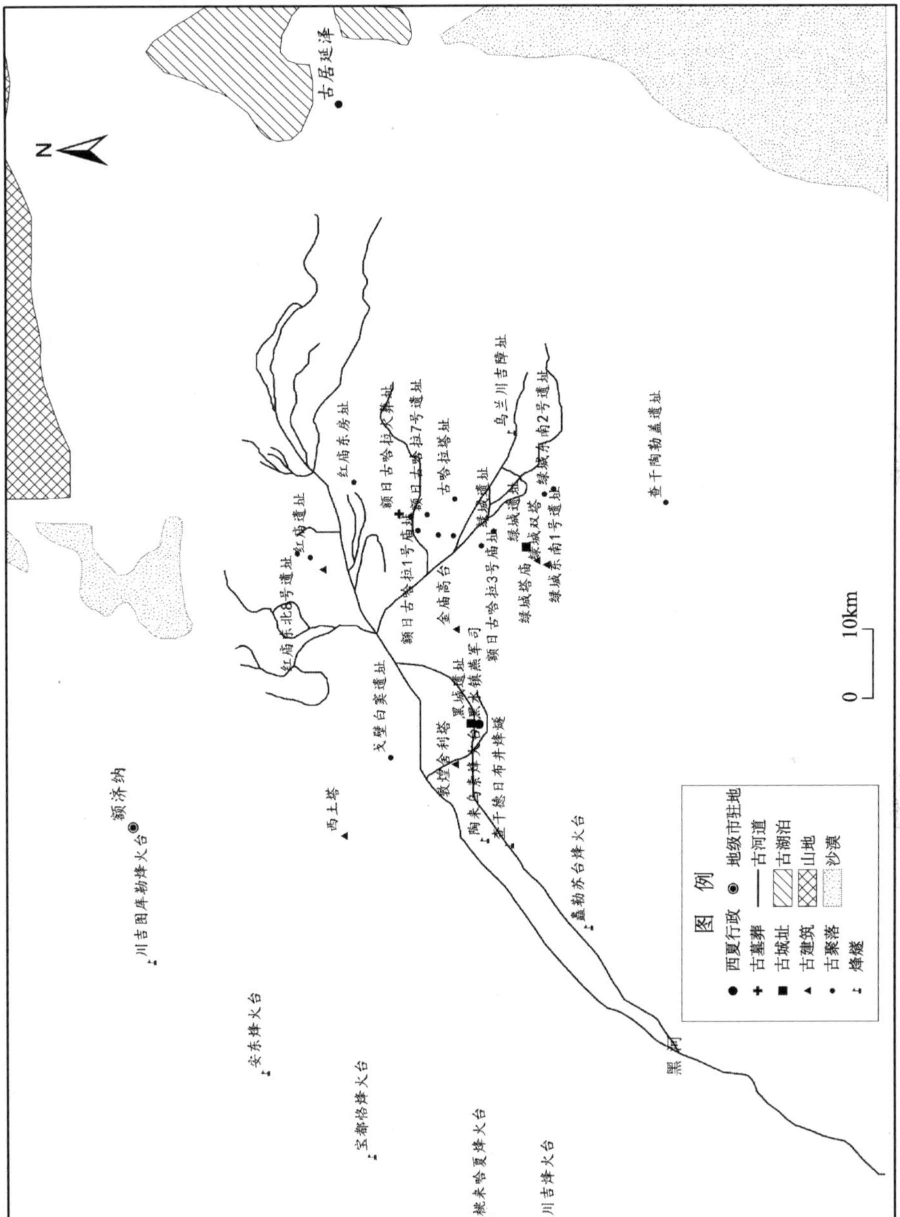

图3-9　西夏黑河流域（下游）城镇分布（史志林等，2014）

第七节 城镇的再次发展期

明清时期（1368～1840年）是中国封建社会的晚期，是我国封建经济高度发展、专制主义中央集权统治进一步强化的时期，但同时也是其逐渐走向衰败的时期。就在这一时期，我国传统的农业、手工业、商业及商品流通都达到了封建社会的最高水平，并出现了资本主义的萌芽，从而促进了市场的繁荣和全国大中小城市及众多小城镇的兴起与发展。

明初，鉴于元朝残余势力仍很强大和河西走廊西部在元代以来已出现的蒙古化、部落化和游牧化趋势，在平定河西后就采取了因地制宜、因俗而治的羁縻策略。以嘉峪关为界，筑长城以防蒙古和羌人侵扰，并在关处之地设立了安定、曲先、阿端、赤斤、罕东、沙州和哈密七卫（即“关西七卫”）以为屏藩，在700余千米沿线设置六十多座城堡以卫护河两。这些城堡为明洪武以后陆续建成，加强了此地的防守力量。

重要的城堡，在河西东端乌鞘岭一带有安远堡、黑松堡等，踞于山谷和隘口，可防止敌骑从青海东部北下侵扰；在腾格里沙漠边缘有河东堡、武城堡、双城堡等，占据着有利地形，可防止敌骑从东部入侵；在黑河之畔和祁连山前有东乐堡、板桥堡、古城堡、镇羌堡等，据地利优势，可防止敌骑从北山和祁连山西方入侵；再向西至肃州（今酒泉）境内，在祁连山前和弱水沿岸有金佛堡、马营、临水堡、红沟堡和另峪关等，处在险要位置，可防止敌骑从北方沙漠、祁连山和新疆东部三面入侵（表3-7、图3-10）。据《甘镇志》《甘州府志》《新修张掖县志》记载，明清时期为加强军事防御，曾在要冲之地构筑许多堡寨，见于记载的，明甘州五卫共领堡52座，其中张掖领堡27座。

表3-7 河西走廊卫所堡数（座）及马官步军数量（人）

凉州卫	堡/8座	安远	黑松	武威	双城	靖边	大河	怀远	柔远
	马官步军/18 158人	221	168	73	87	50	230	49	507
甘州卫	堡/8座	洪水	黑城	板桥	平川	甘峻	古城	东乐	沙河
	马官步军/33 894人	58	313	274	315	200	200		
山丹卫	堡/8座	峡口	花寨	新河	黑水	八	九	红崖	镇羌
	马官步军/8 583人	654	260			50	50	25	25

续表

肃州卫	堡	嘉峪关	金佛	临水	马营	红沟	其他未列
	马官步军 /11 267 人	388	200	100	50	43	

资料来源：林岩和李益然，1999

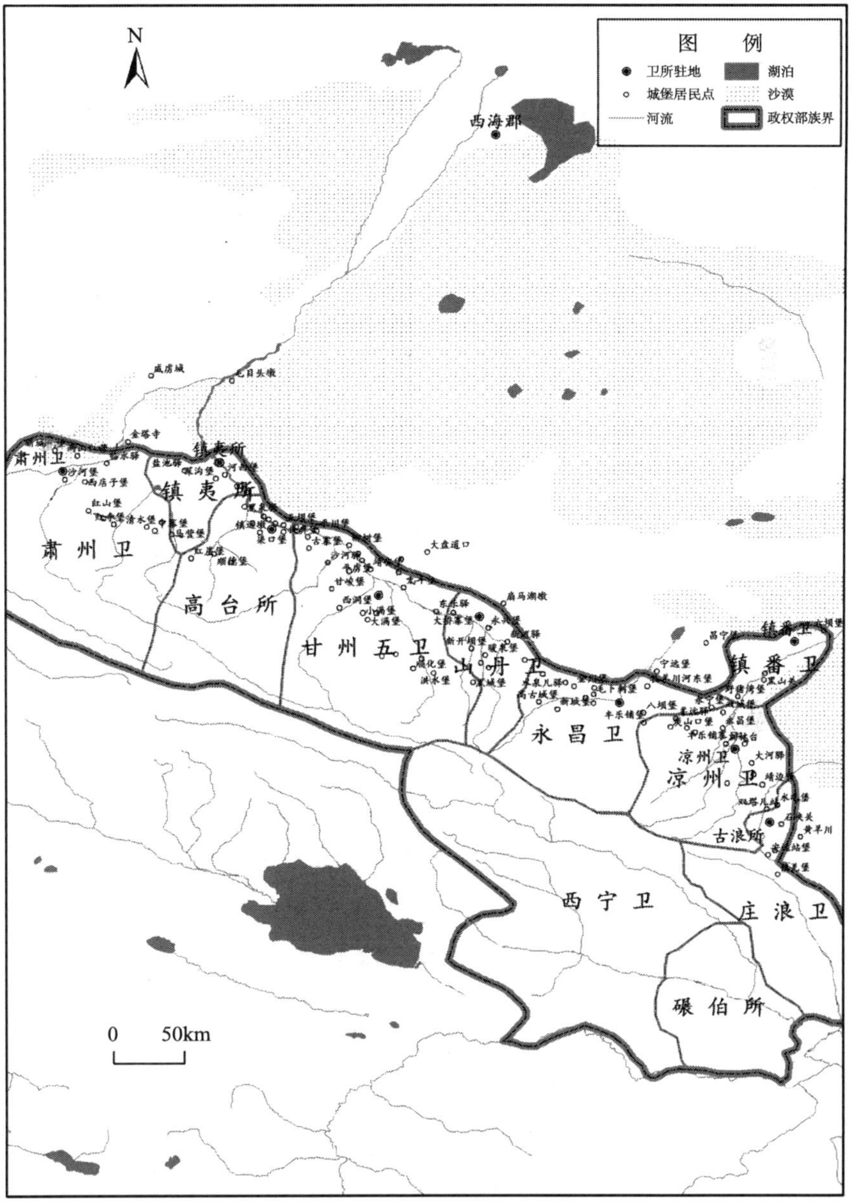

图 3-10 明代黑河流域城、堡分布图（中游部分）

资料来源：《中国历史地图集》

从明英宗正统（1436 ～ 1449 年）以后，由于吐鲁番势力入踞哈密和蒙古部落进入青海，这些卫所也相继削弱、内迁或不复存在，河西遂成为明朝在西北的极边要地，史称河西“夹以一线之路，孤悬两千里，西控西域，南隔羌戎，北遮胡虏”，战略地位极其重要，因而成为明廷边疆经营的重要地区。河西走廊由此进入继两汉、隋唐以来的第三个大发展时期。直到清代前期，尽管河西在全国政治、经济和军事上的重要性已大不如前，但因对西北用兵、军事中心西移，河西就成为清廷经略新疆的“军需总汇”而备受重视，不仅加强了河西的军事和行政建制，而且推行了一系列行之有效的恢复和发展经济的政策措施，从而为河西的兴盛创造了条件。虽然甘肃的政治中心已由张掖、武威东移至兰州，但河西走廊仍是全省最富庶之地。

明代时，河西地区“孤悬天外，四方受惊”。明代成祖永乐元年（1403 年），在张掖设立了相当于省地级的地方政权——陕西行都司甘肃镇，镇治甘州，管辖甘州前、后、中、左、右诸卫的军事、政治及经济活动，领山丹、凉州、永昌、镇番、庄浪、肃州、西宁，抚安关西七卫，这种行政建制，一直持续到明王朝统治的全过程和清王朝的中后期，长达 322 年，可见甘州是中国封建社会后期西北重镇。清代，本区仍沿袭明制，甘州领张掖、东乐、山丹、高台县和抚彝厅。清初到中叶的百余年间，河西战争平息，本区得到了一个安定的发展时期，除重点开发敦煌以西至新疆的边地外，对河西地区的经营也较为重视。晚清之后，甘肃的政治经济中心由甘州移至兰州。

综上所述，城市的发展受到社会周期性危机演化的影响，呈波浪形曲线轨迹向前发展。经历先秦以前的城市萌芽期、两汉时期城镇奠基期、魏晋时期的城镇发展期、南北朝时期的城镇衰落期、隋—中唐以前的城镇重建与发展期、中唐—元朝的城镇再次衰落期、明清时期的城镇再次发展期。

中国城市的发展是同社会的发展相一致的，每当社会繁荣、稳定时，城市就获得大的发展；而当社会发生动乱时，城市就遭到破坏。自秦始皇统一中国以来，中国每隔一段时期就要发生分裂和动乱，残酷、激烈的战争造成社会的大破坏，而城市是破坏的首要目标，毁地屠城的记载不绝于书，几乎每一个王朝的末期，城市都面临毁灭性的灾难，不少城市变成废墟，发展中断，即使幸存的城市也是残破不全。因此，中国古代城市虽然多次出现辉煌的发展，但是都不能长久地保持，而是受到社会周期性危机演化的影响，随王朝的兴亡而兴盛衰落。多数新王朝初建时期的城市不是在以往城市高度发达的基础上发展，而是在一个很低的水平上重新起步。发展—衰落—破坏—恢复—发展—衰落—破坏，如此周而复始地循环，成为古代中国城市发展的一个特点（表 3-8）。

表 3-8 黑河流域若干历史古城的废弃时代

古城名称	所在地区	延续时代	城址 ^{14}C 年龄 /a BP	废弃时代
氐池县城	民乐李寨乡北部	汉、晋		南北朝
黑水国北城	张掖西城驿	汉、唐	780 ± 50	明清时期
黑水国南城	张掖西城驿	唐、西夏、元	190 ± 50	清代中后期
骆驼城	明海沙漠东南	唐	1428 ± 56	中唐五代
骆驼城东北遗址	明海沙漠东南	汉、晋		南北朝
建康郡	明海沙漠东南	汉、晋		南北朝
许三湾城	明海沙漠南缘	汉、唐、明		清代
明海子城	明海沙漠	明	484 ± 50	清代
新墩子城	明海沙漠	汉、唐	260 ± 50	清代
草沟井城	明海沙漠西缘	汉、唐、明		清代
下河清皇城	明海沙漠西缘	汉、唐		中唐五代
绥弥县城	酒泉临水乡古城村	汉、晋		南北朝
会水县城	金塔破城子	汉、晋	1580 ± 70	南北朝
居延城（K710）	古居延绿洲北部	汉		南北朝
破城子（A8）	古居延绿洲北部	汉		南北朝
雅布赖城（K688）	古居延绿洲北部	汉		南北朝
乌兰德勒布井城（F84）	古居延绿洲北部	汉		南北朝
温都格特日格城（K749）	古居延绿洲北部	汉		南北朝
马圈城（K789）	古居延绿洲南部	汉唐、西夏		明清
黑城（K799）	古居延绿洲南部	西夏、元		14 世纪
绿城	古居延绿洲南部	唐、西夏、元		明清

注：表中 ^{14}C 年龄分别在北京大学科技考古与文物保护实验室及兰州大学年代学实验室测定

资料来源：马鸿良和郦桂芬，1992；王乃昂等，2003

第四章
城镇发展的动力机制

城市是一种复杂的动态现象，它的兴起和发展受自然、经济、社会和人口等因素的影响。不同的历史时期，不同的地区，不同的社会经济发展水平和发展速度，不同的人口分布和迁移特点，都对城市的发展速度、性质、规模、空间组织等产生影响。城市是一种区域现象。它在地球表面占据着一部分土地，虽然面积不大，但它作为人类活动的中心，同周围广大区域保持着密切的联系，具有控制、调整和服务等机能。从区域角度来看，城市也是一个“点”。几乎每个城市都是一个地区的经济、政治或文化的中心，每个城市都有自己的影响区域（腹地或集散区）。由于城市规模不同，影响范围有大有小，各城市影响区之间也可能有叠加或交错，但每个城市都在其影响区域内起着核心作用。由此可见，城市不仅具有区域性和综合性的特点，而且属于历史范畴。一方面，人们都把城市作为人类文明的代表，以及时代经济、社会、科学、文化的焦点；另一方面，城市也集中了整个社会生活、整个时代所具有的各种矛盾。所以，城市也是一个复杂的动态的大系统。这个系统包括的内容很广，不仅包括生产、消费、流通等空间现象，也包括造成空间现象的非空间过程。为了揭示城市系统的空间现象，必须深入研究形成这种空间现象的社会、文化和思想意识形态等非空间因素。

第一节 移　民

城市是有一定人口规模，并以非农业人口为主的居民集居地，是聚落（settlement）的一种特殊形态。城镇能否有足够的人口规模，首先取决于区域人口数量。城市离不开移民，无论是在其形成之初，还是在其发展过程中。一旦移民断绝，甚至出现人口大量外迁，城市便停滞不前，甚至衰落消亡。

在人口数量不多、生产力又非常低下的情况下，人类早期的聚居地范围有限，而其余广大的地域无人居住或人口很少。如果完全依靠本地人口的自然增长，要达到开发的程度显然需要非常长的阶段。即使如此，还会有很多地方因为缺少起码的人力而难以抵御自然灾害或外来的袭击，有时不仅得不到发展，而且濒临灭绝。而移民却能在短期内使迁入地的人口有很大的增加，为当地的开发提供基本劳动力；或者促使当地的农业向深度和广度发展。

历代移民的主流是从人口稠密区流向人口稀疏区，从经济文化发达地区流向较落后的地区，由中心区流向边远地区，由汉族地区流向非汉族地区。所以，一般情况下，移民的生产技能和文化素质要比迁入地高，移民中的青壮年人口比例也较高，移民的迁入为当地生产力的提高创造了有利条件。

移民所起作用与其本身各种因素（如来源、数量、类型、素质、迁入时间和方式等）相关，还与迁入后所处地位有关。一般来说，来自经济、文化发达地区的移民总体素质较高，反之则较低。素质高的移民传递文化信息的能力强，而本身来自文化发达地区又使他们传递的信息水平高，具有先进性。在同样条件下，数量多的移民群体当然可以发挥更大的作用。生存型的移民满足于获得生存机会，随遇而安，没有明确的发展目标，缺乏自觉的文化传播意识。而发展型移民注重自身在物质和精神上的发展，不仅会选择最适宜的定居环境，还会自觉、主动、积极地发挥自己的文化影响，或者学习更先进的文化。其中群体性的发展型移民，由于数量多、迁入时间集中、定居密集，起的作用最大。总之，素质高、数量多、迁入早（相对于其他移民群体而言）、迁入集中、在迁入地拥有平等社会地位的移民群体，对当地文化的形成和发展能起重大甚至决定性作用。

中国的移民史可分为三期（葛剑雄等，1997；张国雄，1996），分别如下。第一阶段：公元前 221 年前，黄河中下游的多向移民。人口大部分居住在黄河流域，但除了少数地方人口较密集外，大多数地区人口密度还很低，在黄河流域之外的地区人口更加稀疏，因此总的迁移距离不长，迁移的速度相当缓慢。第二阶段：公元前 221 年至公元 1367 年，即秦朝至元末，黄河中下游向长江中下游的由北向南移民。这一阶段长达 1588 年，经历了中国封建社会的大部分，期间有过几次长时期的分裂，但也几度建立过疆域辽阔的统一国家。而且即使在分裂时期的割据政权，一般也实行集权统治，所以用行政和军事手段强制实施的移民始终不断，成为移民的一种重要方式。这种移民的迁入地往往是首都、边疆等政治、军事要地或若干与统治者关系密切的地区，数量一般很大，迁移时间也很集中。但这一阶段移民的主流还是北方黄河流域向南迁往长江流域及更远的地区，以及蒙古高原、东北、西北的牧业或半牧业民族不断进入黄河流域。从秦汉开始直到元末，这一移民潮流虽时起时伏，但始终没有停止过。第三阶段：1368～1850年，即明初至清朝太平天国起义爆发前。在这一阶段，尽管明初曾由政府采用行政手段强制实行大规模的移民，但同时却更多采取了由政府倡导、组织或招募人口从相对稠密地区迁入稀疏地区和经济不发达地区，而且从此基本取代了强制性的迁移。此期间中国的人口很快就再次突破了1亿，在明代后期增加到2亿。所以，不仅南方大部分地区人口已经相当稠密，就连北方的平原地带也已人满为患，因此无论南方还是北方，由平原向山区的迁移成了移民的主流。当中国的人口出现4.3亿的空前纪录时，内地绝大部分适宜开发的山区已经开垦殆尽，稍具规模的移民已经无处可迁了。

这三个时期主流移民迁移的方向、持续的时间、展开的地域虽然各不相同，但表现出一个人口密集、经济开展程度高的地区向人口稀疏且开发程度低的地区离心状转移的共同特点，主流移民特征的变化与地区开发重点的转移互为因果。主流移民的特征并不是待前一个时期结束后才形成，它往往在上一个移民期就已萌发了。历史时期的离心状人口迁移不是待中心区饱和后才进行，人口密集区的形成和向外扩散可以共存；而形成过程中的主要扩散方向，可能正预示了下一个人口密集区的所在。

从移民的动因上考察，有生存型移民和发展型移民（葛剑雄等，1997）。所谓生存型移民，就是为维持自身的生存而不得不迁入其他地区定居的人口，或者说是以改变居住地点为维持生存手段的迁移行为。产生这类移民的主要原因是迁出地的推力，如自然灾害、战争动乱、土地矛盾、人口压力等，而不是迁入地区的拉力或吸引力。实际上，供这类移民选择的余地一般都很有限，他们唯一能选择的往往只有迁移方向或地区。

中国移民史上大多数移民都属于这一类型。例如，汉族人口的南迁基本上都是出于生存压力，如北方的战争动乱、游牧民族的南下、地主豪强对土地的霸占、人口压力造成的土地匮乏、无法抵御的自然灾害、官府或豪强对赋税的追索等。

牧业或半牧业民族的南下或西迁的最初动因，往往也是生存，如本地严重的自然灾害，汉族政权对粮食、纺织品、茶叶、工具等必需品的限制和禁运，其他民族或政权的军事威胁等。而被用行政手段或军事手段强制迁移的移民，虽然他们在原地本来并不存在生存的威胁，但却受到了来自统治者的威胁，即抗拒不迁意味着生命的丧失。他们别无选择，当然也属于生存型。

所谓发展型的移民，就是为了物质生活或精神生活状况的改善而迁入其他地区定居的人口，或者说是以提高物质生活或精神生活的水平为目的的迁移行为。产生这类移民的主要原因不是迁出地区的推力，而是迁入地区的拉力或吸引力。在中国移民史上这类移民在数量上只占极少数，但方式却相当多。

一个政权为了加强自己的统治、巩固边防或达到某项军事目的，往往需要将部分人口迁至边疆或军事要地。除了通过轮流征调兵役之外，还要有固定的人员或定居移民。这些地方一般生活条件较差，又有一定的危险性，仅仅依靠招募和资助难以得到足够的人数，所以经常采用强制手段，或者就以罪犯充当。在中原王朝处于开疆拓土的强盛时期，这类移民最多，并常与边疆的地区开发结合起来。例如，西汉、唐朝前期、明朝前期等都曾大规模进行过这一类移民。而在国力衰退，处于收缩阶段时，大多只能组织少量纯军事性质的移民。战乱中的相持阶段或战乱后的恢复阶段，这类移民也会与地方的经济恢复结合起来，以军人或解甲军人为主实行屯田。这类移民的是否成功、是否巩固，关键在移民是否能有安全的环境并能就地生产足够的粮食。否则，依靠强制手段集合起来的移民是不可能真正定居的。

这类迁移往往过多考虑政治或军事利益，忽视经济和自然条件，造成长期难以解决的困难或无法消除的后果，如迁入人口超过当地可供粮食的能力，迁出人口过多使迁出地长期不能复原，盲目开发而加剧水土流失和环境的破坏。掠夺性的移民更不会顾及迁出地的利益和移民的命运，即使客观上产生一些成果，也是以生命和财产的巨大损失为代价的。强制性的移民必然引起被迁对象的不满和反抗，因而只有凭借强大的政治压力和军事实力才能完成。但如果移民不能顺利定居，一旦压力消除，移民还会回流，成果不易巩固。

安介生（2004）借鉴西方学者在迁移理论研究的成功经验（如“拉文斯坦移民法则”），根据大量已有的移民实证研究成果，提出了历史时期发生于中国境内的移民运动的五方面规律（法则），即政治主导法则（中心凝聚律、动乱驱散律、强制反弹或强制抵消律等）、人口密度及人口承载力决定移民法则、灾荒与移民法则（灾荒驱遣律或饥荒驱遣律等）、民族迁移法则（周边民族向心律、汉民趋边律等）、移民与文化区特征法则（雅文化从优律、俗文化从众律等）。

在传统的自然经济和人口再生产模式条件下，伴随水土资源开发而形成的移民，是历史时期河西人口增长的主要方式。一方面，人口从“高压中心”向“低压中心”的迁移，满足了“屯垦”与“戍边”的双重需要，进而改变了“边地”人口稀疏分布的基本格局和落后的经济状况；但另一方面，“流民”在突变性社会背景下的大量涌入，必然会对封闭、脆弱的绿洲环境产生新的压力，引起原生地文、水文和人文状态的突变。对于地处边地的黑河流域而言，在生产力水平低下、土地给养能力有限、人口再生产模式以“原始型”为主的背景下，仅靠当地人口的繁衍难以在短期内集中大量的人口。所以，在开疆拓土、戍边卫民政策的推动下，形成了一次次的移民。

中原王朝对边疆或其他民族聚居区的移民还可以就地解决粮食供应，维持常驻军队和行政人员，使边防得到巩固，治理得以行使。边疆地区大多原来是非农业区或者农业很不发达地区，当地民族从事游牧或半农半牧，或者从事落后、原始的农业生产，所以要依靠当地生产的粮食来满足中原王朝的驻军和行政人员的需要是不可能的。而如果从内地运输，由于距离很长，耗费很大，既是巨大的财政负担，又难保证稳定的供应。而如果因此减少甚至取消在当地的驻军或行政机构，那么对该地区的统治就无法维持。但是要移民也不是那么容易——有的边疆地区自然条件较差，或者找不到合适的耕地，或者气候条件不适宜作物的生长；有的地区形势还没有稳定，常常受到敌方的骚扰，难以保证移民的安全；有时在就近地方找不到足够的移民来源，组织长距离的移民又缺乏必要的物质基础，还有的因为民族对立严重，汉族移民大量迁入会激化矛盾。

因此，从秦汉以来，各个中原王朝经常采取屯垦的办法，即以军队为主，安置一定数量的家属或流放对象，在驻地垦荒耕种。兵士平时生产，战时打仗，同时担负守边与农垦之责。条件好、经营得法的屯垦点不仅能粮食自给，有时还有余粮；即使产量有限，也能减少内地的供应负担。由于有军事支援，这类屯垦点一般比较稳定。

一个稳定的屯垦点还会吸引其他移民。例如，自发移居边疆边区的移民一般都要寻找比较安全的地方安家落户，有军人驻扎或守卫的屯垦点往往是他们选择的定居点。随着屯垦区人口的增加，必然需要商业、手工业和服务业人员。有较多军官或官员居住的地方，更需要消费娱乐场所。因此，除了会增加这方面的流动人口外，从事商业、手工业和服务业的移民肯定会有相应的迁入。明代在北方和西北的一些卫所逐渐成为新的居民点，有的还成了相当繁盛的城市。

河西走廊由于历史上形成的特殊自然环境和人文环境，民族迁徙非常频繁，也非常特殊。它既有所有民族迁徙的共性，也有因地理气候和人文环境所造成的个性。因为河西走廊处在农业区与牧业区的交汇地带，不少地区既适合牧业生产，又可发展农业。在这样的环境影响下分别形成的游牧民族和农耕民族，对迁徙的偏好是不同的。这就为游牧民族和农业民族的迁徙往来提供了有利条件（切排，2009）。

汉初以前的乌孙、月氏居于河西时的人口难以估计。汉初约半个世纪，游牧于全河西走廊的匈奴族，不足 10 万人。《汉书 · 匈奴传》载："昆邪王杀休屠王，并将其众降汉，凡四万余人，号十万"。

《史记 · 匈奴列传》："秦灭六国，而始皇帝使蒙恬将十万之众北击胡，悉收河南地。因河为塞，筑四十四县城临河，徙適戍以充之"。

《汉书 · 武帝记》：元狩五年（公元前 111 年），"诏徙奸猾吏民于边"。

《汉书 · 西域传》：元鼎二年（公元前 115 年），"骠骑将军击破匈奴右地，降浑邪、休屠王，遂空其地，始筑令居以西，初置酒泉郡，后稍发徙民充实之"。

《资治通鉴 · 武记》：元鼎六年（公元前 111 年），"匈奴将军赵破奴将万余骑出令居数千里，至匈奴河水而还，以斥逐匈奴，不使遮汉使，皆不见匈奴一人，徙民以实之"。

西汉初年，一方面为了加强统治中心的力量和便于统治，采取充实关中的政策，向关中大量移民；另一方面，征发兵卒进行战争和屯戍。《史记 · 平准书》：元鼎六年，"初置张掖、酒泉郡，而上郡（今陕西榆林一带）、朔方（今宁夏银川一带）、西河（今山西离石一带）、河西（指河西走廊）开田官，斥塞卒六十万人戍田之"。据汉简，仅居延一带的田卒，就来自中原人口稠密区的淮慢、昌邑、魏郡、东郡、大河、巨鹿、汉中等十多个郡国。始元二年（公元前85年），淮阳国（今河南淮阳、太康、柘城、扶沟一带）派遣到居延的田卒，一次就达 1500 人（陈梦家，1959）。

西汉末年，中原动荡之际，河西反而相对稳定富实，内地大量难民自发奔徙河西。窦融出任河西大将军后，由于“抚结雄杰，怀辑羌虏”“政亦宽和，上下相亲”，在中原战乱频发的背景下，保得河西独安。安定郡（今宁夏固原一带）、北地郡（今甘肃庆阳一带）、上郡（今陕西榆林一带）的许多流民，或因战争，或因凶饥都拥向河西。

三国时期，河西既是曹魏的边疆，更是其后方，故曹魏政权悉心经营，实行屯垦，并引进中原地区先进的农业生产技术。中原政权割据，长期混战，因此魏晋南北朝时期对西域的经营远逊于汉代，屯田规模大为收缩，移民数量相对较少。

东晋孝武帝太元元年（376 年），前秦苻坚消灭前凉，迁徙凉州富豪“七千余户”到“关中”①，又一次造成人口的大衰退。两晋在人口分布上有一个显著的特点，就是在整个人口较两汉大大衰减的情况下，北边草原地带的牧业人口相对兴旺起来。从西北的新疆、甘肃、宁夏、青海，北方的内蒙古、陕西、山西，直到东北三省都保持上升的势头，唯独汉族农业人口不仅数量上大大减退，在全国人口中的比例也大大下降（张呈琮，1998）。同时匈奴、鲜卑、氐、羌和羯等游牧民族，开始陆续内迁。

北魏平北凉后，从太延五年（439 年）至太平真君二年（441 年），曾内徙凉州“民三万余家”到平城（今山西大同市）一带②，又徙张掖民“数百家”，虏酒泉“男女四千余人”③。河西走廊的人口再一次减少。八十年后，袁翻在神龟年间（518 ～ 519 年）任凉州刺史，他说“凉州土广民希，粮仗素阙，敦煌、酒泉空虚尤甚”④。走廊北部的西海郡，即居延地区，后凉吕光时，已将居民迁到今青海省东部⑤。

隋代，河西走廊东部的武威、张掖两郡户口虽有上升，但仍是“土旷民稀”之地。唐初，更是“土薄民贫”⑥“州县萧条，户口鲜少，加因隋乱，减耗尤多”⑦。

唐朝是我国封建社会的鼎盛期，同时也是河西屯垦开发的黄金时期，疆域

---

① 《晋书·载记·苻坚上》。
② 《魏书·世祖传》。
③ 《魏书·奚春传》。
④ 《魏书·袁翻传》。
⑤ 《晋书·吕光载记》。
⑥ 《资治通鉴》卷 187，武德二年。
⑦ 《旧唐书·李大亮传》。

的扩大，守边军队因袭前朝经验，大开屯田，“凡边防镇守，转运不给，则设屯田，以益军储”①，并规定“镇戍地可耕者，人给十亩以供粮”②。唐武后于大足元年（701年）派郭元振为凉州都督，积极经营河西，于长安元年（701年）以李汉通为甘州刺史，大力开置屯田，尽水陆之利，甘州得到发展，户口也迅速增加。据开元年间的资料，河西走廊有屯田498万亩，80%以上集中在河西走廊东部地区，其中凉州有18万亩，甘州包括大斗、建康两军25万亩③，西部的肃州只有3.5万亩，玉门为2.5万亩。唐天宝初和贞观十三年比较，凉州增加3倍、甘州增加1倍，西部地区除肃州外，则无明显的增加。甘州一带的屯田多于凉州，而户口及其增长速度则较凉州为低，这是因为当时甘州是河西走廊防止游牧民族入侵的“扼喉之地”，所以屯田集中，而凉州虽然也是军事重镇，但又是商业中心，“盛唐时，河西、陇右三十三州，凉州最大，土沃物繁而人富乐”④。

唐代河西走廊农业的复兴，只持续了100年左右，又开始走向下坡路。8世纪中叶，安史之乱后，河西被吐蕃占领，走廊西部的瓜州、沙州等汉人聚居地农业生产基本上维持原状，而东部的甘、凉等州，则由于回鹘的移民和汉人的大量东移，农业受到很大影响。

吐蕃统治河西约80年，五代时，甘州回鹘又继而兴起，控制了走廊中部，回鹘也以游牧为生，农业则“以橐驼耕而种”⑤。东部的西凉府一带，汉人早已东移，五代时，城中仅存“汉户百余”。

宋天圣六年（1028年），西夏政权占领了河西走廊东部的甘州和西凉府，景祐三年（1036年），又西取瓜、沙、肃三州，整个河西归属西夏，以牧业为主。

13世纪初，西夏为蒙古所灭，仍以牧业为主。从元世祖至武宗时（13世纪后期至14世纪初期），“甘、肃、瓜、沙，因昔人之制，其地利盖不减于旧”⑥。世祖至元十八年（1281年），“发军于甘州黑山子、满峪、泉水渠、鸭子

---

①《旧唐书·职官志》。

②《旧唐书·食货志三》。

③《新唐书·地理志》。

④《新五代史·吐蕃传》。

⑤《新五代史·回鹘传》。

⑥《元史·兵志》。

翅等处屯田，为户二千二百九十，为田一千一百六十顷六十四亩”[①]，北部的居延地区也进行了屯垦。

明代屯田以九边为多，九边屯田以西北为最。位于九边重镇最西端的甘肃镇“孤悬天末，四面受警”，防守最难，故明廷在河西驻有重兵。洪武初年，因庄浪卫（今甘肃永登）增派军队而使“地狭人众难于屯驻”，只得抽调部分驻军到河西以外的碾伯（今青海乐都）、西宁等地；随着人口的增加，原有的耕地已不能满足人们的生活需求，只得通过扩大耕地面积以增加粮食总量。当居住区附近农耕条件较好的土地被开垦殆尽后，就只能到更为偏远、条件更为严酷恶劣的地区垦荒，如甘州五卫和山丹卫的一些屯区因分散偏远、气候寒凉，庄稼未及成熟而遭霜冻，以致军粮短缺，需靠凉州等卫接济。这种情况的出现，反映出局部地区的人口增加已经超出了土地的有效承载力。盲目扩大耕地面积，虽可暂时缓解粮食短缺的压力；但就长远来看，农耕耗费了大量的水资源，破坏了原有的植被覆盖，导致水土流失、土壤沙化、生态环境破坏和气候条件恶化，因而是得不偿失的。

清代，河西走廊移民增多，人口大幅度增长，有的县从明正统到清乾隆约300年间，人口增加达20多倍。唐天宝时（742年）甘州有6284户，清代甘州府（比甘州辖地还小）有28.43万民户、52.97万屯户，仅民户就增加了40多倍（图4-1，表4-1）。

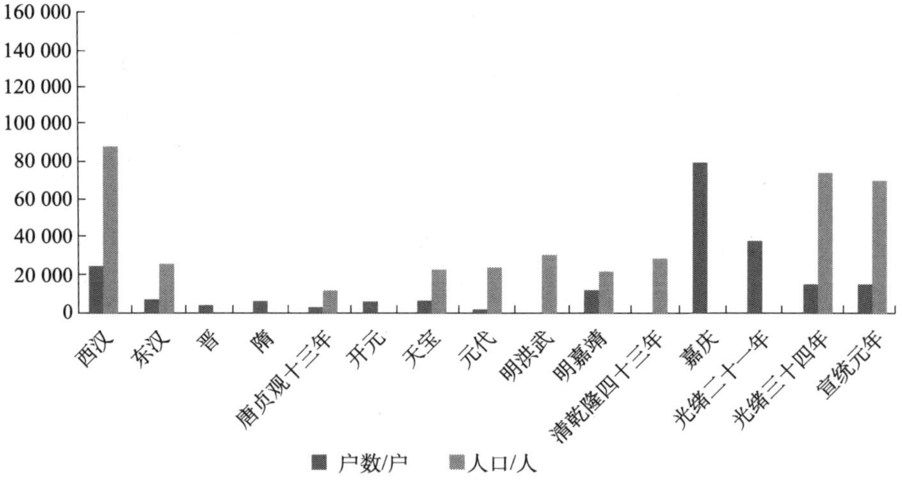

图4-1　张掖历史户数与人口变化图

① 《元史·兵志》。

表 4-1　张掖历代人口变化

时段	朝代	名称	户数 / 户	人口 / 人	区划	资料来源
公元前 166 ～公元 25 年	西汉	张掖郡	24 352	88 731	辖觻得等 10 县	《汉书 · 地理志》
25 ～ 220 年	东汉	张掖郡	6 552	26 040	辖觻得等 8 县	《后汉书 · 郡国志》
265 ～ 580 年	晋	张掖郡	3 700		永平、临泽、屋兰	《晋书 · 地理志》
581 ～ 618 年	隋	甘州	6 126		张掖、删丹、福禄	《隋书 · 地理志》
639 年	唐贞观十三年	甘州	2 926	11 680	张掖、删丹二县	《旧唐书 · 地理志》
713 ～ 741 年	开元	甘州	5 440		张掖、删丹二县	《元和郡县图志》
742 ～ 756 年	天宝	张掖郡	6 284	22 912	张掖、删丹二县	《元史书 · 地理志》
1271 ～ 1368 年	元代	甘州路	1 550	23 987	不含山丹直隶州	《甘镇志》
1368 ～ 1398 年	明洪武	甘州五卫		30 883	左右中前后五卫	《甘镇志》
1522 ～ 1566 年	明嘉靖	甘州五卫	11 326	21 326	左右中前后五卫	《新修张掖县志》
1778 年	清乾隆四十三年	张掖县		28 047		《新修张掖县志》
1796 ～ 1820 年	嘉庆	张掖县	79 841			《新修张掖县志》
1895 年	光绪二十一年	张掖县	37 903			《新修张掖县志》
1908 年	光绪三十四年	张掖县	15 236	73 715		《新修张掖县志》
1909 年	宣统元年	张掖县	15 237	70 299		《新修张掖县志》

中国的人口数量具有明显的阶段性：①战国、秦、汉时期的第一个高峰期；②魏、晋、南北朝时期的人口从急剧下降到缓慢回升；③两宋时期出现的人口增长的第二个高峰期；④元、明至清初人口发展迟滞期；⑤清朝时的人口增长的第三个高峰期（王育民，1995）。河西地区人口的增长与中原地区的人口流失有关。地缘政治首先取决于全国的稳定与统一，但河西地区的繁荣期与中原并不保持一致，中原的战乱往往与河西的短暂繁荣相关。而每当中原动荡之际，河西则是一个相对“独安”的地区。在这种形势下，河西就成了吸纳流民的避难之所，不仅邻近地区流入，(“避凶饥者归之不绝”)，甚至“中州避难来者日月相继”，河西人口迅速增加。

综上所述，可以看出，就河西地区而言，其主体移民来自中原的汉民族和西北的少数民族。但在不同的时期，接受移民的主体不一致。一般而言，在一个大统一的背景下，或在中原战乱时期主要接受来自中原王朝“实边”“屯垦”或“避乱”的汉民族；而在分裂割据时，常常接受来自西北的各少数民族，即内聚型移民和离散型移民共存。但二者表现出的相位不一致。

第二节 屯 垦

由于特殊的地理位置，河西在历史时期大多处于边疆地带。汉武帝后，西北防线由令居（今兰州市永登县境）而西，经河西走廊一直延伸到罗布泊。在漫长的边防线上，不仅修筑了类似秦始皇万里长城的汉塞，使城障烽燧相属，形成牢固的防御体系，而且派驻大量军队。随着河西防御体系的逐渐建立，边境趋于安全，人口不断增加。如果再从内地调应军需，则路途遥远，贻误战机，于是移民活动重心也逐渐向农业生产转移。《史记·平准传》："中国缮道馈粮，远者三千，近者千余里，皆仰给大农"。唯一的方法就是屯垦。屯田制是西汉政府开创的而被历代政权相沿袭的国营农业生产方式，它用军事化管理形式组织农业生产，为适应边疆地区军粮需求而创建（李清凌，2002）。

移民实边，就地生产粮食供应军需，解决了一部分军粮远途运输问题。但由于边防军数量很大，移民的剩余农产品不能满足军需。西汉又在边地实行军事屯田。

秦汉是河西大规模屯田的开始。从元朔二年（公元前 127 年）至太初三年（公元前 102 年）的 25 年间，大规模的屯田实边就有四次。第一次是元朔二年（公元前 127 年），徙民朔方十万口；第二次是元狩四年（公元前 119 年）徙关东贫民于陇西、北地、西河（今山西离石一带）、上郡（今陕西榆林一带）；第三次是太初元年（公元前 102 年），在张掖、酒泉、上郡、朔方、西河、河西诸郡"斥塞卒六十万戍田"；第四次是太初三年（公元前 104 年），"益发戍田卒十人万，酒泉、张掖北"。

《汉书·地理志》载，西汉武帝太初（公元前 104 年）间河西各郡有人口：张掖郡户 24 352，口 88 731；酒泉郡户 18 137，口 76 726；敦煌郡户 11 200，口 38 335；武威郡户 17 581，口 76 419。张掖郡的户口数和人口数均比其他郡多，户口数比酒泉多 34.3%，比武威多 38.5%，比敦煌多 117.4%；人口数比酒泉多 15.6%，比武威多 16.1%，比敦煌多 131.5%。究其原因有二：一是张掖地处河西走廊中部，屯垦处广，需要更多移民；二是居延属张掖郡，为战略要地，戍卒多，将其算在人口总量中。

汉代张掖的屯田，有觻得屯田、番和屯田和著名的居延屯田。

觻得屯田：觻得在今张掖市西北 18km、312 国道旁。觻得是匈奴语，原是浑邪王属下的一位觻得王的驻牧地。觻得城处在流量丰富的羌谷水（今黑河）之滨。从觻得城往西，直到乐涫（今酒泉市境），是一马平川 200 余里长的牧地，也是农业生产的绝好地。《汉书 · 地理志》“觻得”条下注：“千金渠（即觻得渠）西至乐涫，入泽中，羌谷水出羌中，东北至居延入海，过郡二（即张掖和酒泉），行二千二百里。”在如此长的渠两边屯田，规模相当不小。觻得屯田后来荒废了，原因有三（方步和，2002）：一是人口增多，狭长的屯田逐渐被安置了群众，土地并未荒芜，但屯田已不复存在；二是风沙的侵害，觻得屯田延伸到巴丹吉林沙漠南沿，风沙吞噬了觻得渠的渠段；三是水利知识的丰富，提高了人们对羌谷水的利用。在羌谷水畔修筑了众多的更为实效的支渠毛斗，取代了觻得渠。

番和（禾）屯田：番和①，位于武威平原的西部，与山丹东部的平川连为一体，在今山丹军马场一分场的西大河边。张掖境内的番和、骊靬县、显美三县均在西大河中游。西汉在番和屯田，除了土质肥沃、水源丰沛的原因外，还与其位置有关。汉武帝统辖的张掖，东面到金城（今兰州）附近，全长一千多里，令居已有屯田，在番和屯田，则整个张掖的粮食供应线就更趋便捷、合理，因而也节省大量的人力和物力。

居延屯田：汉武帝北击匈奴，只是将匈奴驱逐到漠北地区（今蒙古国境内），匈奴的有生力量依然存在，并随时都有南下的可能。为了防止匈奴南下，汉代在居延地区屯兵驻守，修筑了城、障、烽、塞等一系列的军防工程（即“居延塞”）②（甘肃省文物工作队和甘肃省博物馆，1984），戍守边塞的士兵，无法从内地运输粮食，只能就地开荒垦种，于是就出现了居延垦区。《汉书 · 匈奴传》载：汉武帝太初三年（公元前 102 年），强弩都尉路博德“筑居延泽上”，就是在弱水下游居延泽沿岸修筑军防工程。1930 年 4 月在卅井塞出土的汉简中，有“居延始元二年（公元前 85 年），戍田卒千五百人，为骍马田官穿泾渠”的记载。汉代的居延垦区，以居延城为中心，主要分布在西弱水干流的左岸，

① 《永昌县志》载番和“故址当在今县西 12km、水磨关南约 1km 的西寨城，俗称‘白虎城’，与‘番禾’谐音”。

② 汉代城障、烽隧遗址 82 处。

此外，在弱水干流右岸的绿城一带，即接近卅井侯[①]驻地附近，也有开垦，显然与供应卅井防线的口粮有关，其他地方就很少了（图 4-2）。

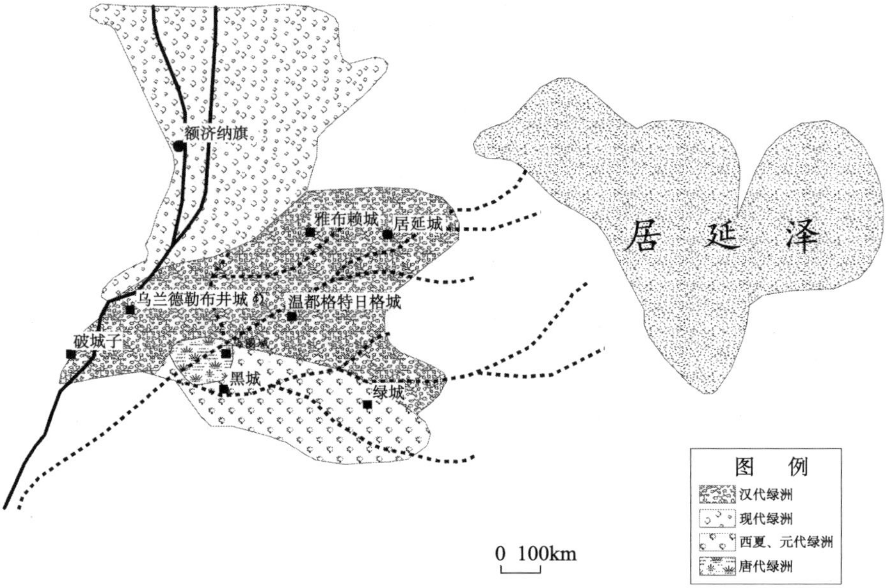

图 4-2 居延垦区示意图

居延屯垦制度，有军屯与和民屯两种类型。耕种者的身份，主要根据从事屯戍事务的分工而命名，有各种各样。其中以“田卒”命名者，无疑主要是从事屯田的士卒。可以判断，当时整个居延地区的屯田，主要采用军屯的形式。军屯的士卒，身不由己，产品全部上缴国家，由国家供给衣食。据汉简记载，戍卒及家属按日领取粮饷，以维持生计。所发粮饷可分为粮谷、衣物和货币三项。数量比较多的是军屯，耕种者是垦戍的士兵，其次是民屯，耕种者是农民。民屯也是政府经营的公田，徙来贫民皆由政府贷给衣食农具，以此促使农业生产健康发展（高人雄，1999）。屯田制发展到汉末又出现了“民屯”形式。

由于西汉王朝的势力不断沿河西走廊向西延伸，戍卒所到，即军屯所至，军屯所至，即文华先进所至，移民屯垦使河西地区的农牧业生产迅速发展，粮食富足，以至内地歉收时政府还要从河西调粮接济。西汉末年，中原动荡之际，河西反而相对稳定富实，内地大量难民自发奔徙河西，“避凶饥者归之不

① 卅井侯官遗址，名博罗松治（位于内蒙古阿拉善盟额济纳旗境内）。

绝”，这也是对西汉政府在河西地区移民屯田政策积极意义的最好肯定。

东汉，河西地区继续屯田，到和帝永元以后屯田逐渐衰落。三国曹魏的屯田制度，是汉代边境屯田及官方出租办法的推广：“凡河西田地统曰屯田，而内中又分别屯田若干，科田若干，现在纳粮、上草、当差，与内地民田无异，则后日之农田皆当日之屯田也。”①

西晋之后，居延地区历经军阀混战，生产力遭到极大破坏。进入隋代，由于隋王朝与突厥关系渐有缓和，居延地区社会秩序稍安，生产得以恢复和发展。

前凉的统治者以“务安百姓”为己任，兴修水利，发展生产，开创了比较安定的社会环境。当时中原动乱，民众大量流向河西。《晋书·张轨传》载：“中州避难来归者日月相继”。张轨“辟土设郡，安置流民，徒石为田，运土殖谷”“轻赋敛，除关税，省园囿，以恤贫穷”。北凉在张掖建都，沮渠蒙逊发布政令：“益蜀省百徭，专攻南亩，明设科条，务尽地利”②。

唐朝是我国封建社会的鼎盛时期。唐代前期，全国边军数量有 49 万人，而驻扎在西北边地的就有 25 万人之多，占全国总数的一半。天宝元年（742 年），河西节度（治凉州）所屯凉（治今武威市）、肃（治今酒泉市）、瓜（治今安西县）、沙（治今敦煌市）、会（治今靖远县）五州之境，下属赤水、大斗、建康、宁寇、玉门、墨离、豆卢、新泉八军，张掖、交城、白亭三守捉，共有兵士 73 000 人。陇右节度（驻今青海西宁市）所屯鄯（治今青海乐都县）、廓（治今青海化隆县）、洮（治今甘肃临潭县）、河（治今甘肃临夏市）数州之境，下属临洮、河源、白水、安人、振威、威戎、漠门、宁塞、积石、镇西、绥和、合川、平夷诸军，共有兵士 75 000 人。驻扎如此多的军队，没有强有力的经济保障是不行的。按规定在镇戍地“人给十亩以供粮”，人耕 10 亩，亩收 1.5 ～ 2 石，岁收 15 ～ 20 石，可以满足自身的食粮。当时天下屯田共 9926 屯，其中河西道 154 屯，陇右道 172 屯，按每屯 50 顷③计，河陇两道屯田共 16 300 顷，占全国屯田数的 1/3（表 4-2）。他们将大规模屯田所收的粮食则被积存起来，以备战争和凶年，这是唐朝前期边防稳固的一个物质因素，也是唐朝政府养兵防边的成功经验。

---

① 《重修肃州新志·屯田》。

② 《晋书·沮渠蒙逊载记》。

③ 1 顷合今 52 亩。

表 4-2　唐代河西道与陇右道屯田数

道	陇右道											河西道					
州名	渭州	秦州	成州	武州	岷州	白水	富平	绥和	河州	廓州	南使	赤水	大斗	肃州	安西	焉耆	伊吾
屯田数/屯	4	4	3	1	2	10	4	3	6	4	6	36	16	7	20	7	1

资料来源：《大唐六典》卷七《尚书・工部》

唐高宗、武后时期，西北沿边新置大批军镇，为军粮供应需要，武则天令“王师外镇，必籍边境营田”[①]，西北边防各地迅速出现了许多屯田。垂拱二年（686年），陈子昂在其《上西番边州安危事三条》中说，“今居延海泽，接张掖，中间堪营田处数百顷，水草畜牧，供巨万人”“又居延海洋，多有鱼盐。此可谓强兵用武之国也”。甘州屯田虽然取得巨大的成绩，“但以人功不备，犹有荒芜”。他提议增加兵源，进一步开垦张掖的农业，“河西不出数年之间，百万之兵，食无不足，而致仓廪既实，边境又强，则天兵所临，何求不得”。于是朝廷自西域调回军队，在甘州、肃州之间设置建康军，常备兵员 5300 人，扩大甘州的屯田[②]。垂拱年间，张掖有田 40 余屯，即 20 余万亩耕地，户均有田 70 亩左右。唐代结合屯田推广水稻种植，武则天时，凉州刺史李汉通“辟屯田，尽水陆之利丰衍”[③]。

西夏时期，西夏与宋、辽进行长期战争，张掖处于大后方，饱受战乱之苦的内地民众，大量向张掖涌来。西夏王李元昊派张元吴组织屯垦，为农业的发展增加了大量劳力。1264 年，忽必烈占据北方后，在甘州、肃州、沙州路设置河渠同知等官，至元十八年（1281 年），都元帅刘思率蒙古军和汉军万人来甘州屯田，在黑山子、满峪、泉水渠、鸭子翅等处立屯，为户 2290 户，为田 1164 顷，得粟 2 万余石，同年又调太原新府军屯甘州，至元二十三年（1286 年），徒戊甘州府军千人屯田中兴、亦集乃（今额济纳旗）。西夏、元代的垦区偏处古绿洲中、南部，以黑城遗址为中心，垦区北部与汉代垦区重合，并在五塔寺西南三角洲的上部开发了新垦区。由此也可证明当时汉代垦区北部（古绿洲三角洲下部）已经沙漠化废弃。大量农田、居民点及城堡、燧障为流沙吞噬。

左书谔（1987）曾将明代甘肃的屯田分为四个阶段：洪武永乐期、宣德正德期、嘉靖万历期、天启崇祯期。明代河西的屯田分为军屯、民屯和商屯。军屯就是让各个卫所的军士进行耕种，从军队中抽出一部分人，专门从事农业生

① 《册府元龟屯田》。
② 《新唐书・地理志》。
③ 《新唐书・郭元振传》。

产，所以军士中既有“田卒”，也有“守关卒”。田卒由屯田官统一指挥，可以携带家属，有自己的“田舍”，除屯田外，所开荒地归他们私有，甚至可以买卖。政府给予屯田士卒的各种福利措施是比较优厚的，以期吸引更多的士卒长期屯田，扩大军屯的队伍。军屯缴纳的谷物主要供应军粮。除自给外，还要储备和上缴一部分，以补充其他地方的军粮不足及中原战乱粮食紧缺的需要。河西的军屯始于洪武十年（1377 年），“兰州、庄浪、甘州、山丹、永昌、凉州等卫军事屯田，每岁所收，谷种外余粮，请以十之二上仓，以给予士卒之戍守者。”[①] 洪武二十六年，明政府正式制定了《军事屯田则例》，明确规定了“边地卫所军，以三分守城，七分开屯耕种；内地卫所军，以二分守城，八分开屯耕种”，每个军士授田 50 亩为一分。

明清的屯田已开始向绿洲边缘较难利用的一些地区扩展。明初，张掖各卫所大量移山东、山西、河南、陕西的民众屯垦，并实行“属兵于农”的屯田制度。驻守卫所的士兵，开辟田园。屯军三分守战，七分耕作，每人授田 50 亩。正统三年（1438 年），在甘州五卫中，左卫 1931 顷，右卫 1929 顷，中卫 1593 项，前卫 1230 顷，后卫 1483.57 顷，甘州共计有田 8166.57 顷，即 81.6657 万亩。嘉靖二十五年（1546 年），巡抚杨博查处甘州屯田，奏请皇上照准，将各边抛荒土地听其尽力开垦，永不起科。嘉靖二十九年（1550 年），甘州五卫有田 7584.83 顷，其中屯田（军田）4144.21 顷，科田（民田）3440.62 顷。明末清初，屯田并入州县管理，与民田无甚差别（表 4-3）。

表 4-3　明正统、嘉靖时甘州诸卫所屯科田统计表

今名	卫所	正统三年（1438 年）		嘉靖二十九年（1550 年）			
		屯科田 / 顷	屯科粮 / 石	屯田 / 顷	屯粮 / 石	科田 / 顷	科粮 / 石
甘州区	甘州左卫	1 931	16 417	777.56	9 717	1 015.48	6 186
	甘州右卫	1 929	16 569	1 051.24	10 724	786	5 361
	甘州中卫	1 593	13 332	1 230.58	10 588	634	4 264
临泽	甘州前卫	1 230	10 163	522	6 134	331	2 002
民乐	甘州后卫	1 483.57	12 395	562.83	6 265	674.14	3 765
山丹	山丹卫	1 884.71	15 395	469.81	5 720	989.52	4 987
高台	高台所	1 096.86	7 659	254.59	2 900	772.12	4 944
高台	镇夷所	727.79	5 345	172.12	2 527	428.80	2 819
合计		11 875.93	97 275	5 040.73	54 575	5 631.06	34 328

注：“屯田”指军队的屯田；“科田”指老百姓耕种要纳赋的田

资料来源：《重刊甘镇志・屯田》

① 《洪武实录》。

清初，甘州有 4 处规模庞大的屯田，分别如下。①三清湾屯田：在今高台县城东南 15km 处，雍正十一年（1733 年）垦辟，有地 162.32 顷，从临泽鸭子渠引水，全长 90 里，渠分仁、义、礼、智、信五个字号，今南华乡的墩仁、文和、礼号、智号村名即为见证。②柔远堡屯田：今高台县城西南 20 里处，雍正十一年（1733 年）开垦，有地 51.08 顷，灌渠长 79 里，分为四个分号，每号灌地一千数百亩。③九坝屯田：今高台县城西北 20 里处，雍正十一年（1733 年）开垦，有地 12.16 顷，灌渠长 9 里（王世积，1999）。④平川堡屯田：张掖市北 80 里处，雍正十一年（1733 年）开垦，有地 21.69 顷。《高台县志》载：雍正三年（1725 年），高台县续增开荒地 5353.66 亩，至光绪三十四年（1908 年），总耕地达 19.45 万亩。清同治、光绪年间，左宗棠率部进军新疆，为解决军需用粮，屡次奏拨款项，散发口粮、籽种、耕畜、农具，倡导“兵屯”“民屯”并举。张掖修渠开垦，到宣统元年（1909 年）张掖有在册原领屯田地 7674 顷（76.74 万亩），除去荒芜田地 1960 顷（19.6 万亩），实有熟地 5710 顷（57.1 万亩）（王世积，1999）。由于水土开发规模过大，人口暴涨，人-水-土矛盾尖锐，土地沙漠化更严重，城镇发展的基础受到严重威胁。

历史上的河西屯田并不是代代相沿、前后相继的，而是随王朝兴衰更替时断时续的。每当中原王朝政局稳定、国力强盛之时，就有能力对河西进行大规模的屯垦经营，河西农业就会保持稳定发展的势头；而当中原王朝立国之初统治未稳或王朝末年国势衰弱时，河西屯田也随之萎缩、衰退，某些地区甚至被废弃而成为完全裸露的荒原。居延是汉代河西规模最大的屯田区，代田法和牛耕等先进的农业生产技术就是首先从这里推广到河西各地的，但在魏晋以后已不见有居延屯田的记载；至唐代中后期，古居延绿洲已出现沙漠化趋势（高荣，2003b）。历代在河西的屯垦活动，使大片草原、林地变为农田，破坏了原有的植被覆盖。中上游地区的过度耕垦又使下游水量不足，甚至完全断流，往昔河网密布、阡陌纵横、郁郁葱葱的绿洲逐渐变成了荒凉不毛的戈壁沙漠，原本土质较好的良田因干旱缺水被迫抛荒废弃，原来生机盎然的绿洲城镇逐渐衰落，乃至不复存在。如今遍布河西的古城遗址既反映了昔日的辉煌，也是生态环境不断恶化的历史见证。

从屯田及其区位转移过程与城镇发展的相关关系上考察，由于受当时地缘政治、军事关系的制约，最初的屯田并不限于中游的张掖绿洲，在具有突出战略地位的下游居延绿洲上也有更大规模的屯田，城镇往往发端于垦区的中腹，且屯田的规模与城镇的规模和数量大致呈正相关。其后由于政治、经济重心向中游转移，中游绿洲得到大规模的开发，从而引起地缘政治、经济关系及水土资源组合格局的变化，下游绿洲由于地处边防前哨和沙漠前沿，其自然和社会经济底蕴及结构都具有明显的不稳定性，随着绿洲的溯源发展，下游干三角绿洲上的城镇也率先废弃。

以居延垦田为例，分析屯田与城镇发展的关系。居延位于黑河下游，历史上的大规模屯田主要有多次。汉代居延屯田：汉武帝北击匈奴，只是将匈奴驱逐到漠北地区（今蒙古国境内），匈奴的有生力量依然存在，并随时都有南下的可能。为了防止匈奴南下，汉代在居延地区屯兵驻守，修筑了城、障、烽、塞等一系列的军防工程（即“居延塞”）[①]（甘肃省文物工作队和甘肃省博物馆，1984），戍守边塞的士兵，无法从内地运输粮食，只能就地开荒垦种，于是就出现了居延垦区。居延垦区的东北方是居延泽，可以阻止匈奴的侵扰，因而居延塞的重要部分分布在居延垦区的西方、北方和南方。居延垦区的西部，是原先弱水最偏西的一条支流昂茨音河，是匈奴主攻的区域。

汉代修筑的居延塞，都是在居延垦区的周围，这种分布情况反映出居延塞的修筑，主要用于保护居延垦区不受匈奴的侵扰。因为粮食从古至今都是重要的军事物资。

汉代的居延垦区，东濒居延泽，以水为防，其他三面均修建有军防工程，西叫甲渠塞，分布于保都格—察汉松治一线；南叫卅井塞，分布于布肯托尼—博罗松治一线；北叫殄北塞。其中甲渠塞最为重要，这是因为匈奴的骑兵多半是由西北方来侵扰。因此，甲渠塞的军防工程最为完善，最具有典型性。

居延汉简载，居延的屯田卒涉及全国 46 个郡 74 个县 670 个里，又以各张掖郡县为最，其中涉及觻得县 41 个里，昭武 13 个里，日勒 6 个里，氐池 15 个里，屋兰 5 个里。居延屯田不仅规模浩大，而且建立了统一的四级组织管理体系：大司农-农都尉-部农（或农部）-屯田长，与行政的郡-县-乡-里四级制和候望系统的府-官-部-燧四级制都是相应的。

根据西北科学考察团的调查，甲渠塞的防线从北到南长约 40km。甲渠塞是以甲渠得名，甲渠应当是一条比较重要的水渠，因而排其名次为甲。甲渠塞由障和坞两部分组成[②]，为居延都尉西部防线甲渠塞之长——甲渠侯官衙。此处

---

① 汉代城障、烽隧遗址 82 处。甘肃居延考古队，居延汉代遗址的发掘和新出土的简册文物。

② 居延都尉下辖甲渠、卅井、殄北 3 个侯官，每个侯官管理几十个烽燧，这些烽燧以其大小不同而驻守几十到上百名戍卒，由“侯长”“烽燧长”分级领属。“侯长”所驻烽燧较大，称作“障”，“障”外筑有围墙，称作“坞”。

往西 300m，南北一线上有烽燧和双重塞墙遗迹。

古居延垦区南部的防线，称作卅井塞。这道防线是从鄂木讷河东岸的布很陶来（旧称布肯桃来）开始，向东北方向延伸，直到古居延海南岸的宝日川吉（即博罗松治），全长约 60km，共有 32 个烽台，在烽台南侧也筑有低矮的塞墙。卅井塞侯的驻地，即在宝日川吉。

居延垦区北部的防线，称作殄北塞，殄北塞位于原昂茨音河大折曲的北部，即今苏古淖尔南部。这里只发现了 5 个烽台和 1 个障，形成一个弧形屏障，烽燧相距甚远，最西北处与最东北处相距 27km。据出土的汉简，属于殄北侯官的烽燧至少有 10 个，历来由于河流的改道，有些烽台可能被河水冲毁。殄北塞侯的驻所，在宗间阿玛附近，即今哈沙图吉河与木农吉河之间的沙漠中，现在已被流沙掩埋。据前西北科学考察团的记录，此障为 31m × 32m。墙厚 3.7m、残高 7m。在墙上书有“羊头石五百”，障内出土有汉简 50 支，简上有“殄北塞侯薄”“居延殄北塞”和“五凤二年”等字样，“五凤”为汉宣帝年号，五凤二年为公元前 56 年。据此可知在汉宣帝时，殄北塞就已出现。

甲渠、卅井、殄北三塞，已将居延垦区的西、南、北三面包围起来，构成了一个完整的军防体系。居延都尉作为居延戍区的最高军令长官，管理屯垦事务的各种官府（包括粮仓）及居延县，均应在居延垦区范围之内。居延塞应是保卫居延都尉及下属机构的军防体系，除城障以外，还包括传递军情的烽台。

1. 汉代的居延垦区

汉代的居延垦区以居延城为中心，主要分布在西弱水干流的左岸，此外，在弱水干流右岸的绿城一带，即接近卅井塞侯驻地附近，也有开垦，显然与供应卅井防线的口粮有关，其他地方就很少了（图 4-2）。据卫星照片测算，仅居延古代屯田范围的面积就达 41.3 万 hm^2 左右，可见当时农业发展规模之大（李景斌等，2006）。由于军屯、民垦，张掖由游牧区逐步变成了农业区，农业生产出现了《汉书 · 地理志》中所说的“长城以南，滨塞之郡，马牛放纵，蓄积布野”的繁荣景象。由于农业区的开辟，在绿洲中出现了许多城镇，如 K710 城（汉遮虏障城）、K688 城（汉居延都尉府城）、乌兰德勒布井城（F84：靠近甲渠塞）、破城子（A8）、温都格特日格城（K749：东城圈）（表 4-4）。

表 4-4　黑河流域垦区与古城

流域	垦区	地缘政治军事关系	行政管理机构	范围	古城遗址
黑河下游	汉代垦区	汉匈对峙	建立了统一的四级组织管理体系：大司农–农都尉–部农（或农部）–屯田长，与行政的郡–县–乡–里四级制和候望系统的府–官–部–燧四级制都是相应的	以北、西、东三道长城塞垣、烽燧围合的范围	① K710 城（汉遮虏障城），汉代建，一直延续到宋、元时期。 ② K688 城（雅布赖城），汉代居延都尉府城。 ③ K48 城（乌兰德勒布井城）。 ④ A8（破城子），为居延都尉甲渠候官治所。 ⑤绿城，始建于汉，至西夏、元时继续使用
	唐代垦区	唐朝与北方突厥对峙	先设置了安北都护府，后又设宁寇军机构	比汉代垦区小得多。广大绿洲为突厥归户牧场	K789 城（马圈城），为唐代同城守捉（宁寇军）城
	西夏、元垦区	北邻达旦（即蒙古），西北邻高昌（即西州回鹘）	在额济纳河下游设黑水镇燕军司	偏处古绿洲中南部，以黑城遗址为中心，东西长约 32km，南北宽 16 ～ 18km，总面积 600km^2，垦区北部与汉代垦区的南部重合，西部与唐代垦区重合，并在五塔寺西南三角洲的上部开辟了新垦区	①黑城（K799 城），早、晚两座城址叠压在一起，外围大城为元代扩建的亦集乃路故城，小城为西夏所建成城址。 ②绿庙遗址
	西城驿沙窝		建立了亦集乃路总管府，其管辖范围向南扩大到了弱水中上游地区	南北长 7km，东西宽 4.5m，总面积约 30km	①南古城，汉代张掖郡治觻得县城，约在唐代废，张掖郡治迁往今张掖市。 ②北古城：为唐代始建的巩芼驿，也是元代西城驿、明代沙河驿
中游	马营河、摆浪河下游			南起高台县骆驼城以南、北抵上干河、古堆窝，西达明海乡五个疙瘩井，东到柳古堆墩滩以东，南北长 10 ～ 20km，东西宽 35km，总面积约 450km^2	①骆驼城：分南北二城，为魏晋至隋唐时期的古城。 ②许三湾城：为汉唐时期的古城，并在清代时重被利用。 ③新墩子城：汉代古城，为后汉光和三年以前的表氏县城。 ④草沟井城：东汉光和三年（180 年）表氏地震后新筑的表氏县城。 ⑤明海子城：为唐代以前所建，唐天宝后废弃
	金塔东沙窝			古绿洲范围南北纵长约 35km，东西宽 10 ～ 20km，总面积约 550km^2（不包含近 100km^2 的条湖面积）	残存火石梁、缸缸洼和榆树井 3 处炎烧沟类型文化遗址和 10 余座汉唐古城遗址（西三角城、小三角城、西古城、一堵城、三角城、下长城、破城、黄鸭墩城、三个锅桩、下破城、北三角城、火石滩古城、西窑破庄等）。 ①西古城：为西汉县水县城。 ②破城：可能为唐城威远守捉城

2. 唐代居延垦区

唐朝建立后，为抵御北方突厥入侵，在居延地区设置了安北都护府，后又设宁寇军机构，安置北方内附民族，进行屯田戍边。唐代居延屯垦规模要比汉代小得多。与唐代有关的古城只有一处，这就是弱水右岸的马圈城（即 K789）。

马圈城蒙语称“阿格塔音浩饶”，意为圈马的地方，以城内多马骨得名。由于其东北有温都根特日格城（K749 城），故当地人又称 K749 城为东城圈，称马圈城为西城圈。马圈城北为弱水干流，自城西南经城北，然后向东北方流去。古河道宽 500m，古城位于河南岸海拔 952m 的平缓台地上。古城由内外两重城墙组成，内城东西 64m，南北 52m，周长 232m，残高 5 ～ 6m，城门在南墙中。外城东西 210m，南北 164m，周长 748m，东门宽 6m，外有方形瓮城，西门宽 4m，没有瓮城。在外城夯土中，发现汉代绳纹陶片，说明此城始于汉代。又因为在外城中发现唐代开元通宝铜钱，据考是唐代同城守捉的驻地，后改为宁冠军，是迄今在居延地区已知的唯一的唐代古城。在外城中，还发现西夏黑陶、黄瓷，知此城在西夏时代被沿用。唐代的遗址，仅此马圈城一处，据此可知唐代居延屯田的范围，要比汉代缩小了许多，这是居延屯田史上的衰落期。唐代的垦区，集中分布在古弱水干流右岸马圈城（K789 城）一带。

3. 西夏居延垦区

西夏（1032 ～ 1227 年）是党项羌建立的政权，其都城设在兴庆府（今银川市）。西夏最强大时，占领了河套和河西的广大地区。西夏北邻辽国，南邻宋、吐蕃，西邻高昌。各族间的战争，贯穿西夏始终。为了保疆固土，维持长远的统治，西夏在整个境内设立了 12 个监军司（简称军司），在额济纳河下游设黑水镇燕军司。有人认为，黑水镇燕军司应在额济纳河中游，黑山威福军司在额济纳河下游。每个军司都管辖一定范围的军事，相当于现代的军区。西夏在这里驻有重兵，修筑有亦集乃城，在西夏语中，“亦集乃”为黑的意思，因此，亦集乃城又被称作黑城或黑水城。

亦集乃城（K799 城）位于额济纳旗政府驻地达兰库布东南约 25km，弱水下游南岸，平面呈正方形，边长约 238m，全城周长 952m。城墙夯筑，在夯土层中发现汉代灰陶片，但是城中不见汉代地层，可知汉代虽有人在此活动，但是没有形成聚落或城镇。城北墙长 466m，西墙 381m，夯筑间夹木棒作筋，夯层 0.12m，城门开在南墙中，城门外有方形瓮城。城墙上有马面、角楼，城墙平地起筑，部分用土由外地运来。东门外为居住区，有东西、南北两条交叉街道，东西街长 400m，南北街长 300m。街道的两侧保存较多墙垣和高土台建筑，东南角城墙顶部堆积很多大小石块，可能属于战争防御工具。亦集乃城被元代所沿用，在此基础上修了规模更大的亦集乃路总管附城（李逸友，1993）（图 4-3）。

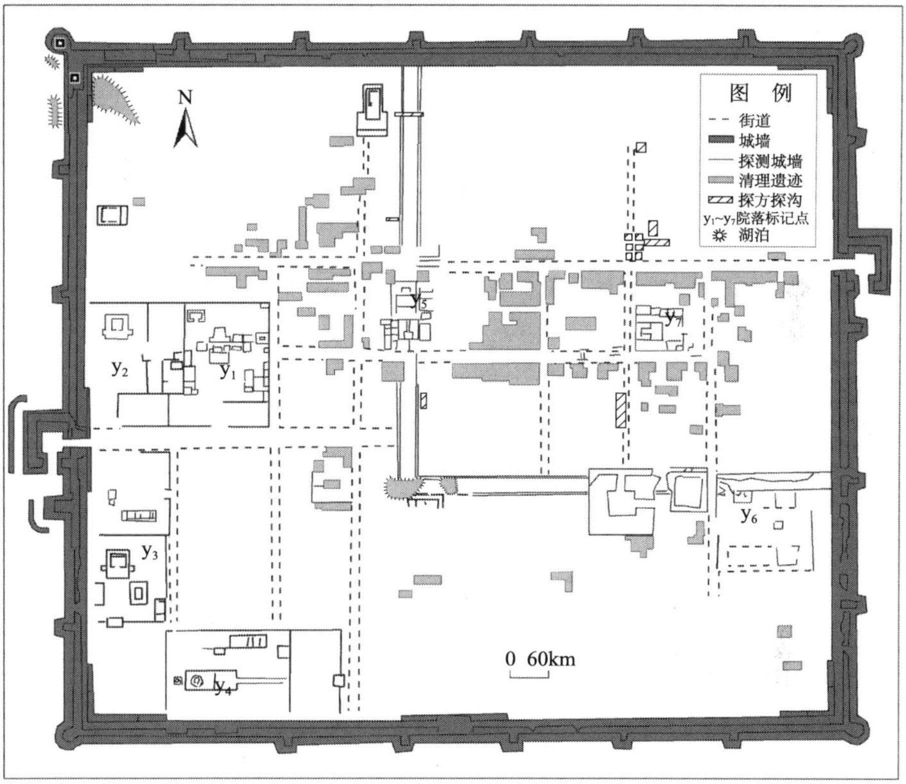

图 4-3　黑城平面图（李逸友，1993）

关于黑城废弃的时间，据当地出土的文物和有关文字记载，最晚在元顺帝至正十九年（1359 年），废弃的原因和元末明初的战争有关，战争使水利设施遭到破坏，灌溉水源断绝。河流改道使黑城失去水源。黑城的水分地表水和地下水，地下水位较高，但由于强烈的蒸发作用，其碱性大、矿化度十分高，人畜不能利用。从资料及实地考察分析，当时黑城过境河流只有 1 条，即源于祁连山北麓的额济纳河（坤都仑河），该河上游称黑河，下游古代称弱水，为典型的内陆河。弱水在下游分成东、西两河，分别注入苏古淖尔、嘎顺淖尔（即当今的东西居延海）。黑城兴盛时的居延海并非现址，而在其东侧，弱水下游也并非现在流向，而是由南向北经黑城北部的古居延海，所言黑城“北有大泽，西北具接沙碛”①正指此位。黑城因水而存在，因水而兴旺。但由于河流的向西改道，河湖干涸，地下水渐深变质，故黑城又因水而衰，因水而破。从史料分析及现场观察可知，黑城至少经历了2次大的战火洗礼。1227年，成吉思汗进攻西夏“此城似遭惨败”；1372年，明朝朱元璋派冯胜攻打此城。

居民离散，土地沙化，种植业基本上退出了居延地区，而游牧业为主的局面却一直延续到20世纪50年代。50年代初，整个额济纳旗的人口仅5000余人，几乎与2000多年前的西汉王朝时人口相当。可见自14世纪以后的600年，居延地区已是何等的萧条（色音，2002；侯仁之，1991）。

在亦集乃城东南约13km处，有西夏的重要垦区，当地蒙古人称作瑙琨素木，译成汉语叫绿庙，是以建筑遗址中多绿色的琉璃瓦而得名。

绿庙是一处范围很大的遗址，南北长约3.5km，东西长约1.5km，面积约$5.25km^2$。绿庙遗址包括汉代和西夏两个不同时代的遗迹，属于汉代的遗迹有烽台，呈正方形，长宽为5m×5m，高2.5m（图4-4）。在烽台附近，有许多汉代的砖室墓。在烽台东北约1km处，有窑址，略突出于地表，灰砖、红砖极多。这些汉代的遗迹，与卅井塞军防线相距不远，可以将其纳入卅井塞系统中。

绿庙遗址中数量最多的遗迹，是西夏的佛塔、寺院，以及性质不明的大土墩。在绿庙东北约1km的砾石滩上，有一座椭圆形的古城，被称作绿城。绿城东西长约500m，南北约300m。城墙夯筑、夯层甚为清楚。城墙残高约2m，基宽约3.5m，古城周长1205m：在东城墙上开有城门，门外有半圆形瓮城，瓮城中有西夏佛塔一座，在城两部另有西夏佛塔一座，两者遥相对应。据此而言，古城当早于西夏，在东城墙附近，发现有汉代绳纹灰陶片，以此推断古代有可能是汉代所建（滕铭予，2008）。

绿城在汉代应有垦种，但大规模地垦种却是在西夏时代。绿城之北为西夏垦区，修筑了许多水渠，其中有一条干渠开在绿城的南墙之上，呈东西走向。这些水渠是以夯土筑成，保存十分完好，宽3.5～5m，深0.3～0.5m。水渠两侧都是耕地，现在已风蚀为砾石戈壁滩。

---

①《元史·地理志》记载：亦集乃路在甘州北一千五百里，城东北有大泽，西北俱接沙碛，乃汉之西海郡居延故城，夏国尝立威福军。

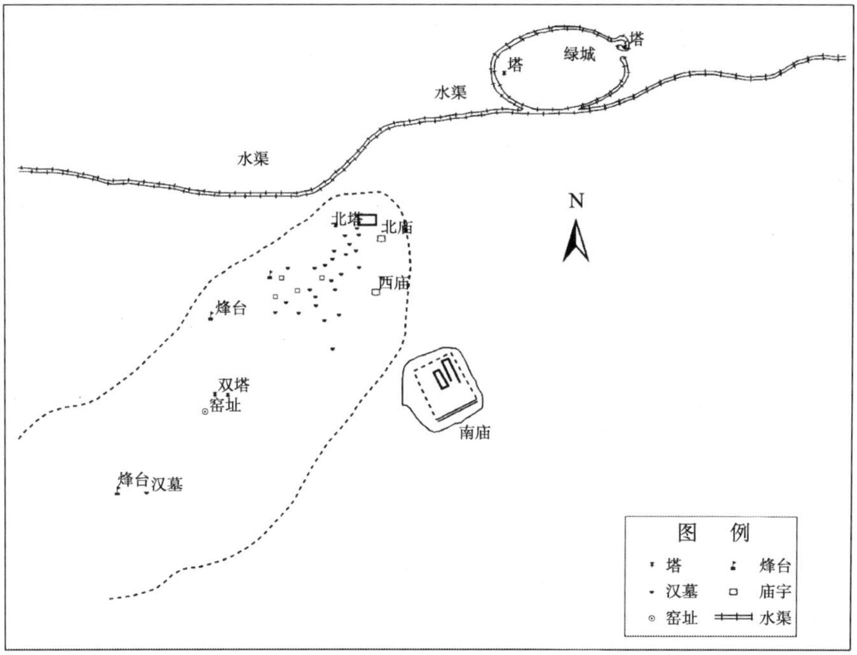

图 4-4　绿城绿庙与古代水渠（滕铭予，2008）

在垦区内，水渠纵横交错，主渠为自西北向东南走向，长 20 余千米，在干渠两旁，还有许多支渠。据当地文物部门调查，在此垦区内发现 400 余处古代的田舍和各种建筑物。这是居延垦区内保存最为完整、范围最大的耕地水渠遗迹。其耕种的时间，从两夏一直延续到元代。蓝利等（2009）利用高分辨率遥感影像，发现古居延绿洲主要分布在现代绿洲的东侧，多数古渠系始建于汉代，盛于西夏，弃于元末明初。

西夏和元代的垦区，主要在弱水干流的右岸，左岸只有零星分布。为了引水灌溉，开了许多水渠，比较大的至少有 6 条：合即渠、本渠、额迷渠、吾即渠、沙立渠、耳卜渠。

西夏在对外战争中，将俘虏的汉人一部分迁往兴州和凉州一带，一部分遣送到居延，经营农业耕作。这些汉人在同西夏人的长期接触中传授中原地区的农业技术，一部分党项人逐渐熟悉农耕技术，转牧为农。

4. 元代居延垦区

元朝建立后，沿用汉晋、西夏旧制，在西夏屯田区域内推行屯田制度。至元二十二年（1286 年），甘州 300 名新附军士迁驻居延；次年，亦集乃路总管府设置后，农田总管忽都鲁上表请求附近居民和僧侣协助开渠灌溉屯田，得到朝廷批准后不断派遣军队进行屯田。由于元朝没有推行汉代行之有效的管理措施，屯田戍卒多次逃亡。《元史》记载，文宗二年（1329年），枢密院上疏说："征西元帅府自泰定初调全兵四千一百人戍龙剌、亦集乃，期以五年为代，今已七年，逃亡者众，宜加优恤，期以来岁五月代还。"此建议得到朝廷批准。由此可见，元代在居延的军屯人数是相当可观的。

据典籍记载："亦集乃路屯田达九十一顷五十亩，有天下富饶地之誉。"尽管屯田面积巨大，由于其为交通要冲，所产粮食远不能满足亦集乃路地区的需要。因此，国家每年仍有计划地从内地调集大批粮食运入亦集乃路。《元史·乃蛮台传》记载："甘肃岁籴粮于兰州，多至二万石，距宁夏各千余里至甘州，自甘州又千余里始达亦集乃路，而宁夏距亦集乃仅千里。乃蛮台下谕令挽者径趋亦集乃，岁省费六十万缗[①]"。如遇灾年，还要由内地征调救济粮。

元代的居延垦区，仍沿袭西夏之旧，水利建设有所扩大和发展。这是居延垦区发展的最后阶段，自此以后，居延垦区即走向衰落和荒废。

元代在西夏黑水镇燕军司的旧地，于至元二十三年（1286年）设立了亦集乃路总管府，其管辖范围向南扩大到了弱水中上游地区。这从亦集乃路站赤（即驿站）的设置路线可以得到证明。据黑城出土文书，从内地通往岭北行省的纳怜道，在亦集乃路境内共有8个站赤：在城站、盐池站、普竹站、狼心站、即的站、马木兀南子站、山口站、落卜克站。其中在城站，在亦集乃路总管府城中，狼心站在今酒泉卫星基地北部的狼心山，盐池站在今苏古淖尔附近。

从黑城出土文书的记载来看，元代在亦集乃所开凿或修复的水渠，除合即渠以外还有本渠、额迷渠、吾即渠、沙土渠、耳卜渠。所谓本渠，很可能是西夏时代原来开凿的水渠，其余各渠，则可能是元代新开凿的水渠。从现场实地考察来看，元代的水渠主要分布在三片地区。

第一片是亦集乃城周围地区，这里的水渠多被流沙掩埋，然而仔细观察仍然可以看出若干痕迹。在平坦沙地上常常可以看见略低于地表、具有明显走向的浅沟，在浅沟的两旁遗有长圆形的石磚碌，这是播种以后，用来压实土壤、增加墒情的农业生产工具。有石磚碌的地方就是过去的耕地，耕地中略见起伏的浅沟，只能是水渠。

---

① 1缗为1000文。

第二片是亦集乃城的西南，即 T105 烽燧的附近，这里有两条干涸的渠道，呈西南至东北走向，渠宽 2m、两条渠道间隔约 30m，其走向与弱水下游干流大体平行。现在渠道的两侧，是平坦的由细碎砾石组成的戈壁滩，这是后来风蚀的结果，原先应是平坦的耕地。

第三片是亦集乃城东南绿城一带，这里原来是西夏的主要垦区，在元代又增修了许多水渠；现在这里的古代水渠，数量既多，保存也最为完整。虽然水渠两侧皆风蚀为砾石戈壁，以及许多灌丛沙丘，但是原先水渠两侧都应是耕地，这是肯定的。

第一片和第三片，都是西夏垦区的旧地，而第二片则是元代新开辟的垦区。元代的垦区而积，要比西夏时代有所扩大。

水利灌溉虽然可以维持农作物的生长，但是这里毕竟是干旱区，这就决定了粮食作物的品种比较单一，只适于耐旱的农作物。从黑城出土文书来看，元代这里的粮食作物，主要是大麦、小麦、黄米、糜子四种，不能种植水稻，文书称“白米本路并无出产”，所谓“白米”，即今稻米（俗称大米）。

除农业种植以外，牧业也相当重要，因为各站赤用的驿马，要由本地提供。出土文书记载，在城站养马 30 匹，普竹站养马 39 匹，盐池站养马 40 匹，此外还有少量的骆驼。马和骆驼除吃草以外，还要大麦作为马料。垦区所种的粮食，主要是作为居民的口粮与备荒仓储，还有一部分作为马料而被消耗。

综上可以看出，屯田区和治所自汉代至元代呈现出向古居延绿洲中部和中上部退缩的过程。

第三节　水资源开发利用

人类祖先在历史漫长的岁月里，曾经过着“逐水草而居”的生活，他们为了保障生存、繁衍与发扬文化，无论在任何地方，都得千方百计地寻找出活命水来。这些地方通过人们的劳动、创造，逐步形成了城市。所以说，水是城市形成与发展不可替代的要素之一。早期的游牧民族使其游牧的路线和风俗习惯适合于自然界变化莫测的降水。当人们为了从事农业而开始定居下来时，管理用来灌溉和饮家畜的水源便成了人类的最早技术。

人类文明是同水紧紧地联系在一起的，水甚至决定着一个城邦、一个种族盛衰兴亡的命运，决定着民族和国家的发展形势。干旱地区天然绿洲的存在，为人类的祖先提供了最原始的栖息场所与生存条件，也创造了人类最初的文明。

河西走廊位于西北干旱区，水资源是维系绿洲文明的命脉，其数量的多寡、利用方式和调配状况是左右绿洲规模及其发展演变的最重要因素，绿洲农业必须仰仗于祁连山冰雪融水。因此，绿洲土地的开发总是伴随着水资源的开发。在绿洲里，谁控制了水源，谁就控制了绿洲社会，也就有了管理绿洲的权利。“美草甘水则止，草尽水竭则徙”。就这样，绿洲随着水流而转移，而人又随着绿洲转移。

甘肃河西走廊发掘的新石器时代的大湾、马家窑、马厂、齐家、沙井子、火烧沟等文化遗址有一个共同点，那就是紧紧依靠天然绿洲，依赖生存于天然绿洲上的动、植物资源来生存，逐水草而居，先是以狩猎、捕鱼、采集为主，逐步过渡到游牧与农耕，并形成特有的绿洲文明。绿洲为人类的生存与繁衍做出了最早的贡献。

《史记·河渠书》载：“朔方、西河、河西、酒泉皆引河及川谷以溉田”[①]。为了适应当时农田水利兴起的需要，汉王朝专门组织了灌田的“田卒”和修渠的“河渠卒”，以及管理农田水利的“田管”和“农都尉”。

汉居延水利，不仅有渠，而且有井，“居延农延水卅井甲渠殄北泉塞”[②]“井五十步，阔二丈，立泉二尺五，上可治田”[③]。《汉书·地理志》“觻得”条下注：“千金渠西至乐涫（今酒泉市皇城遗址，位于丰乐河下游），入泽中，羌谷水出羌中，东北至居延入海，过郡二，行二千二百里。”齐陈骏（1998）认为千金渠即“觻得渠”，在如此长的渠水两边屯田，其规模是不小的。

自汉武帝置河西四郡，农田水利兴起后，张掖成为政治、经济中心，至东汉明帝时，河西走廊开始遭到北匈奴的累次侵犯，农田水利开始衰落（王致中，1996）。西晋灭亡后，河西长期陷入分裂割据的局面，汉、氐、鲜卑、匈奴等先后在河西建立了五个独立的政权。五凉时流民避乱西迁，水利大兴。隋末唐初，因战乱不已，河西走廊农田水利遭到破坏。《旧唐书·李大亮》：“州县萧条，户口鲜少”“十室九空，数郡萧然，五年不复”。

---

① 《史记·河渠书》。

② 《居延汉简》石印本卷一。

③ 《居延汉简甲编》。

唐朝时，国力强盛，河西水利建设进入一个新高潮。武则天时，陈子昂曾写道："甘州诸屯，缘因水利，浊河灌溉，良沃不待天时，四十余屯尽为沃壤，故每收获不减二十万"①，郭元振都督凉州时，"又令甘州刺史李汉通开置屯田，尽水陆之利"②。唐时河西引渠为利，不仅用以灌田，而且用以驱动碾石进行粮食加工。《唐书・王方翼传》："方翼迁肃州刺史，河西蝗独不至方翼境，而他郡民或馁死，皆重茧走方翼治下。乃出私钱作水磨，簿其赢以济饥瘵，构舍数十百楹，居之，全活甚众。"唐代在张掖南部修建了盈科、大满、小满、大官、加官五渠。

1028 年，西夏占领甘州，对水利建设较为重视。《宋史・夏国传》：甘、凉之间，则以诸河为溉，"故灌溉之利，岁无旱涝之虞""其地饶五谷，尤宜稻麦"。

元代统治者也十分重视水利建设，新建成了大古浪、小古浪、塔尔渠等，"甘州黑山子、满峪泉水渠、鸭子翅等处立屯田为户二千二百九十，为田一千一百六十顷六十亩"③。元至元二十三年（1286 年），在居延置亦集乃路总管府。从黑城出土的文书可知，当时除开凿合即渠外，还有本渠、额米渠、吾即渠、沙立渠、耳卜渠等。可见元代当时十分重视兴修水利、扩大耕地，当时屯垦已进入历史上的一个新的高潮时期。

明代，西北地方当局对河西水利十分重视，不仅渠道数量超过以前，且灌溉面积及其经济收益都有是前所未有的。宣德六年（1431 年），明廷"专遣御史巡视宁夏、甘州水利"④。《读史方舆纪要》（卷六三）载：明代在张掖修复和兴建的渠道有甘州镇（今甘州区）境内有千金渠、阳化渠、阳化西渠、梨园渠（图 4-5）。宣德六年（1431年），明廷"专遣御史巡视宁夏、甘州水利"⑤，成化十二年（1476 年），巡按御史许进言："河西十五卫，东起庄浪，西抵肃州，绵亘几二千里，所资水利，多夺于势豪"。宜设官专理，诏屯田佥事理之⑥。"杨博、石茂华于左卫之慕化、梨园；右卫之小满、龙首、东泉、红沙、仁寿；中卫之鸣沙河、西瀚、树哇哇、德安、宁西；山丹卫之树沟、白石崖等处，悉力经营，淘成美利。分巡副使杨衍庆、石永，指挥史张延辅、曹凤皆世之功臣。"⑦

---

① 《陈伯玉文集》卷六，"上番西边州安危事三条"。
② 《资治通鉴》卷 207。
③ 《元史・兵志》。
④ 《明史・宣宗记》。
⑤ 《明史・宣宗记》。
⑥ 《明史・河渠志》。
⑦ 乾隆《甘州府志・水利》。

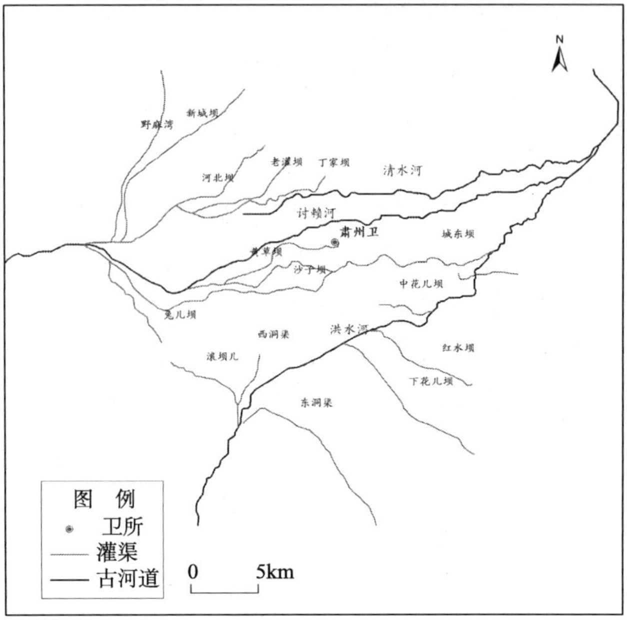

(a) 北部北坝、老灌坝灌渠

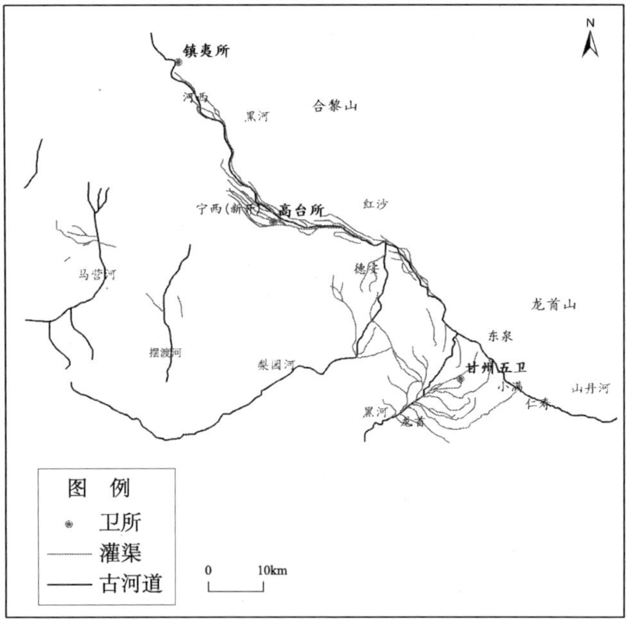

(b) 黑河沿岸灌渠

(c) 山丹、民乐地区灌渠

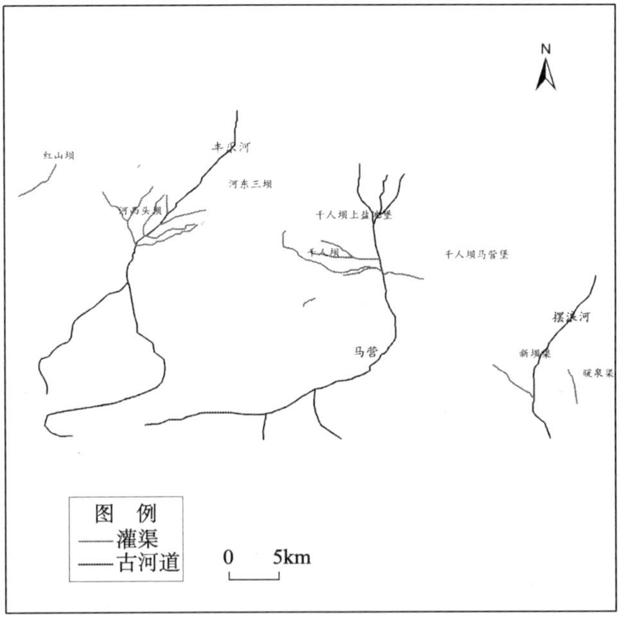

(d) 洪水河及其支流附近灌渠

图 4-5 明代主要灌渠详细分布（颉耀文和汪桂生，2014）

河西的水利，清代时达到空前的水平。各主要河流水利均已得到较为系统的开发，其时主要的河渠、水利设置包括：古浪渠、大清渠、土门渠、金塔寺河坝渠、牧羊渠、杂木口涧坝渠、大七渠、永昌渠、怀安渠、大河坝渠、黄羊川坝渠、大河口渠、大河坝渠、柳林湖渠等（表 4-5），与如今武威的水利总的格局已无重大区别。各渠分坝分畦，已成网络。

表 4-5 清代张掖渠道

渠名	分闸数	灌溉面积	渠名	分闸数	灌溉面积
大管渠	3 号分 18 闸	287 顷 18 亩	新丰渠		5 顷 47 亩
永利渠	3 号分 9 闸	147 顷 80 亩	江淮渠		21 顷 5 亩
盈科渠	5 号分 36 闸	540 顷 50 亩	下沤波渠		73 顷 6 亩
齐家渠	10 号	110 顷	有本渠		54 顷 40 亩
仁寿渠		44 顷 60 亩	敬依渠		7 顷 70 亩
永安渠	3 号	63 顷 30 亩	黑水沟渠		6 顷 80 亩
大满渠	上下 2 号分 21 闸	276 顷 70 亩	回回渠		18 顷 50 亩
南旗渠	计 5 旗	720 顷 90 亩	左火爰渠		8 顷 60 亩
大古浪渠	3 号分 16 闸		重兴渠		5 顷 40 亩
小满渠	7 闸	288 顷 80 亩	老人坝渠		8 顷 60 亩
马子渠	3 号分 21 闸	210 顷 70 亩	阿薛古渠	分 10 闸	121 顷 70 亩
阳化东渠		25 顷 60 亩	更名北旗河东渠	计 7 旗	23 顷 20 亩
阳化西渠		33 顷 10 亩	更名北旗河西渠	计 11 旗	45 顷 89 亩
宣政西渠		35 顷 10 亩	东泉渠	4 闸	78 顷 10 亩
安民沟渠		14 顷 30 亩	平顺渠	分 4 闸	84 顷 30 亩
四海渠	分 5 闸	55 顷 70 亩	溢源渠		12 顷 80 亩
城北旧渠	分 9 闸	116 顷 70 亩	西洞渠		49 顷 10 亩
城北新渠	分 3 闸	54 顷 70 亩	巴吉渠	10 号	181 顷 50 亩
加管渠	3 号分 9 闸	121 顷 10 亩	永丰渠		27 顷 28 亩
大满新渠	分 9 闸	121 顷 10 亩	旧塔尔渠		40 顷 80 亩
小满新渠	分 6 闸	102 顷 80 亩	小泉渠		67 顷 50 亩
洞子渠	6 闸	40 顷 7 亩	牙喇渠	5 号	32 顷 50 亩
木龙坝（即龙首渠）	3 号	29 顷 59 亩	上沤波渠	14 号	213 顷

资料来源：乾隆四十四年（1779 年），《甘州府》

甘州水利的重点仍为张掖，其次为山丹及抚彝厅。至清中前期，张掖县及抚彝厅的黑河水河渠分布已几无余地。时张掖县仅 15 237 户，70 199 人，人均水地达 603 亩[①]。清嘉庆（1796）年间，据《嘉庆重修一统志》载："张掖县引山水者十三渠，溉田一千二百三十八顷；引洪水河者六渠，溉田七百二十余顷，引黑河水者三十一渠，溉田七千一百五十三顷"，共计 50 条渠，灌溉面积发展到 91.11 万亩，为古代张掖农田水利最繁盛时期。

由于绿洲水、土开发的共生性的存在，促成了经济要素、人口要素和聚落形式逐步向生产条件优越、生活条件便利的古垦区聚集，进而表现出城镇-河渠的空间整合与相互依存关系（图 4-6）。也正是因此，当水资源的空间配置关

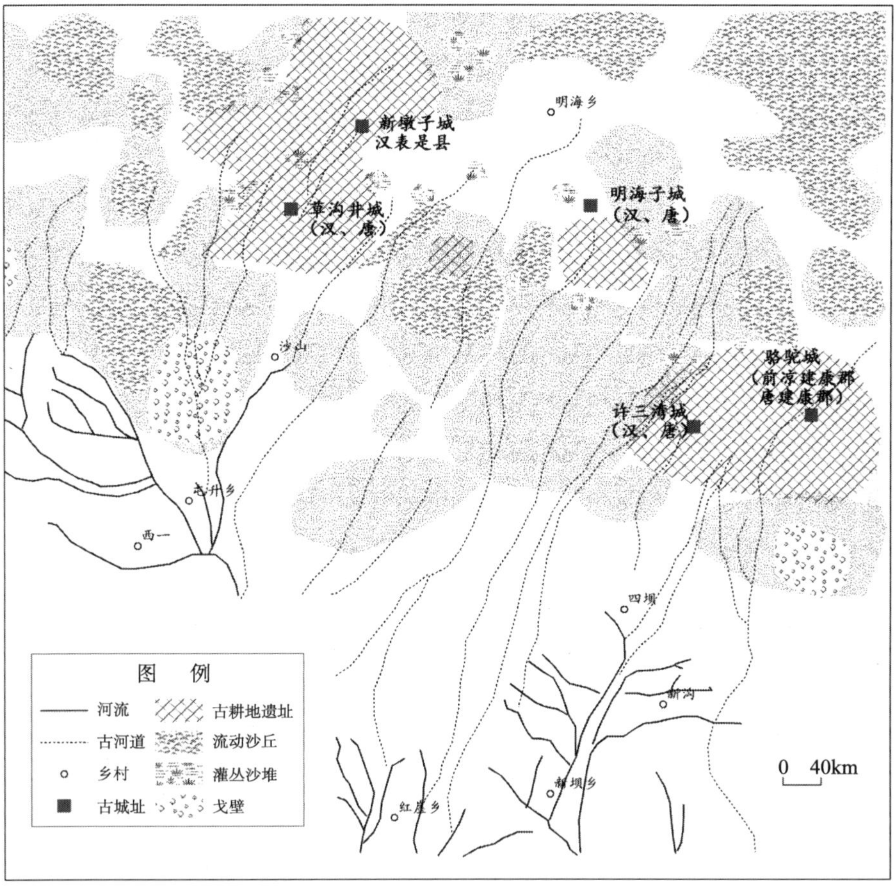

图 4-6　黑河流域河流（摆浪河、马营河）与城镇分布的关系（李并成，1999）

① 清代田土的计量规制，基本沿袭明代。《明史·食货志》载"五尺为步，步二百四十为亩，亩百为顷。"清顺治十二年（1655 年），朝廷以"部铸弓颁行天下""凡丈地，五尺为弓（步），二百四十弓为亩"。1 亩 =60 方丈（614.4m^2）。

系发生变化时，便会必然波及城镇的兴衰存亡。塔里木河盆地南部沙漠中遗址的分布也表现出相同的特点，即同一地区同一时期的遗址都是沿河谷呈长条分布的（黄盛章，2003）。

最为典型的是黑河下游居延绿洲上古弱水的变迁与城镇的兴衰。古代居延垦区的出现，是因为有居延绿洲的存在；居延绿洲的存在，有赖于弱水和居延泽的滋润。居延垦区的兴废，与弱水、居延泽的变迁有关。

弱水之名，始见于《尚书·禹贡》"导弱水之至合黎，余波入于流沙"。《说文》曰："溺水自张掖删丹西至酒泉合黎，馀波入于流沙，从水弱声，桑钦所说。"弱水发源于山丹县西南十里的穷石山，西北流至今张掖北与羌谷水合。西流的弱水发源后第一段为山丹河；弱水自山丹河在张掖市甘州区北与羌谷水合为黑水至毛目（今金塔县鼎新镇），是第二段；北流至今毛目又与西南来的临水（北大河或肃州河）相合而东北流至查科尔贴（自此开始称额济纳河），是第三段；额济纳河过查科尔贴后，分为两支，靠西北的一支叫穆林河，河水流入嘎顺淖尔，向东北的一支叫伊肯河，河水流入索果淖尔，在伊肯河中流布肯托尼的两侧，有一支流叫纳林河，在布肯托尼的东侧，有一支流长60km，向东北流入居延泽，这是弱水的第四段。

自清代以来，学术界一直将今额济纳河下游的嘎顺淖尔、苏古（索果）淖尔，视为古代的居延泽。《皇朝经世文编》卷八十兵政十一塞防记载，"额济纳旧土尔扈特旗，在居延海，其游牧当甘肃肃州边外。两岐无巨川，惟坤都伦河。自甘肃肃州北流经额济纳旗，分二道，汇为泽，俱曰居延海。其东曰大苦水骟马湖沙枣湖丰盈大泉，俱潴于沙，又东为昌宁湖，鱼海白海"。

弱水下游的流向，与现在的额济纳河完全不同，今额济纳河的东西两大干流，都是直北而流，古代弱水下游由保都布拉格开始，呈西南—东北走向，经汉代烽台T106之东和汉代烽台T105之西，由此继续向东北方向延伸，直达牛草站。从古河口到牛草站之间，弱水古河道十分明显。过了牛草站，由于流沙的掩埋和地表风蚀强烈，古河道变得比较模糊。但仍然可以看出断续的古河道继续向北延伸，并分为南、北两支。北支经马圈城（K789）和黑城（K799）之北，继续向东北延伸，在乌兰素木（红庙）又分作两支，均作东北走向，直奔居延城（K710）一带。南支绕黑水城之南向东延伸，又分为两支，一支奔向拉里乌苏（牧点），另一支奔向绿城、绿庙一带，似与绿城的灌溉水渠相连通（李并成，2003）。从古绿洲整个河网布局来看，其重心偏向南部，黑城、绿城河道较密（图 4-7）。

额济纳地区历史时期的水系存在从东向西的迁移和萎缩过程（肖生春和肖洪浪，2004）。在黑河下游上段，历史时期北大河有一定水量汇入，直至近代。

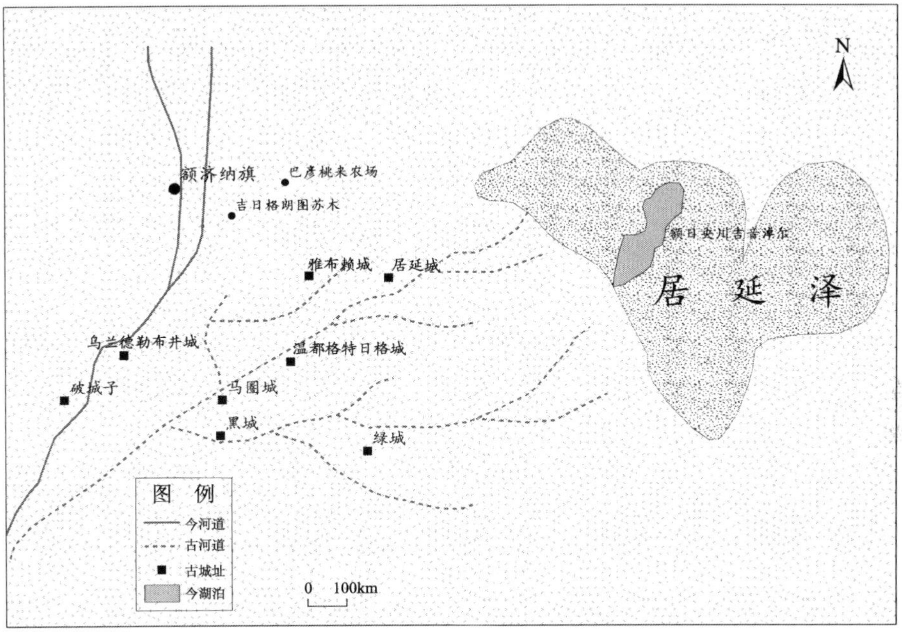

图 4-7 黑河流域古河渠与城镇分布的关系

唐代以前以东河、哨马营–古日乃古河道和古居延泽终端湖为主；西夏时期弱水分为东、西两支，苏古（东居延海）、嘎顺（西居延海）淖尔两湖连为一体，古居延泽萎缩；元朝河水重新注入古居延泽，苏古、嘎顺淖尔两湖分离并缩小；元末明初以后，西河成为主要过水河道，东河下游注入古居延泽的河道干涸，以向北流入苏古淖尔的河道为主，古居延泽逐渐萎缩干涸，苏古、嘎顺淖尔成为主要终端湖。

古居延绿洲自西汉以来，一直是军事要地，驻有重兵，屯田耕种，历东汉、魏晋、南北朝、隋唐、西夏、蒙元，前后 1500 年左右。元朝末年，朱元璋派大将冯胜率兵攻打亦集乃总管府城（即黑城）①，由于城池坚固，城防甚严，

① 《明史》载，洪武五年（1372 午），“扩廓在和林，数扰边。帝患之，大发兵三道出塞，命胜为征西将军，帅副将军陈德、傅友德等出西道，取甘肃。至兰州，友德以骁骑前驱，再败元兵，胜复攻之扫林山。至甘肃，元将上都驴迎降。至亦集乃路，守将卜颜帖木儿请降”。

冯胜久攻不下。最后采取断水之计，在黑城上游的保都布拉格，用沙坝将弱水截断，迫使弱水改道北流，最后攻克了黑城（景爱，2003），并由此形成了鄂木纳河和苏古淖尔。

弱水下游的改道北流，使灌溉农业面临灭顶之灾。垦区内的居民，不得不离开自己的家园，逃往其他地区。此后，水利灌溉设施废弃，耕地变得荒芜，垦区成为没有人烟的空旷世界。不仅如此，紧接着出现了更加严重的现象，这就是土地沙漠化。昔日阡陌纵横的农田垦区，现在却变成了沙漠、戈壁。高大雄伟的亦集乃古城，四周积满了流沙，流沙飞上城墙，将城墙掩埋在流沙之中。居延城四周出现了许多沙丘，其西北角和西南角，由于处于迎风面，积沙甚多，已完全被流沙掩埋，变成了高大的沙丘。

第四节　农牧业的消长与进退

就整个社会而言，农业生产力创造农产品的能力，除第一产业从业者自己及其家属所需份额之外，剩余的粮食生产能力就是城市生存的必要前提条件。所以，只有农业发达，城市的兴起和成长在经济上才成为可能，正是基于这个原因，历史上的第一批城市都诞生在农业发达地区，如尼罗河流域、两河流域、印度河流域和黄河流域。

中国的城市是在以农为本的文明框架内兴起的，这种持久的农业影响也反映在城市内部。中国的城市尽管规模宏大，却只是形成了更大的农业环境的“质量密集”版而已。

比起农业民族来，牧业民族抵御自然灾害的能力更弱，因此在严重的、大范围的灾害发生时，只能作长距离的迁移。在与南方农业民族的交往和接触中，牧业民族得到了粮食、纺织品、金属等物资，以后又增加了茶叶和其他日用品，并逐渐养成了使用、消费这些物资的习惯。但汉族政权往往以断绝这类物资的供应为对抗手段，使牧业民族的生存受到威胁。

农业生产的发展除了取决于社会生产关系以外，还与自然条件有着直接的依存关系。由于自然环境和气候类型等条件的差异，大致以400mm等降雨量线为界，我国从古代就逐步形成了东南半壁农耕区和西北半壁游牧区的宏观分异格局。

历史上的长城作为游牧社会和农业社会的分界线，横亘在河西走廊的长城无疑也充当了“分界线”的作用，“长城效应”同样也出现在河西走廊地区。这些从事游牧和农耕的族群之间关系，呈现出一定的周期性。在不同历史时期的“边界”的变动，使得一部分从事畜牧业的族群在特定的历史时期“改行”而转向农业生产，同时一部分从事农业的族群把自己的生产方式转换成畜牧业。

但在中原政权军事失利和政局混乱时，牧业民族或逐渐移入内地，或随着军事入侵者大批进入黄河流域，甚至长江流域。由于汉族在文化、经济方面处于领先地位，加上生活和生产条件的改变必然导致生活和生产方式的改变，内迁者的多数最终接受了汉族文化，逐渐融合在汉族之中。在本民族的政权灭亡、汉族政权重新建立以后融合得更加迅速。凡是牧业民族的主体迁入汉族地区而又经历了较长时间的，几乎很少能重新迁出。河西走廊的游牧文化和农耕文化在不同的历史时期，呈现出一种彼此消长的状态，当游牧文化处于“扩张”情况下农耕文化自然进行“萎缩”，反之亦然。在以游牧为主体的民族建立的“草原帝国”的势力蔓延到河西走廊的时候，游牧文化兴盛一时；当“中原政权”统治的“强波”辐射到河西走廊时，农耕文化又在这里开始复苏。在这种历史的循环交替中，河西走廊的社会文化生态呈现出一种复合状态。“草原帝国”和“中原政权”对河西走廊的短期占据和长期统治，使这一“帝国夹缝”地带呈现一种混合状态（李建宗，2015）。

河西走廊与华北平原一样的“暖温带”温度条件，以及祁连山慷慨的赐予，都让这片土地之上的绿洲有着比蒙古高原和青藏高原更好的植物生长条件。这样一片能够被农耕文明开发成具有一定规模的农业区的土地，也同样有机会为游牧民族提供良好的驻牧条件，并开始营造固定的城堡、据点，来抵御外族的入侵。对于游牧民族来说，在旷野中进行野战是他们最喜欢的战争方式，而这也是缺乏机动性的农耕民族的短板。不过，当农耕民族开始在自己所适应的区域（能够得到战略补给）营造城邑、据城以自守时，优势便开始转向这些防御者了。双方在博弈当中的这种特点，也使得农、牧民族的博弈分割线——长城，长期以来就是农牧两种生产方式的地缘分割线。

游牧社会需要农耕地区的物品，农耕地区的商人因为利益的驱动强烈要求进入游牧社会。这样，在分界线的两侧出现了一些商业城市，每当游牧社会强大的时候把其势力蔓延到分界线的南侧，反之，农耕社会进入分界线的北侧。其实，农耕与游牧还存在一个互渗的过程。

历史上农业文明的相对兴盛、农牧界线的向北扩展的时期包括春秋战国、汉、晋、唐、辽金、清代中叶，而金、元、明、清初时期，农牧界线南移（图4-8）（董光荣等，2002）。6000a BP 左右，农业文化向西推进到六盘山–陇山一线；5500a BP 左右，到达甘肃中部及湟水下游地区；5000a BP，进一步向西占据了共和盆地、湟水中游和河西走廊；3800a BP 左右，农业文化开始崩溃；3600a BP 以后逐步转化为半农半牧–畜牧文化。农业文化在 7000 ～ 3800a BP 的持续扩张，反映了全新世适宜期农业得到迅速发展。3600a BP 以后环境变得干冷，致使农业衰退和畜牧业逐渐形成。各文化经济方式的变化与全新世气候变化基本一致（刘东生，2004）。

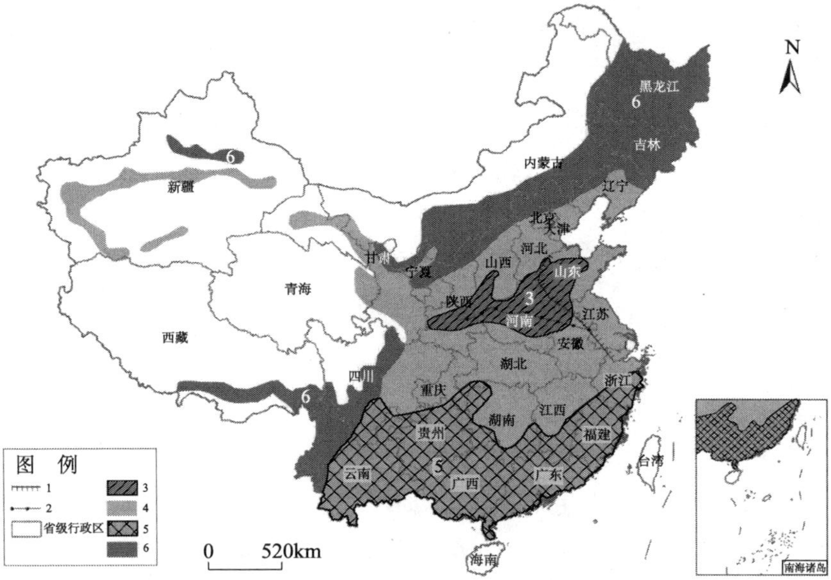

图 4-8 中国农耕地扩展过程示意图（董光荣等，2002）

1. 隋唐漕运干线；2. 明清漕运干线；3. 西周时期（公元前 11 世纪）；4. 西汉早期（公元前 1 世纪）；5. 隋唐时期（6 ～ 8 世纪）；6. 明清时期（14 ～ 19 世纪）

传统农业阶段农业生产的发展着重表现在单产提高与耕地面积扩展两个方面。单产提高主要取决于耕作方式与农业技术，在中国数千年的农业发展进程中，农耕技艺虽然代有更易，但这些新出现的技术多表现在精耕细作的精细程度上，仅靠这一点并不会引起农作物产量大幅度提高。总的来看，粮食亩产的变化相对于几千年之内人口数额的不断增长，显得滞缓而微弱。

而耕地的扩展成为中国农业发展进程中的主流。耕地的扩展是受社会经济与地理环境双方条件控制而进行的，人口增长是推动耕地扩展的动力，而新开垦的土地选在什么地方，则深受自然条件与生产力发展水平的制约。

中国三大自然区中，东部季风区优越的自然条件不但使这里成为主要的农耕区，而且也是中国历代疆土中的核心部分。东部季风区与周边地区在自然条件上的差异，导致了农业民族与游牧民族在生产方式、生活习俗、文明进程上具有完全不同的特征。以定居生活为主的农业民族与以“行国”相称的游牧民族最大的不同是定居与流动的区别，农业民族安土重迁，并以定居生活为前提，成为物质财富和精神财富的创造者和积累者；游牧民族逐水草而居的马背生活，既限制了自身的文明进程，同时也对农业文明构成威慑。无论秦汉以至隋唐时期崛起于西北的匈奴、突厥、回鹘，还是宋金以后称雄于东北的契丹、女真、蒙古，都对中原农耕民族造成强大的威胁。因此，历史时期农牧分界线地带既是持农牧两种不同生产方式的民族进行武力争战与文化交融的场所，同时也是国家疆土的增长线。

我国农业民族和游牧民族长期以来在地区上是分隔开来的，大致以长城和黄土高原为界，其南部和东部是以汉族为主的农业民族聚居的地区，其北部和西部则主要是游牧民族活动的舞台。这种农牧分区的格局一直到今天还留下它的痕迹（翁独健，1984）。

农牧分界地带的形成虽然取决于自然条件，但人文因素的影响也起了相当大的作用。中国历史上曾有过多次疆域变动。国力强盛时期，开疆拓土，国家境土远远伸向大漠草原；国势衰微时，境土回缩，农牧分界地带就成为国家守边布防的前线（邹逸麟，2001）。农牧分界地带虽然不是国家的边疆，却是疆域伸缩的起点。因此历史时期，边疆的发展和土地的拓展，主要集中在农牧分界地带。

英国学者斯蒂芬·梅森在其所著的《自然科学史》中曾探讨过文明的起因：旧石器时代的人发明了形形色色的工具，新石器时代的人则作出了最重要的贡献，即定居的农业生产方式，时间最近也要在公元前6000年。石器时代的农业生产很快就消耗掉土壤的肥力，这个因素好像限制了多数新石器时代村社的规模和稳固性。在印度河流域、底格里斯河和幼发拉底河流域、尼罗河流域，这种限制就比较小些，因为河水一年一度的天然泛滥带来一层肥沃的新淤泥。在这些流域就有比较多的定居村社繁荣起来，人们排干沼泽，灌溉荒芜的土地，使固定耕作的面积有了相当大的发展。与此同时，由僧侣祭司统治的管理体制，即村社-乡镇-城市也发展起来，组织人们生活上的各种复杂活动。这样在公元前3000年的一个世纪左右的时间里，在底格里斯河和幼发拉底河流域，以及尼罗河流域就出现了最早的一些城市文明。

历史上河西走廊为多民族的杂居区，农牧业生产的复杂替变源于各民族势力的消长与变化。汉武帝以前、西晋至唐初约400年，以及唐安史之乱至元朝约600年，为三次畜牧业生产占优势时期；西汉武帝至西晋约400年、唐初至“安史之乱”约100年，以及明清迄今600年，为三次以农业生产为主时期（赵永复，1986；唐晓军，1994；党瑜，2001；侍建华，1995）。

河西走廊地域辽阔、草原丰富，良好的自然环境为古代畜牧业的发展提供了丰富的物质基础。马厂文化、齐家文化、火烧沟文化和沙井文化在农耕文化高度发展的同时创造了发达的畜牧业。据区内发掘的山丹四坝滩、壕北滩、山羊滩和民乐县东灰山、西灰山五处较大的青铜器时代遗址，在奴隶制社会时期，种植业和冶铜业已相当发达。在民乐县东、西灰山，发现了距今4000年左右的古人类文化遗址。其中有石器、陶器、骨器、炭化小麦、粟、稷，以及猪、羊、鹿的齿骨等遗存实物，证明当时张掖一带先民已从事农业生产，粮食已是主要生活来源之一。在东灰山文化遗址中发现大量的小麦、高粱、大麦、谷、粟五种农作物碳化粒。

在汉代以前，河西走廊几为游牧文化之区域，先后活动于此的月氏、乌孙、匈奴等民族或部落都是以游牧见长。据《史记》《汉书》等记载，乌孙“行国，随畜，与匈奴同俗”[①]“大月氏本行国也，随畜移徙，与匈奴同俗”[②]；而匈奴则是“逐水草迁徙，毋城郭常处耕田之业。然亦各有分地，毋文书，以言语为约束”[③]。

自战国至汉初，河西走廊居住着乌孙、月氏、匈奴等族，他们以游牧业为主，由于地广人稀，对自然环境的破坏不严重，因此推测当时广大绿洲为水草丰美的草原，山区森林茂密，其自然面貌可能仍保持着原始状态。《汉书·匈奴传》：“匈奴有斗入汉地，直张掖郡，生奇材木”“匈奴西边诸侯作穹庐及车，皆仰此山（即今合黎山和龙首山一带材木）”。

张掖地处河西走廊腹地，自古为西戎故地，居住在本区的羌、戎、乌孙、月氏等族，随着生产工具和生产水平的提高，形成了以部落酋长、首领为主体

---

① 《史记·大宛列传》。
② 《史记·匈奴列传》和《汉书·匈奴传》。
③ 《史记·匈奴列传》和《汉书·匈奴传》。

的贵族阶层和游牧民为主体的奴隶阶层，社会经济形态共存于部落经济组织和家庭经济两大部分，过着“随畜迁徙”，以牧业为主的生活。各部落之间常因抢占牧地、水源发生争斗，出现了以土地公有制为基础的社会向以私有制为基础的社会过渡，即“原生形态向次生形态”过渡。

夏代，本区以部落为主体的社会组织形式，是由血亲集团的聚集形式演变为从事游牧业兼种植业生产的个体家庭组织的村落形式，由血缘关系为纽带的部落结合转化为以地域关系为联结的社会结合，形成了羌、戎、乌孙、月氏等多民族以大分散、小聚居为特点的分割共存的局面。

商代（公元前 1600 ～公元前 1000 年），是奴隶制社会的繁荣时期，居住在本区的羌、戎、乌孙、月氏等民族依水美土肥草盛之地大片定居，垦殖牧养，灌溉农田，出现了最早的沟洫灌溉和较为精细的田间作业。商王朝为了充盈国库、增强国力，不断采取鼓励方针，驱使各级奴隶主贵族阶层扩大垦殖面积。

春秋战国时期，羌戎族势力扩展到陇东、陇中、陇西渭北高原一带，对东周奴隶制王朝形成强大的政治威胁，危及其王室政权的稳定，作为羌戎族大本营的河西走廊，以牧马为主的畜牧业和种植业不断扩大规模，为后来秦汉时期的经济繁荣奠定了历史性的物质基础。

公元前 221 年，秦始皇统一全国，在秦王朝统治期间，本区的大月氏国，为月氏、乌孙的住牧地，并未纳入秦王朝的版图，居住在敦煌、祁连间的月氏族，所占据之地包括张掖、酒泉、武威三郡，到秦建国时，已发展成为一个势力强大的民族，“控弦十余万”，对雄踞北部的蒙古高原匈奴都不放在眼里，与此同时，邻近的乌孙族经常遭受大月氏的掠夺。对于强盛的月氏国统治的河西走廊，秦王朝自感收复难度较大，便任其自然。因此，秦王朝时期的河西走廊，仍沿用奴隶制，以部落、村落为种植养牧经营单位。

汉朝时期，河西大规模移民，自武帝时一直延续到昭帝，《史记・平准书》：“初置张掖、酒泉郡，而上郡、朔方、西河、河西开官田，斥卒六十万戍田之。”汉代大规模移民河西，使原本以游牧文化为主的河西走廊变为汉民族繁衍之区，农耕文化迅速沿河谷地带延伸，大块的绿洲成为农耕区，甚至远在黑河下游一带的古居延地区，农耕也很发达。经武帝以后近 120 年的开发，河西走廊从牧区开垦成“谷籴常贱”的农区。汉设 4 郡 35 个县，还没有一县在长城之外，农牧两大文化仍然以汉长城为界，祁连山区及长城以外的广大区域，仍然为游牧文化之区域。《汉书·地理志》载："地广人稀，水草宜畜牧，故凉州之畜为天下饶"。

东汉初"时天下扰乱，唯河西独安"[①]"安定、上郡、北地、流人避凶饥者，归之不绝"[②]。汉代本区的屯田制度，是以筹集军需为前提，以当时先进的生产工具——铁制工具为手段，以中原移民耕作技术取长补短为示范而建立的，具有区域性特色和优势，从而促进了本区耕作制度的改进，推进了本区农牧业的发展。屯田制度是建立在集约化生产规模之上的，戍卒"无事则以之为农，有事则调之为兵"。河西走廊干旱缺水，故设有河渠卒，并推选"区田法"的"雪汁治种"法。

汉以后直至西晋时期，河西走廊农牧两大文化分布的格局基本未变。

东汉后期，发生几次大规模的战争，沿边诸郡受到很大的破坏，人口大量减少，武威、张掖等郡也受到影响，据《郡国志》载，武威郡羌乱，户口约比西汉减少五成。

三国与东汉情况相似，明帝时，徐邈为凉刺史，兴修武威、酒泉盐池，以便和少数民族交换粮食，"又广开水田，募民佃之，家家丰足，仓库盈溢"[③]。魏晋承汉末衰乱，两汉时期发展起来的农业经济，遭受空前的破坏。北方农业区陷入空前的饥荒，史称"时大饥荒"[④]。持续的大饥荒，使北方农村呈现空前的凋敝。人民大量流亡四方、"兵难日起，州郡鼎沸，郊境之内，民不安业、捐弃居产，流亡藏窜"[⑤]，昔日繁荣的关中三辅地区"人民饥困，二年间相啖食略尽"[⑥]。

西晋后，河西农业逐渐衰微，直到唐朝时方复兴，在此期间又可分为两个时期，西晋至十六国的农牧业兼重时期和北魏至唐初以牧业为主时期。由于鲜卑、羌族主要从事游牧业，他们大批进入河西走廊后，改变了当地的生产结构，牧业发展、农业衰退。特别是十六国时期，饥荒不断，前凉张寔时，"比年饥旱"[⑦]。张骏时，"境内尝大饥，斗直五千文，人相食，饿死者十余万口"[⑧]，

① 《后汉书·孔奋传》。
② 《汉书·窦融传》。
③ 《三国志·魏书·徐邈传》。
④ 《三国志》卷9《魏志·曹洪传》。
⑤ 《三国志》卷15《魏志·司马朗传》。
⑥ 《三国志》卷6《魏志·董卓传》。
⑦ 《晋书·张寔传》。
⑧ 《晋书·张骏传》。

可见西晋以后农业生产的严重衰退。武则天垂拱二年（686 年），陈子昂曾到凉州、甘州、同城（额济纳旗东南），据他所作的《上西蕃边州安危事》载：凉州贮粮六万余石，仅够一年兵防支用，甘州贮粮四十余万石，地广粮多，瓜州、肃州以西，皆仰其供给[①]。可见当时农业生产中心在甘州一带，北部的同城附近，则似无农业。东晋十六国时，本区先后为前凉、前秦、后凉、北凉统治。东晋王朝由西晋的国都洛阳迁往建康（南京市），河西走廊逐渐远离政治中心，朝廷的开发重视程度大不如以前，基本属于长期割据的政治统治。因此，从 317 年东晋建立到 439 年北凉覆灭的 122 年中，各地方政权虽有战事，但基本上为稳定的恢复发展时期，农业生产又有所回升。

吐蕃统治河西约 80 年，五代时，甘州回鹘又继而兴起，控制了走廊中部，回鹘也以游牧为生，农业则"以橐驼耕而种"[②]。东部的西凉府一带，汉人早已东移，五代时，城中仅存"汉户百余""郭外数十里尚有汉民陷没者耕作""余皆吐蕃"，可见东部主要从事牧业活动。

宋天圣六年（1028 年），西夏政权占领了河西走廊东部的甘州和西凉府，景祐三年（1036 年），又西取瓜、沙、肃三州，整个河西归属西夏，主要以牧业为主。西夏建立后，宋王朝即下诏"禁边人与西夏互市"，对西夏进行经济封锁。西夏统治期间，连年战乱，横征暴掠，人口流离失所，农业生产严重衰退，畜牧业有所回升。在经历了唐末至宋初两个世纪的动荡岁月之后，河西走廊生灵涂炭，田园荒芜，人烟稀少，旷地极多。与此同时，吐谷浑、吐蕃、回鹘、党项等游牧部族相继进入该地，于是大片农田转化为牧场，祁连山下已成羊马世界，一派牧区风光（葛金芳，1991）。

13 世纪初，西夏为蒙古所灭，仍以牧业为主。元代统治甘州近一个世纪，本区一直居河西政治、经济、文化中心战略地位。元帝建国后，鉴于"甘州旱饥"，采取了 5 条治策，恢复农牧业生产，缓解粮食压力。一是徙民。二是屯田，至元十六年（1279 年），元朝"立河西屯田，给耕具，遣官领之""以太原所附军五千屯田甘州"，先后在甘州的黑山子、满峪、泉水渠、鸭子翅等处屯田 11.6 万多亩，并组织农民修复唐来、汉延、秦家等渠恢复水田灌溉。三是大量圈占无主荒地发展以牧马为主的畜牧业，但由于 1288 年、1290 年、1295 年、1299 年的大旱和 1310 年的强地震，甘州仍缺粮成饥。

---

① 《陈伯玉文集》卷 4、卷 8。

② 《新五代史·回鹘传》。

明代河西走廊大致以嘉峪关为界，东西部农牧业生产状况不同，以东的地区，明初即进行开发，由于走廊北部筑有边墙墩堡，防止了蒙古部落到走廊游牧，在境内则“广接招田种”“募民屯垦”“从金城而达嘉峪关，屯田几万顷”[①]。以西的地区，明初则为蒙古占领，为耕牧之地。

清统一全国后，嘉峪关外如同内地，康熙至雍正年间，在疏勒河、党河流域建筑城堡，招徕户民，进行屯垦，至嘉庆年间，仅敦煌一县就有耕地 12 万亩，已约占现今耕地的 2/3。

经过明清数百年的经营，河西走廊终于从昔日“畜牧为业，弓马是尚”转化为“入明更化维新，卫所行伍之众，率多华夏之民，赖雪消之水，为灌溉之利，虽雨泽少降，而旱魃可免，故地虽边境俗同内郡”。[②]

从游牧民族社会经济生活的本质来看，其主要特征就是把生产和军事紧密地结合在一起，《史记·匈奴列传》载：“其俗，宽则随畜，因射猎禽兽为生业，急则人习战攻以侵伐。”汉代，汉文化大量输入河西走廊，深刻地改变了河西地区的文化面貌和文化地域结构，形成了以绿洲为中心的汉文化分布区和以广漠的戈壁草原为主的游牧文化区。此后这一分布格局虽有变化。但就历史时期而言，游牧文化所浸染的区域远较农耕文化覆盖区域广阔得多。

游牧文化的核心是“游”，游牧文化不同于以定居为中心的农耕文化，没有聚集的社区文化形态，往往单个家庭即构成一个文化核心，人与人之间的联系以血缘为纽带，地域概念淡薄，多个家庭（或帐幕）构成一个文化集团。逐水草而居的生活习俗又使得文化团体在空间上呈摆动状态，如冬季草场和夏季草场的不同，游牧民族称为“冬窝子”“夏窝子”。又由于草原自身的生产能力所限，不可能在有限的空间内养活更多的人，牧群与牧群之间往往相隔很远，限制了游牧文化内部的交流与统一，其文化形成内循环，封闭性更强，承受外来文化冲击的能力微弱。是故，游牧民族往往强则战，弱则逃，即史书所说的“黠虏之势，来如激矢，去如绝弦”[③]。但另一方面，逐水草而居的生活形态，又使游牧民族在地缘上易于与其他文化接触、交流和融合。

西北农牧业在摆脱原始状态而进入传统阶段之后，就告别了相互依托的关系，而进入一个相互对抗的阶段。在这一此消彼长的过程之中，两者之间关系

① 《明经世文编》卷 360：《庞尚鹏·清理甘肃屯田疏》。

② 《古今图书集成·职方典》，陕西寿司。

③ 《隋书·宇文弼传》。

的发展又表现为两个层次：从表层看，表现为农区主导性的推进和牧区被动性的退缩；从深层看，则又表现为农牧文化的交织渗透与相互作用，构成一个隐性的有机体（朱宏斌和郭向平，2003）。农耕文明自从诞生起，就具有聚居性、稳定性和累积性等特点；而游牧民族以畜牧为业，“所居无常，依随水草”，这种较强的流动性，使文化的传承和积累就较为困难，因此，牧区文化不但发展较为缓慢，而且往往会出现文化倒退的现象，“有时一个地区的畜牧文化衰退后，后来的畜牧文化，反而不如原先的畜牧文化，如匈奴衰亡之后，继起的鲜卑文化反不如匈奴为高”（邹德秀，1992）。这一差异，就逐渐形成了两种文明之间的梯度落差。同时，在农牧分野早期形成后，农区地域相对狭小，其利用开发很快饱和，在生存压力的驱动和技术迈进的保障下，西北的农耕文明以关中农区为核心，向牧区展开攻势，从而造就了农区推进的“势”与“力”。农区文明的推进，不仅仅是地域的拓展和土地利用形式的替代，而且还包括与之相配套的农业技术体系、农业制度体系，以及以农本观念为内核的整个农业文化体系的移植。故此，农区的推进，是整个农业社会系统的全面推进，其在思想、操作和现实三个层次上形成不同的表现与特点。

在思想层次上，表现为对牧区文化的鄙夷和拒斥。由于早期农牧分野形成了以农区居于关中盆地核心地带而牧区散布于边缘的地域分布特点，客观上存在“核心–边缘”效应，在农区的文化心理上积淀了一种优越感，并以此为基础，形成了以“夷夏”观念为核心的农区中心论，往往视牧区民族为夷狄、蛮荒之民，对其文化传统和价值观念采取一种鄙夷、拒斥的态度。在操作层次上，表现为农区的大力拓边政策，即以战争驱逐游牧部落，实现地域性的拓展；以“移民实边”“屯垦边地”等形式实现农区社会体系的移植。在现实层次上，一方面表现为农牧文化相互交织、相互渗透，并反馈到各自文化的深层，从而形成了整个中国文化多元一体的结构特色；另一方面，又在农牧接壤地带形成一种边缘性社会体系，其经济结构、社会构成和文化习俗反映了农牧文明体系互动的现实结果。故此，从总体的现实后果来看，农区文明的强劲推进，并没有完全地取代牧业和游牧文化，而是在牧区文明退守与回应之中，其自身社会各子系统都在一定程度上打上了游牧文化的烙印。

农牧业的消长与进退，是一个相互作用、相互渗透的过程。由于农区的强势进逼，游牧部落被迫退出以前的活动区域，向边缘区迁徙。而在畜牧经济利益的驱使下，他们也往往大举南下，不断突破农牧分界线，企图重返故园。例如，魏晋南北朝时期农牧分界线的迭移交错，甚至是牧进农退的现象，都为此做出例证。尽管如此，也没有改变或遏止农进牧退的大趋势，中国古代农牧分界线的迁移过程，反映了游牧文明退守的这一历史趋势。牧区文化被动性退守的同时，也发挥着能动的文化回应。首先，表现为部分游牧民族主动地接受农业文明，或弃牧从农，或农牧兼营。农业本身的诸多底蕴，使其文明具有强劲的吸引力和凝聚力，也使得游牧民族对其产生一种向心力。其次，是牧区文化对农耕文化的潜移默化式的柔性渗透，农区在产业结构、食物构成、文化传统，以及生态环境等方面的变迁，实际上就是这一影响积淀的结果。

农牧业的消长与进退也反映在城镇数量与质量的变化上，一般而言，农业占主导地位的时期，往往也是城镇大力发展时期。

按照经典的城市兴起的成长的两大前提：农产品的剩余和农业劳动力的剩余。在生产力低下的状况下，自然经济占主导地位，农产品主要是生存型资料；即使有农产品的剩余，由于特殊的军事战略位置，大多用于非发展型资料（由于广泛驻军的存在，必须保障军队的后勤补给）。

纵观农牧业变迁历史，农业占主导地位时，大多因为戍边的目的。一旦少数民族占领，就又恢复畜牧业的主导地位。干旱的气候环境，决定了畜牧业的基础地位，因此在整个农牧业变迁过程中，畜牧业具有非常好的长期的稳定性，农业则呈现出阶段性特点（肖生春和肖洪浪，2004）。这与中国传统的农耕文明基础不一致。

自古以来，站在定居文明立场上的思想家和历史学家，也都绞尽脑汁想弄明白，为什么拥有高度文明和伟大传统的农业国家，竟经不起那些乍兴乍灭的草原政权的猝然一击？现代学术界越来越相信，作为一种经济生产方式和人类社会形态的游牧，要比农业和定居社会的出现晚得多。历来研究游牧社会和定居社会的学者，都相信这样一个原则，即游牧经济不是一个自给自足的经济，它要依赖与其他经济形式，如农业经济之间的交换，才能弥补其非自足的特性。游牧民族必须与定居农业社会交换产品，以获得草原上无法生产的农业物资，当这种交换不能以和平贸易的方式进行时，就必然会演变成暴力劫掠。游牧的基本要素是马的驯化和骑乘，在冷兵器时期，拥有优良战马和无与伦比骑乘技术的游牧民族，在与定居文明和军事较量中，总是占有一定的优势。马与马具提供了骑兵作战的物质条件和技术条件；游牧经济的生活目的和生产目的的共同性、游牧经济居住形式的流动性适合于军事行动的不确定性和机动性，这种机动性还使得游牧民族的军队能够建立强大的情报系统，侦察部队可以侦察到 150km 以外的敌情，从而使部队的集结有充裕的时间，兼之迅速的集结能力。逐水草游牧的生活方式，带有军队行军、宿营的特点。对于作战部队而言，如何保持生活与战斗的尽可能的有效连接是十分重要的。游牧社会中生活条件有机地与战斗条件结合在一起，而农业社会中则是分离的，游牧民族就在战争条件下获得更大的优势（任洪生，2005）。在这种解释中，游牧民族侵扰定居文明的目的并不是军事占领，而是劫掠物资并建立不平等的贸易关系。据此，美国人类学家 Thimas Barfild 还创建了一个解释中国历史上北方民族与中原王朝复杂关系的公式。根据此公式，每当中国境内出现统一和强盛的游牧帝国时，北方草原上也会随即诞生一个强大的游牧帝国，因为游牧民族需要统一在同一个强大政权体系内，才能有效地与南方同样强大而统一的中原王朝分庭抗礼，从而保证获得游牧经济所必需的农业物资。这个公式虽不能解释历史上一切农牧关系，但其影响却非常大。

不过从游牧经济的非自足性上升到游牧帝国的经济功能，中间还缺少一个重要的逻辑环节，那就是必须证明在草原上除了游牧业外，并不存在其他的经济形式。而考古证明，尽管“逐水草而居”的游牧经济在草原上占据主导地位，但同时存在农业与手工业。而农业和手工业往往是以定居为基础的，留存至今的许多城市和聚落遗址证实了一定程度定居的存在。在这些考古证据的支持下，美国历史学家 Nickla Di Cosom 明确反对 Thimas Barfild 的论点，指出在游牧帝国内多种经济形式都得到了充分的发展。那种草原帝国的建立源于其经济上不自足的观点，是不符合历史事实的。

游牧经济的非自足性，究竟是自然游牧单位的基本特性？还是游牧单位被组织进行大型政治框架之后才具有的特征？游牧帝国对农业定居文明所进行的周期性攻击，究竟是出于经济需求还是内部政治压力的某种释放？游牧国家在建立的过程，经济因素与政治因素究竟何者才是最主要的动力？

绿洲是因沙漠（有时是草原）的分隔而各自孤立的区域。在绿洲内部，一定要取水便利。绿洲农业与草原游牧业的交替出现，耕作在间隙中得以恢复，但又被游牧人周期性地摧毁。

初期的理论认为，气候变迁是导致农牧交替的原因，但气候变化与社会变化同时发生，并促进社会变化进行。但根本性的变化原因还在于人类社会自身的能力。当社会由于自身或受到其他社会的影响而发生变化时，它会选择对边缘环境的不同的利用方式，边缘环境往往允许多种活动的开展。绿洲，特别是草原绿洲，对动物的驯养是很有利的，有人认为，被捕获的动物最初是用作“猎饵”，而真正的驯养是第二阶段的事。但什么样的社会在什么样的环境下最能实施驯养？答案是一个绿洲社会。在没有掌握驯养家畜之前，人们在辽阔草原上自由迅速地迁移是困难的；相反，草原游牧社会只有在牲畜驯化之后才能出现。

牲畜驯化的机会较多地出现在那些草原边缘从事农业，却依然从事狩猎活动的社会中，定居者比游荡的猎人更容易驯化被猎获的动物，动物多在草原或草原边缘的绿洲旁边活动，特别是那些尚未被农业充分开发的绿洲。

在工业社会之前，灌溉农业可以造成最高的经济和人口聚集，畜牧业是一种散漫的经济制度，其社会也不能集中。在游牧部落中，历史过程与农耕区的集中过程相反。人口移动是最主要的现象，人口必须随着牲畜走，而牲畜必须随着季节的变换“逐水草”，部落酋长要指挥这种移动，并要防止外来力量阻碍这种移动。

这并不是说，游牧的范围没有限制，草原有各种移动循环，一半是由于地理环境，一半是由于社会环境。迁移的次数和每次迁移的距离，与气候、水草条件之间有着错综复杂的关系。

由于农牧两种生产方式的截然不同，往往形成了对生存空间的竞争，而竞争的结果就是相互占用生存空间，这主要视两种文化所依存的政治、军事实力而定。如果游牧民族军事力量超过汉族，河西文化就以游牧文化为主，其在地域上表现为由农变牧；反之，如果中原王朝控制河西走廊，农业文化就成为这一地域文化的主导因子，大批草场被开垦为农业用地（张力仁，2006b）。灌溉的、精耕的农业技术是中国文化发展的核心。中国黄河中游的原始文化在向东及向南发展中，由其所获得的成果更趋进步，但在向草原发展时，却没有什么好结果。汉民族与草原民族不能很好地结合在一起，是由于草原社会发展的不同。草原社会的统治不是像中原王朝那样以土地所有权为基准的，没有一个单独的牧场是有价值的，除非使用它的人可以随时转移到另外的牧场上。因为没有一个牧场经得起长时期的放牧。“迁移权”比“居住权”更重要。而“所有权”实际上就是循环移动的权利（Lattimore，1935）。在较后的历史时期，草原民族虽然被限定在固定的界线内，但这种土地所有权是整个部落的，而不是仅仅属于该部落的酋长的，个人没有土地。在习惯上部落的土地是由王公管理的，他有权把牧场分配给各牧户。部落酋长因为他们的权力建立在一个移动社会机制上，不允许个人以定居的方式脱离他们的严密管辖。就部落而言，则是控制大规模的移动循环并留给其他部落以次等移动循环。因此，草原游牧社会的各个阶段可以从几个大小领袖的兴衰来观察。这些领袖是其部下移动权的保护者，他们又向其部下征取平时及战时的劳役和各种赋税（许格勒纳尔，1939）。

游牧经济的方式也受到移动权的影响。相比较而言，贫瘠草原比肥沃草原的移动性更强（王明珂，2008）。

中原王朝与草原游牧民族之间的经济差异并没有形成政治上的隔绝。草原的统一性比农耕区的差。它不但包含绿洲区域，它的边缘地带可以让森林民族及草原民族互相渗透，它同时拥有农业经济和畜牧经济，但其自发的内部贸易较农耕区为少。但却有对外贸易的社会必要性，在这种情况下，部落酋长利用他们部下的机动性，趁中原王朝衰落时入侵，或在中原王朝强盛时进行贸易，招徕汉民族，在自己领地范围内从事农耕业。

但在草原民族与汉族接触的边缘地带，这种传统的、固有的生活、劳作方式被打乱了，旧有的制衡机制遇到的挑战，无论是草原势力，还是少数民族势力，一旦侵入对方的领地，必然会形成原有职权占领新增职权的对抗与冲突。游牧生产、生活方式与农耕生产、生活方式的不调合，会在崩溃时出现大的混乱。当然混乱可以趋于平静，要么农民和牧民退回到各自的地理环境，要么以一种制度彻底取代另外一种制度，并积蓄新的力量，进入下一个冲突对抗循环。

在草原游经济中，移动性与固定性都是内生的。经济资源是固定的，与取得和使用各种资源的特殊方式而生成的移动性，以不同的比例组合在一起。在每一种可能的组合中，要么偏重于财富，要么偏重于移动性，任何地区都没有理想的和谐的组合。移动性的极端是马上战士，财富的极端是在水土丰饶的河谷、平原上进行精耕细作，但这样的耕用区在大草原上是孤立的、零星分散的，并被游牧的王公所占有，当马上战士积累的战利品太多时，他们就丧失了移动性，即如果绿洲太富足了或者它的保护者在草原战争中的机动性不够时，绿洲就会被外族入侵。

游牧民族的统治者永远不停在在追求财富与移动性的协调。当游牧民族南下，占领中原腹地时，移动性对财富的统治最强；但这种局面往往因财富的积累而妨害了移动性，征服者还要依赖官僚阶层来征收赋税和施政；当游牧民族统治占领了中原地区后，他们就脱离了本身权力的根源，丧失了移动性，转而依赖农业，因此，当开发定居文明社会和利润减退时，他们也和其他朝代一样，被叛乱或新的游牧民族的侵入而摧毁。

当中原王朝强盛而使得游牧民族称臣纳贡时，财富对移动性的统治最强，但是这种统治也会因为移动而妨害财富，被委任统治的封疆大吏，逐渐脱离汉族财富的根源，而取得草权的根源，附属的草原部落则要求对其忠诚还以较高的代价，同时利用其移动性逃避惩罚，于时以移动性开发财富的现象又从此开始。

有些汉族边疆移民从粗耕转变为农耕与畜牧并重的混合经济，有的干脆放弃农耕转而专营畜牧，同样有的游牧民族也放弃原有的生活、生产方式，转而倾向于游牧经济还是农耕经济，则由边疆复杂的关系而定，即根据历史循环中的移动性和重要性的增降而定。

中国政治关系的稳定性，大体上受中原王朝的统治能力强弱的影响，国家收入的减少与中央权力的减弱成正比。当地方官员和贵族将其私利放在公职责任之先时，国家权力被削弱，国家收入则迅速减少，为使国家收入减少得不致太快，就得向没有政治势力的小地主和农民另征收赋税，这又增加了土地抵押和转卖，进一步造成国家收入的减少。因此，中央政权的衰微必然伴随着农民起义和边疆动荡（王毓铨，2000）。而士大夫官僚仍然继续发展其私利特权，越来越超过国家律令和管束。中央政府与国家律令的衰微与私有财富的增长，使财富的风险与其增加成正比，内部矛盾激化引起的起义、边疆动荡导致“外族”侵入的环境形成。于是地处边疆的地区首当其冲，成为新秩序和新制度建立的“源发区”。

在外族压力增加，同时又不能从中原取得援助时，边疆汉族社会的地方势力就会脱离中原王朝，社会形成新的地方政权。成为内外冲突中短暂存活的一环，它们大多保留有汉族中原王朝的制度和社会遗蕴，又根据特定的地理环境加以改良（如河西地区在五代十国时建立的少数民族政权）。直到内外力量均衡彻底易位，被强大的统一的力量所取代，从原来的“偏安”转化为“融洽”。

第五节 战争与地缘政治格局变化

城市发生的原因可能有许多，但其中重要的可能是军事和政治方面的因素。大致从公元前4000年的新石器时代晚期开始，一些地区的乡村农业聚落开始集聚成若干个村落群，而每一处村落群中一般有一处规模较大的村落占据核心地位，这种核心村落后来逐渐演变为城镇。在公元前3000～公元前2000年的铜石并用时代，少数大型的城镇开始走向城市进化，它周围的大型村落也跟随膨胀成为城镇。进入夏代时期，由于王权政治因素的催化，真正的城市产生了。很明显，城市是聚落等级的分化的结果。这种分层等级聚落体系形成的背景动因是什么？是农业发展的需要，还是军事防御的需要？从考古发现上看，其中一个重要的方面可能主要是战争和掠夺促使了乡村聚落的集聚，核心村落和后来的城镇担负着保护周围村落的义务。战争的频繁和升级促使这种义务逐渐变成一种常设政治权力，也催化着城镇的扩大向城市发展。

将中国古代城市发生的一个最初动因归结为战争，不仅是根据古代文献记载的简单推论，越来越多战争遗迹或遗物的考古发现证实着中国古代居民生活环境的严酷性。几乎所有城市都围有防御战争的又高又厚的城墙，城墙可能被视作城市建筑的第一要素。所谓“筑城以卫君，造郭以守民”，中国历史上出现的几次筑城高潮，都与当时统治者为巩固政权、保护自己的生命财产安全，加强对民众的统治，以及进行战争关系密切。不仅如此，周文明后期的一些大型封国，如秦国、赵国和燕国等，还把城墙的功能令人惊奇地延伸和扩大化——在国境线上修筑围墙，把一个国家像一座城市围起来，于是中国古代最伟大的建筑——长城，就如此诞生了。到了始皇帝的秦帝国时期，长城的修筑达到了极致。

目前的考古发现表明，中国古代最早的城市首先是作为王室都城出现的，夏、商文明的城市严格来讲都是都城，城市化水平还很低。真正的城市化时代是在周文明时期，这时候城市已经普及，城市功能也日趋完善。产生如此结果的原因之一应归功于周王朝的政治制度，分封制将王室的都城模式应用于四方各地，产生了众多地方首府式的政治性城市和城镇。但随着铁器、金属货币和商业贸易的发展，这些单纯政治性的城市开始走向多样化属性，到周文明的后期东周阶段，中国各地的城市大多已变成严格意义上的城市了。

城市是文明社会所特有的聚落形式，它从一出现就是作为刚刚诞生的初期国家的权力中心而存在的。中国古代城市的主流就是各时期社会组织，即国家的物化形式，也即政治城市，且在单纯的工商业城市出现前，它是唯一的形式。城市的政治、军事职能一直占主导地位，经济职能则不断强化，这是贯穿先秦城市发展过程的一条主线。完全脱离了政治军事中心的、单纯的工商业都市在先秦乃至秦汉时代尚未出现。因此，先秦城市在不同时期的变化，也就主要取决于国家形态的变化。

中国古代城的建设，首重政治、军事功能，这一点在城的设计、布局上有特别明显的考虑。城的防御作用，尤其对来自北方的游牧民族的入侵，最为有效。即使无敌来犯，也可给驻军和居民带来心理上的安全感（吴必虎和刘筱娟，1998）。不管是进攻还是防御，城池总是最佳的攻防据点。城市攻防战，是我国古代战争的重要形式之一。自从有了战争以后，也就有了进攻和防御的问题。进攻和防御虽然是两种基本的作战形式，但是它们都是从战争母体中分娩出来的、不可分割的“双胞胎”。在仍以冷兵器为主的时期，北方游牧民族恃其铁骑之强，深入长城之内。中原王朝为阻止其南下，不得不利用地形自然条件，移城就山，因山设防。由点至面，据点控面，纵深防御，全面配系，其中对城防的建设尤为重视。虽然都邑城池被北方骑兵视为难以攻克的堡垒，但城市，特别是较大的重要城市，攻方为了实现战争的目的，或为了扫除军事进攻中的障碍，不得不把城市当做攻击的重要目标。由于攻城兵器的发展，攻城战术的变化，城池形制和规模也逐渐变化，城墙由低薄到高厚，由单城至重城，由小变大等。城池也由原先的夯土城，改为以砖内外包砌、内夯实土的砖城，护城沟壕由窄变宽，出入的城门和城墙上的观察和战斗设施也更加完备。各国纷纷在边境构筑城墙，设立亭、障，甚至“以邻为空”。这些城堡是县、郡的起源，随着征服地的稳定，也就成了一个地区的中心，于是不少城市不但固若金汤，而且规模宏大，人口繁多，致使攻城之战旷日持久。

有学者统计，自原始社会末期到辛亥革命之间，所爆发的具有一定规模的战争和武力冲突达 6000 余次，而自阶级社会形成后至鸦片战争所爆发的具有一定规模的战争和武力冲突就近 5000 次。其中由夏代至战国，见于史料记载的，先后共有 800 余次；秦汉至隋唐五代时期，各类战争和武力冲突多达 2000

余次；宋元明和清代前期（1840年以前），战争依然十分频繁而激烈，有2000多次各类战争和武力冲突。也有学者认为，在整个中古时期，中国先后共发生有史可考的具有一定规模的战争不下4000余次（图4-9，表4-6）（军事科学院，1990；军事科学院历史研究部，1990；毛佩琦和王莉，1994；张文强，1995；颜吾芟，1994；刘庆和毛元佑，1994；吴秀永等，1995；杨东梁和张浩，1995）。

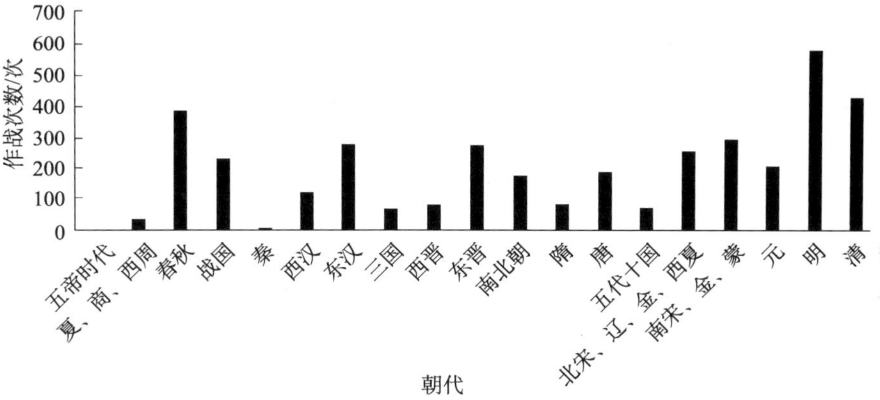

图4-9　中国历代战争次数（分朝代）

资料来源：《中国军事史·历代战争年表》

表4-6　中国历代战争分布表（分地区）

省名	各历史时期战争次数						战争总数
	先秦	秦汉	魏晋南北朝	隋唐五代	宋辽金	元明	
京师	89	73	116	228	60	146	712
南直	50	65	343	149	98	136	841
山西	95	35	109	131	33	75	478
河南	203	138	271	150	43	15	820
陕西	46	201	432	365	158	79	1281
四川	6	38	82	107	52	96	381
云南	0	11	8	31	2	78	130
贵州	0	0	0	1	1	45	47
合计	661	682	1677	1411	620	1141	6192

注：京师：河北、北京、天津；南直：江苏、安徽；陕西：陕西、甘肃、宁夏；山东：山东、辽宁（略）

资料来源：《明两京十三司战例分布表》

综上，可以得到以下结论。

（1）中国古代战争在地理分布上总体呈北多南少的格局，但随着时间的推移，北方战争逐步减少，南方战例日益增多，至宋代南北双方战例总数大致持平，而元明时期南方战争总数已大大超过北方（施和金，2000）。

（2）中国古代战争的密集区主要分布在黄河中下游地区，但不同时期，由于各地区政治和经济的发展不同，战争密集区的位置也会有所变化，也有一个逐步南移的趋势。

（3）中国古代战争由北多南少逐步变化为南多北少，其原因虽很复杂，但根本原因是经济重心的逐步南移。先秦时期北方、南方的战争总数之比为 87∶13，至秦汉变为 76∶24，魏晋南北朝又变为 61∶39，南方的比例一直在增加；隋唐五代政治、经济重心又回到北方，北南之比虽然变为 68∶32，但南方比例仍超过秦汉时期。安史之乱后，经济重心又开始南移，经五代和两宋的持续发展，至南宋完成这一重心南移的全过程，战争总数之比已变为 50∶50。到了元明时期，南方经济发展大大超越北方，虽然政治中心基本上仍在北方，但战争总数之比已变成 29∶71（施和金，2000）。

（4）中国古代不同历史时期的战争总数多寡不同，一般来说，统一时期较少，分裂时期较多。

（5）中国古代有几条主要的进军路线。以今北京为起点，往南经保定、邢台、邯郸入河南境，然后分东南、西南二线；东南线经开封、商丘，经徐州往南，再由淮阴、扬州过江入浙江、福建境；西南线由洛阳、西安、宝鸡、略阳入四川境，再由广元、剑阁、绵阳、成都、西昌入云南境；西南线在宝鸡又分出西北线，经天水、兰州、张掖、酒泉入新疆境。另外，各省境内都还有一些次要的进军路线，如山西境内大致与汾水平行的南北向线，湖北境内大致与汉水平行的东南—西北向线，一般都与地理因素有密切的关系。

在军事技术、交通手段落后的古代，地理环境对作战的影响相当显著。大规模的战争，某个或某几个面积有限的区域由于地理位置的重要，成为交战双方对峙的热点，即所谓“兵家必争之地”；它的得失对战局常常具有决定性作用。这种战略要地，军事地理学中叫做“枢纽地区”，或是“锁钥地点”。春秋时期，“兵学之祖”孙武开始把“天下”看成是一个由不同区域组成的整体，认为其中“诸侯之地三属”的“衢地”区位价值较高，在兼并战争中如果率先夺取、控制了它，就能使自己处于有利的态势。秦汉至明清的军事家、兵学家们非常重视对“衢地”的控制，认为封建政权不论在平时还是战时都应该牢牢掌握住它，这样就可以“扼天下之吭，制群生之命”（宋杰，2009）。古代中华民族活动的东亚大陆上始终存在着若干个历史民族区，从事游牧、狩猎、农牧、农耕生活的各少数民族分别居住在东北、北部、西北、西部和西南地区，对汉族居住的东部地区构成了半包围状态，在政治、经济上也相对独立。另一方面，汉族居住的东部季风区地域辽阔，内部各地区之间在经济生活、政治趋向、风俗文化上也存在着显著区别，结果导致汉族居住区内的南、北方或东、西方政治军事力量的对抗。因此，中国秦汉至明清的大规模战争在地域上可以划分为两类。第一类是边境战争，即中原王朝与周边民族在边境线附近进行的战争，主要发生在北方万里长城的沿线。第二类是内地战争，就是在东部地区内部的腹地，如黄河中下游、长江中下游，以及淮河、汉水流域等地发生的战争。不过，边境战争中的特定枢纽地区存在的时间往往不长，随着不同时期汉族与周边不同民族的矛盾激化而进行转移。而内地的战略枢纽则相对稳定。

其一，边境战争的战线很长，像北方的长城绵延万里，但是中原王朝没有力量处处屯以重兵，只能把军队相对集中到一些要塞，其他地区的守备兵力就比较薄弱，仅能防备小股胡骑的袭扰，很难阻止大批骑兵突入边境。其二，中国古代各少数民族政权能持续强盛的时间都不长，故有“胡无百年之运”的说法。受这种特点的影响，在古代社会各个时期，与中原王朝发生尖锐对立的边疆民族并不相同，爆发民族冲突战争的地点会频繁转移，作为边境战争的枢纽地区也就必然存在的时间不长。其三，边境战争的规模和所用兵力通常有限，决战性质的交锋也比较少。即便是较大规模的会战，对于汉族和周边民族来说，也只能算是在第一道防线的对阵，就算一时胜败，作战的回旋余地都还很大。黑河流域由于地处边地，其战争既有边境战争的特点，也具有民族战争的特点。所以战争的格局与中原地区并不一致，其战争发生的时序与中原地区存在着一定的相位差：一般而言，在中原王朝立国统一的进程中，作为边地，其战争往往相对滞后，因此在中原战乱频发时，河西则能“独安”；而当中原地区处于分裂之时，边地战争往往率先拉开帷幕，表现出战争的相对超前性。甚至在中原地区大分裂之际，河西地区往往形成偏居一隅的割据政权。

地缘，一般是指人类在一定的共同地域内居住、生活、生产等社会活动而形成的地理空间关系。当人类处于氏族社会或部族社会时，它是以纯粹的血缘、神缘和俗缘而形成的社会关系。而当人类步入民族社会的发展阶段时，地缘的作用就得以提升，民族在一定的共同地域形成并世代相传。国家的出现和发展，更是以地缘关系为基础的。地缘关系，一般是指以地理位置、自然结构、领土范围、人口数量、民族性格和政府特征等地缘要素为基础而产生的国家之间的各种关系，如地缘政治关系、地缘经济关系、地缘文化关系、地缘军事关系，等等。

1890 年，马汉（Mahan）在《海权对历史的影响》一书中提出“海权”（seapower）这一具有地缘（geostrategy）涵义的概念，用以解释世界历史的发展模式（Mahan，1890）；1900 年，马汉在《亚洲问题及其对国际政策的影响》一书中又指出，横贯欧亚大陆的“条形地带”是一条“陆海权对抗地带”，并决定着欧亚大陆的地缘战略格局。1904 年，麦金德（Mackinder）在《历史的地理枢纽》一书中提出“心脏地带”这一概念，并用掌握心脏地带的“陆权”（landpower）观点来解释欧亚大陆的历史结构（Mackinder，1904）。1942 年，斯派克曼（Spykman）在《世界政治中的美国战略》一书中提出“边缘地带”这一概念，认为介于欧亚大陆心脏地带与边缘海的“缓冲区”，对控制世界地缘战略格局具有决定性作用（Spykman，1942）。

英国政治地理学家华尔福德·麦金德（Halford J.Mackinder）对影响世界的欧亚大陆的地理条件作了分析。在该陆块的中心，虽然点缀着一块块沙漠，整个来说则是个草原地带，是个内陆水系，其北面是广阔的森林与沼泽，气候寒冷不宜农业。总体来说，这里地势低平，没有山岭阻隔。这里就是麦金德所称的枢纽区域。在枢纽区域的北面是冰封的北冰洋，其他三面则被一系列山岭、高原、盆地所组成的或宽或窄的地带所包围。在围绕枢纽的环形地区，即内新月形地区，其面向东面和南面的季风地带，一个是面向太平洋的佛教领域，一个是面向印度洋的婆罗门教领域。西面是受西风带影响的欧洲，是基督教领域。其西南的缺水干旱的中东地区，是绿洲、沙漠、草原相间，为欧亚水陆交通的关键地区，是伊斯兰教领域。在内新月形地区以外，麦金德称为外新月形地区，它包括欧亚大陆边缘的英国、日本及其他诸岛，撒哈拉沙漠以南的非洲，以及大洋洲和南、北美洲（图 4-10）。

在历史上，从枢纽地区出发的草原游牧民族曾多次严重威胁其边缘的内新月形地区，最明显的例子就是 13 世纪兴起的蒙古人。他们西进直达东欧，并在俄南草原建立金帐汗国；向西南，经伊朗、伊拉克直到叙利亚，建立伊勒汗国；向南入主中国中原，建立元朝。当时，欧亚大陆大片地区，俄国、波斯、印度和中国不是在蒙古王朝统治下，就是其属国。在欧洲，东欧与枢纽地区相

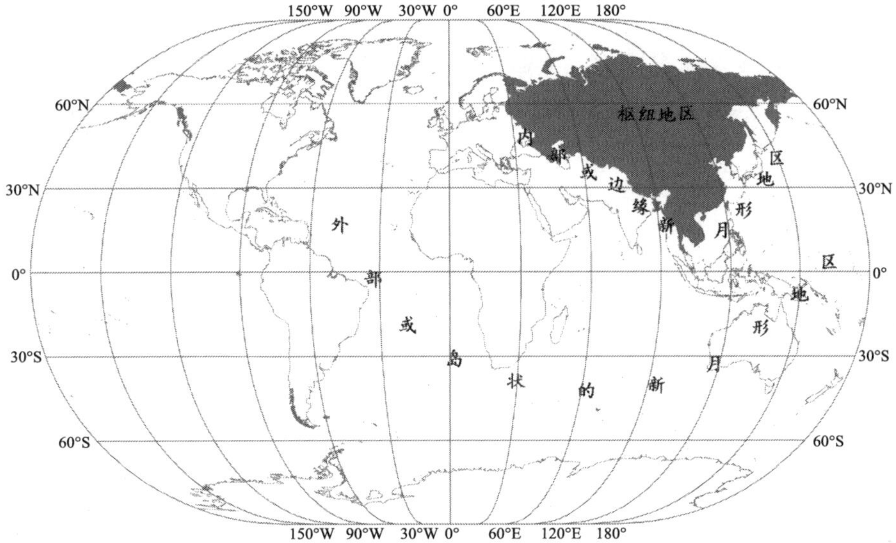

图 4-10 历史地理枢纽（Mackinder，1904）

毗邻的是平坦的地区，有两条道路可以由东进入欧洲中部。这就是喀尔巴阡山北面的波兰平原与喀尔巴阡山南面的多瑙河谷地。通过这两条道路进入欧洲的游牧民族有匈奴人、阿瓦尔人、保加利亚人、马扎尔人、蒙古人、卡尔梅克人，这些人从中亚经乌拉尔与里海之间隘口而来。另外，欧洲还受到从中亚来的突厥人的威胁，他们经小亚细亚进入东南欧也对欧洲造成威胁。产生草原民族向外出征的原因在于，他们利用了马与骆驼所带来的机动性的优势。

在世界经济中，各个地区在该系统中的地位和作用各不相同。按经济上的地位与作用的差异，可以分出核心与边缘。核心是指经济发达、工资高、技术先进，是多样化的生产组合，在经济上剥削其他地区的地区。边缘是指经济落后、技术简陋、生产单一化，在经济上受先进地区剥削的地区。在区分核心与边缘时，需要注意的是核心过程还是边缘过程，这对该地区向哪一种地区发展十分重要。

莫德尔斯基（C.Modelski）于 1978 年在其《全球政治长周期及民族国家》中提出了关于大国变化的长周期，后来在其《世界政治长周期》中作了些修改。他确认，从 16 世纪至今，有四个世界首席大国。16 世纪是葡萄牙世纪，17 世纪是荷兰世纪，18 ～ 19 世纪是英国世纪，19 世纪是美国世纪。这些大国在其世纪中的过半时间内起维持全球政治系统的秩序的作用。他发现国际政治并不是无政府状，而是呈明显对称性。

每一个大国在其周期内的兴衰由几个步骤组成。周期是从一个由于严重竞争的世界战争导致全球组织结构衰落时开始。这种战争有较大的地理范围，也有全球性损益，胜利者就能安排由此而产生的政治系统。该阶段结束是以一项合法的条约的签订来完成的，从而就以一个新的世界大国为中心而建立其正式的新的世界秩序。因为没有一个大国能长期维持其对世界的控制，所以衰落阶段就必然会出现。起始时，世界秩序是两极结构，而后是多极的，多极竞争就给系统组织再次带来衰落，也就为新的世界大国的出现创造了条件（王恩涌等，1998）。

按照传统的地缘政治理论，一个后起大国所遇到的抵抗首先来自它的邻国，这些邻国或者结成同盟，或者依靠本地区以外的霸权国家，对后起大国展开遏制和威慑；后起大国为了达到改变现状的战略目标，也往往不惜代价地强占战略要地，或拉拢部分周边国家形成自己的势力范围，同现存霸权国家构成对抗态势。因此，地缘政治理论认为，新的大国崛起必然导致大国之间或集团之间的严重冲突。传统的地缘政治理论又派生出地缘经济理论。后起大国的经济扩展作为其政治军事扩张的一部分，维持现状的大国为了防止在政治和安全上发生"多米诺骨牌效应"，试图在后起大国的周边市场建立一条防护地带，把它的经济势力限制在其本土之内，以市场和资源的有限性来制约后起大国的上升势头，甚至迫使后起大国在战略上就范。另一种地缘经济理论则提出"自然经济疆域"，在后起大国的周围接壤地区通过跨境市场的连接和融合，造成这个大国的经济离心倾向，最后导致其政治上的解体。不论是上述哪种观点，本质上都是利用地缘因素限制、瓦解、摧毁后起大国，保持现存霸权主导下的国际秩序。

古代中国，是一个重陆轻海的大陆性国家。数千年来，中华文明以黄河流域的中原腹地为核心区，逐步向四方边缘地区辐射，也由四方边缘地区不断向核心区凝聚，从而形成了中华一统的民族整体、政治整体和文化整体。由于中国独特的地缘条件、地缘因素和地缘结构，并经历了长期的历史演变过程，终于形成了以"天下中心观""中华一体观"与"和平共处观"为核心思想的地缘观和价值观体系（王生荣，2001）。

黄河中下游及中原地区，是举世公认的中国文明核心区域。中国文明的形成和发展，并不只限于由核心区域向四方辐射的运动，而更重要的是由四方文明向核心区凝聚的运动。中国文明的这种以向心凝聚为主流，外向辐射运动与内向凝聚运动相统一的互动过程，中国在多民族国家形成和发展过程中，极为纷繁复杂的区域和疆界问题基本上可以划分为两类：一类是中央王朝与少数民族政权的区域问题，属于“内界”，不具有现代国家边疆的地缘特征；另一类是中国与周边国家的疆界问题，属于“外边疆”，具有类似现代国家边疆的地缘特征。依此而论，中国古代的区域和疆界问题，多数属于内界，但在西域则多属于外边疆。

综上，可以对边疆的地缘特征得出如下认识：第一，边疆是国家统治区域和主权范围的重要标志，具有绝对的排他性。虽然在不同的朝代，边疆的范围和界限有所区别，但国家之间不存在交叉重叠的地理区域。第二，边疆与国家领土之间具有完整的同一性。无论是封建中央王朝国家，还是现代主权国家，在一定的历史时期，其疆域是固定不变的。边界疆域的变化意味着国家领土的更改。第三，边疆是国家地缘结构的外壳或外缘。国家之间的疆域以历史形成的人文地理划界为基础，它是一种“法律性”的“硬边界”（许倬云，2006）。

中国地缘战略，主要表现为对权力制衡，而不是地缘权力扩张。夏、商、周期间，战争谋略思想中已涉及诸如进行战争要在地缘关系上争取友邦、剪敌羽翼、分化打击敌人等地缘战略的问题。

春秋战国时期从地缘政治关系出发，以政治外交为主要手段，灵活运用和实施多边关系中的地缘战略策略。政客游说于诸侯之间，利用各诸侯国间既相互矛盾又相互利用的复杂关系，依据各诸侯国国力大小及所处特殊地理位置，巧妙运用地缘结盟与拆盟手段，转换列国战略力量与态势的对比。

汉朝在秦朝的疆域上有较大的扩展，其进程和地区如下：逐匈奴，固北边；通西域，逾葱岭；平西羌，隔羌胡等。汉武帝在全国划分十三州刺史部，巡察郡县。由此产生了包括边疆民族地区均统称为“中国”的观念。三国时期，魏蜀吴三国鼎足而立，互为犄角，彼此既联合又斗争，地缘政治关系再度成为决定成败兴亡的关键。明末清初，中国开始面临来自陆、海两个方向的军事威胁，海防思想逐渐形成；但这时的海防思想只是传统陆地防御战略向海岸线、近岸水域和近海的延伸。

古代中国，基本上形成了以汉民族聚居区（也是农耕区）为主的核心区和以各少数民族聚居区（也是游牧区）为主的“边缘区”。一般而言，中原王朝在边疆地区设郡立县或属国，进行政治上的统治；或建立塞、障、亭、燧组成的以瞭望、预警和防御为一体的边防体系及屯田给养保障体系，进行军事活动；或采取和亲、武力进攻、纳降、内徙、分化瓦解等政策臣服边疆民族。边境的民族，由奴隶制的疆域构成向封建制的疆域构成转变有两种可能：一是进入中国后建立封建割据政权，二是在中国封建制的强烈影响下变奴隶制为封建制（倪健中，1997）。地方民族政权的出现，使边境的区域构成发生了新的变化。

当时中国文明的发展核心地段主要集中在黄河流域，而通过黄河流域往西有一个狭长的走廊地带，绵延千里。这一地区可以通往西域，而在河西走廊以西和以西北的地区，在当时被匈奴、突厥游牧民族所盘踞。这些游牧民族和从事农业及手工业生产的中央王朝最大的区别就是，他们不具备发达的生产力，也不具备从事大规模农业生产的条件，其恶劣的地理环境决定了只能依靠放牧逐水而居，缺乏建立复杂文明形态和社会稳定形态的基本条件。

而当游牧民族发展到一定的人口规模之后，就需要对外扩张。当整个游牧地区都被扩张完毕之后，他们就会觊觎富饶稳定的中央王朝。而中央王朝主要从事农业生产和手工业制造，拥有较高的生产力及较为高级和复杂的社会组织形式。这样的王朝虽然不像游牧民族那般好战嗜杀，但由于文明形态比较高级（拥有较高的谋略水平、武器制造技术等），战斗力也比较可观。

然而和游牧民族相比，中央王朝没有对外扩张的需求，因为荒漠不能从事农业生产取之无用。但游牧民族却总想夺取中央王朝的土地，在“流奶流蜜”的土地上过上更好的生活。所以那一时期的中央王朝总是不断地受到匈奴、突厥游牧民族的侵扰。经过多年的战争，中央王朝逐渐懂得了牢牢扼住了河西走廊的重要性。从地图上可以看出，这条长长的走廊易守难攻，只要很少的兵力就可以扼住咽喉地带，令游牧民族再多的骑兵都无用武之地。

大青山、天山是我国古代游牧民族与农耕民族的分界线，而河西各绿洲是西北区人类生存和发展的适宜空间，河西走廊的特殊地形，就像一座天然的围城，自古就是汉民族与少数民族的必争之地，即战争枢纽。“先秦之时，汉民族群居黄河流域，因地分国，自相争长；而边远之邦又复其余力向他民族还求发展之地，故秦处西方，因霸西戎……盖无处不显其对外扩张之能力也。”（顾颉刚和史念海，2000）

河西地理位置极为重要，其地东连关陇，西通西域，北当匈奴（后为突厥），南接种羌（后为吐谷浑、吐蕃），恰似中原王朝向西伸出的一条手臂。汉代称“凉州天下要冲，国家藩卫”。隋唐时期更视河西为“中国之心腹”。从防守来说，一旦中原王朝占有河西，就等于切断了北方游牧民族与河湟地区羌人或吐谷浑、吐蕃的联系，故有“隔绝羌胡”“断隔突厥、吐蕃”之说。反之，如果游牧民族控制河西，就可以河西为依托，北通大漠，南连河湟，西可控制西域，东向则直逼陇右，威胁关中，攻守进退，灵活自如。河西得天独厚的地理位置及其在军事战略上举足轻重的地位，使之成了中原王朝与北方和西北游牧民族争夺的焦点。因此，历代中原统一王朝甚至一些割据政权的统治者，都极为重视对河西的经营和开发。不仅在河西设立了严密完善的政权组织和管理机构，而且充分利用当地特殊的自然条件，因地制宜，大力发展农牧经济。自西汉以至唐代前期，中原王朝北上或西进，都离不开河西走廊的人力、物力和财力支持。在西北的历次重大军事行动中，河西都是军队集结基地和后勤供应据点。河西独特的地理环境和雄厚的经济实力，使之在政治地理上也自成格局。在中原王朝统一强盛时期，河西往往是中央政府用以控制西北的政治、军事中心。每当中原王朝衰落或内地发生战乱之时，河西则可凭借自身雄厚的经济和军事实力，保境自守，割据一方，使当地免遭中原战争的破坏和冲击。东汉初的窦融、十六国时期的“五凉”政权、唐后期至五代的瓜沙归义军政权、甘州回鹘和西凉六谷部政权等，都是如此。元朝入主中原，也是先取河西，再灭西夏、金。明代为加强对西北的控制，特设陕西行都指挥使司，其驻地由河州、庄浪而迁至甘州。

河西东连关陇，西通西域，北当匈奴（后为突厥），南接种羌（后为吐谷浑、吐蕃），恰似中原王朝向西伸出的一条手臂，汉代就被称为“天下要冲，国家藩卫”。从防守来讲，一旦中原一朝占有河西，就等于切断了北方游牧民族与河湟地区羌人或吐谷浑、吐蕃的联系，故有“隔绝胡羌”“断隔突厥、吐蕃”之说；就进取而言，从河西北出居延，无疑是深入蒙古高原最便捷的路线。至于走廊西边的玉门关、阳关，更是进入西域的咽喉。反之，如果游牧民族控制河西，就可以河西为依托，北通大漠，南连河湟，西可控制西域，东向则直通陇右，威胁关中，攻守进退，灵活自如。此时的中原王朝因为手臂被斫，就只能承受来自北方和西北的打击了。唐后期吐蕃一度攻入长安，多次威胁关陇使北宋长期受制于西夏，均为其例。故有“欲保关陇，先固陇右”“欲保秦陇，必固河西”“河西不固，关中亦未可都”之说。

河西得天独厚的地理位置及其在军事战略上举足轻重的地位，使之成了中原王朝与北方和西北游牧民族争夺的焦点。因此，历代中原王朝甚至一些割据政权的统治者，都极为重视经营河西。不仅设立了严密完善的政权组织和管理机构，而且进行了大规模的经济开发，从而使河西经济迅速发展起来。发达的农牧业经济加上繁荣的丝绸之路贸易，使河西成了西北地区的经济中心。自西汉至唐代前期，中原王朝的北上或西进，都离不开河西走廊的人力、物力和财力支持。在西汉的历次重大军事行动中，河西都是军队休整、集结地和后勤物资转运、供应区。

河西雄厚的经济实力和强大的军事力量，使之在政治地理上也自成格局。在中原王朝统一强盛时期，河西往往是中央政府用以控制西北的政治中心，如汉唐间中央派往西北处理方面事务的凉州刺史、护羌校尉、河西节度使等官员，其治所均在河西。就连西域事务也常由凉州刺史等参与或主持。每当中原发生战乱或王朝衰落之时，河西则可凭借自身的经济和军事实力，保境自守，割据一方，使河西免遭中原战乱。

河西的发展受中原王朝国力强盛的制约。河西走廊正式归入中原王朝版图始于汉武帝时期。自此以后，河西的兴衰与中原王朝紧密地联系在一起。每当中原王朝政治稳定、国力强盛时，就可能集中大量的人、财、物力用于河西的经营开发，从而使河西社会保持相对的稳定，社会经济也呈现出高速发展的强劲势头；而当中原王朝立国之初统治不稳，或王朝末年政治动乱、国势衰微之时，往往由于经济残破，国库空虚而无力经营，或因边备废弛、社会动荡而影响河西社会的稳定和经济的发展。西汉中后期和唐代前期河西经济文化的迅速发展和新汉之际、东汉中后期及唐安史之乱以后的河西经济的急剧衰退，即是证明。

河西得天独厚的地理位置和宜农宜牧的自然条件，使之成了中原王朝与西北游牧民族政权激烈争夺的地区。从汉武帝以后，河西作为中原王朝统治疆域的一部分，肩负有“隔绝胡羌”“断匈奴右臂”的重任，不论是汉朝通西域、伐大宛、击匈奴，还是唐代征突厥、置四镇，与吐蕃相争，无不由河西出发。因而，河西既是汉军集结的前沿基地，又是后勤物资供应据点；既是中原王朝重点经营之地，又是饱受战争破坏之区；不仅受到发生在河西本地战争的直接破坏，也受到整个西北战事的间接影响。东汉初年匈奴入寇，唐高宗进突厥吐蕃侵扰，使“河西郡县城门昼闭”，连绵不断的羌族起义使“男子疲于战阵，妻女劳于转运”，大规模地对西北用兵，百姓不堪重负。

中原王朝政治混乱深刻影响河西区域性吏治好坏。马克思指出“我们在亚洲各国经常可以看到，农业在某一个政府统治下衰落下去，而在另一个政府统治下复兴起来，收成的好坏在那里决定政府的好坏，正像在欧洲取决于天气的好坏一样。”（马克思，1972）河西作为中原王朝统治范围的一部分，其社会治乱和经济盛衰与中央的地方吏治的好坏，即“政府好坏”有着密切的关系。每当中央政府政治清明、社会稳定时，往往非常重视地方官吏的选拔和任用，到河西任职者大多能履行其保境安民、发展经济的职责，因而不乏“吏称其职、民安其业、远近肃服、户口滋殖”（顾祖禹，1955）的繁荣景象；但是当中原王朝政治黑暗、吏治败坏和社会动荡之时，河西的水利工程也疏于管理而湮塞废毁，农牧业生产因此出现萎缩衰退之势。

张掖地处河西走廊腹地，自古为西戎故地，居住在本区的羌、戎、乌孙、月氏等族，随着生产工具和生产水平的提高，形成了以部落酋长、首领为主体的贵族阶层和游牧民为主体的奴隶阶层，社会经济形态共存于部落经济组织和家庭经济两大部分，过着“随畜迁徙”，以牧业为主的生活。各部落之间常因抢占牧地、水源发生争斗，出现了以土地公有制为基础的社会向以私有制为基础的社会过度，即“原生形态向次生形态”过度。

在夏代，本区以部落为主体的社会组织形式，是由血亲集团的聚集形式演变为从事游牧业兼种植业生产的个体家庭组织的村落形式，由血缘关系为纽带的部落结合转化为以地域关系为联结的社会结合，摆脱了单凭血缘关系而种族独居的血统关系束缚，形成了羌、戎、乌孙、月氏等多民族以大分散、小聚居为特点的分割共存的局面。

春秋战国时期，羌戎族势力扩展到陇东、陇中、陇西渭北高原一带，对东周奴隶制王朝形成强大的政治威胁，危及其王室政权的稳定，作为羌戎族大本营的河西走廊，以牧马为主的畜牧业和种植业不断地扩大规模，并在其驻牧地建立城镇。河西地区已知现有的原始城市是月氏人所建的昭武城和三角城（邵如林，2000）。昭武城位于张掖市临泽县北约 15km 处的黑河岸边，曾是月氏人在河西地区的活动中心，相当于王城或都城，据载公元前 221 年，匈奴冒顿单于就是从昭武逃回匈奴部落的。汉时，在此置昭武县，属张掖郡（杨建新，2003）。匈奴约于公元前 176 年占据河西走廊，直到公元前 121 年被霍去病逐出，居河西地区约 56 年。目前在河西地区已知的匈奴城池有 4 座，自东向西依次为休屠王城、盖臧城、祁连城和觻得城。

秦灭六国后，以黄河、长江流域中下游地区为中心，为防止匈奴继续南下，令蒙恬在秦、赵、燕长城的基础上修筑西起临洮、东到辽东的万里长城，巩固了北部疆域。尽管秦也建立了郡县制度，但位居边界之地的河西并没有进行大规模的筑城运动。

秦汉之际，匈奴就成为北方最大的威胁。汉初，自高帝至文景之时，西汉政府致力于国内社会经济的恢复和发展，对强敌匈奴，主要以防御为主，并实行“和亲”政策，以换取边境的安宁。但匈奴仍旧时常侵扰，烧杀抢掠，危害边境及中原。

秦末汉初，匈奴东灭东周，西灭月氏，南破楼兰、白羊，北服浑邪，拥有“控弦之士二十余万”，建立起东起东北，西达新疆的强大奴隶制国家，时常侵扰汉朝边境，特别是占有河西以后，实力大为增强，利用当时楚汉相争、中原内乱的时机，南越长城，侵入现今的冀北、山西、陕西及河套一带，直接威胁着汉王朝的腹心地区——关陇地区①，而要求得关中之安，必须依赖于河陇之保，河西之固。所谓“欲保秦陇，必固河西，欲固河西，必斥西域”②。西汉建国初期，河西仍为月氏地，延续32年。接着匈奴族又赶走了月氏族，占领了河西走廊，公元前174～公元前121年，又延续了53年。匈奴族占据河西走廊后，张掖地区分给浑邪王管辖，富饶的河西走廊为匈奴所有，更增加了对西汉王朝的威胁，并以河西为基地，联合西南羌人从西边不断进攻汉王朝关陇一带，直到元狩二年（公元前121年），汉武帝才收复河西地区，将其纳入西汉政权的管辖范围。

公元前133～公元前119年，汉武帝派兵和匈奴进行了多次战斗，其中决定性的战役有三次：河南之战、河西之战和漠北之战。河南、河西之战后，西汉收复了河西走廊，解除了匈奴对汉朝西部的威胁，打通了与西域交往的通道。漠北之战后，匈奴受到致命的打击，出现了“匈奴远遁，漠北无王庭”的局面。从此，西汉北部边境得到了安定。

浑邪王归汉后，整个河西空虚。《汉书·匈奴传》载：“金城、河西，西并南山至盐泽（今新疆罗布泊），空无匈奴。”汉武帝本想招徕月氏和汉军东西夹击，打败匈奴后，要月氏仍旧住在河西，一方面消除匈奴在河西的影响；另一方面可以隔断匈奴与南面羌族的联系（即史称的“断匈奴右臂”），但月氏人

---

① 秦汉时期的关中，除渭河各地外，还包括以天水为中心的陇西和以成都为中心的巴蜀。

② 《读史方舆纪要·甘肃镇镇序》。

不愿来。在元狩二年（公元前 121 年）浑邪王归汉后，汉武帝又派张骞出使西域，请乌孙再回到河西居住，顶替月氏的角色，以断匈奴右臂，但乌孙人也不愿来。于是开始在河西设郡，从政治上加强对河西的管理，并采取了设防措施——筑长城、建亭障城、置属国。

西汉长城的建造，是随着河西四郡的建置分阶段进行的。规模较大的有四次（邵如林和邸明明，2003；李并成，1994）：第一次在元鼎六年（公元前 111 年）汉武帝决定向河西地区发展，在河西“初置张掖、酒泉郡”，同时由令居筑塞到酒泉；第二次在元封四年（公元前 107 年），为了接应赵破奴、王恢击楼兰、姑师，由酒泉筑塞到玉门关；第三次在太初三年（公元前 102 年），强弩都尉博德由张掖筑塞至居延，这是河西走廊向北沿黑河伸出的塞防；第四次在天汉中（公元前 100 ～公元前 97 年），李广伐大宛成功后，为适应与西域各国交往的新形势，由敦煌西筑亭燧至盐泽（罗布泊）。汉代长城的修建不仅是为了彻底解决匈奴对汉朝的侵扰，即为了防御，更是为了更好地扩张（马建华和张力华，2004）。每次长城的大规模修筑总是配合着汉王朝对匈奴的重大战役，每当将匈奴逐出某一地区时，长城就紧随而至。当某段边塞修筑完成后，又常常进行新的战役。不断地开拓进取，步步紧逼，使每一座新建成的边塞成为汉王朝又一轮军事行动的支撑点，成为远离后方的汉军在作战时逐次推进的出发基地。而且汉长城将西北的绿洲圈在了长城之内，巩固了边境防线，维护了丝绸之路的畅通。

在汉长城一定距离上，建有防御设施。《史记·大宛列传》云：“于是酒泉列亭障至玉门”。亭障是防御设施的简单代称，包括亭①、障②、城③及其他附属物，如坞④、壁等。以长城为主干道的烽燧、候障、城尉等防御设施，布置很严密，一旦有情况，信息能很快传递到有关首脑机构。

居延位于河西走廊的北面，是匈奴南下河西的唯一通道，人称“居延道”，战略地位十分重要，属于国防前线。公元前 121 年匈奴南下河西便走此道，霍

---

① 亭是台和台上方屋的合称，即烽火台。汉代具亭一级水准的烽火台，上有两个建筑物，一是方屋（唐代变圆形），四面墙上有孔，可观察敌情与烽火，也可射击；另一是台旁延伸出去的“橹”，即“望敌之楼”，也称候楼。

② 障，小城，指 100m × 100m（10 000m²）以内的正方形的围墙（陈梦家，《汉简缀述·汉简考述》）。障为侯官的驻地，故称障侯。

③ 城是边境候望系统中最大的防御单位，是 130m × 130m 以上的方形土围子。城里住着都尉，也叫城尉，是城的最高领导者，障是它的下属机构。

④ 在台的南面下方有坞，分内坞和外坞，内坞是守边士卒的居处，外坞有土阶通上亭台。

去病第二次出河西走的也是此道。居延设防后，匈奴再也不能像以前那样长驱直入南下河西了（杨芳，2006）。以居延都尉府所在的居延城为中心，西有甲渠塞，南有卅井塞，北有殄北塞，均建有城障、烽燧和豪墙。唯有东侧无军防，原因是东部有居延泽，构成了天然军防工程，匈奴骑兵不适应水战。甲渠、卅井、殄北三塞，已将居延垦区的西、南、北三面包围起来，构成了一个完整的军防体系。居延都尉作为居延戍区的最高军令长官，管理屯垦事务的各种官府（包括粮仓）及居延县，均在居延垦区范围之内。居延塞是保卫居延都尉及下属机构的军防体系，除城障以外，还包括传递军情的烽台。根据几万枚居延出土的“汉简”考证，居延防御体系涉及候望系统（候、塞、障、燧）、屯兵系统（都尉、千人、司马）、屯田系统（田官）、军需系统（仓、库）和交通系统（关、驿、邮亭、置、传、厩等）（陈梦家，1964）。

河西四郡的设立，意味着汉王朝完全控制了河西走廊，从此千里河西走廊犹如一把中原伸出的利剑，突破了匈奴对内地的包围，切断了匈奴与西羌的交通，隔绝了蒙古高原与青藏高原，形成了对匈奴的反包围，即“断匈奴之臂，张汉室之肘腋”（魏静，2002）。

“河西四郡”的设置，其背后隐藏的是汉、匈之间跌宕起伏的百年之争。西汉建立初年，北方的匈奴族逐渐强大起来，灭掉其东部的东胡部落，打败北部的丁零，西驱大月氏至西域，南并楼烦占领黄河以南的河套地区，建立起强大的军事帝国，直接威胁到了汉王朝在中国北方的统治。盛极一时的匈奴帝国此时已经统一了匈奴诸部，西北地区的各少数民族部落皆归附匈奴。作为西北地区势力较大的羌族部落，也在匈奴的威势之下与其结为盟友。“河西四郡”的设置，加强了汉、羌民族之间的联系，加速了汉、羌民族融合。匈奴军被赶出河套地区之后，羌人与匈奴的联系被隔断，与迁徙此地的汉人之间的联系则变得更为紧密。

张掖的基地作用，在西汉时主要是和匈奴斗争。前期，斗争在河西走廊的北面以东，张掖是直接的出发基地；后期，斗争在西域，张掖也逐渐成为汉朝在西域斗争中提供人力、物力的坚强后盾。但是当斗争的重点转移到西域时，匈奴又回过头来与羌人上层拉关系，再次引诱他们攻占张掖等地，其阴谋未能得逞。匈奴势力逐渐衰败后，代之而起的是羌族的逐渐强盛，张掖的重要性，又主要围绕着和羌族的斗争而展开。从西汉武帝元鼎五年（公元前 112 年）到东汉安帝永初元年（107 年）的 219 年中，有 30 多年羌汉处于斗争中，平均六年多就有一年在厮杀。每次大的军事行动，都离不开张掖，而且越到后来，张掖的位置显得越重要。

西汉末年，土地兼并日益严重，地主豪绅与农民的矛盾越来越尖锐，王莽篡权自立，中原扰攘，天下大乱，更始元年（23年），窦融出任张掖属国都尉，后被推举为河西五郡的首脑①，窦融保据河西时，在军事上，修兵马、习战射、明烽燧之警，对城、障、坞、亭大加修缮，并增加新的设施，对居延的设防更是不遗余力。河西也获得了较长时间的相对稳定。

东汉时期（25～219年），匈奴占据整个西域，北匈奴又在张掖、武威的北面。整个河西，在西北两面受北匈奴的钳制日趋严重。北匈奴在经济上，加强与张掖、武威等郡的贸易。在政治上，采取多种手段，不断派使者贡献，要求结盟，以间离归汉的南匈奴与汉朝的关系；提出嫁公主和亲，对西域显示它的地位稳固，以加强它对西域的统治和掠夺；在军事上却兵临城下，同时抄掠民众。导致自建武（24年）至延光（124年）的100多年中，西域与中原“三通三绝”。每一“绝”，匈奴的势力强，西域归附，同寇河西，张掖就无宁日。每一“通”，汉朝的力量强，西域本就愿归汉，张掖及河西就安定。无论是绝是通，张掖与河西其他郡，都是通西域的基地。“通”了，斗争缓和，张掖成了传输的总镇；“绝”了，河西紧张，张掖成了北匈奴的寇击对象。西域与河西实是唇亡齿寒的关系。张掖及河西其他郡对西域斗争的支援，既是自身安全的需要，也是为中原安全所作出的贡献。

东汉后期，社会黑暗，朝政由外戚、宦官和士族三大集团掌管，它们相互间常常倾轧，卖官鬻爵，滥兴刑狱，导致整个朝野一片混乱；而且还利用权力疯狂兼并土地，并将沉重的租赋徭役转嫁到百姓头上，使作为封建社会经济基础的小农经济日趋破产，部分丧失了进行简单再生产的能力。诸羌不断反抗朝廷，出现了107～118年、140～145年、159～169年三次反抗规模大、持续时间长的斗争，战火蔓延到河西走廊，战争此起彼伏。战乱之中，河西腹地张掖的战略地位再次受到朝廷的重视。献帝兴平元年（194年），以金城、张掖、酒泉、敦煌四郡设置雍州，州府设在觻得。但是东汉王朝采取的行政变革并不能控制局面，稳定其政治地位，相反内乱却与日加剧。“建安二十四年

① “河西斗绝（单独地伸出）在羌胡中，不戮力同心，则不能自守；权均力齐，复无以相率（无法领导被领导）。当推一人为大将军，共全五郡（敦煌、酒泉、张掖、武威和金城郡），观时变。”（《后汉书·窦融传》）

（219年），武威颜俊、张掖和鸾、酒泉黄华、西平麴演等并举郡反，自号将军，互相攻战”①。至此河西走廊一度陷入内乱，致使农牧业生产呈现衰落景况。

魏晋南北朝时期，我国长期处于南北分裂和战乱之中，战争比任何时期都多，共有605次，平均每年要发生2次左右。由于南北对峙主要发生在长江与黄河之间，所以战争的密集区也就分布在这一长条形的区域内。这一密集区虽然仍呈东西向，但由于南北朝的相互进攻，使纵深的范围往往突破这一界限，因此这一东西向的分布带比秦汉时期要厚实得多，南北范围要宽广得多。与此同时，由于南北双方交战的前线是在中原地带，所以远离这一地带的偏南或偏北地区就成了各自的后方，这些后方地区相对来说战事较少。

魏晋南北朝时期，分裂时多，绝大部分时间中国处于政治上的多中心状态。短暂统一的西晋建都于洛阳，统一北方的北魏先定都平城（今山西大同），后迁都洛阳。东晋和南朝均建都于时称建康的南京，许、长安、邺（今河北临漳）、成都、姑臧等许多城市都曾作过分立朝代或割据政权的都城。从四百余年间总的形势来看，全国的政治经济重心偏向于东部，但由于这是一个以分裂为主的时期，故对西部的发展影响并不很大。

魏晋南北朝时期存在过许多政权，行政区划经常有较大的变动。就西部地区而言，与此前的两汉时期相比，州、郡、县的数量，较之此前的两汉时期有显著增加，与此同时，州、郡、县的面积又普遍缩小。这一变化，在此前因地广人稀而州、郡地界辽阔的边远地区，格外突出（马敏和王玉德，2001）。也就是说，当政治管辖区（即领土）收缩后，地方割据政权为了加强行政管理，增设了一系列郡县。

曹魏三国时期（220～420年），曹魏统治河西期间，张掖属雍州，州治觻得，州下设张掖郡，领觻得、昭武、氐池、屋兰四县。本区以其河西腹地仍为河西走廊的政治军事中心。期间，中原地区三国战乱，河西走廊相对处于稳定时期，但由于东汉末年的社会动乱，特别是河西四郡相互征战，加之诸羌侵袭，使两汉时期相当发达的河西走廊受到了较大破坏。一度人口下降，田荒渠毁，农业生产出现了衰退。曹魏统治河西后，一方面广置屯田，另一方面修建水渠，招募贫民，征收田租，使农业生产得到恢复。

北匈奴被击溃后，鲜卑人在原匈奴占领的地方建立了一个庞大的军政联合

---

①《三国志·魏书·张既传》。

体，像匈奴一样，将广阔的土地分成东、中、西三部分，其中有一部分正在河西的北部，常犯边掳掠，河西深受其“剧毒”。从晋武帝泰始元年（265 年）到咸宁五年（279 年）的 14 年间，河西地区民族间的斗争连绵不绝。在这一系列斗争中，鲜卑族与晋王朝的战争最为集中和突出。经过多年的战乱，人口锐减，张掖郡 8 县仅有 5600 户（包括西郡 5 县 1900 户），以每户 4 人计，仅有人口 2 万多。河西走廊沿袭曹魏建置，增设了凉州和西郡，本区仍属雍州，州治永平（由张掖县改），下设张掖郡，领永平、临泽（原为昭武县，为避司马昭讳而改）、屋兰和氐池四县。西郡辖 5 县：日勒（今山丹东南泽索谷）、删丹（今山丹县）、仙堤、万岁（二县均在今山丹县城东南）、兰池（今山丹县城东北）。这两郡基本上就是原张掖郡的辖区。晋惠帝后，“八王之乱”致使中原动荡，西晋在“永嘉（307 ～ 313 年）之乱”后，广大的北方，政权迭起，先后建立了十几个国家（史称“十六国”①）。东晋十六国时期（317 ～ 420 年）（图 4-11），东晋王朝由西晋的国都洛阳迁往建康（今南京市），河西走廊逐渐远离中原政治中心，朝廷的开发重视程度大不如以前，基本属于长期割据的政治统治。汉、氐、鲜卑、匈奴等先后在河西建立了五个独立的政权（前凉、后凉、北凉、南凉和西凉）。“五凉”政权割据河西，中原战乱频繁，经济发展滞缓，而原先较为落后的河西，则呈现为“……秩序安定，经济丰饶，既为中州人士避难之地，复是流民移徙之区，百余年间纷争扰攘固所不免，但较之河北、山东屡经大乱者，略胜一筹。”（陈寅恪，1954）由于社会环境的相对稳定，呈现出空前的繁荣。

从东汉末年开始，历经魏晋南北朝时期，中国（主要是北方）经历了一个寒冷期（竺可桢，1972）。有些两汉时期屯垦的地带（主要是下游地区），已经完全或部分荒漠化，城镇由于失去了经济基础而衰落。

隋唐统一后，政治和经济重心又回到了北方，只是在安史之乱以后，经济重心才开始逐渐南移，而北方又陷于长期的藩镇割据及五代更迭的动乱之中。在这种历史条件下，这一时期的战争密集区仍然是在北方。但隋唐五代与魏晋南北朝的显著不同，是整个国家基本处于统一环境之中，不是长期的南北分裂，所以战争的密集区虽然仍在北方，但布局上却不同于魏晋南北朝，不再是位于长江、黄河间的长条形，而是基本上集中在黄河及其以北地区。

---

① 成国、汉国、前赵、后赵、前秦、后秦、西秦、前燕、后燕、南燕、北燕、前凉、后凉、南凉、西凉、北凉。

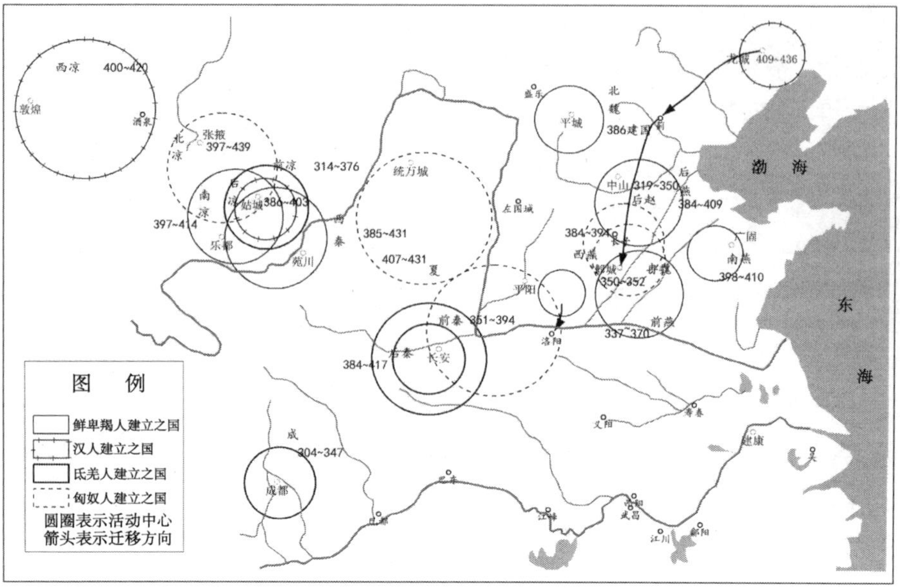

图 4-11 东晋“十六国”时期时期形势图

资料来源：《中国历史地图集》

到隋唐，随着大统一的格局的再度出现，河西地区的政治、军事战略地位再次突显。北方少数民族以突厥为中心，东连高丽、西接吐谷浑，东西呼应、南北串联，形成一个笼罩于北方的强大的弧形，严重威胁着中原王朝的国防安全。而这个强大弧形的一个联结纽带就在河西。为此，在漠北突厥不断分化瓦解和连续征讨的同时，隋炀帝派遣颇具战略眼光的裴矩经营河西及西域。经过多年的筹划经营与战争准备，于大业五年（609 年），隋炀帝亲征吐谷浑，以四十万大军合围吐谷浑主力十万。这次行动，分外交和军事两部分，在外交上，分化东西突厥，孤立吐谷浑。《隋书 · 突厥传》载：大业三年（607 年），炀帝北巡，幸东突厥启民可汗帐，启民可汗“奉觞上寿，跪伏甚恭”。启民可汗断绝与吐谷浑的往来（启民之妻为吐谷浑女），东突厥安定。军事上也分防援和主攻。在防援上，为了防止别的民族或部落援助吐谷浑，从宏观上作了精心的布置，派几路大军从不同的方向进发：“左武威大将军（郭衍），从征吐谷浑，出金山道。”[①] “左武卫将军周法尚，出松山道。”[②] “右候卫将军赵才，出合

① 《北史 · 郭衍传》。

② 《北史 · 周法尚传》。

河道。”[①]“观德王（西征后改安德王）杨雄出浇河道。”[②]“鸿胪卿史祥，出玉门道。”[③]“卫尉卿刘权出伊吾道。”[④]

在主攻上，大业五年（609年），隋炀帝“西巡”，从长安出发溯渭河西行，至天水，经陇西、狄道（今临洮），出临津关（今循化东），渡黄河，至西平（今西宁），陈兵讲武，演习军事，并宴请群臣（实为军事会议）。后用四十万兵围困了吐谷浑首领伏允的十万之兵。据考，其包围的中心就在张掖祁连山八宝河上游俄博河畔俄博滩一带。伏允虽然逃跑了，但有十万之众、三十余万“六畜”被俘获，伏允故地皆空[⑤]。隋炀帝于是设置了西海（汉伏俟城，今青海湖畔）、河源（治赤水城）、鄯善（今新疆若羌）、且末（今新疆且末南）四郡。河西局势稍安。

隋朝，是本区土地开发的再度兴盛时期。开皇元年（583年），隋文帝根据地方行政机构繁多，存在“官多民少，十羊九牧”的状况，实行精简郡县的改革。首先是按照“存要去闲，并小为大”的原则，将北周时期的州、郡、县三级制，改为郡县两级制。将甘州改为张掖郡，郡治仍为张掖，领张掖、山丹、酒泉等县。其次是开辟商贸互市，加强中、西经济文化交流。张掖是西域各国互市的集散地，也是丝绸之路上最早出现的规模较大的贸易中心。由于商业功能的显现，大大强化了城市自身发展的能力，同时由于城市腹地范围的扩大，城市规模迅速壮大。

隋末唐初，由于中原战乱，无力西顾，原已是中国疆域一部分的西域成为西突厥、吐谷浑及吐蕃角逐的战场。当时，西域大致有三种不同情形：一是吐谷浑趁中原内乱之机重新崛起，占领今青海全部和新疆南部，屡屡侵扰内地和河西走廊，威胁唐与西域的交通；二是巴尔喀什湖以东以南广大地区，主要有高昌（今吐鲁番）、焉耆、龟兹（今库车）、疏勒（今喀什噶尔）、于阗（今和田）5个王国，其时被西突厥控制；三是位于伊犁河下游、楚河、锡尔河、阿姆河流域，有“昭武九姓”，按《新唐书》载，即康国、安国、曹国、石国、米国、何国、火寻国、戊地国、史国9国，当时也为西突厥控制。纵观其边疆形势，仍以西北最为严峻。所以《新唐书·突厥传》云记载，“唐兴，蛮夷更

① 《北史·赵才传》。

② 《隋史·观德王杨雄》。

③ 《隋史·史祥传》。

④ 《隋史·刘才传》。

⑤ 《北史·吐谷浑》。

盛衰，尝与中国亢衡者有四：突厥、吐蕃、回鹘、云南是也”。这其中应还包括唐初的吐谷浑。正由于来自西北的各民族的军事压力和河西的重要战略位置，武德二年（619 年），河陇初平，唐高祖派遣李世民为“左开候大将军，使持节凉、甘等九州诸军事，凉州总管。”景云元年（710 年）“置河西节度使、支度、营田等使，领凉、甘、肃、伊、瓜、沙、西七州”。河西节度使的职责就是“备胡羌”“断隔吐蕃、突厥”。这期间北方各民族不断联合，其中对西北的压力，据《资治通鉴》记载，以武德二年至九年，北面的突厥与西南面的吐谷浑彼此呼应，连连入寇河西、陇右。针对西北这一局势，李世民上台后，派遣文武兼备的李大亮为凉州都督，有节制河西之权。经加强战备，贞观三年（629 年），突厥入寇河西时，被肃州刺史公孙武达、甘州刺史成仁重击败。贞观九年（653 年）唐太宗颁诏西征吐谷浑，取道扁都口，吐谷浑王伏允战败。

唐玄宗时，为保卫西北边疆，在沿边设节度使，统辖四五十万大军。其中由 4 节度使率兵二三十万以防吐蕃：在凉州（甘肃武威）设河西节度使，以割断与羌胡联系；在鄯州（青海乐都）设陇右节度使，以防吐蕃从黑河方面的进攻；在今乌鲁木齐和库车设北庭节度使和安西节度使，以防吐蕃北袭。

纵观汉唐的边界军事防御体系，有很大的不同。汉朝时，沿漠北沙漠边缘，河西走廊的北境，修筑规模宏大的长城，以及在南境沟谷壑口处修建塞垣。这种防御工事的优势中，可凭险据守，以逸待劳。尤其是河西段修筑的长城与塞垣，往往沿河流北岸而筑，将水源与草场圈在了城墙之内。这样就切断了北方民族南下时士马必需的水源与草场。但其缺点是不能机动灵活，一旦被对方攻破，就完全失去了防御作用。而且分兵把守，战线漫长，兵力不能集中，往往处于被动地位。而与之相对，北方民族金戈铁马，来去疾速。唐代的边防军事设施，除烽燧外，并不见长城这样大规模的防御工事。而是采取了一种机动灵活、重点设防、积极进取的防御政策和战略思想。在河西的军防体系中，首先充分利用河西位处高山大漠之间的地理防守优势，以重要城镇为依托，屯田、驻牧，以东西交通为联系，以险关要隘重点设防，东西南北彼此呼应。战略上以河西为基地，积极向西域、漠北和青海发展。变被动的防御为主动进攻和主动牵制的一种积极进取的攻防体系。唐前期，河西的军防首先是以重要的城镇为依托，以河西五州（郡）的州（郡）治所——武威、张掖、酒泉、敦煌四大镇及瓜州治所（今锁阳城遗址）为中心，辅以各县城、军府所在的小城镇为据点。而这些城镇自汉以来的设置位置，就是充分考虑了军事的、政治的需要和自然条件的因素而设的。

唐朝继承了隋朝的大一统，并先后降服了东突厥、平定了西突厥，还得到了回纥的臣服，与吐蕃和亲并建立了良好的关系，疆域十分广大，西至咸海，东至库页岛、北至西伯利亚、南至越南中部，超过了西汉鼎盛时期的疆域。但唐朝并没有同时拥有这样广大疆域，而且在各个方向达到最大疆域的时间是非常短暂的。唐朝（618 ～ 907 年）时，是中国封建社会的鼎盛期。从建唐到天宝年间的安史之乱，期间 137 年为持续发展时期；从广德元年（763 年）至大中五年（851 年），甘州失陷吐蕃，吐蕃军镇割据达 88 年，唐王朝实际在本区维持封建统治长达 201 年。唐朝的地方政权分州、县两级，同时在周边要冲地区又设都督府。唐朝统治期间，本区为甘州辖地，府治张掖，领张掖、山丹两县。唐朝修建了盈科、大满、小满、加官、大官渠等，还非常重视马政，将当初所得隋马 3000 匹徙陇右及河西地区一带放牧，“四十年间，马匹增至 70 万匹，分 8 坊、48 监”。唐末，又置边市马场，与突厥、羌胡进行“茶马互市”。

继吐谷浑之后，吐蕃的势力接踵而来，与唐争锋。自 659 年唐蕃战争爆发以来，双方争夺的焦点主要集中在西域和河源地区，后期又在西南地区。在大部分时间内，河西地区主要是唐经营西域和河湟地区的战略基地、兵粮补给地和大军休整的基地。其间整个河西地区往往又是吐蕃与西域亲蕃势力及突厥间通信联络的纽带，因河西有祁连山的屏蔽，以及唐朝在河西及湟水谷地鄯州至石堡城一带的有力布防，吐蕃很难越过祁连山进攻河西。但就是由于河西战略地位的重要，吐蕃也曾数次北联突厥进攻河西。

天宝十四年（755 年），安史之乱爆发，因唐王朝调陇右、河西兵马东去平叛，河西防御空虚，吐蕃趁机占领河西、陇右地区，河西与中原的地缘政治关系又形成以游牧民族为主的格局。

630 年左右，即李世民即皇帝位不久，14 岁的朗日伦赞之子弃松赞成为悉补野第 32 代赞普，被群臣拥戴为“松赞干布”，意为“刚毅深沉”之赞王。松赞干布通过一系列的战争行动，结束了西藏地区长期分散、封闭的落后局面，在北起吐谷浑、南至尼婆罗（尼泊尔）天竺（印度）、东邻唐朝的辽阔的西藏高原完成了统一大业，建立了以卫藏为本部的威赫一时的吐蕃王朝。

松赞干布总结以往部落酋长各自为政、部落联盟首领缺乏必要的权威的教训，实行赞普领导下的如–分如–千户的行政区划制度。即将吐蕃全境划分为四如（即“部”）：乌如，为中央翼，治所在今拉萨地区；要如，为左翼，治所在今乃东昌珠地区；叶如，为右翼，治所在今南木林地区；如拉，为分支翼，治所在今拉孜地区。每如又分上下两个分如，这样全境为 8 个分如。分如下的基层组织是“千户”，各分如都有 5 个千户，其中包括 1 个卫队千户。千户府既是行政组织，也是军事组织。实质为“军政合一”的体制。

松赞干布逝世后，吐蕃王室在大相禄东赞父子几代代摄国政的情况下发动了旷日持久的掠夺性战争。于是，唐蕃关系的发展出现波折，呈现出百余年之久的战争与和盟交织、掠夺与通婚并有的局面，深刻地影响到整个河西走廊的发展（表 4-7）。

表 4-7　唐蕃八次会盟

会盟次数	时间	背景	结果
第一次	706 年	692 年，唐将王孝杰率军攻打吐蕃军队，取得胜利，唐朝攻占了被吐蕃统治 23 年的安西四镇。696 年，吐蕃大相钦陵率军四万攻打凉州。河西走廊大部已经被吐蕃占领。吐蕃开始准备夺回安西四镇，并派使臣再次要求唐朝撤出西域安西四镇，归还十姓突厥部落区域	“神龙和盟”——为稳定内部，吐蕃向唐求和。唐答应吐蕃和亲请求，封雍王女为金城公主
第二次	714 年	709 年吐蕃派遣大相香多日拉金等去唐朝求婚，710 年，唐王派左卫大将军杨炬护送金城公主入藏。就在金城公主入藏时，吐蕃要求以河西九曲地为“汤沐邑”，实则夺取该地为攻唐前进基地；当年，又发生了攻杀唐监察御史李知吉，夺得西南诸部的事件；西南大部都在吐蕃的控制之下	“河源会盟”——“玄宗开元二年，其（指吐蕃）相坌达延上书宰相，请载盟文，定境于河源，丐左散骑常侍 解琬莅盟。”会盟虽然没有成功，但是仍然可以看到吐蕃王朝希望在与唐王朝的会盟盟文中把双方边协定双方以河源为界，明载盟文，以资共守
第三次	732 年	吐蕃派兵 10 万攻取临（今甘肃临洮）、洮（临潭），进占兰、渭等州，抢掠“监牧”（唐官营牧场）。唐玄宗李隆基命薛仁贵之子薛讷为陇右防御史，率兵 10 万迎战，大败转吐蕃，并乘胜收复西域各地，即“洮河会战”。727 年～ 728 年间，吐蕃占领河西瓜州，唐蕃在玉门、祁连山、瓜州一带交战，吐蕃失败	赤岭和盟：唐取得战争胜利，派皇甫惟明入藏，藏王以礼相待，并派遣大相香多日拉金议和。唐玄宗优待吐蕃使臣。和盟规定“以赤岭为界，表以大碑，刻约其上。”（《新唐书·李篙传》）
第四次	757 年	安史之乱发生，将西北兵备撤出以用兵于东方。吐蕃乘虚东进，于 763 年攻入唐都长安。郭子仪虽聚散兵奋战，15 天后收今长安，但吐蕃仍固守原（甘肃固原）、会（甘肃靖远）、成（甘肃成县）、渭诸州	由于安史之乱，唐朝开始衰落。吐蕃使臣与唐朝宰相元载、杜鸿渐在长安兴唐寺和盟，唐朝承认吐蕃对西南地区控制的事实

续表

会盟次数	时间	背景	结果
第五次	765年	早在678年，云南西北部就归属吐蕃。后来唐朝支持南诏统一云南地区，在大理建立南诏国，驱散吐蕃势力。唐朝为控制南诏，派遣剑南节度使和云南太守前去大理，监督并控制南诏。此举激起南诏人的反抗，于是南诏王阁罗凤在吐蕃支持下起兵驱逐唐朝势力，并归顺吐蕃	唐朝曾与吐蕃密约，如果吐蕃撤军，唐朝把泾州、灵州等四个州割让给吐蕃。767年，唐蕃双方在长安兴唐寺和盟，唐朝承认吐蕃占领的土地的合法化。双方刻立石碑于兴唐寺前
第六次	783年	756年安禄山洛阳称帝，唐玄宗逃往成都。太子李亨在宁夏灵武即位（唐肃宗）。 藏王赤松德赞派人去灵武要求和谈，并希望帮助唐朝平叛。结果唐肃宗并不理会，转而向回纥求助援军。吐蕃见唐朝无修好之意，又伤害了吐蕃自尊，于是夺了川西一带并最终占领长安（在长安待了15天便自动撤退）。 唐德宗李适面对日益衰败的局面，派韦伦入藏议和。这时吐蕃占领唐湟水流域、洮河流域、渭水及泾水流域	“清水会盟”——今国家所守界：泾州西至弹筝峡西口，陇州西至清水县，凤州西至同谷县，暨剑南西山、大渡河东，为汉界。蕃国守镇在兰、渭、原、会，西至临洮，又东至成州，抵剑南西界磨些诸蛮、大渡水西南，为蕃界。其兵马镇守之处州县见有居人，彼此两边见属汉诸蛮，以今所分见住处依前 所有不载者，蕃有兵马处蕃守，汉有兵马处汉守，不得侵越。（《旧唐书·吐蕃传》） 今国家所守界：泾州（今甘肃经州）西至弹筝峡西口（今平凉县西），陇州（今陕西陇县）西至清水县，凤州（今陇西凤县）西至同谷县（今甘肃成县），暨剑南西山、大渡河东，为汉界。蕃国守镇在兰、渭、原、会，西至临洮（今甘肃临潭），又东至成州（今甘肃成县西），抵剑南西界磨些诸蛮、大渡水西南，为蕃界。（《旧唐书》卷129）
第七次	7791年	清水会盟后的第二年（785年），吐蕃无理向唐提出“赠送”伊（今哈密）、西（吐鲁番）、北庭（乌鲁木齐）诸地的要求，被唐拒绝。于是，战端重开。786年，吐蕃占盐（宁夏盐池）、夏（陕西横山）各州，向长安进攻时，被唐将李晟设伏兵击败。泾、豳（今陕西彬县）、陇、鄜（陕西富县）、盐、夏、丰（鄂尔多斯右后旗）、银（陕西米脂）、宥（榆林）、灵（甘肃灵武）、麟（陕西神木）、坊（陕西中部）、西州、北庭由于得不到唐的保护，也先后投降吐蕃	“平凉会盟”——吐蕃与唐朝和盟于甘肃平凉。吐蕃派遣大相结赞等21人参会，唐朝有侍中浑咸、兵部尚书崔汉衡等率军队2万人参会。由于唐未兑现诺言，又发生“平凉劫盟”，使唐蕃关系恶化
第八次	821年～822年	唐为改变在北线的被动局面，决定在南线对吐蕃展开有限的进攻，并于793年占领吐蕃城堡50多所。810年，又占吐蕃7城5军镇150堡。西山八国和松州羌民摆脱吐蕃控制，请求内附；吐蕃重要将领婴婴、马多定德等人于800年降唐。吐蕃派使求和	恢复“和同为一家”的舅甥关系，双方患难相恤，互不攻掠，彼此无诈。宣告唐蕃持续100多年的战争状态基本结束。 但“长庆会盟”是唐蕃在社会矛盾激化的情况下自顾不暇的妥协

资料来源：张积诚，1980；索朗平措，2009；李宗俊，2012；孙静，2014

五代十国时期，中原政权无力西顾，河西孤悬塞外，当地民族利用各自优越的自然地理条件割据称雄，河西地区出现了几个互不统属的政权，它们是凉州六谷部落联合政权、甘州回鹘政权、瓜沙曹氏归义军政权。

咸通十五年（872年），回鹘占领甘州，并建立了回鹘汗国，割据统治延续到西夏初年（1028年），期间统治长达156年。在宋朝（960～1279年）统治中原的337年中，张掖一直未纳入宋朝的统治版图。其中，回鹘在进入宋代后又统治本区68年，接着是西夏割据本区198年，蒙古汗国割据统治45年，到元代才回归统一的全国政权管辖。五代宋时期甘州回鹘和凉州的吐蕃势力逐渐强大。

宋辽金时期的政治形势与隋唐五代有所不同，所以战争分布的态势又为之一变。由于北宋版图远小于唐代，而这一时期内北与辽金、西北与西夏又经常处于交战状态，因此发生的这些战争就沿今河北、山西、陕西、宁夏、甘肃北部边疆构成了一条东西南向战线。而到了南宋时期，战线向南推进，后来双方长期对峙在淮河至大散关一线，虽时有进退，但基本稳定。这样，在中部地区就又有一条东西向的战线。

西夏建立后，宋王朝即下诏“禁边人与西夏互市”，对西夏进行经济封锁。西夏统治期间，连年战乱，横征暴掠，人口流离失所，农业生产严重衰退，畜牧业有所回升。1226年，河西遇旱，民无所食，饥民相食，西夏政权随之被蒙古汗国所灭，其间仍连年征战，无力顾及农业生产，土地开发规模再度严重萎缩，甘州人口由天宝间的6200多户，骤然降至西夏末的1500多户。

1028～2037年，党项族先后占领了瓜州、甘州、肃州和凉州，奄有河西全境，西夏统治者认识到河西地区的战略地位，将其作为与宋、辽、金国周旋的基地，“西夏得凉州，故能以其物力侵扰关中，大为宋患”①。

在经历了唐末至宋初两个世纪的动荡岁月之后，河西走廊生灵涂炭，田园荒芜，人烟稀少，旷地极多。与此同时，吐谷浑、吐蕃、回鹘、党项等游牧部族相继进入该地，于是大片农田转化为牧场（葛金芳，1991）。城镇随之失去物质保障而趋于沉寂。

元朝的疆域辽阔广大，“汉唐极盛之际不及焉”。为了管理如此庞大的领土，元朝开创了行省制度。但在许多地方，并没有达到有效的控制。蒙古族占领河西后，几乎重现了西夏占据河西的历史现象，经历了农业生产的破坏、恢复和

---

①《读史方舆纪要·甘肃镇镇序》。

发展过程。

元代统治甘州近一个世纪，张掖一直要居河西政治、经济、文化中心战略地位。元帝建国后，鉴于“甘州旱饥”，采取了5条治策，恢复农牧业生产，缓解粮食压力。一是徙民。二是屯田，至元十六年（1279年）元朝“立河西屯田，给耕具，遣官领之”[①]“以太原所附军五千屯田甘州”，先后在甘州的黑山子、满峪、泉水渠、鸭子翅等处屯田11 600多亩。并组织农民修复唐来、汉延、秦家等渠恢复水田灌溉。三是大量圈占无主荒地发展以牧马为主的畜牧业。但由于1288年、1290年、1295年、1299年的大旱和1310年的强地震，甘州仍缺粮成饥。元朝，在地方上实行行省制度，河西走廊隶属甘肃行省管辖，其下有甘州、永昌、肃州、沙州和亦集乃五路。然而自元世祖以来，由于大批察合台系诸王及其部民不断涌入走廊西部的瓜、沙州及哈密一带，大大改变了当地民族成分，瓜沙一带也逐渐成了察合台之孙出伯的分地，遂使肃州以西出现了蒙古化、部落化和游牧化的趋势。加之从安史之乱以后的数百年间，河西走廊战争频繁，又长时间处于吐蕃、回鹘、党项和蒙古等游牧民族控制之下，社会经济特别是农业生产有所衰退。

明初，鉴于元朝残余势力仍很强大和走廊西部在元代以来已出现的蒙古化、部落化和游牧化趋势的状况，在平定河西后就采用了因地制宜、因俗而治的羁縻政策。成祖永乐元年（1403年），在张掖设立了相当于省地级的地方政权——陕西行都司甘肃镇，镇治甘州，管辖甘州前、后、中、左、右诸卫军事、政治及经济活动，领山丹、凉州、永昌、镇番、庄浪、肃州、西宁，抚安关西七卫，这种行政建制，一直持续到明王朝统治的全过程和清王朝的中后期，长达322年，可见甘州是中国封建社会后期西北重镇。从明英宗正统（1436～1449年）以后，由于吐蕃势力入据哈密和蒙古部落进入青海，这些卫所也相继削弱、内迁或不复存在，河西就成为明代在西北的极边要地，史称河西“夹以一线之路，孤悬两千里，西控西域，南隔羌戎，北遮胡虏”[②]，战略地位极为重要，因而成为明朝边疆经营的重点地区。河西走廊由此进入了有史以来第三个大发展的时期。

明朝对本区的开发是多方位的，一是广置屯田，《明史·兵志》：明初，“革元旧制，自京师达于郡县，皆立卫所”，卫所军士，大部分屯田，小部守城，

---

① 《元史·世祖纪》。

② ［明］程道生.《九边图考》。

“边腹内外，卫所綦置，以军隶卫，以屯养军”。明代的军屯，“九边为多，而九边屯田，又以西北为最”。洪武七年（1374年），甘州驻军达七万之众，屯军三分守城，七分耕作，每人授田50亩为一分。同时，还将山东、山西、河南、陕西等地农民移居河西屯田，称为“民屯”。当时的屯田仅在甘州的黑河木龙坝、洞子渠、马子渠、大满渠及附近卫所就新增100多万亩。二是围绕屯田，扩大渠水灌溉。明代初期至中期，先后修建了张掖龙首、调子、马子、西洞等渠，临泽昔喇、犁园等渠，山丹寺沟、白石崖等渠。

明朝时期的疆域，与元朝相比，缩小了很多。明朝比较注重对海域的经营，对南海诸岛实行了有效的管理。但后期由于满族的崛起，西北边境最终撤至嘉峪关。

清代（1644～1911年），本区仍沿袭明制，甘州领张掖、东乐、山丹、高台县和抚彝厅。清初到中叶的百余年间，河西战争平息，本区得到了一个安定的发展时期，除重点开发敦煌以西至新疆的边地外，对河西地区的经营也较为重视。雍正年间，张掖新开渠道七条，修复了马子渠56km，扩大水田6800亩，高台新修了三清渠。康熙年间，在嘉峪关外广置屯田，当时在甘州的屯田就有平川堡，关内河西一带新开沃土荒地达130多万亩。晚清之后，甘肃的政治经济中心由甘州移至兰州。

直到清代前期，尽管河西在全国政治、军事和经济上的重要性已大不如前，但因对西北用兵，军事中心西移，河西便成为清朝经略新疆的“军需总汇”而备受重视，不仅加强了在河西的军事和行政建制，而且推行了一系列行之有效的恢复和发展经济的政策措施，为河西的兴盛创造了条件。虽然甘肃的政治中心已由张掖、武威东移至兰州，但河西走廊仍是全省最富庶的地区。

河西走廊的封闭性、河西内陆河流域的相对独立性，成为政治单元赖以生存发展的地理基础。绿洲-荒漠过渡带不仅是生态和农牧业过渡带，也是各种政治、军事势力的强烈碰撞地带，在这里自然力量与人为力量往往发生强烈的交融与冲突，具有高度的空间耦合性。地缘政治首先取决于全国的稳定与统一，但河西地区的繁荣期与中原并不保持一致，中原的战乱往往与河西的短暂繁荣相关，因此河西地区人口的增长与中原地区的人口流失有关。而古城废弃时间与社会的稳定与否又具有高度的相关性。

在生产力低下的背景下，开疆拓土就意味着拓展了生存发展空间。而每一次战争，使生产力都遭到极大的破坏，城市的发展受到社会周期性危机演化的影响，呈波浪形曲线的轨迹向前发展。中国城市的发展是同社会的发展相一致的，每当社会繁荣、稳定时，城市就获得大的发展；而当社会发生动乱时，城市就遭到破坏。自秦始皇统一中国以来，中国每隔一段时期就要发生分裂和动乱，残酷、激烈的战争造成社会的大破坏，而城市是破坏的首要目标，毁地屠城的记载不绝于书，几乎每一个王朝的末期，城市都面临毁灭性的灾难，不少城市变成废墟，发展中断，即使幸存的城市也是残破不全。因此，中国古代城市虽然多次出现辉煌的发展，但是都不能持久地保持，而是受到社会周期性危机演化的影响，随王朝的兴亡而兴盛衰落。多数新王朝初建时期的城市不是在以往城市高度发达的基础上发展，而是在一个很低的水平上重新起步。发展—衰落—破坏—恢复—发展—衰落—破坏，如此周而复始的循环，成为古代中国城市发展的一个特点。

第六节 丝绸之路开辟

城市是区域内人口流、物质流、信息流等的结节点。要完成这些流的空间位移和空间配置，没有发达的交通设施是难以实现的。城市要发展，必须进行各种要素的聚集与能量的交换，这些过程完成所依赖的途径，就是连接城市之间、城市与区域之间的交通网络。交通对于区域中心的形成具有举足轻重的作用。交通越方便，城市成长越迅速，聚集速度越快，能量释放与辐射越大，越能刺激交通的进一步发展。

古代中国，是一个重陆轻海的大陆性国家。在这样一个广阔的国土上，要成功地维护中央集权的统治，在政治上就必须建立相应的行政区划制度，设置多级军政管理机构。要保证中央政令畅通，能够有效地控制各级政权，指挥军队快速调遣，保持商品有序流通交换，促成庞大的国家机器的良性运转，还必须特别建立庞大的道路体系。

从秦朝开始，筑路修桥，辐射四面，通达八方，就成为历代中央政权坚持不懈举办的重要政务。“中国的道路体系，其成长的过程是缓慢的。两点之间的连线逐渐延长，连接许多点而成为网状。由核心地区辐射，先成为线型，再成为树枝型，然后支线与支线之间，有了新的连线，终于演化为密布的网型。”

（许倬云，1991）

这种网络化的道路，可为国家所综合利用。首先，国家建立起为传递中央指令文书的驿站；其次，这种驿站同时也是报知敌情和转运军用物资的兵站；再者，社会商品流通也借以形成网络化市场。如此这般，以交通运输网络为基础设施或物质载体，而形成的交通运输网络（conveyance-line net）、通信邮递网络（communication-line net）、商品流通网络（commodity-trade-line net）、军事情报网络（intelligence net）一体化网络体系，也是地理核心枢纽的形成的重要条件（王生荣，2001）。

这种较为严密的网络系统，从政治上、军事上、经济上形成了维系国家稳定的重要纽带。在一体化网络中，与国家的政治力量由上而下的作用方向相反，社会经济力量是由下而上的作用方向。这种政治与经济的互动原理，是国家保持稳定的重要机制。当国家处于统一状态时，政治的控制力与经济作用力是相辅相成的；当国家处于分裂状态时，中央的政治控制力弱化或出现部分失控，但自组织、自调节的社会经济网络仍然发挥着重要的融合作用，从而为国家的再次政治统一提供经济条件。

河西走廊在中西交通史上占有极为重要的地位，其南侧是巍巍的祁连山，北部是浩瀚无边的腾格里沙漠，周围严酷的自然环境形成了天然的交通要道，是中原地区与西域政治、军事、文化与商业往来的重要交通线。

早在公元前10世纪以前，欧亚大陆就已有经济、文化交流，这种交流的中介民族是欧亚内陆草原地域的塞种人和中国西北诸羌戎民族。公元前1世纪时，随着汉代“通西域”之举，在政治、军事、经济等方面均产生了邮驿之需，以亭障、烽燧为形式的邮驿从东向西迅速扩展。由于河西走廊的天然孔道作用和沙漠-绿洲相间分布的特征，主邮驿路线的选择及驿站的设置提供了物质基础。邮驿不仅推动了行政机构的设置，而且带来了人口的聚集和交流，进一步推动了丝绸之路的形成和发展（图4-12）。

丝绸之路是连接东西方文明的纽带和国际贸易交往的通道。在德国著名地理学家李希托芬（F. von Richthofen）1877年所著的《中国亲程旅行记》中，首次提出了“丝绸之路”的概念（德文为seidenstrassen，英文为the silk road）。之后，德国历史学家赫尔曼（A. Herrmann）在1910年出版的《中国和叙利亚之间的古代丝绸之路》中，根据新发现的考古文献资料，进一步确定了丝绸之路的基本内涵。

欧亚大陆东西方交流的主要通道，是由“三干五支”（王铖等，2000）所

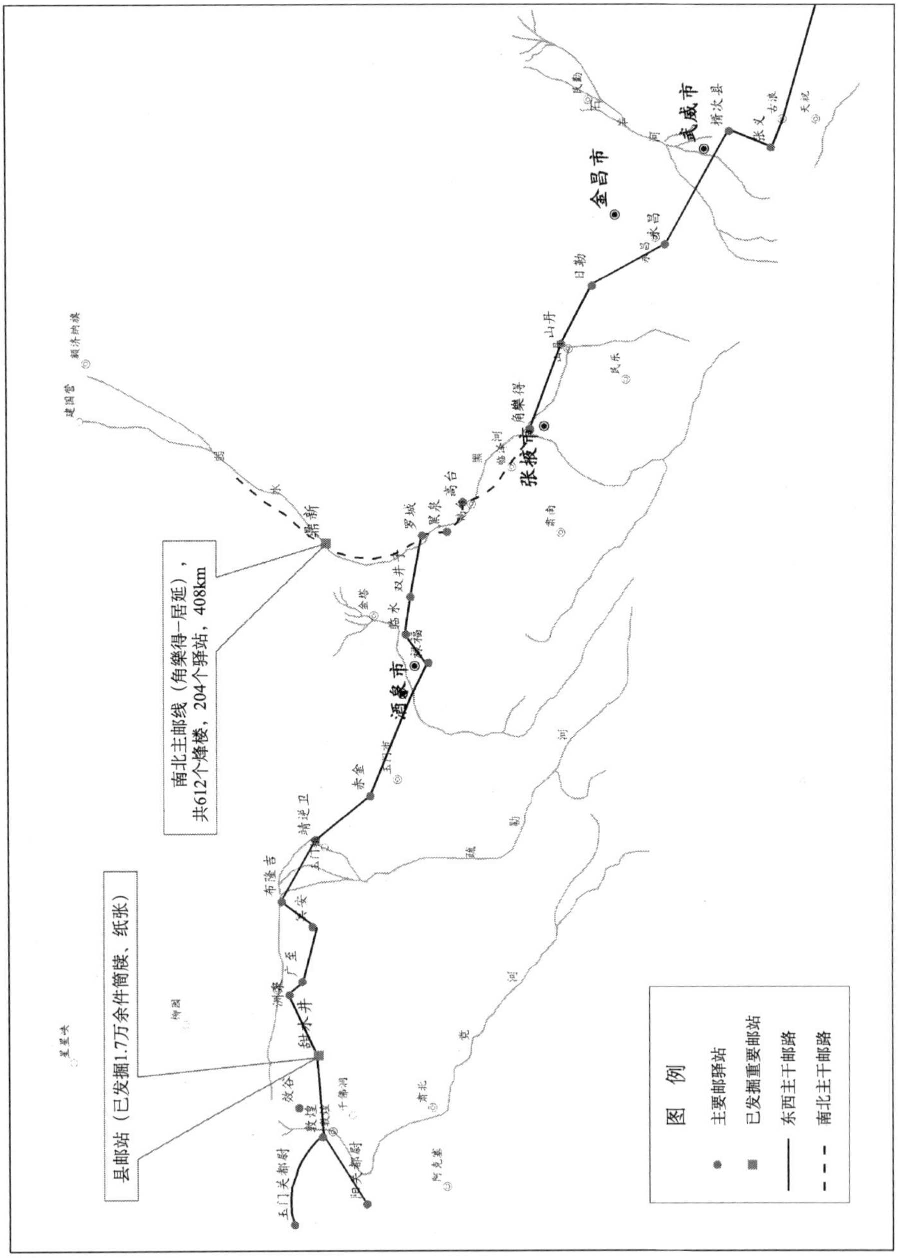

图4-12　河西走廊邮驿路线（马鸿良和郦桂芬，1992）

构成的庞大的交通网络来实现的，而其中“绿洲道路”，即狭义的“丝绸之路”在东西方文化经济交流中，最为繁荣、发达和重要。三条干线：丝绸之路、草原之路和海洋之路。五条支线：第一条支线在草原之路的东端，它穿过漠北高原的鄂尔浑河，南下连接幽州和长安。这条支线不仅是北方游牧民族用来同中原从事丝马贸易的路线，而且也是游牧地区和农耕地区发生无数次的冲突、对立的渠道和厮杀的战场。另外从蒙古高原向西还有一条连接河西走廊的路线与丝绸之路相通。第二条支线自西藏进入塔里木盆地，北上准噶尔地区。唐朝控制这条道路后，它成为中国和印度之间的一条重要交通路线，也是西藏与蒙古联系的纽带。第三条支线是从中亚地区南下阿富汗进入印度的道路。第四条支线是以东地中海沿岸为中心，北接安纳托利亚等地区，南接埃及，东达美索米亚。第五条支线是以君士坦丁堡（今伊斯坦布尔）为中心，向南通过海路可以到埃及和地中海东岸，向北可到黑海和里海进入东欧和北欧。

丝绸之路（图 4-13）是以长安为起点，经过河西走廊和西域地区进而联结中亚、南亚、西亚和欧洲的一条以丝绸贸易为媒介的交通通道。丝绸之路自西汉正式开通以后，一直承担着内地与西域，中国与亚洲、欧洲部分国家的政治、经济、文化联系的重要任务。丝绸之路大致可以分为以下三段。从长安出发，经陇西高原、河西走廊到玉门关、阳关，这是丝绸之路的东段。从玉门关、阳关以西到帕米尔和巴尔喀什湖以东以南地区，为丝绸之路的中段。自葱岭以西直到欧洲为西段（杨建新，1988）。东段有三条：北道，从长安沿泾河到泾川、固原、景泰，沿腾格里沙漠边缘达武威、张掖等；中道，由长安至兰州，经永登过乌鞘岭达武威、张掖等；南道，由长安至兰州，溯湟水谷地入西宁，翻越祁连山扁都口到张掖与上述两道合并。中段从敦煌分三道出发：北道，从敦煌经车师前王庭（吐鲁番之高昌）到龟兹、姑墨（阿克苏）、疏勒（喀什），然后越葱岭（帕米尔高原）达大宛、康居、安息、大秦；南道，由敦煌至楼兰（今若羌东北）、于阗（今和田）、皮山、莎车，越葱岭（帕米尔高原）至大月氏（阿富汗）、安息，西达阿拉伯半岛和地中海大秦；新北道是南北朝时期形成的，由敦煌到庭州（今吉木萨尔）、轮台（米泉）、张堡守提（昌吉）、石漆（精河）、弓月城（霍城县东）、伊丽河（伊犁），至碎叶城（苏联楚河南托克马克城）（李明伟，1991；纪宗安，1996）。在整条丝绸之路上，河西走廊是中西交通的咽喉，它以重要的经济、军事位置成为常争之地。河西走廊的重镇，自东向西有凉州（今武威）、甘州（今张掖）、肃州（今酒泉）、瓜州（今安西）、沙州（今甘肃敦煌）。凉州素有河西重镇之称，扼河西走廊的入口，

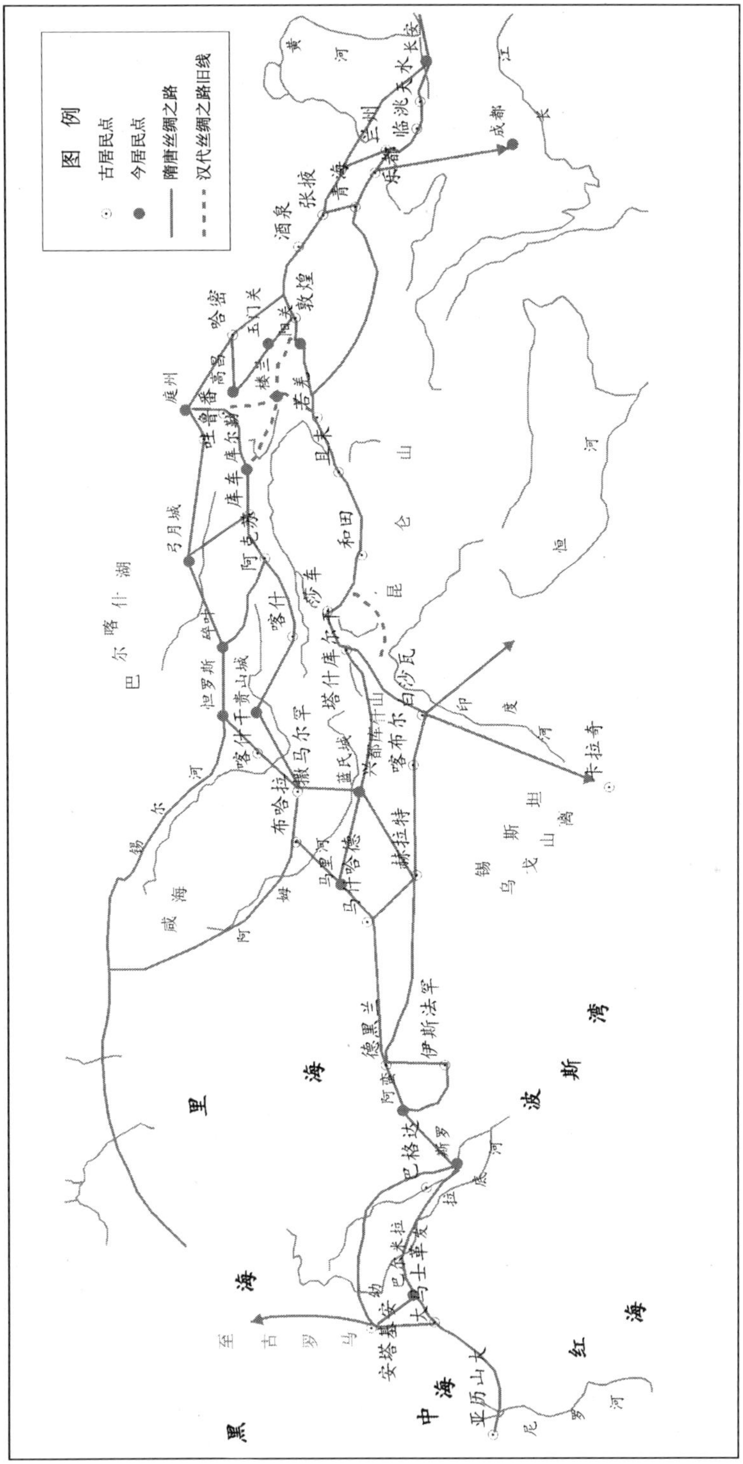

图4-13　古代丝绸之路重要路线示意图

地势重要，是东西交往，进行贸易的重镇。而甘州“东拒黄沙，西阻弱水，南跨青海，北控居延，绵亘数千里。”（吴广成和龚世俊，1995）沿途水草丰美，是丝路上重要的补给站。

丝绸之路是为适应种种政治、经济的需要，受限于自然地理条件和其他各种原因不断取舍、增补，并在长期的历史进行中形成的。其他除了东汉以前的南北两道和以后的南北中三道为丝路干线外，还有许多辅助支道，纵横交错，编织成一个交通网络。这些旁道支路与主干线多处沟通连接，使之更加四通八达，而其自身也随着丝路干线的发展不断拓展，在东西南北交通中发挥了重要的作用。

从内地延伸过来的道路，殊途同归在河西走廊地区，由这里开始穿行绿洲西行。当河西走廊地区出现战乱时，还有两条可以避开这个地区的道路。一条是自灵武或银川，经居延向西北方向延伸（北路）；另一条是在祁连山南，自青海湖畔和柴达木盆地西行（南路）。另外以河西的张掖、酒泉为中心，向北经居延，到达蒙古高原；向南经西宁可进入西藏。

丝绸之路是人类文明发展的结晶，它的产生、发展与运行，需要一定的条件与基础（杨建新，1995）。丝绸之路从根本上说是一条贸易路，其沿线所经之地，在气候、地理、人文、物产方面都存在着显著的互补性，为各族人民之间的物资交流和文化往来提出了强烈的愿望和需求，为丝路贸易的开展提供了内在动力。丝绸之路的产生也是沿线各地政治、经济势力向外辐射，以及东西方之间逐渐开通、逐渐接近的结果，其中最大的政治因素就是各地的安定和统一大帝国的出现，正是丝绸之路沿线各国各地区政治、经济、文化综合力量的高度发展，为丝绸之路的开通创造了物质基础。

历史上北方边疆地区的界限并没有阻断两边民众之间的交流，反而加速了二者之间的互动，其中贸易是促进互动的主要方式。在商业贸易的过程中形成了一些边疆贸易城市，它们既是关卡也是榷场，充当了过渡地带区域之间的“接点”。明清以来河西走廊与东天山地区之间出现过长城、嘉峪关等人为设置的界限，然而族群流动还是超越了界限，改变了空间结构。这两个地区的城市在特定的历史时期还形成了商业贸易的城市集群，使东天山地区至河西走廊西段这一过渡地带呈现出一体化的趋势（李建宗，2016）。

绿洲道路中段和西段要经过许多一望无际的浩瀚沙漠，给旅行者造成难以逾越的障碍。可是，点缀在广袤沙漠里的天然绿洲却为过往的行人和畜群提供了休憩、栖身之所。众多的绿洲结合为一条贯穿欧亚大陆的经济文化交流的大动脉（王铖等，2000）。由内陆绿洲串联起来的大陆交通线，反过来又为东西方的贸易和文化交流所刺激，迅速繁荣兴盛起来，通过从事中转贸易和为过往商人提供食宿而显得生机勃勃，一些绿洲城市因此发展壮大起来。丝绸之路的运行方式主要是接力式的，商品的中转站和集散地起着巨大的推动作用。丝绸之路沿线一系列距离适中的城镇，为其正常运行，提供了重要的支撑。

丝绸之路是古代中国通向世界之路，是东西方物质与文化交流之路。东西方通过丝绸之路相互交流，达到彼此的融洽和发展。特别是以黄河流域为主体的汉民族与古西域各绿洲古国少数民族间的交流与融合，促成了后来中华民族的形成与区域的发展，有着巨大的意义。而这一切的形成与发展又都是以绿洲为基础的，没有自河西走廊向天山南北延伸的串串绿洲，就没有丝绸之路，也就没有丝绸之路的文明与发展，因此可以认为，丝绸之路即是绿洲之路（申元村，2001）。丝绸之路的开辟，不仅将中原古老农业区与西北新农业区连接起来，并进而与中亚、西亚、南亚农业区接轨，这样来往的商队及其他旅客通过游牧区时的不安全因素就可以避免；河西农业的发展，使得供给有了保障，又有众多的驿站和城镇，为开展贸易活动和文化交流创造了便利的条件。正由于丝绸之路的桥梁和纽带作用，它的畅通与否直接影响到河西乃至西域经济社会的发展走向。

选择这样一条通路，可能因地理距离最短，又可能因当时抗击匈奴的客观军事形势。因为古代戍守、屯垦、驿道三者是密切结合的，要在军事上站住脚跟，就得筑军事防御工程，即长城。有了长城要长期固守，就得屯田，以解决军队的给养问题，避免远运之劳；戍守、屯田还得解决交通问题，这就要置驿道。因而在军事活动频繁的地区，作为东西交通线的丝绸之路，也不可能离开长城、屯田而孤立存在（西部军事活动少的沙漠又当别论）。古人这种戍守、屯田、置驿三位一体的做法，为今天根据戍守和屯田遗迹来确定“丝路”走向，提供了科学依据。

作为一种复杂的历史、文化与经贸现象，丝绸之路包含了人类社会得以维系的几乎全部因素，它的基本走向形成于公元前后的两汉时期。张骞首次出使西域探险在汉武帝即位初年，于元朔三年（公元前 126 年）左右返回。当时汉王朝西疆仅及陇西、黄河而止，被胡、羌尤其是匈奴紧紧封锁包围。黄河以西，今祁连山以北的河西走廊与沙漠、水草地，最初属月氏、乌孙领地，后被匈奴右部占据。山以南及河湟以西，为羌人势力范围。黄河、祁连山大致是汉、匈奴、羌三家的分界线。西汉时期张骞两次出使西域（史家称之为“凿空”），它是中西交通开拓的标志，建立了汉朝与西域诸国的直接联系，也揭开了中央政府开发和治理新疆地区的序幕。张骞西行后不久，汉武帝采取一系列的军事行动征战匈奴，其中，以公元前 121 年进行的河西之战对丝绸之路的开通和河西地区的繁荣最具决定意义。这一战役使汉王朝正式拥有通往西方的咽喉要地——河西走廊。汉廷随后在此设立酒泉、武威、张掖、敦煌四部，并修筑众多的城障烽燧，以护卫丝路。

随着河西走廊以西绿洲范围的不断扩展、丝绸之路上贸易的加强和农业（种植业）的不断渗入，汉民族也由东向西不断转移，这就使当时汉王朝及其以后不同时期的政治、军事力量不断向西扩展；而军事、政治力量的西进，又必然对西域各地的经济、文化产生深刻影响，并进一步促使以种植业为主体的农业不断加强，绿洲范围进一步扩大，丝绸古道的贸易也日益昌盛。

丝路沿线的国家、地区，在政治、文化、经济发展上，确实存在着某种程度的同步现象，使丝路的发展、变化、畅通、受阻出现某种周期性和规律性。

公元前 6 ～公元前 4 世纪，这个时期对丝路的形成有重大的影响。这个时期在丝路的枢纽地段，出现和形成了强大的波斯帝国（公元前 550 ～公元前 330 年），作为丝路东端的中国中原地区，早在公元前 11 世纪就建立了周王朝。公元前 6 ～公元前 4 世纪，正是周朝政治、经济、文化发生巨变的时期。东西两端的和政治上的强大统一，为丝路的产生提供了直接条件。

公元前 4 世纪至公元 1 世纪，为丝路的开通期，这时期马其顿亚历山大（公元前 356 ～公元前 323 年）东侵，建立了相当于波斯帝国版图的亚历山大帝国，而印度形成了强大的孔雀王朝（公元前 321 ～公元前 185 年），中国则继秦始皇统一后，又于公元前 3 世纪末形成了强大的西汉。

1 ～ 6 世纪，为丝路巩固和发展时期。罗马帝国（公元前 30 ～公元 476 年）、贵霜王朝（1 ～ 3 世纪）相继在丝路西段和中亚、南亚兴起，中国在经过西汉末短暂的混乱后，又建立了强大的东汉。

7 ～ 9 世纪，为丝路发展的顶峰时期。中国在隋（581 ～ 617 年）、唐（618 ～ 907 年）时期，实现了大统一，拜占庭帝国雄居于地中海东岸及小亚细亚。

9 世纪以后，中国的政治经济中心南移，海上贸易大通，陆上丝绸之路趋于沉寂，以后至元、明时，再次有过一度繁荣，但其规模已无法与唐时相比。

在公元前4世纪～9世纪近3000多年的历史时期，我国西北陆上丝绸之路曾几度通塞。一般认为，当中原王朝强大并趋于统一时，四夷才会宾服，丝绸之路畅通；而当中原政权衰败、割据分裂时，四夷就会叛之，丝绸之路则被阻断。

西汉时，丝路安全得到有效保护，但西汉末年与新莽、东汉初年，曾因政治动乱，几度与西域中断了联系。东汉时期，由于北匈奴不断侵扰西域，丝绸之路西域段出现了“三通三绝”的情况，但经班固、班超等的苦心经营，丝绸之路仍然出现了繁荣的景象。

魏晋南北朝时，河西割据分裂，丝路主干道被切断，祁连南麓的“青海道①”取代“河西道”，从而推动了青海城镇的发展。445年，在北魏高凉王那的追击下，吐谷浑慕利延率领部众远遁白兰，然后从白兰进行了吐谷浑历史上有名的西征。这一时期，河西走廊一带烽火连天，丝绸之路北道受阻，于是在吐谷浑王国的推动下，丝绸南道（也称“羌中道”）开始复兴，并一度取代了河西道成为丝路的主干道。出于与南朝开展经济、政治、文化交流的需要，吐谷浑人还在自己的国境内开辟了一条通往南朝都城建康（今南京）的新道——河南道，其从今青海湖东岸向东南行，经共和县或兴海县渡黄河，过黄南州（今青海黄南藏族自治州）、四川松蕃，到达益州（成都）一带，再沿长江而下至南京。丝绸之路是一条文化之路，也是一条贸易之路和财富之路。贸易给吐谷浑带来了巨大的财富，也引起了别国的垂涎。553年，夸吕可汗向北齐派遣了以贸易为主要使命的庞大使团，使团返经凉州时，凉州刺史史宁闻风而至，截获了这支由吐谷浑高级官吏“仆射”“将军”带领的使团。使团中的胡商240人，驼骡600头，杂彩丝绸数以万计。从中不难想象吐谷浑人进行国际贸易的独特方式与巨大规模。3年后，尝到甜头的史宁联合好战的突厥木杆可汗，兵分两路，攻陷了位于今青海共和县曲沟乡的吐谷浑旧都树敦城和石乃亥乡的贺真城，抢劫了无数的奇珍异宝，使两座繁华一时的国际贸易城变成了废墟。

吐谷浑也像汉人一样，实施“远交近攻”策略。一方面频频向远离吐谷浑国境的东魏和北齐遣使进贡；另一方面又多次派兵侵扰近邻西魏和北周边境。

---

① 丝绸之路南道，过日月山后大致有三条支线：一是经青海湖南岸或北岸过柴达木盆地和德令哈、大柴旦、出当金山口，达敦煌汇入河西走廊。二是过青海源南岸，经今都兰县城、香日德、诺木洪、乌图美仁，再向西北经尕斯勒湖，越阿日金山至西域。这是主线，与现代的青新公路走向基本一致。三是从白兰（今鄂陵湖与扎鄂湖一带）出发，经布尔干河谷入新疆。这条道山势陡峻，人迹罕至。

这一战略在乱世之时尚可奏效，但在隋统一中国后就立显不合时宜。609年，隋炀帝率大军西征吐谷浑，在覆袁川（今青海门源县西北永安河一带）设置了绵延900余里的包围圈，试图生擒伏允可汗。吐谷浑大败，但伏允可汗金蝉脱壳，率2000骑南奔党项（今青海果洛）。约10年后，隋亡，伏允率部众返回故园，重建吐谷浑王国，并多次与唐朝对抗，终于引来杀身之祸。

隋唐是河西历史上第二个大发展时期，隋朝国祚虽短，却非常重视经营河西。隋炀帝就先后两次派裴矩经营张掖。大业五年（609年）隋炀帝又西巡张掖，在燕支山（焉支山）下大会高昌王麴伯雅、伊吾吐屯设及西域27国首领、使者和商人，使中西交往繁盛一时，丝路各线畅通无阻。及至唐代前期，随着对西域经营规模的扩大及安西四镇、北庭都护府的设立，丝路更形畅通，东西交往繁荣状况达于极盛。到开元、天宝之际，河西走廊更成了天下最为富庶之地，“商旅往来，无有停绝。”隋唐时，丝路北、中、南三道“总凑敦煌咽喉之地”，故敦煌、酒泉的商业异常发达。作为“河西咽喉地”的甘州是经济最为发达的地区，时人陈子昂称“甘州地方粟多，……仓庾丰衍，瓜、肃以西，皆仰其，一旬不往，士已枵饥。是河西之命系于甘州矣。”[①]

“安史之乱”后，河西为吐蕃所据，848年，张议潮起兵，推翻了吐蕃的统治，光复河西。其归义军政权虽奉唐正朔，实际上是一支地方割据势力。其后甘州回鹘迅速强大起来，控制了以甘州为中心的河西大片地区，归义军政权实际只占有走廊西部的瓜、沙一隅之地，走廊东部则为西凉六谷部所控制。因此，当时的河西处于四分五裂的状态。丝绸之路一度阻绝。

西夏据河西后，对过境商贾“择其上口”、征收“十中取一”的商税，迫使西域各国的商贾、贡使避开河西走廊这一传统的东西商路，改而绕道河湟，走“青海道”，青海道沿线新增了许多城镇，如一公、摩宗、敦巴、巩令等，而河西走廊却未出现新城。

宋代以后，由于中原王朝政治重心的东移，经济重心也南移至江南一带，加之阿拉伯世界兴起，东西海上丝瓷之路活跃起来，陆上丝绸之路失去了昔日的辉煌，原来车马遥驿、商贾云集的繁华景象趋于沉寂了，河西地区终于在这种闭塞的环境中逐渐落后了。可以说，丝绸之路的兴衰，是河西封建政权易位的见证，也是河西开放与否的象征。它的存在与畅通，不仅将沿途的城镇互相

① 《陈子昂传》。

串联起来，而且为这些城镇赋予了东西文化、经济、宗教的内涵，为区域城镇体系的发展与格局刻画出比较清晰的轮廓。

唐宋以来，东西方都在发展对外海上交通，极力加强从海上和中国发生关系。自汉至唐，陆路丝绸之路始终在中西经贸中占据着主渠道的位置，但是，陆上丝绸之路的发展却有许多局限性，除了沿途有高山、沙漠阻隔，路途艰险外，它还受到中国北方不时发生的战乱影响，也因西域各国政治形势的变化而经常受阻与中断。唐中期以后，吐蕃占据河陇，唐中央同西域的陆上通道被隔绝。宋代，由于西夏占据河西，西域各国的朝贡使和商人被迫改走青海或由草原路进入中原。陆上丝绸之路这种经常受阻的情况，不能不促使中国同印度、阿拉伯各国的交通发生由陆路到海路的变化。元朝，由于蒙古的西征取得重大的胜利，并直接统治了中亚、西亚的广大地区，所以东西驿路又复建立，许多欧洲与西亚等国的使臣、商人、教士与旅行家相继前来。至明代，因为西北方退守嘉峪关长城一线，又因在郑和下西洋后，着力于东方海上交通，西北丝路商贸虽未中断，但地位已大不如前。到清代，特别是其后期，随着西北疆域中巴尔喀什湖以南、以东，斋桑泊以东与帕米尔等大片国土沦于沙俄帝国主义之手，加之又推行闭关锁国政策，致使这条重要的西北陆上通道走向了萧条（朱士光，2002）。

据考证，仅在河西走廊，古城遗址就有近百座。这些古城主要是汉唐所建，分布在丝绸之路沿线两翼，约有六大片：敦煌、安西、肃北片，计有30余座（朱幼棣，1995；李并成，1998），著名的有敦煌沙州故城（汉唐敦煌郡、县城、唐沙州城）、南湖破城（汉龙勒县城、唐寿昌县城）、肃北石包城（唐五代雍归镇城）、安西锁阳城（汉冥安县城、唐瓜州晋昌郡城）、六工破城（汉宜禾都尉昆仑障、曹魏宜禾县、北魏常乐郡、隋常乐镇、唐常乐县城）等；玉门、酒泉、金塔片，有古城30余座，如酒泉下河清皇城（汉乐涫县城、唐禄福县城）、玉门赤金堡城（汉唐玉门县、唐玉门军城）、金塔西古城、金塔大湾城（汉肩水都尉府城）、双城子；高台、肃州、张掖片，计有10余座，如高台骆驼城（前凉建康郡、唐建康军城）、肃南新墩子城、张掖黑水国城（汉张掖郡治觻得县城）、肃南皇城（元高昌王城）；民乐、山丹片，计有10余座，如民乐永固城（汉祁连城）、山丹双湖古城等；金昌、武威片，有10余座，如金昌高庙古城（唐武安戍城）、高沟堡古城、永昌沙城子（汉鸾鸟县、唐嘉麟县城）、民勤连城（汉唐武威县城）；古浪、天祝、景泰片，计有10余座，如古浪三角城、天祝松山城、景泰吊沟古城（汉媪围县城）等。

在这些城镇之间，为了城镇本身的利益，都主动保持着密切的交通联系，所有这些城镇联结起来，实际上形成了完整的道路网络。因此这些城镇构成了丝路的重要支撑点，它们是货物的集散地，是商人和贡使的落脚点和休整点，是联结丝路的枢纽。

若仔细推敲城镇分布、数量与贸易路之间的关系，可以发现以下显著特征（李明伟，1991）：贸易路的网络密度与城镇数量呈正相关。城镇规模与贸易路性质有关。西北最早的贸易路是古丝绸之路，属国际贸易通道。以后随元明清疆域的扩大，民族关系的密切，出现了互市贸易路，以国内贸易为主。这样在不同的贸易路线及周边地区出现的城镇自然就打上了不同历史阶段的烙印。其城镇的规模、性质和地位也有所不同。一般而言，川西和青海的城镇晚于甘肃和陕西，且丝绸之路沿途的城镇规模多半较大，往往发展成主中心城市，传承性较强；而互市路上的城镇规模往往较小，且不稳定。

第七节　自然环境变化

一、气候变化

早在20世纪70年代，国外一些学者对此已有较为系统的论述，代表性的著作有美国的教学罗伯特·克莱本（Robert Claiborne）所著的《气候·人·历史》（克莱本，1978）和布赖森（R.A.Brysin）与默里（T.J.Murray）合著的《饥馑的气候——人类与变动着的全球气候》，以及Adam的《气候与历史——历史气候及其对人类影响的研究》（*Climate and History-studies in Past Climates and their impact on Man*）一书，大致反映了20世纪70～80年代国际上对气候与历史相互关系方面研究所取得的成就、存在的问题及努力的方向。

气候环境变化与古城的兴衰是否有一定的相关性？李江风（1990）、张林源（1994）、张宏和樊自立（1998）等通过对古绿洲废弃与气候波动变化的对比分析认为，古绿洲的衰亡期也是气候干旱期。而穆桂金和刘嘉麒（2000）则认为，虽然绿洲演化的调控因素较多，但主要因素为人为干扰、气候波动和构造运动，其中大幅度的气候波动将诱发绿洲特征的变化，而小幅度、短周期的气候波动则不会引起绿洲明显的变化；人为干扰虽在近期绿洲演化中起到了主导作用，但从区域环境演化的角度看，只是人类活动的迅速发展加速了自然演化的趋势。

竺可桢曾对我国近5000年来的气候变化做过权威性研究（竺可桢，1972），结合考古资料、物候资料、地方志资料、仪器观察等多种手段，初步恢复了中国近5000年来的气候变迁。认为5000年中前2000年气候气温比现在高20 ℃左右，3000年来，西周时代（公元前1100～公元前770），气候寒冷，东周一直到西汉时期是温暖湿润时期，三国开始后不久气候变冷，并一直维持到唐代开始，唐末以后，气候再次变冷，至15世纪渐入小冰期，形成两峰三谷结构，直至20世纪初气候回暖，小冰期结束。之后Hameed与龚高法将竺氏的温度变化曲线作了一些小的修改（哈米德和龚高法，1993），将中国过去3000年划分为11个气候适宜期（暖期和变暖期）和气候非宜期（冷期和变冷期）。朱士光等（1998）根据关中地区考古发掘、孢粉分析研究成果，以及丰富的史籍文献、地方志等资料的收集、整理，分析出西周初期约距今3000年前，气温开始变冷；进入晚全新世，平均气温比现今低1～2℃；春秋、战国、秦及西汉早期（公元前770～公元24年）气候温暖湿润；西汉晚期，气候转冷；至隋、唐（581～907年），气温高于现今1℃左右；北宋、金、元（960～1368年）等时期气候以温凉为主；明、清（1368年）以后，进入小冰期，尤以17世纪及19世纪后半叶最为寒冷。根据历史气候记录，张丕远（1996）对近2000年来中国特别是东部地区的气候变化进行了全面系统的分析，其中近2000年来的气候划分为6个阶段，西汉中叶至东汉末温暖干，魏晋南北朝时期气候寒冷，隋至盛唐时期气候温暖，中唐至五代初期气候寒冷，五代中至元前期气候温暖，元后期至清末气候寒冷。

距今5000年左右全新世大暖期结束，气温、降水条件发生波动并逐渐下降，造成生态环境恶化，使本已十分突出的资源紧张局面雪上加霜，掠夺或保护资源的斗争不断扩大，不同人类群体之间的冲突加剧，从而导致城址的出现（曹兵武，1996）。

总之，无论采用何种研究方法、选择哪个研究区域，结论是基本相同的，即近几千年来我国气候虽然表现出以数百年时间尺度为周期的冷暖波动，但总的趋势是暖期不断缩短，冷期越来越长，冷期降温的幅度逐渐加大，如“仰韶暖期”历时几千年，秦汉暖期延续七八百年，而“隋唐暖期”只有三四百年。相反，西周冷期只有100多年，魏晋南北朝冷期则经历五六百年，而第3次寒冷期则长达八九百年（丁敏，2005）。

王会昌（1996）将数千年来气候的冷暖波动图、干湿变化图与中国北方民族政权疆域南界的纬度变化三者用一个时间坐标绘制在同一图上后发现，无论是王朝的兴衰，还是游牧民族的阶段性南下及其南迁的幅度，都与气候的周期性变化及其变化程度存在着大体同步的共振关系，气候温暖时期，中国北方游牧政权与中原农耕世界和平共处；气候寒冷时期游牧民族南迁，中原政权不稳，二者对峙，甚至建立了“牧者王朝”。汤懋苍和汤池（2000）发现历史上的太平盛世绝大多数出现在气候适宜期，大规模的战争和农民起义，以及北方民族的入侵均发生在气候非宜期。满志敏等（2000）将气候变化对历史上农牧过渡带的影响进行了个例研究，不但肯定了气候变化对历史上游牧带变迁、游牧民族社会文化的影响，且进一步指出，气候变化对农牧过渡带的影响是通过人类社会系统起作用的，不同的社会状态和组合会产生不同的农牧过渡带实况和相应的社会问题，而且强调了当农耕民族与游牧民族在农牧过渡带附近对峙时，气候向寒冷方向的变化常常成为社会动荡的触发因素，极端情况下可以产生很严重的后果。李伯重（1999）认为，20世纪以前的2000年中气候变化对人口变化的影响有直接和间接影响：直接影响是气候变化引起农业生产量的增减、农业区域的移动，从而导致人口发生变化；间接影响则是气候恶化通常激化社会矛盾、触发社会危机，引起原有社会结构解体，从而导致人口减少，反之引起人口增加。张丕远认为中国历史时期气候变化既有冷暖波动，又有干湿波动，气候变化更存在明显的地域差异；历史时期气候变化对人类社会发展的影响具有动态性和复杂性，同时又有地域不平衡性。

应当指出，历史发展，包括王朝的兴衰更迭、北方游牧民族的南进北撤等，是多种因素相互影响、综合作用的结果，气候的变化只是诱发因素，只能决定其发展的方式、方向、速度和进程（王铮等，1996）。在历史过程中，应该承认气候–生态–经济–社会的连锁反应或反馈机制对于社会和历史发展的重要影响。纵观2000多年的封建王朝，历代王朝的兴衰和游牧民族政权疆域南界的变化等，都与气候上冷暖干湿的波动变化之间呈现出大体同步的相关或共振关系，而且不只局限于一朝一代或某一特定时段。因此，中国历史发展与气候变化之间，具有一定的内在联系（丁敏，2005）。

自然环境的变化主要表现在气候的干湿、冷暖变化上，具有一定的周期性和区域变化的一致性。在宏观尺度上，中国西北地区气候升温与降雨增加一致。但越来越多的证据显示，温度与降雨的变化并不完全一致（刘东生，2004）。西北干旱区深居大陆腹地，加以地形闭塞，其水热状况的匹配具有明显的内陆特性，即温度是左右湿度的主要因素。内陆干旱区冷期气候以冷湿为主，暖期气候则表现为暖干。东部暖湿期与西部冷湿期相应对，东部冷干期与西部暖干期相同步（吴宏岐和雍际春，1994）。

参考张志华和吴祥定（1996）、张振克和吴瑞金（1998）、王乃昂等（1999，2003）、钟巍等（2001）、俎瑞平等（2001）的研究成果，作者尝试建立河西及毗邻地区气候变化的图谱（图 4-14）。

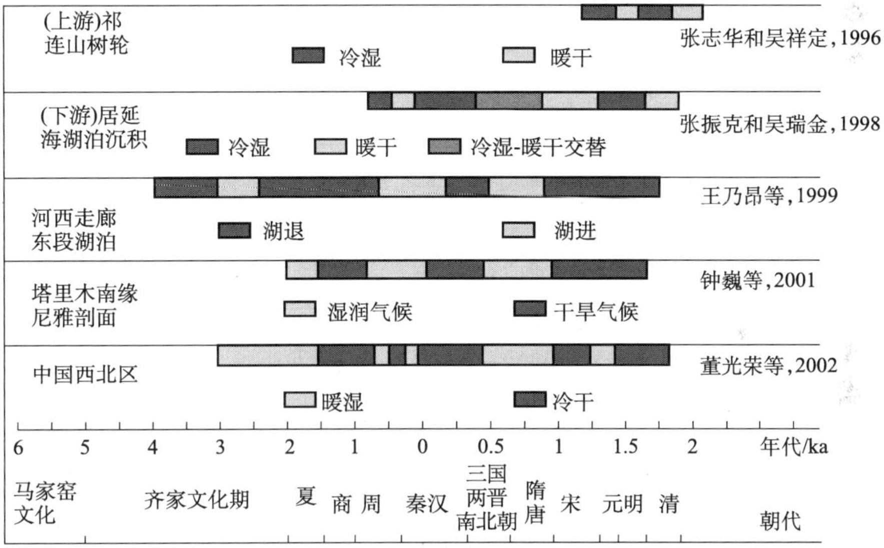

图 4-14　河西地区及毗邻地区气候变化

对比河西走廊古城废弃的年代与气候的波动变化，不难发现大量古城废弃的时期，往往也是气候明显偏干、偏冷的时期，即汉末、魏晋时期、南北朝、唐末五代和明清小冰期。据不完全统计，河西走廊及毗邻地区重要古城废弃的时间分布具有较大的一致性（表 4-8）。其中，魏晋南北朝期间废弃的古城占 22.2%，中唐至五代为 24.4%，明清两朝约 53.3%（李并成，2003）。无独有偶，新疆和田地区古遗址废弃出现的时代频率为：汉代 2 处，魏晋南北朝 4 处，唐代 7 处，宋代 5 处，宋至元期间 1 处，明代 1 处，清代 1 处（谢丽，2001）。在 3 ～ 6 世纪的气候干旱期，塔里木盆地的楼兰、且末、罗布庄、尼雅、喀拉墩、古民丰、精绝古国等也都在这时被先后废弃（俎瑞平等，2001）。近 2000 多年来，丝绸之路的兴衰变迁梗概为：西汉、隋唐、元代属丝路兴盛畅通时期；而东汉、魏晋南北朝时间、五代及两宋（包括辽、金、西夏）及明清两代为丝路相对荒芜沉寂时期，这时期尽管存在着某些短暂的复苏，但总的来看，是“中原”封建政权因游牧军事集团中阻丝路或侵扰“边关”而“闭关绝贡”。将上述丝路的兴衰变迁与近 2000 多年来中国气候波动的韵律对比考察，并联到不同地区民族的经济社会文明的盛衰变化，不难发现二者存在着较高的耦合性。东部暖湿、西部冷湿期，则丝路畅通，农耕经济繁荣，西域牧业文明兴盛；西部暖干，则丝路受阻，农耕经济凋敝，西域文明衰落（杜忠潮，1996）。

表 4-8　河西走廊及毗邻地区若干历史古城的废弃时代

古城名称	所在地区	延续时代	废弃时代
高沟堡城	武威长城乡	清	清代中后期
文一古城	民勤大坝乡	汉、唐、明	明代以后
白亭军城（连城）	民勤泉山镇西北 10km	汉、唐	中唐以后
古城	民勤西沙窝	汉、唐、西夏	中唐以后
三角城	民勤红沙梁乡	汉	唐末
端字号柴湾城	民勤西渠镇	汉	明清
东安堡城	民勤羊路乡	西夏、元、明	清代
红沙堡城	民勤县城东北 10km	唐、宋、明	清代中期
青松堡城	民勤薛百乡	明、清	清代中期
沙山堡城	民勤薛百乡	明、清	清代中期
南乐堡城	民勤薛百乡	明、清	清代中期
红崖堡城	民勤县城西南 40km	明	清代后期
沙城	永昌水源乡北地村民	汉、晋、唐	中唐、五代
氐池县城	民乐李寨乡北部	汉、晋	南北朝
黑水国北城	张掖西城驿	汉、唐	明清时期
黑水国南城	张掖西城驿	唐、西夏、元	清代中后期
骆驼城	明海沙漠东南	晋、唐	中唐五代
建康郡城	明海沙漠东南	汉、晋	南北朝
许三湾城	明海沙漠南缘	汉、唐、明	清代
明海子城	明海沙漠	唐代边城，明	清代
新墩子	明海沙漠	汉、唐	清代

续表

古城名称	所在地区	延续时代	废弃时代
草沟井城	明海沙漠西缘	汉、唐、明	清代
下河清皇城	明海沙漠西缘	汉、唐	中唐五代
仙堤城	山丹县位奇乡十里堡村	东汉筑城，西晋设县	
霍城（黑城）	山丹城南 34km 处	匈奴城，西夏为军防城	
绥弥县城	酒泉临水乡古城村	汉、晋	南北朝
会水县城	金塔破城子	汉、晋	南北朝
K710 城（居延）	古居延绿洲北部	汉（居延都尉府）	南北朝
A8 城（破城子）	古居延绿洲北部	汉（居延都尉甲渠侯官）	南北朝
K688 城	古居延绿洲北部	汉（遮虏障城）	南北朝
F84 城	古居延绿洲北部	汉	南北朝
K749 城	古居延绿洲北部	汉	南北朝
K789 城	古居延绿洲南部	汉唐、西夏	明清
绿城	古居延绿洲南部	唐、西夏、元	明清
K799 城（黑城）	古居延绿洲南部	西夏、元	14 世纪
池头县城	玉门花海破城子	汉、北魏	清代
桥湾城	安西布隆吉	清	清末
冥安县城	安西桥子乡	汉、唐、清	清代
锁阳城（苦峪城）	安西桥子乡	唐、元、明	18 世纪初
广至县城	安西踏实乡	汉	南北朝
常乐县城	安西南岔乡	曹魏、唐宋	明清
伊吾县城	芦草沟下游	魏晋、唐	9 世纪以后
甜水井古城	芦草沟下游	汉、唐	中唐五代
悬泉驿城	芦草沟下游	唐	中唐五代
郊谷县城	敦煌郭家堡乡	汉魏、唐	中唐五代
寿昌县城（龙勒）	敦煌南湖乡	汉、唐	10 ～ 11 世纪
白旗堡	安西西湖乡		清末

注：表中 ^{14}C 年龄分别在北京大学科技考古与文物保护实验室及兰州大学年代学实验室测定

资料来源：马鸿良和郦桂芬，1992；王乃昂等，2003

二、沙漠化

我国西北地区的干旱、多风、植被稀少的荒漠景观，在上百万年前就基本形成了，此间经历了若干次干湿气候变化的旋回，而每一次气候旋回，都是一次荒漠化的扩展或收缩过程。但是在人类历史之前，荒漠化是一种纯自然过程。即使在人类社会的早期，由于人类活动的范围及其对环境的影响能力相当有限，人类活动还不足以对大范围的环境变化产生影响，荒漠化的扩展或收缩依然还是以自然过程为主。在现代条件下，不合理的人为行为活动成为荒漠化过程的催化剂。事实上，自然因素和人为因素相互交织、反馈，要严格区分荒漠化发生、发展的自然和人为因素是困难的，只能从不同的侧重点来概略确定某一时期、某一区域的荒漠化成因主体，以大致反映作用因素的构成。

历史时期河西的沙漠化土地大多位于河流的下游，特别是范围较广的成片沙漠化区域更是如此，下游地区位于绿洲尾闾，水资源状况较差，易受水量变化的影响，且当地盛行风向（偏北风）前冲，干旱、大风等灾害性天气的作用强烈，又多与流沙、盐碱地、戈壁等相间分布，甚至被沙漠切割包围，其生态环境的潜在不稳定性很强，因而沙漠化过程易于被激发，在人类不合理活动的开发利用方式作用下易于向荒漠演变。内陆河中游也可见沙漠化土地，但范围较小，且分布分散。

根据古城废弃、湖泊退缩、频降尘期等发生时代的相对一致性，确定历史时期河西走廊沙漠化过程存在 3 次大发展时期，汉代后期（有的延及魏晋）、唐代中后期（有的延及宋代）、明清时期（李并成，2003）。这几次沙漠化过程与历史上三次大规模的土地开发活动相伴随，且对应近 2000 年来的气候干冷阶段。清代中期河西走廊人口密度突破了干旱地带人口压力的“临界指标”，水资源利用率超过 40%，是晚近沙漠化土地迅速扩大的主要原因（王乃昂等，2003）。汉代垦区主要分布在古弱水下游地区，特别是弱水下游左岸，汉代的城障、耕地、水渠特别密集。居延城（K710）、雅布赖城（K688）、温都根特日格城（K749）、乌兰德布井城（F84）等重要的城障，都在弱水下游左岸。从建筑物中木料的 ^{14}C 年代测定来看，大都在距今 2000 年左右，即公元前 1 世纪西汉晚期。这表明汉代的人类耕垦活动，主要集中在弱水下游左岸，即居延垦区的北部。大规模的移民屯田，绿洲天然水被大量纳入人工农田垦区中，水资源的自然分布状态和平衡被打破，随着开发的深入和规模的扩大，离水源较远的绿洲下游尾闾的一些地区首先受到水源不足的影响，加之风沙侵袭，其首先沙漠化（表 4-9）。

表 4-9 黑河流域沙漠化古绿洲与沙漠古城

河流	沙漠化区域	沙漠化古绿洲面积 /km^2	古城
黑河下游	居延古绿洲	1200	K710 城、雅布赖城（K688）、乌兰德勒布井城（F84）、破城子（A8）、温都格特日格城（K749）、绿城、马圈城（K789）、黑城（K799）
黑河中游	西城驿沙窝古绿洲	30	黑水国南城、北城
海潮坝河、童子坝河下游	民乐李寨菊花地古绿洲	180	古城子
马营河、摆浪河下游	明海古绿洲	450	骆驼城、骆驼城东北遗址、新墩子城、许三湾城、草沟井城、明海子城、深沟城、双丰城、莲花寺、下河清紫禁城
北大河下游	金塔古绿洲	550	西三角城、小三角城、西古城、一堵城、金塔三角城、下长城、破城子、黄鸭墩城（银耳子城）、三个锅桩、下破城、北三角城、之石滩古城、西窑破庄

资料来源：程弘毅等，2005

从唐代以后，垦区的重心转向弱水下游的上段，即以唐宁寇军城（K789）和西夏、元代亦集乃城（即黑城，K799）为中心地区，以及亦集乃城以东的绿城、绿庙一带。从地理分布上来看，唐、西夏、元代的垦区，重心是在居延垦区的南部。汉代以后，各代垦区的交错带或分界线，大体上是在五座塔（西夏佛寺遗址）一带。

一般情况下，在老垦区上继续耕种，要比开垦新的耕地容易得多，利用原有的水利灌溉设施，可以节省许多人力物力，然而在居延地区，唐、西夏、元代却拒绝利用汉代的老垦区，反映出汉代的老垦区已经无法继续耕种，只能到处女地去开发新的垦区。

唐代又一次的大规模开发过程，人口和耕地较汉代有大量增加，特别是唐代前期，于河西推行足兵、足粮政策，实施屯防、屯粮、屯牧之举，整个河西的耕地（含军屯、民屯、寺院土地等）合 330 万亩，已相当于如今河西报表耕地面积的 1/3。唐代河西绿洲的开发地域，主要集中在中游平原地区，中游开发导致下游来水量日趋减少，中下游用水矛盾形成。

明清时期为第三次大规模的土地开发，开垦的地域向绿洲边缘较难利用的一些地区扩展。明代中后期以来至清，处于气候的湿润期，但由于水土开发规模过大，人口暴涨，人-水-土矛盾尖锐，土地沙漠化更严重。

与河西走廊同属干旱区的新疆和田绿洲，东汉绿洲废弃在时间序列上的规律是：屯田早的沙漠化出现早，屯田晚的沙漠化相应推迟；沙漠化的峰值期滞后到魏晋南北朝时期出现，滞后期为400多年。唐朝和田地区屯田最为繁荣，出现了古遗址的废弃高峰；宋代虽没有屯田，但依然是古遗址废弃的高峰期，即唐代屯田的生态滞后效应延续到宋代出现古遗址废弃的高峰期，滞后300多年。东汉屯田沙漠化的滞后效应释放完毕期在魏晋南北朝末期，共经历了500多年，即自73年屯田始，至580年魏晋南北朝结束。唐朝屯田对土地沙漠化的影响至元初基本释放完毕，共经历600多年，即自635年唐初在于阗屯田始，至1271年元朝建立。结合楼兰古国废弃的时期也经历了500～600年的时间来推论：西汉至清朝时期塔里木河流域绿洲废弃的周期为大规模的农业生产开发后的500～600年。元代与清代屯田的主体均为少数民族，屯田的强度较弱，两朝之间的明朝屯田又中断，因此绿洲遗址废弃较少，绿洲趋势于稳定（谢丽，2001）。比较近2000年内沙漠化与人口增长的变化，近2000年内的四个沙漠化正过程期与我国人口增长的四个高峰期相吻合，同时又正是我国历史上最主要的垦荒时期，即汉、唐、宋、明清。尤其是唐朝，经过晋、南北朝与隋的人口持续增长，唐中叶时达到一个人口增长高峰，同期气候适宜，垦荒面积急剧扩大，成为我国历史时期土地开垦的顶峰，但随着唐中叶后的战乱、人口减少与气候波动，短期内大量耕地被弃，致使大面积土地直接裸露于风力作用之下，沙漠化随之而起并迅速发展，之后的相对暖湿气候也没有能完全控制这一趋势，因而该时期虽然整体上处于气候相对暖湿期，但在人为强度干扰下仍有沙漠化问题存在，这是历史文献中对此多有记载的原因。因此，人类历史时期内，人类为了生存和发展所进行的一系列生产活动，尤其是农垦活动，必定会破坏地表植被与土层，导致沙漠化正过程有所发展，说明人类不同的土地利用方式与强度，对历史时期内沙漠化有着重要作用。总体上历史时期的气候变化是决定沙漠化正、逆过程变化的主导因素，以气候变化为主、气候变化与人类活动共同影响着历史时期沙漠化过程的发生与发展。在黑河流域所处的河西走廊及其毗邻的西北广大干旱荒漠区，历史时期气候虽略有波动，但总体上一直处于干旱状态，长时期处于沙漠化正过程中，在此背景上人类活动造成的沙漠化一旦形成就很难形成逆转。因此，在进行研究区土地沙漠化未来发展趋势预测研究时，要考虑气候条件的决定性作用和本区域人类活动。

由于历代在河西进行的各种形式的屯垦，大都带有浓厚的军事色彩，大多数垦区都分布在边远绿洲，且战略位置十分重要的地区。而这些地区又恰恰处于沙漠边缘或内陆河下游，随着中上游地区的渐次开发和人口的增加，用水量增大，下游垦区来水量减少，许多已开垦的土地因得不到灌溉而逐渐荒颓（闫廷亮，2001）。

长期趋势变化会使得一些早先适宜居住的古城地区环境逐渐恶化，水源供应减少，并最终导致其废弃。另外，气候可能不仅通过影响水的供应直接对古城的废弃产生了一定影响，而且还可能通过与其他社会因素的相互作用而对土地沙漠化和古城废弃产生一些间接作用。在气候干旱时期，连年的干旱对生产，尤其是对牧业生产的严重打击，使其生产产量不能维持暖湿时期已经增长起来的人口的基本需求，从而也进一步促进了游牧民族的外侵和战争。例如，天宝十四年（755 年）安史之乱爆发后，吐蕃自青藏高原乘虚而入，河西等地相继沦陷，原有人口急剧减少，致使大片良田沃土弃耕。从广德二年（764 年）到北宋淳化年间（990 ～ 994 年）的 200 年里，河西地区基本脱离了中原王朝的控制。已有研究表明，中唐至五代初（8 世纪中叶至 9 世纪末）有一较寒冷阶段，大约维持了 150 年。很可能就是这样一个寒冷时期，导致河西走向了战乱频仍的年代。宋末元初著名学者马端临（1254 ～ 1323 年）在《文献通考》中记载："盖河西之地，自唐中叶以后，一沦异域，顿化为龙荒沙漠之区，无复昔之殷富繁华矣。自唐安史之乱，西北土地皆不能如旧……虽骁悍如元昊，所有土地过于五凉，然不过与诸蕃部落杂处于旱海不毛之地"。值得注意的是，在这一段论述中，明确指出唐代中期以后，河西走廊变为"龙荒沙漠之区""旱海不毛之地"。隋唐之际河西走廊经济繁荣保持 100 年之久，其开发规模并不亚于明代，但沙漠化一直到唐末才大发展起来，显然与隋唐正值我国气候适宜期、唐末气候又进入干冷期有很关系。

第八节 驱动机制的耦合关系

如前述，城镇的发展与演变是多种因素共同作用的结果（图 4-15）。但最本质的因素是人类社会的不断进步，以及与之相伴生的各种人类活动，起基础作用的则是干旱区内陆河流域特有的底蕴。黑河流域大陆中腹的地理位置，决定了水土资源的开发与移民具有高度的关联性，一般而言来自于发达农耕区的移民不仅带来了先进的农业耕作和灌溉技术，而且带来先进的管理经验和文明理念，这是形成城镇人口规模的主体。经过人类辛勤的耕耘，在干旱区内陆河流域上形成了一块块人工绿洲，为城镇生存和发展提供了最基本的物质条件和腹地范围。而干旱区特定的河流分布格局和水文特征，又影响和决定了屯田的区位选择和规模大小，而且当水系格局和水文条件发生变化时，导致垦区依托的基础资源条件发生衰变，从而影响城镇的兴亡。而丝绸之路的畅通与否，不仅涉及城镇之间、城镇与区域之间联系的强度，而且牵涉到战争时期的给养保障。地缘格局的变化引起的分裂与割据则决定了城镇发展的环境和行政建置。同时，区域气候的变化，尤其是干湿、冷暖状态的组合特征，在一定程度上又必然波及各种要素的变化状态及其组合特征，导致生态边界与经济、文化，乃至行政边界的互动消长。在这一耦合机制中，又内含了正负两种反馈机制：当正反馈存在时，往往有大统一形成的国防安全和稳定的社会秩序，“移民戍边”形成的移民聚集、大规模的屯垦和水利设施的兴建、农业经济的形成、丝绸之路的繁荣、国际文化商业贸易的开展，无疑为城镇在开放、活跃、健康环境中的发展创设物质的和精神的条件；而当负反馈发生作用时，由于地缘政治格局的裂解，战争频发、丝绸之路受阻、地域经济类型逆转为牧业为主，非生产性消耗大量增加，城镇经济支撑能力下降，城镇在相对恶化、封闭的环境中趋于沉寂。

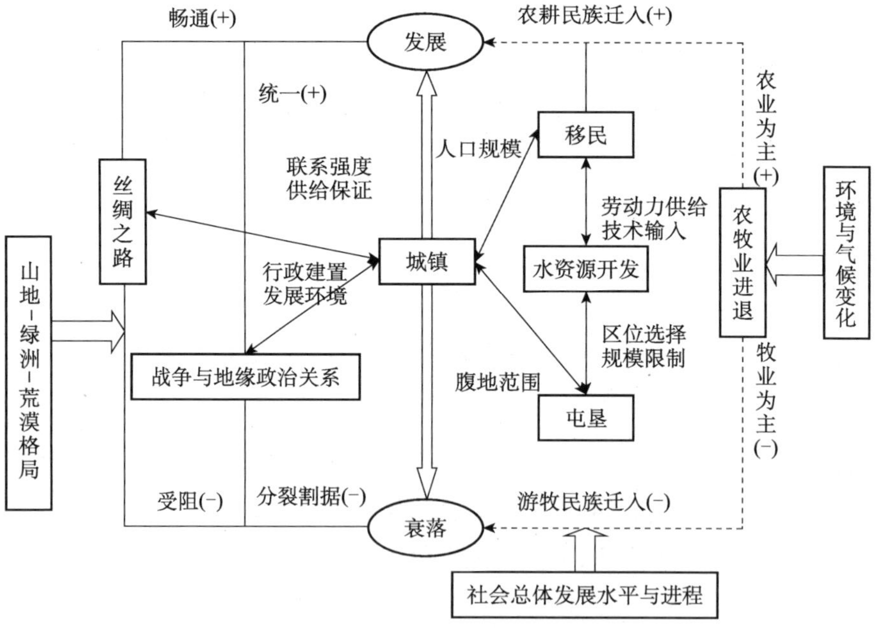

图 4-15　黑河流域城镇发展驱动机制耦合关系

河西走廊既是人群流动的通道又是文化传播的渠道，西北民族走廊既然是一个多族群的走廊，多元文化的共生自然是其主要特征。历史上的族群与文化多元交汇和共生格局的形成，主要是由走廊内部族群的移动与文化的流通所致。徐新建指出："正如后来一些学者指出的那样，在费孝通先生的图式里，'走廊'的意义，在于为以往研究中国历史时的单一'板块'划分格局，增添了具有连接与动态含义的'通道'类型，从而使认识中华各民族间的漫长关联有了空间上的交往框架与互动视野。"

从各种驱动因素的对应关系上考察（图 4-16），也能发现与上述反馈机制不一致之处，如在五凉时期，总体上处于牧业为主的阶段，且为气候的暖干期，但由于割据政权的存活（尽管时间非常短暂），仍能倾全力进行城镇建设，尤其在城镇数量方面；又如明清之际，社会生产力水平已高度发达，但由于人口急增，加之气候转型，人地矛盾尖锐，河流下游仍有个别城镇消亡。

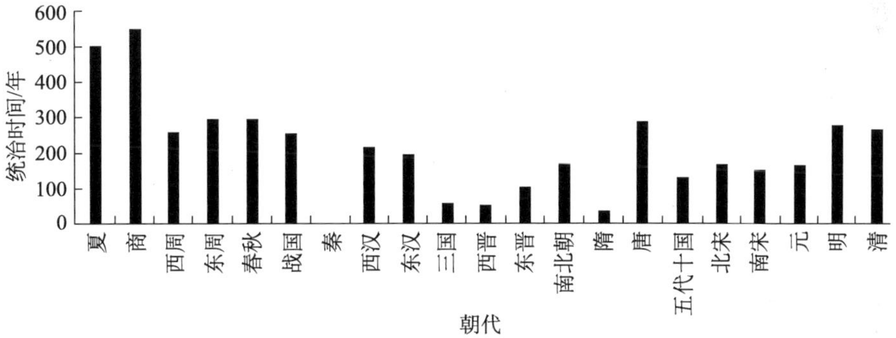

城镇发展状态	城镇萌芽期	城镇奠基期	城镇发展期	城镇衰落期	城镇发展期	城镇衰落期	城镇发展期	
地域经济类型	游牧经济	农牧经济	农业经济为主	牧业经济为主	农业经济	农业经济	农业经济	
丝路畅通、受阻状况			疏通		受阻	疏通	受阻	
水土资源开发状况	水土资源呈自然状态	大规模屯垦		大规模屯垦		大规模屯垦，水利开发		
移民状况	以各少数民族为主，移民不多	汉民族迁入		汉民族迁入为主	游牧民族迁入为主	汉民族迁入为主	游牧民族迁入为主	汉民族迁入为主
气候环境变化特征	暖湿期	冷湿期	暖干期	冷湿期	暖干期			

图 4-16　黑河流域城镇发展各种驱动要素对应概貌图

第九节 结论与启示

城市的起源与形成是一个极其复杂而漫长的过程，是诸文明要素积累凝聚、从量变到质变的过程。城市的发展受到社会周期性危机演化的影响，呈波浪形曲线的轨迹向前发展。黑河流域的城市经历秦以前的城市萌芽期、两汉时期城镇奠基期、魏晋时期的城镇发展期、南北朝时期的城镇衰落期、隋—中唐以前的城镇重建与发展期、中唐—元朝的城镇再次衰落期、明清时期的城镇再次发展期。发展—衰落—破坏—恢复—发展—衰落—破坏，如此周而复始的循环，成为历史时期城镇发展的一个特点。

城镇的奠基期：秦朝是河西走廊由新石器时代聚落向城镇转变的最早时期。秦汉建立的郡县体系是黑河流域城镇发展的重要奠基期，从此将城镇发展的时序纳入与中原地区同步发展的进程中，此后虽有震荡曲折，但再也没有完全脱离华夏文明发展的步伐。城镇虽然在全流域都有分布，但主要分布在中游的扇形地绿洲和沿河绿洲，表现出强烈的“亲水型”（沿河流分布）和“亲路型”（沿丝绸之路分布）特征。这一发展态势奠定了以后 2000 年来的城镇分布格局，也影响到如今黑河流域城镇布局的空间构架。

城镇的发展期（魏晋时期）：由于分裂割据导致的地缘政治关系的复杂化和“区域化”，以及局部冲突与战争的增加，中原地区走向封闭，许多城市失去了大统一背景下发展的宏观条件。而黑河流域由于偏居一隅，地方割据政权的建立和政治版图的缩小，使游离于一统王朝的地方政权的权利重建自己的行政和城市管理秩序。比较突出的是州、郡、县的数量，较之此前的两汉时期有显著增加，与此同时，州、郡、县的面积又普遍缩小。

城镇的衰落期（南北朝时期）：在长期的分裂与割据、北方游牧民族南迁、气候干冷化、经济转型（农业为主逆转为牧业为主）的背景下，这一时期位处下游的绿洲已无法纳入统一王朝的管辖范围，而处于战争前沿的城镇更易受战争破坏，所以城镇大量消亡。

城镇的重建与发展期（隋—中唐以前）：统一而稳定的政治局面、经济领域的高度繁荣、王朝全境的普遍振兴，为城市的全面重建和大发展提供了充分的条件。这一时期人口总量较之隋朝有所增加，城市的数量虽有所减少，城市之间的间距进一步拉大。但由于城市腹地范围的扩大和城市功能由单一的政治军事职能开始向政治、军事、商业复合职能的巨大转型，城市实际上得到了长足的发展。

城镇的再次衰落期（中唐—元朝）：安史之乱后，中国又陷入分裂和战乱时期，吐蕃化、回鹘化、西夏化、蒙古化历程，在一定程度上也削弱了或压缩了中原农耕文化在河西走廊的空间分布及其影响力度，经济的再度转型和战争的一次次破坏使城市也受到摧残，同时丝绸之路的衰落使城镇更趋于封闭沉寂。

城镇的再次发展期（明清时期）：大一统政权的建立，“关西七卫”的设置和大量城堡的出现是这一时期城镇建设的重要表现。

城市的起源与形成是一个极其复杂而漫长的过程，是诸文明要素积累凝聚、从量变到质变的过程。黑河流域的城市大致经历了五个波动发展阶段，无论是城镇的数量，还是空间组合格局，都表现出明显的易变性。在这一变化过程中，移民屯垦、兴修水利、农牧业的消长与进退、人口迁移与聚集、地缘政治和自然环境的变化是城镇发育与成长的主要驱动力。其中，又蕴含了两个相互交错的正负效应：汉民族的西扩—统一的国家—稳定的地缘政治关系—移民屯垦—兴修水利—农业繁荣—气候暖湿—城镇发展；少数民族东进—地方割据—动荡的地缘政治环境—牧业扩张—气候干冷—沙漠化扩大—城镇衰退。其实质是在特定的地理环境和民族分布格局下，对优势生存空间（绿洲）的开发与争夺。

城镇的兴起与发展是诸要素综合作用的结果。站在历史的高度，回顾黑河流域城镇发展的历程，审视城镇发展的动力，其中有的因素已宛如古城遗址逐渐消逝，而有的依然存在，并进一步表现出全新的态势。山地-绿洲-荒漠景观格局下形成的水资源与水系的分布态势、复杂多变社会背景下游牧民族与农耕民族的进退，构成了整个河西地区城镇演变的自然和人文脉络。水资源是干旱区内陆河流域的生命线，河流廊道是荒漠-绿洲景观格局的生态流，也是流域城镇成长和空间组织的最基本约束条件。城镇的发展过程也是人类对水资源的俘获过程。水作为人类生活和生产的最基本资料，其赋存和利用状态制约着干旱区人类活动的行为取向和结果。然而在人类不合理垦殖的胁迫下，打破了天然水资源条件下的荒漠-绿洲动态平衡关系和空间格局，使得沙漠化进一步拓展，下游绿洲趋于消亡，城镇也由于失去了最基本的生态屏障和经济基础而逐渐衰退，并伴随着绿洲的溯源迁移，城镇分布的重心也从下位绿洲向上位绿洲迁移。因此，合理利用水资源，防止沙漠化扩大，保证绿洲生态安全，是防止重蹈历史覆辙的关键。

历史时期，由于游牧民族和农耕民族在生产和生活方式的巨大差异，决定了与民族特性密切相关的地域经济类型（牧业经济地域和农业经济地域），引起水土资源开发强度的时空转换。由于城镇兴起和成长的基本动力源于农业，城镇的兴衰总是与农牧业的交替息息相关。然而灌溉面积的扩大不仅导致了耗水量的增加，诱变了上、中、下游天然水资源的空间分布格局，同时固化和加强了以耕作业为主导的产业结构，使水-土-农业-人口形成高度依存又相互制约的关系。而农业人口的分散分布状态，反过来进一步加重了对水资源的压力，延滞了城镇的发展，造成水土资源的高耗、低效、分散利用状态和较差的转移性。因此，必须全面实施产业结构调整，加速城镇化发展，实现水资源利用方式的根本转变。

同时应该看到，无论是农牧业的替变和农牧交错带的空间位移，还是社会结构突变和朝代的更替，都与历史时期气候的较大波动在时空上高度耦合，因此必须加强气候变化的监测与预警，深入研究全球变化对区域生态环境和社会经济的深刻影响及区域响应，并提出必要的应对措施。

综上，可以得到以下启示。

第一，必须从系统的角度处理流域问题。

如前述，受山地-绿洲-荒漠格局的控制，黑河流域具有天然的和谐性，在人类未介入之时，自然环境保持高度的和谐，但当人类介入后必然会打破这种和谐。尤其是人类开发强度较大的绿洲区域，更具有相对封闭性，如果不能从流域上中下游统一的角度、山地-绿洲-荒漠系统耦合的角度考虑问题，那么势必造成不和谐的加大，引起人类生存发展环境或生态环境的逆转，从而影响全局的发展。

第二，合理利用水资源，确保生态安全。

随着城镇化进程的加快，水资源越来越成为城镇发展、农业发展和生态矛盾的焦点。在黑河流域的城镇发展战略中，应确立合理利用水资源，确保"生态优先"原则。历史上，水资源就是河西走廊城镇生成、发展、衰亡的主要因素。从该地区一些古城镇的发展演变可以看出，历史时期多绿洲、有河道的地带古城址也多，但由于农垦的兴废及水源的变化导致绿洲的兴衰和迁移，进而引起了古城的消失，表明古城循绿洲、河道而建，又随绿洲、河道的消失而消失。

在河西干旱、半干旱地区，水是绿洲、城镇存在并发展必不可少的条件，目前水资源仍是城镇发展建设的瓶颈制约因素。方创琳和孙新亮（2005）研究认为，河西走廊城市水资源短缺属于结构型短缺中的相对性短缺，多重胁迫约束下未来30年的城市化水平只能达到35%左右，城市化水平每提高1%所需城市用水量增加$0.91\times10^8m^3$左右，城市化水平提升越高，取水难度和用水成本也越大。

《黑河流域近期治理规划》实施以来，张掖市开展了以水权为核心的用水制度改革试点。编制了灌区水资源配置方案和行业用水定额，成立了农民用水者协会，推动了“明晰水权、总量控制、定额管理、水票运转”等制度的出台，形成了“政府调控、市场引导、公众参与”的水资源管理机制。张掖市2001～2004年压缩水稻10万亩、带田40万亩，综合灌溉定额较治理前减少了$150m^3$/亩，干支斗三级渠系水利用率由2000年的59%提高到2003年的64%。农业用水量大幅度减少，生态用水比例由2000年的7.4%提高到了13.7%。金塔县鼎新灌区年引水量由2001年的1.35亿m^3减至2004年的0.9亿m^3，正义峡下泄水量增加2.56亿m^3。2004年东居延海形成水域面积$35.7km^2$，超过1958年以来历史上最大水域面积。2003年地下水位与实施分水前11年平均值相比较，额济纳东、西河上游回升0.17m，西河中游回升0.2m。额济纳河上游巴彦宝格德原有退化草场已大面积得到恢复，2004年植被覆盖度较2000年的40.6%提高了18.3%，达到58.9%，植株高度平均增长4.63cm（牛红洲，2006）。黑河流域综合治理的成功实施，使绿洲生态环境不断恶化的趋势得到遏制，局部地区生态环境开始好转，有效地促进了农牧区经济、社会的可持续发展。

第三，高度重视中国地缘环境的变化。

世界形势的发展足以证明，中国在20世纪80年代作出的“和平与发展成为世界的主流”基本判断是正确的。基于冷战结束和改革开放30年来中国经济的快速发展及综合国力的大幅增长，总的来说，中国地缘政治环境基本上是好的。历史上长期存在的“北方威胁”得以缓解；大国在东南亚地区的激烈对抗基本结束；周边“热点”问题逐步趋缓、局势改观；区域经济发展，贸易关系加强，邻近国家日益重视发展与中国的经济政治关系。但是军事威胁的减轻、政治关系的改善、经济联系的加强并不意味着安全问题的解决。居安思危，应该清醒地认识到，中国面临的地缘政治环境依然是较为恶劣的。概括来说，改善的事实与恶化的可能并存，直接的对抗和间接的威胁同在。

在中国地缘政治环境方面，有三个相互影响与关联的战略圈应该是重点：第一是中美俄日四方互动的大国关系；第二是东南亚和以印巴问题为核心的南亚次大陆；第三是中国西部国内地缘政治整合方面不容忽视的边疆省区与邻近的西亚与中东国家的次区域性经济与政治的合作问题。

美国在地缘战略上对中国采取既接触又遏制的政策：在保持全面接触的同

时，又多方施压，加紧渗透。例如，在人权上问题上搞围攻；在主权问题上搞分解；在经济问题上搞麻烦；在军事问题上散布“中国威胁论”。美国将亚太地区作为其欧亚地缘战略的重心，从东西南三面试图挤压中国，恶化了中国的地缘政治安全环境。

苏联解体导致俄罗斯在地缘政治格局中的地位发生突变，其国际地位明显下降，地缘政治环境日益恶化。俄罗斯传统的西翼地缘空间受北约扩张的挤压而丧失殆尽，东翼面临日本收复领土的要求和日美安全防卫体系的威胁。北约东扩，更使俄罗斯深感地缘政治活动空间日渐缩小带来的危机。近年来，俄罗斯一改过去向西方一边倒的战略，开始面向欧亚图谋发展，特别是渴望通过加强中俄关系获得地缘力量，从而缓冲其来自各方面的地缘威胁。可以说，在今后一段时间内，加强与中国的战略协作伙伴关系是俄罗斯处理与美国关系的重要砝码。但鉴于俄罗斯幅员辽阔，资源丰富，加之军事工业和军事力量仍然强大，以及历史上的辉煌，俄罗斯必将力图恢复其昔日的大国地位。

中亚五国（即土库曼斯坦、吉尔吉斯斯坦、乌兹别克斯坦、塔吉克斯坦、哈萨克斯坦）地处内陆，出口不畅，从经济发展角度考虑需要同中国发展合作关系，为其丰富的自然资源寻求出路。此外，中亚五国对俄罗斯重新统合怀有戒心，视中国为平衡俄影响的砝码。在维护民族与宗教文化特性、反对西方文化入侵，以及在维护统一、反对宗教极端势力、发展民族经济等问题上与中国有着共同利益。但中亚是欧亚东西、南北陆路交通的要地，加之丰富的能源储藏使美欧等西方国家始终未放弃对该地区的战略渗透并保持了相当的军事存在，由此带来的中国与中亚五国关系的变数，不仅对中国西部边疆的安全造成极大的隐患，还给中国的能源安全产生了严重的威胁。

第四，高度注意全球气候的变化。

据《气候变化国家评估报告》预测，由于人类活动的影响，中国的气候在21世纪将继续明显变暖，其中中国北方冬天的变暖趋势最为明显。到2020年全国平均气温将升温1.3～2.1℃，到2050年，年平均升温将达到2.3～3.3℃。同时降水量也有所增加，全国年平均降水量可能增加5%～7%。北方降水天数增加，但受气温上升的影响，水资源短缺的状况将进一步加剧。若不采取任何措施，中国种植业生产能力在总体上可能下降5%～10%。到21世纪末，主要粮食作物小麦、水稻、玉米的产量，最多可下降37%。内陆湖泊将加速萎缩，那些依赖冰川融水补给的湖泊，可能先因冰川融水而扩大，后因冰川缩小而融水减少而萎缩。预计在未来50年中，中国西部冰川面积将减少27%。由于气温升高，内陆河地区的蒸发量可能增长15%左右（《气候变化国家评估报告》编写委员会，2007）。

因此，必须加强气候变化的监测与预警，深入研究全球气候变化对区域生态环境和社会经济的深刻影响及区域响应，并提出必要的应对措施。在气候变暖的大背景下，人为对水资源的不合理利用是河西内陆河流域绿洲生态恶化的主要原因，所以，绿洲的可持续发展也要把合理用水作为治理的重点。在水资源的分配方面，应统一规划，合理分配流域各段的水资源。处理好局部利益和整体利益、当前利益和长远利益的关系，不应单独追求某一地区的经济发展和局部的生态环境改善，而忽视其他地区的经济发展和全流域生态环境的改善；在水资源的开发方面，应将过去粗放的开发转变为合理有序的开发。同时，可放弃一部分耕地，减少灌溉面积，以遏制地下水超采；在水资源的利用方面，可适当调整种植结构，提高用水效率，并实施有效的节水措施，减少对水资源的浪费。另外，应以持续发展为战略指导思想，控制人口数量，加强民众环保意识，正确处理好河西绿洲人口与资源、环境、社会经济的关系，确保生态环境的良性循环及生态系统对人口及经济发展的承载力永续。

第五，正确处理民族关系，保证各民族和平共处，共同繁荣。

随着现代化传媒体系的飞速发展和表现为政治、经济、文化交往日趋紧密的全球化趋势，国际环境对多民族国家民族关系问题的影响日益增加。在全球化进程中，跨界民族的联系和地缘政治的因素，以及民族宗教的普遍性和关联性，尤其是国际环境的新变化，必然会对区域性跨国民族关系和多民族国家内部的民族宗教问题产生一定的影响（贾东海和米娟婷，2007）。我国周边国家的一些地区性民族冲突和宗教纷争，将会日益成为世界性的热点和难点问题。

中亚五国成为独立主权的国家，原来处于少数民族地位的哈萨克族、乌兹别克族、吉尔吉斯族等五个民族，变为在国家和社会生活中占有主导地位的民族，在国际交往中，他们却代表着不同国家的公民形象，因而更多地体现着不同国家的公民身份。他们的一举一动都有可能对生活在新疆的跨界民族乃至其他民族产生心理上的影响。因此造成的国际关系问题层出不穷，带来的破坏是不可低估的。中亚五国独立后都奉行民族复兴政策，特别是某些国家出于国内政治需要，为提高主体民族在本国人口所占比例而提出“民族回归历史故乡”的口号，为回归者提供优惠。

西北地区民族关系的发展进程同中华民族发展史一样，是战争与和平、冲突与友好相间而行、并行出现的，但融合是总的发展趋势，友好与和平是历史发展的主流。中国历史发展进程的一个显著特征就是自秦汉以来，各民族成员时或通过暴力方式，时或通过和平方式不断发生联系、不断融合，进而形成一个有机整体。其间，既有汉族向周边迁徙，又有少数民族入主中原，使汉族与少数民族在血缘关系上具有“你中有我，我中有你”的特征，在地域分布上形成了“大杂居、小聚居而又相互交错”的特点。这是当代西北地区乃至全国正确处理民族关系的历史基础。

西北地区民族关系的实质同中国传统的民族关系一样，也是各民族在相互交往过程中“以文化相同化和以利益相惠通而最终走向融合和统一的过程。这是中华民族关系史的一个根本特点。”（方克立，1997）综观整个传统的中国民族关系，中原的农耕农民与处于边地的游牧民族通过迁徙、聚合、战争、和亲、互市等方式实现了二者在经济文化上的互补和民族上的融合，同时也促进了中原华夏农耕经济文化的周边扩展和多元交汇。众所周知，经济决定政治，作为民族关系重要基础的利益问题，必然会直接或间接引起民族关系的变化。毋庸讳言，在中华民族发展史上因利益问题而引发的民族冲突和战争绝不是少数的，典型的便是北方逐水草而居的游牧民族对居住在中原地区农耕民族的不断骚扰和掠夺上。在排除了众多的政治因素和其他原因后，不难发现，利益问题，或者说利益驱动机制是造成中国历史上众多民族问题的根源之一。因此，在当代中国处理民族关系时，必须处理好各民族的利益分配问题（包括政治、经济、文化等诸多利益在内）。

目前，少数民族聚居的地方还存在着一系列纠纷和矛盾。第一类，因土地、牧场及矿产资源地区生态环境恶化产生的民族之间或民族内部争夺土地、牧场和矿产资源的纠纷。第二类，因西北少数民族地区生态环境恶化、少数民族生活极端贫困导致的汉族与其他民族之间的隔阂和冲突加深。第三类，因利用生态资源而产生的民族关系问题。第四类，因生态环境恶化而迁徙的移民与迁入地的民族之间产生的民族关系问题（徐黎丽，2004）。少数民族与汉民族在生存环境、经济社会发展水平方面还存在较大的差距。这些问题如果得不到合理及时的解决，必然会引起矛盾的恶化，导致社会不稳定因素的增加。

另外，还必须注意到，由于少数民族大部分聚居河流上游的水源涵养区，是全流域生态安全的屏障，如果不能正确引导民族发展相关经济，提高其生活质量，那么不合理开发行为将无法扼制，引起的一系列生态环境问题将进一步恶化，势必影响全流域的持续发展。

现代检视篇 ◎

黑河流域是我国西北干旱、半干旱地区典型的内陆河流域，是目前我国干旱区仅次于塔里木河的研究热点地区，它是一个典型的多基质、多层次的景观生态样带，是多种物质体系、能量体系、功能体系，甚至文化和社会意识体系的融合区。大量研究表明，干旱区内陆河流域的核心在于水，核心区域在于绿洲。正如家庭是构成社会的基本单位一样，灌区是构成整个绿洲的最基本单元，是水–土–人系统矛盾的聚集区。也可以说，正是具有复杂互赖关系的一个个灌区，经过空间整合后，才形成了现代绿洲。在灌区内部，由于人类的需求和定向调控，渠系的等级、密度、分布格局和引水量，从本质上影响了灌区的范围和规模，进而影响人口的承载能力，而人口的迁移、聚集状态又反过来影响灌区的规模和空间格局。主干渠复杂的串、并联关系，又进一步影响到整个绿洲水资源的配置状态和水–土–人组织状态。要深入理解现代绿洲，就必须从宏观尺度上深入灌区微观尺度。质点（聚落）–域面（灌区）–廊道（渠系）存在着复杂的耦合关系。

尽管在绿洲中，地表水与地下水存在着多次重复转换关系，导致用水量大于供水量，但总体而言，以“水”定“土”是基本格局，由于水资源供给弹性与土地供给弹性的不匹配，水资源的丰度和水系分布格局总体上控制了土地开发强度和开发方向。在人工灌渠系统的强烈控制与引导下，渠系的供水量（实际上是配水量）决定了灌溉面积的大小；灌渠延伸的方向也引导了灌区的拓展方向。从理论上讲，在自然潜力相同的情况下，灌区面积的大小决定了土地的产出能力，也就是决定着对人类的给养能力，进而影响聚落的规模与分布态势。因此，水–土–人–经济–居民系统是存在着高度的相互依存性和共生性。其中一个因素超出合理的范围，都会深刻影响到系统的协调性与稳定性及演替方向。

从聚落的角度讲，干旱区地表结构的一大特征是绿洲常呈串珠状、斑块状分散在荒漠背景之中。疏密相间、反差极大的空间密度组织，“团块-轴向”的空间网络组织及松散的空间相互作用，是绿洲区域城镇体系空间组织的基本特征。绿洲的分散性决定了城镇的分散性。随着社会经济的不断发展，城镇分布格局向多方位、多层次、网络化方向发展。水资源是绿洲城市存在和发展的基本保障，水源不仅决定了城镇发展规模，而且限制了城市发展方向。干旱区绿洲扩张过程就是水资源被利用过程，水资源量是限制耕地扩大的主要因素。

这些研究，从流域宏观尺度或从绿洲中观尺度上，对水资源、生态、经济、人口视野和视域上进行了探究，得出了富有成效和启迪的结论，但遗憾的是并没有深入绿洲最基本的组成单元——灌区，这使得某些结论往往被“架空”，其操作性受到一定程度的伤害；在面对灌区尺度时，研究内容又过于单一，集成性较差；综合性的研究，虽然对聚落与灌渠、道路之间的耦合关系进行了诠释，但并没有对等级规模进行解读。

以山地-绿洲-荒漠格局为底质，以灌区尺度为基本单元，以“聚落体系”“域面系统”“廊道系统”三大核心为研究焦点，系统分析聚落分布格局，及其与域面和廊道之间的耦合关系。

第五章
城镇发展现状与问题

第一节　现状特征

张掖市位于甘肃省河西走廊中部，祁连山北麓。全市共辖1区（甘州区）5县（高台、临泽、山丹、民乐、肃南），30个镇，30个乡，共60个乡镇。其中，甘州区18个乡镇，山丹县8个，民乐县10个，临泽县7个，高台县9个，肃南裕固族自治县8个。村民委员会835个，街道办事处5个，居民委员会43个。

初步形成了以中心城区辐射五县，历史文化名城引领五个功能区的城镇空间布局，以甘州区、临泽县、高台县黑河沿岸生态城市带，山丹县、民乐县、肃南县高原生态城市片和一批田园集镇群构成的城镇化发展格局。同时，城市规模和发展空间显著扩大，城镇综合承载力不断提升，初步形成以中心城市带动5个县城，辐射6个工业园区、9个示范镇和165个新型农民社区的城镇发展体系，有力地促进了宜居宜游城市建设的快速发展。

一、城镇具有明显的河流和道路指向性

张掖市位于中温带干旱、半干旱区，且处于青藏高原边缘、黄土高原和内蒙古高原交错地带，自然基础和经济基础相对薄弱，水资源短缺严重限制着城镇的形成和发育。区域经济发达的城镇全是沿河流绿洲分布。这种空间结构决定了张掖市城镇布局沿河流、河谷与绿洲、交通线分布的特征，城镇发展的主轴沿河流主河道及交通要道伸展，呈现带状空间结构形态。

1. 城镇沿流域呈“串珠状”分布

黑河是维系张掖绿洲城镇生存发展的基础，黑河流域的空间形态影响着张掖绿洲城镇的空间分布。“黑河如带向西来，河上边城自汉开”，说明了张掖城镇的空间分布受黑河流域这一特有的地表结构约束，沿黑河流域呈“串珠状”分布。沿黑河主流分布着甘州区、临泽县和高台县；沿黑河支流童子坝河、洪水河、大小都麻河分布着民乐县；沿黑河支流山丹河、马营河分布着山丹县；肃南裕固族自治县沿梨园河、马营河、黑河分布（表 5-1，图 5-1）。

表 5-1　张掖市城镇分布与河流的关系

河流名称	城镇名称
黑河主流	梁家墩、大满、小满、上秦、乌江、沙井、新墩、甘浚、碱滩、党寨、三闸、沙河、新华、平川、寥泉、板桥、高台县城、南华、宜华
童子坝河、洪水河、大小都麻河	洪水、六坝、新天、永固、三堡、南古
梨园河、马营河、黑河	红湾寺、皇城

2. 城镇集聚体现出以主要交通干线为主轴的带状空间分布格局

随着张掖区际交通条件的改善，给城镇发展注入了新鲜血液和活力。与此同时，城乡公路运输网的连通及其公路高速化的实现，构成张掖市城镇分布的网络地域组织，加快了区域城镇化进程和城镇发展步伐。沿兰新铁路、G30 高速公路、G312 等交通干线，分布了张掖市大部分城镇。同时，距离交通干线越远，城镇数目越少，城镇沿交通干道集聚的特征显著，因此，城镇沿交通干线聚集体现了张掖市城镇空间分布的带状空间分布格局（表 5-2）。

表 5-2　张掖市城镇分布与交通的关系

主要交通干线	城镇名称	数目	占城镇总数的比例 /%
兰新铁路、G30、G312	山丹县城、清泉，张掖市区、甘州区上秦、乌江，临泽县城、沙河、新华，高台县城	9	25.7
G227、兰新高铁	民乐县城、洪水、六坝、永固、三堡，甘州区党寨、大满、小满、沙井，高台县城，洪水、六坝、新天、永固、三堡、南古	16	45.7

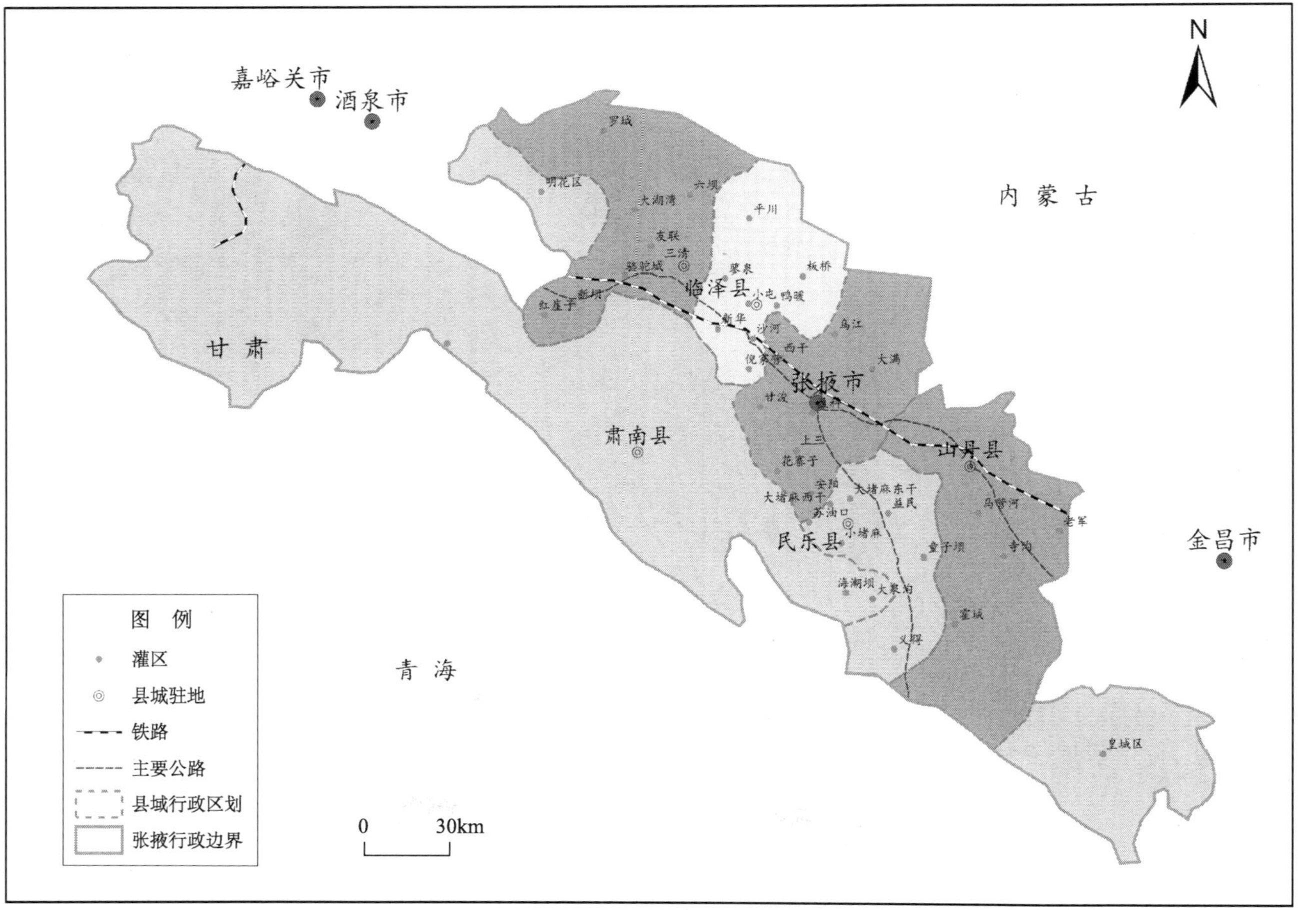

图5-1　张掖市城镇分布图

二、城镇职能类型结构以综合性为主

城镇体系的职能类型结构反映城镇在城镇体系中的分工，以及城镇之间和城镇与区域之间的关系。综合性城镇又分为区域性中心综合小城市、地方性中心综合城镇、地方性综合小城镇 3 个类别。市域内城镇大多由农村集镇演变而来，城镇驻地农业人口占绝大部分比例。城镇之间经济缺乏互补性，经济联系较少，分工协作不明显；城镇辐射范围小，大多数绿洲城镇在其有限腹地内自成体系，停留在低水平的区域或地方性综合中心城镇阶段上。张掖市是河西走廊区域性的综合城市之一，民乐、临泽、山丹、高台、肃南等为张掖绿洲综合性县镇（表 5-3）。

表 5-3　张掖市城镇职能结构现状

职能类型	城镇（市）名称	数目
区域性中心综合小城市	张掖市区	1
地方性中心综合城镇	民乐县城、临泽县城、山丹县城、高台县城、肃南县城	5
地方性综合小城镇	清泉、位奇、霍城，洪水、六坝、新天、永固、三堡、南古，梁家墩、大满、小满、上秦、乌江、沙井、新墩、甘浚、碱滩、党寨、三闸，沙河、新华、平川、寥泉、板桥，南华、宜华，皇城	29

三、城镇规模结构处于低水平均衡状态

张掖市城镇的规模等级为小城市–县城–建制镇三级，第一级只有一个，为甘州城区，人口达到 28.57 万人。第二级共有五个，分别是五个县的县城，人口从 10 000 人到 60 000 人。第三级为一般镇，是除去前两级之外的所有城镇，人口规模小于 10 000 人，分布在六县区内。城镇体系空间结构呈“小市镇、单中心”，处于低水平的均衡状态，城镇总体规模水平低。城镇的辐射和集聚能力较弱，导致中心城市与二级城市、二级城市与一般城镇，以及城镇与农村之间的相互作用力较小，缺乏紧密的联系。城镇体系尚处在向心集聚的初级发展阶段，相同规模组内的城镇规模相差不大，呈现为一种均衡分布特征。城镇规模等级结构的另一个显著特点是，相同规模组内的城镇规模相差不大，呈现为一种均衡分布特征（表 5-4）。

表 5-4　张掖市城镇规模等级现状　　（单位：万人）

等级规模	城镇（市）名称	数目
28.57	张掖市区	1
1 ～ 0.6	民乐县城、临泽县城、山丹县城、高台县城、肃南县城	5
<0.6	清泉、位奇、霍城，洪水、六坝、新天、永固、三堡、南古，梁家墩、大满、小满、上秦、乌江、沙井、新墩、甘浚、碱滩、党寨、三闸，沙河、新华、平川、寥泉、板桥，南华、宜华，皇城	29

四、城镇基础设施逐步完善

2013 年底，全市供水普及率、燃气普及率均达到 100%，生活垃圾无害化处理率达到 98%，人均道路面积达到 15.54km^2，绿化覆盖率达到 37.81%，人均公园绿地面积达到 15.51km^2。全市建成自来水厂 8 座，敷设供水管网 580.5km，日供水能力达到 15.5 万 t；积极推广天然气、煤制气、地源热等清洁能源，全市集中供热面积达 773 万 km^2，市区热电联产集中供热项目进展顺利；市区污水处理厂运行正常，二期扩建工程开工建设，各县生活污水处理厂投入运营，全市污水日处理能力达到 9 万 t；六县区垃圾处理工程全部建成运行，全市日处理垃圾能力达 492t；张掖宾馆、大佛寺文化广场、湿地博物馆、城区集中供热一期改造工程、鸿宇商贸市场等重点项目已建成，张掖大剧院、甘州府城、市博物馆、文化馆、图书馆、张掖国际物流园区等重点项目稳步推进。全市建成城市公园 28 个，面积 920.63 万 km^2，城市绿地面积达到 1708.94 万 m^2；张掖国家湿地公园和城北国家城市湿地公园、高台黑河湿地公园和水如意生态园、临泽县五湖景区、民乐县生态园、肃南县裕固文化风情苑等 5.5 万亩生态园林项目稳步推进。

形成了以张掖军民合用机场、兰新铁路、国道 227 线、国道 312 线、省道 213 线为主体，县、乡、村公路为补充的纵横交错的地方综合运输体系和城乡交通网络，“三横九纵”的路网框架更趋完善，路网服务功能显著增强。建成高速公路 242km，二级公路 516km，三级公路 1198km，四级公路 6377km，等外公路 2250km；新建和改建农村公路 5067km，农村公路总里程达到 9536.7km；建成枢纽站场和区域站场 5 个、乡镇客运站 51 个、行政村汽车站和停靠点 426 个。运输供给能力明显增强，全市乡镇、行政村通班车率分别达到 100% 和 98%，公交车通村率达到 20.8%。人均拥有城镇道路面积 14.28m^2，形成了较为完整、舒适、便捷的城市道路交通系统，同步配套公交换乘、旅游标示、休闲座椅、人文小品等设施。人均拥有道路面积 14.28km^2，形成了较为完整、舒适、便捷的城市道路交通系统，同步配套公交换乘、旅游标志、休闲座椅、人文小品等设施。

建成自来水厂 8 座，供水管网 533km，日供水能力达到 15.5 万 t，城镇供水普及率达 100%。全市共有污水处理厂 6 座，日处理污水能力 7.65 万 t。全市共建成生活垃圾填埋场 6 座，处理工艺均为卫生填埋，全市生活垃圾处理率达到 100%，生活垃圾无害化处理率达到 98%。实施城镇集中供热工程，全市集中供热面积达 1300 万 m^2，积极推广天然气、煤制气、地源热等清洁能源。全市现有供热站 239 个，采暖建筑面积约 1421.6 万 km^2（表 5-5）。

表 5-5　张掖市城镇化建设主要指标

指标	张掖市	甘州区	高台	临泽	山丹	民乐	肃南
所辖建制镇个数 / 个	30	11	3	5	3	6	2
城镇化率 /%	36	40	36	35	35	34	36
城镇人口 / 万人	46.28	24.89	3.84	3.80	6.95	4.90	1.90
建成区面积 /km	52.44	29.17	5.00	3.80	8.20	4.52	1.75
供水普及率 /%	98.9	99.0	98.5	98.5	98.0	100	100
人均住房面积 /（m^2/ 人）	24.5	24.0	25.7	24.3	23.8	22.3	26.8
生活污水集中处理率 /%	50.3	75.0	0	0	0	0	0
生活垃圾无害化处理率 /%	43.2	90.0	0	0	0	0	0
城市燃气普及率 /%	98.2	98.5	97.8	97.4	98.3	97.6	98.8
绿化覆盖率 /%	36.8	34.0	39.0	42.0	33.0	32.0	41.0
建成区人均公园绿地面积 /（m^2/ 人）	11.96	18.69	18.84	10.94	6.15	2.60	14.47

五、人居环境得到改善

通过实施设施提升、城市安居、城中村改造、环境提质四大工程，实现全省城市建成区水电气热、通信、污水和垃圾处理全覆盖，公共综合交通体系基本形成，棚户区基本消除，城中村改造取得阶段性成果，环境质量明显改善（表 5-6）。按照优势互补、协同发展要求，围绕“山-水-城”生态人文特色，构建“心、带、片、群”空间布局。

表 5-6　张掖市宜居宜游城市发展主要预期指标表

指标类型	指标名称	2011 年统计值	2015 年目标值	2020 年目标值
综合指标	人均 GDP/ 元	21 337	31 500	61 000
	人均财政收入 / 元	2 079	3 000	7 000
	城镇居民人均可支配收入 / 元	12 400	19 100	35 000
	农民人均纯收入 / 元	6 467	9 000	14 000
	第三产业增加值占 GDP 比例 /%	34.5	36	41
主要指标	城市人均公共绿地面积 /m^2	12.06	12.4	15
	城市绿化覆盖率 /%	41.2	41.3	42.3
	全市森林覆盖率 /%	11.07	15	20
	城镇化率 /%	36	41	50
	人均住房建筑面积 /m^2	28	31	35
	人均预期寿命 / 岁	71	73	75
	人均拥有公共文化设施面积 /m^2	0.08	0.23	0.8

指标类型	指标名称		2011 年统计值	2015 年目标值	2020 年目标值
主要指标	城市污水集中处理率 /%		61.87	90	95
	城镇生活垃圾无害化处理率 /%		62.13	100	100
	公众对环境的满意率 /%		87	95	98
	旅游接待人数 / 万人次		350	800	2 000
	旅游综合收入 / 亿元		17.1	50	140
	旅游综合收入占 GDP 的比例 /%		6.7	10	18
	旅游直接就业人数 / 万人		1.33	3	5
	创建年接待游客 100 万人（次）以上旅游景区数 / 家		1	3	5
	创建国家 A 级旅游景区数 / 家		18	22	25
	其中	5A 级	0	1	2
		4A 级	5	12	15
	旅游星级饭店数 / 家		25	30	50
	其中	5 星级	0	1	3
		4 星级	4	10	30
	城市星级旅游文化娱乐场所数 / 家		98	200	295

心：以市区为主的中心城市，突出历史文化名城保护和滨河新区开发，着力完善生态城市框架，拓展城市发展空间。建设以老城区为中心，滨河新区、国家湿地公园、循环经济示范园区、绿洲现代农业试验示范区、国家沙漠体育公园五个功能区组团的“1+5”生态城市框架，构建辐射连接五县区及周边景区景点的旅游休闲度假综合服务和游客集散中心。

带：建设黑河沿岸甘、临、高生态城市带，实现一体化发展，形成环境优美、生活舒适、人流聚集、产业密集的城市运行和经济活动空间，增强城市竞争力。加快沿线景区景点开发建设，推出一批文化旅游精品景区，丰富丝绸之路黄金旅游线张掖段景观，打造河西走廊华夏文明保护传承和创新发展核心区。

片：建设山、民、肃高原生态城市片，依托祁连山冰川、雪山、森林、草原、峡谷等原生态资源和丰富的人文资源，科学规划城市布局，确立产业导向，发展特色旅游，展示“中国地貌景观大观园”的独特内涵。

群：培育一批富有西部乡村田园风光与人文特色生态集镇群，夯实国家级生态市创建基础，支撑黑河沿岸生态城市带和高原生态城市片建设，形成以城带乡、城乡统筹的发展格局。培育文化旅游名村、名镇、名街，打造特色鲜明的乡村旅游品牌。

甘州区以西至临泽县以东为重点开发的工业化城市化片区，其他四县县城规划区内为点状开发区，在空间布局上大致分为“一片一带”。其中，“一片”为祁连山沿山区高原生态特色城市片，包括山丹、民乐、肃南三县；“一带”为黑河流域生态城市带，包括甘州、临泽、高台。市政府所在地甘州区，着力打造以老城区为核心，辐射滨河新区、循环经济工业园区、国家湿地公园、绿洲现代农业试验示范区和张掖国家沙漠体育公园5个新型功能区的“1+5”生态城市框架。

第二节 主要问题

一、城镇化发展速度有限

改革开放以来，伴随着工业化进程加速，张掖市城镇化经历了一个起点低、速度快的发展过程。2012 年全市城市建成区面积达 64m^2，城镇人口 44 万人，城市化水平达 37.09%。与全国、全省，以及其他市州城镇化水平相比，城镇化水平总体偏低，城镇化建设任务艰巨。全市共有中心城区 1 个、县城 5 个、工业园区 6 个、建制镇 30 个，全市建成区面积达 95.9km^2，城镇化水平由 2002 年撤地设市以来的 21.92% 提高到 2014 年的 40.33%，上升 18.41 个百分点（表 5-7）。

表 5-7　张掖市各县区 2001 ～ 2014 年城镇化率表

年份	类型	张掖市	甘州区	山丹县	民乐县	临泽县	高台县	肃南县
2001	城镇人口 / 人	230 274	134 589	27 751	17 703	19 734	20 122	10 351
	城镇化水平 /%	18.31	27.65	14.24	7.51	13.48	12.70	28.94
2002	城镇人口 / 人	278 234	158 235	41 319	24 876	20 680	22 572	10 552
	城镇化水平 /%	21.92	31.76	21.25	10.57	14.11	14.21	29.44
2003	城镇人口 / 人	300 245	174 627	42 157	28 010	21 034	23 718	10 699
	城镇化水平 /%	23.58	35.75	21.14	11.60	14.25	14.78	29.80
2004	城镇人口 / 人	302 722	172 428	45 220	28 649	21 535	24 007	10 883
	城镇化水平 /%	23.94	34.81	23.33	12.18	14.70	15.20	30.38
2005	城镇人口 / 人	312 591	179 269	47 128	29 444	21 796	24 243	10 711
	城镇化水平 /%	24.65	35.96	24.37	12.48	14.90	15.36	29.99
2006	城镇人口 / 人	320 557	184 280	48 482	30 365	22 089	24 459	10 882
	城镇化水平 /%	25.16	36.38	25.12	12.91	15.11	15.55	30.29
2007	城镇人口 / 人	329 307	188 395	50 249	32 031	22 550	25 087	10 995
	城镇化水平 /%	25.58	36.76	25.65	13.44	15.38	15.89	30.36
2008	城镇人口 / 人	353 388	190 841	68 874	33 431	23 165	25 862	11 185
	城镇化水平 /%	27.27	36.96	34.84	13.92	15.76	16.37	30.69
2009	城镇人口 / 人	357 646	191 076	69 503	35 217	23 810	26 614	11 426
	城镇化水平 /%	27.43	36.84	34.88	14.53	16.08	16.77	31.20
2010	城镇人口 / 人	361 520	191 100	70 739	36 444	24 368	27 206	11 663
	城镇化水平 /%	27.6	36.7	35.25	15	16.40	17.2	31.69
2011	城镇人口 / 人	433 400	208 800	59 600	60 600	46 600	41 300	11 200
	城镇化水平 /%	35.98	41.00	36.77	27.5	34.52	28.71	33.00
2012	城镇人口 / 人	448 000	219 800	61 400	63 600	48 600	42 900	11 700
	城镇化水平 /%	37.09	43.06	37.78	28.78	35.92	29.75	34.28
2013	城镇人口 / 人	468 600	226 100	63 500	67 000	50 600	49 500	11 900
	城镇化水平 /%	38.71	44.17	38.97	30.26	37.34	34.21	34.92
2014	城镇人口 / 人	489 300	234 800	66 300	70 700	52 900	52 000	12 600
	城镇化水平 /%	40.33	45.77	40.58	31.86	38.98	35.89	36.63

二、城镇与产业相关性不强

市域内城镇大多由农村集镇演变而来，城镇驻地农业人口占较大比例。这些农业人口除了实际从事着非农劳动和部分享受着城镇提供的基础设施外，大多保留了农村传统的生活方式，体现为一种农村型的城镇。根据现状城镇职能的差异，市域城镇主要可以分为综合型城镇和农业型乡镇两大基本类型。就目前市域各城镇的职能发展而言，总体上还处于比较单一的低层次发展阶段。城镇性质不十分明确，城镇之间缺乏必要的职能分工和协作关系，各地发展不论其条件和特点，都侧重于农业，而乡镇工业发展才刚刚起步，无论从内部结构，还是从规模、效益、资金及整体水平上看都不够完善。不少乡镇产业结构类同，缺少必要的分工，导致产品类同，层次较低。由此导致城镇的合理发展和地区优势的充分发挥受到较大制约。例如，临泽县县城城关镇是传统的农业县，因此它也是全县的农牧副产品的加工、运销中心。

1. 农业总量较大，对城镇的支持作用有限

张掖农业基础好，但产业化水平低，农业比例大但附加值低，是传统的农业大市但不是农业强市。2012 年，全市农业增加值达到 81.87 亿元，居全省首位，农业比例虽然有所下降，仍然占 28.1%，比例偏高。从农业内部结构看，传统种植业占农业经济总量的比例偏大，达到 70% 左右，草畜养殖业占 20% 左右。总体来看，全市现代农业发展处于起步阶段，经营分散，尚未形成规模优势，缺乏规模优势也就难以彰显特色优势。目前农产品加工业尚处在初级阶段，加工增值链条较短，产品附加值和科技含量较低，农业产品市场化程度低，农产品加工龙头企业较少，带动能力不强，对城镇的支持作用有限。

2. 工业进程缓慢，对城镇的驱动作用有限

随着经济的快速发展，工业在全市经济中的地位逐步提升，工业对总体经济的支撑带动作用日益增强，但受发展阶段的制约和产业政策的限制，工业基础薄弱，缺乏大项目、大企业、主导产业支撑，结构单一，大多数工业企业产业链条短、产品关联度低，工业“短腿”的局面尚未根本改变。2012 年，张掖工业化率为 25.9%，人均 GDP 达到 3834 美元，城镇化率为 37.11%，第二、第三产业从业人员比例达到 51.7%。根据 H. 钱纳里等提出的经济增长阶段和产业结构状态及主导产业的理论，综合考虑产业结构特征，张掖基本处于工业化中期阶段。通过分析可以发现，一方面这个发展阶段潜力巨大，另一方面也表明如果主导产业长期得不到应有加强，必然发展后劲不足，地区经济就有可能陷入长期徘徊甚至退步的局面。工业发展绝不是孤立进行的，而总是与农业现代化和服务业发展城镇化相辅相成的，工业发展不充分，对现代农业、服务业的进一步发展将形成一定压力。

3. 服务业优势明显，对城镇的活力作用有限

张掖是坐落在祁连山和黑河湿地两个国家级自然保护区之上的绿洲城市，祁连山水源涵养区、黑河湿地、荒漠戈壁三大生态系统在境内交错衔接，雪山冰川、森林草原、荒漠沙丘、七彩丹霞、田畴沃野、湿地芦苇等地貌交相辉映。生态的独特优势，明显的区位优势，具备发展现代服务业的条件和基础。从规模看，2012 年全市第三产业增加值突破 100 亿元，第三产业固定资产投资达到 99.84 亿元，占投资总额的 47.6%，高于第二产业投资。从结构看，第三产业增加值占 GDP 比例达到 36.4%，高于第二产业比例 0.9 个百分点，第三产业税收收入占税收总收入的比例达到 48.4%，已成为财政税收的主渠道。从服务业内部结构来看，交通运输仓储和邮政业、批发和零售业、住宿餐饮业等传统服务业稳定增长，但比例下降，贡献率减小；教育、租赁和商务服务业、居民服务和其他服务业等新兴行业发展较快，在国民经济中的比例不断提高；金融、信息服务等生产性服务业的带动作用开始显现，但比例还比较低。工业化发展步伐缓慢，导致城镇化建设的人口集聚能力、产业带动能力较弱，导致城镇化步伐整体缓慢。

4. 产业结构变动缓慢，与城镇化进程不相匹配

1980 年，张掖三次产业结构为 47.4∶30.1∶22.5，农业占绝对主导地位，属于自给自足传统农业型“一、二、三”结构。2005 年，三次产业结构调整为 32.8∶33.1∶34.1，第二产业比例首次超过第一产业，实现了历史性突破，转变成“二、三、一”结构。至 2014 年，三次产业结构进一步优化调整为 24.6∶33.0∶42.4，第三产业比例超过第二产业，演变成“三、二、一”的内生动力型格局。随着经济结构的不断优化调整，城镇化的快速推进，劳动力和资金由第一产业逐步向第二、第三产业转移，三次产业的这种转变，符合经济发展的长期变动规律，既体现了三次产业之间量的对比关系，也包含了经济运行质量的提升和经济总体实力的增强。2014 年全市非农产业从业人员占 53.2%，特别是第三产业从业人员比例上升较快（表 5-8）。

表 5-8　张掖市各县区产业及结构

年份	国内生产总值 / 亿元	第一产业产值 / 亿元	第二产业产值 / 亿元	第三产业产值 / 亿元	第一产业比例 /%	第二产业比例 /%	第三产业比例 /%
2001	69.16	26	19.76	23.4	37.59	28.57	33.84
2002	75.73	27.5	22.15	26.08	36.31	29.25	34.44
2003	83.69	29.21	25.68	28.8	34.90	30.69	34.41
2004	99.67	34.27	32.53	32.87	34.38	32.64	32.98
2005	110.79	36.37	36.6	37.82	32.83	32.03	34.14
2006	126.7	38.09	44.83	43.78	30.06	35.38	34.56
2007	148.11	44.17	54.21	49.73	29.82	36.60	33.58
2008	173.75	49.23	66.47	58.05	28.33	38.26	33.41
2009	192.07	53.69	72.51	65.87	27.95	37.75	34.30
2010	212.78	62.41	75.4	74.97	29.33	35.44	35.23
2011	256.84	71.55	96.01	89.28	27.86	37.38	34.76
2012	291.92	77.37	101.47	113.08	26.50	34.76	38.74
2013	346.86	87.17	118.6	141.09	25.13	34.19	40.68
2014	361.78	88.98	119.51	153.28	24.60	33.03	42.37

资料来源：《张掖统计年鉴》，2001 ～ 2014 年

（1）农业主导型期：张掖农耕条件优越、地势平坦、土地肥沃、灌溉便利、农业生产水平相对较高，农业比例大、特色浓，是传统的农业大市，有“金张掖”之美称，是国家现代农业示范区，是全国最大的玉米制种区和重要的粮食、蔬菜、瓜果、油料和牛羊生产基地，曾以占全省 6% 的耕地和 20% 的水浇地提供了全省 35% 的商品粮，农业增加值总量一直居全省首位。张掖传统农业比较发达，产业结构受传统农业影响较大，与周边地区工业经济高速发展相比较，传统农业又成为了一个弱势产业，处于一种“优势”的尴尬之中，第一产业增长速度快，整个经济增长的速度就快，反之，第一产业增长放缓时，经济增长势头也就会受其影响，趋势放缓。2000 年之前，农业比例占到经济总量的 40% 以上，甚至会达到 50% 以上，经济发展主要依靠第一产业，经济增长速度在两位数以下低速徘徊。

（2）工业快速上升期：2003 年以来，随着火电和水电开发投产，以及钨钼

铁的开发和与房地产相关的建材工业的快速发展，工业成为推动经济增长的主要因素，与全市经济增长速度同步迈上两位数台阶，推动全市经济结束低速徘徊局面，进入发展的快车道。2004～2008年，工业经济进入快速上升期，年均增长22%，居全省首位，在整体经济中的比例达到29%，比前十年平均上升了10个百分点。这期间，第一产业比例相应下降，2005年第二产业比例达到34%，首次超过第一产业，农业“一头沉”的发展格局基本被打破，结构调整取得实质性进展，并向优化和升级的方向发展。

（3）内生动力型期：长期以来，张掖工业经济增长过度依赖物质资源投入，技术含量低，许多产业处于全球产业链的低端，高新技术产业基本是空白，新兴产业发展滞后，种子产业比例较大且国内市场基本饱和，工业发展尚未走上创新驱动、内生增长的轨道，拓市场、抗风险能力低，助推全市经济上升的作用有限。张掖市政府审时度势，密切关注国家和全省发展战略动向，深入研究市情市貌，顺应国内消费需求升级的趋势，把发展生态经济作为转变经济发展方式的基本途径，把建设生态经济功能区作为经济结构战略性调整的主攻方向，全力建设宜居宜游生态城市，率先实现转型跨越发展。通过发展生态经济，建设宜居宜游金张掖，不仅促进了第三产业较快增长，也促进了产业结构的调整优化，第三产业发展不断加快，经济发展的活力不断增强，成为推动转型跨越发展新的增长极和最活跃的增长因素，进入了以内生动力驱动发展，以消费拉动增长为主要发展方式的新阶段。2012年，第三产业增加值首次突破100亿元，达到106.37亿元，增长14.8%，增速高于生产总值2.6个百分点，高于第二产业0.5个百分点，总量和速度创历史最高水平。第三产业对经济增长的贡献率达到42.6%，第三产业增加值占生产总值的比例达到36.4%，高于第二产业比例0.9个百分点，首次超过第二产业比例，成为推动和加速经济转型跨越的生力军，经济结构调整呈现出“三、二、一”的内生动力型结构。2015年上半年，第三产业增加值的占比达到了50%，基本相当于第一、第二产业的总和。从增量看，在整个经济增量中，第三产业的增量达到了60%以上，以文化、旅游、服务为引领的第三产业快速发展，依靠扩大内需推动经济增长已显现强劲的发展趋势。

从张掖三次产业结构变动轨迹看，随着经济的发展，第一产业比例稳定下降，第二、第三产业比例不断提高，基本符合产业演变规律，但产业结构仍处于较低层次。2014年，全市第二、第三产业比例之和为75.4%，全国、全省三次产业结构分别为 10.1：45.3：44.6 和 13.8：46.0：40.2，张掖第二、第三产业比例分别低于全国、全省 14.5 个和 10.8 个百分点，产业结构仍处于较低层次。产业结构和经济增长是反映社会经济活动的两个不同的侧面，具有较强关联性。从动态的角度看，经济增长的快慢离不开产业结构这一基础前提，经济产业基础决定经济增长方式，任何一个时期经济的增长都是受一定产业结构的制约。

三、水土资源的约束性依然严重

根据《全国生态环境十年变化（2000-2010）遥感调查与评估》报告，张掖市 2000 ～ 2010 年各类生态系统变化稳定，草原生态系统占生态系统总面积的 50.93%，农田生态系统占总面积的 10.99%，林地生态系统占生态系统类型总面积的 9.19% 左右，湿地生态系统占生态系统类型总面积的 0.63% 左右，城镇生态系统占生态系统类型总面积的 1.34% 左右，冰川 / 永久积雪生态系统占生态系统类型总面积的 0.82%（图 5-2）。

从张掖市及其各区县各类生态系统的变化来看，荒漠生态系统总体呈减少趋势，城镇建设用地呈逐渐增加趋势，冰川和永久积雪呈减少趋势，草地生态系统和湿地生态系统呈增加趋势，林地及灌丛生态系统变化不大，农田生态系统在 2000 ～ 2005 年呈明显下降趋势，在 2005 ～ 2010 上升趋势明显（表 5-9）。

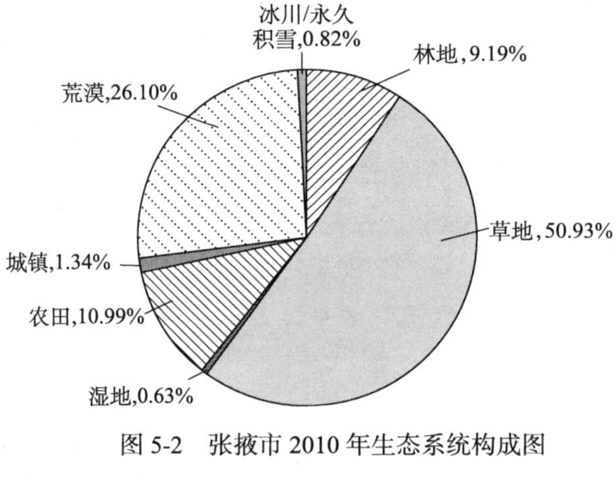

图 5-2　张掖市 2010 年生态系统构成图

表 5-9 张掖市 2000～2010 年生态系统变化情况

县（区）	一级类型	2000 年		2005 年		2010 年	
		面积 /km²	比例 /%	面积 /km²	比例 /%	面积 /km²	比例 /%
张掖市	林地	3 685.18	9.16	3 695.96	9.19	3 696.56	9.19
	草地	20 358.17	50.61	20 474.60	50.93	20 476.43	50.93
	湿地	234.02	0.59	265.51	0.66	252.81	0.63
	农田	4 399.57	10.93	4 347.27	10.81	4 420.22	10.99
	城镇	495.10	1.23	522.46	1.30	538.39	1.34
	荒漠	10 728.63	26.67	10 569.64	26.29	10 492.15	26.10
	冰川 / 永久积雪	331.70	0.82	330.85	0.82	330.70	0.82
甘州区	林地	92.47	2.51	91.52	2.48	91.80	2.49
	草地	1 692.20	45.91	1 689.79	45.85	1 689.34	45.84
	湿地	18.68	0.51	19.42	0.53	20.45	0.55
	农田	1 105.68	30.00	1 107.54	30.05	1 114.05	30.23
	城镇	140.76	3.82	149.40	4.05	156.19	4.24
	荒漠	635.74	17.25	627.85	17.04	613.69	16.65
高台县	林地	6.72	0.16	6.11	0.14	6.09	0.14
	草地	2 245.72	51.45	2 246.75	51.48	2 245.30	51.44
	湿地	18.74	0.43	38.02	0.87	27.00	0.62
	农田	455.45	10.43	461.79	10.57	473.30	10.84
	城镇	82.82	1.90	87.12	2.00	88.98	2.04
	荒漠	1 555.23	35.63	1 524.89	34.94	1 524.03	34.92
临泽县	林地	36.73	1.35	36.89	1.35	37.32	1.38
	草地	1 439.43	52.94	1 439.96	52.96	1 440.33	52.97
	湿地	8.41	0.31	10.99	0.40	10.63	0.39
	农田	480.84	17.68	483.19	17.77	489.44	18.00
	城镇	55.22	2.03	59.51	2.19	60.35	2.22
	荒漠	698.49	25.69	688.59	25.32	681.06	25.05
民乐县	林地	160.40	7.16	168.24	7.51	168.24	7.51
	草地	721.27	32.20	795.61	35.52	795.17	35.50
	湿地	25.30	1.13	26.18	1.17	25.26	1.13
	农田	1 103.74	49.27	1 024.76	45.75	1 043.87	46.60
	城镇	56.74	2.53	58.14	2.60	58.52	2.61
	荒漠	169.64	7.57	164.34	7.34	146.20	6.53
	冰川 / 永久积雪	3.06	0.14	2.88	0.13	2.88	0.13

续表

县（区）	一级类型	2000 年		2005 年		2010 年	
		面积 /km²	比例 /%	面积 /km²	比例 /%	面积 /km²	比例 /%
山丹县	林地	626.63	11.53	630.95	11.61	630.83	11.60
	草地	2 686.25	49.41	2 726.19	50.14	2 728.29	50.18
	湿地	4.03	0.07	8.52	0.16	7.76	0.14
	农田	1 131.58	20.81	1 131.15	20.80	1 130.04	20.78
	城镇	53.39	0.98	57.49	1.06	60.57	1.11
	荒漠	935.17	17.2	882.75	16.23	879.56	16.18
肃南县	林地	2 762.23	13.71	2 762.25	13.71	2 762.28	13.71
	草地	11 573.30	57.44	11 576.30	57.46	11 578	57.47
	湿地	158.86	0.79	162.38	0.81	161.71	0.80
	农田	122.28	0.61	138.84	0.69	169.52	0.84
	城镇	23.35	0.12	23.68	0.12	24.80	0.12
	荒漠	5 179.13	25.71	5 156.33	25.59	5 123.58	25.43
	冰川 / 永久积雪	328.64	1.63	327.97	1.63	327.82	1.63

资料来源：张掖市环境保护局

张掖市境内草原生态系统占各类生态系统总面积的 50% 左右，畜牧业是社会经济发展的主要成分，根据《全国生态环境十年变化（2000 ～ 2010）遥感调查与评估》报告，2000 ～ 2010 年，除肃南县外，其他各区县草原畜牧均处于超载状态，且整体呈逐渐增加的趋势，其中临泽县和甘州区超载状态最为严重，其次为高台县和民乐县，山丹县相对较好，但仍处于超载状态（表 5-10）。

表 5-10　张掖市及各区县 2000 ～ 2010 年草原放牧超载率变化表　（单位：%）

年份	2000	2001	2002	2003	2004	2005	2006	2007	2008	2009	2010
山丹县	169.18	168.24	176.45	198.87	208.87	224.14	225.98	228.56	207.66	241.72	281.35
甘州区	2040.77	2098.25	2298.55	2403.82	2695.01	2840.70	3072.98	3306.87	3083.57	3321.42	3719.50
高台县	252.13	266.11	275.92	302.39	325.01	353.82	384.87	369.18	569.79	699.22	889.16
临泽县	2906.18	2932.46	3151.90	3359.27	3605.70	3906.11	4308.07	4604.21	4480.64	4551.66	5000.49
民乐县	781.68	852.31	901.08	934.20	994.24	1045.19	1083.37	1122.72	743.51	792.95	828.26
肃南县	−49.26	−53.73	−54.54	−54.30	−53.23	−51.61	−51.88	−48.61	−45.99	−39.67	−36.43

资料来源：张掖市环境保护局

根据生态环境状况指数和生态环境状况变化幅度的大小，《生态环境状况评价技术规范（试行）》（HJ/T192—2006）将生态环境状况分为优、良、一般、较差和差五级；将生态环境状况变化幅度分为无明显变化、略有变化、明显变化和显著变化四级。依据甘肃省环境监测中心站对Landsat TM影像的解译结果，发现全市总体生态环境状况指数为39.28，生态环境状况属于“一般”，植被覆盖度中等，生物多样性一般水平，较适合人类生存，但也有不适人类生存的制约性因子出现（表5-11，表5-12）。

表5-11　张掖市生态环境状况指数表

年份	生物丰度指数	植被覆盖指数	水网密度指数	土地退化指数	环境质量指数	EI	ΔEI	生态环境质量类型
2010	27.90	33.29	10.30	46.20	97.95	39.63	0.15	一般
2011	27.86	32.15	9.68	46.20	96.56	39.05	−0.27	一般
2012	28.15	32.28	9.90	46.20	95.89	39.10	0.05	一般
2013	27.97	32.35	9.77	46.20	97.52	39.28	0.18	一般

资料来源：张掖市环境保护局

表5-12　2013年张掖市各县区生态环境状况指数表

县（区）	生物丰度指数	植被覆盖指数	水网密度指数	土地退化指数	环境质量指数	EI	ΔEI	生态环境质量类型
山丹县	24.29	27.49	7.95	81.73	97.44	44.12	0.18	一般
民乐县	23.52	28.57	17.34	82.89	95.00	45.89	−0.34	一般
肃南县	26.21	31.88	10.89	86.25	94.19	46.49	−0.77	一般
甘州区	14.66	14.95	13.63	49.82	85.12	32.11	0.82	较差
临泽县	7.54	8.31	10.67	23.48	95.27	24.67	1.14	较差
高台县	6.53	6.86	8.45	25.98	96.92	24.43	−0.09	较差

资料来源：张掖市环境保护局

张掖市地处河西走廊中部，植被覆盖度低、夏季降雨集中、洪水冲蚀较大，黑河等5条主要河流水力侵蚀严重，冬春干旱少雨、风沙较大，沙尘暴天气频繁、大风吹起表土，造成土壤风蚀沙化。加之近年来由于张掖市移民的垦殖，破坏了地表植被，区域森林资源的不合理砍伐，造成张掖市森林面积减少，人为水土流失进一步加剧。根据2012年全国水利普查水土保持专项普查公告，2012年底张掖市水土流失总面积为13 126.2km^2，约占全市土地总面积的31.3%，其中，水蚀面积6650.7km^2，风蚀面积3758.4km^2，冻融侵蚀面积2717.1km^2（图5-3）。

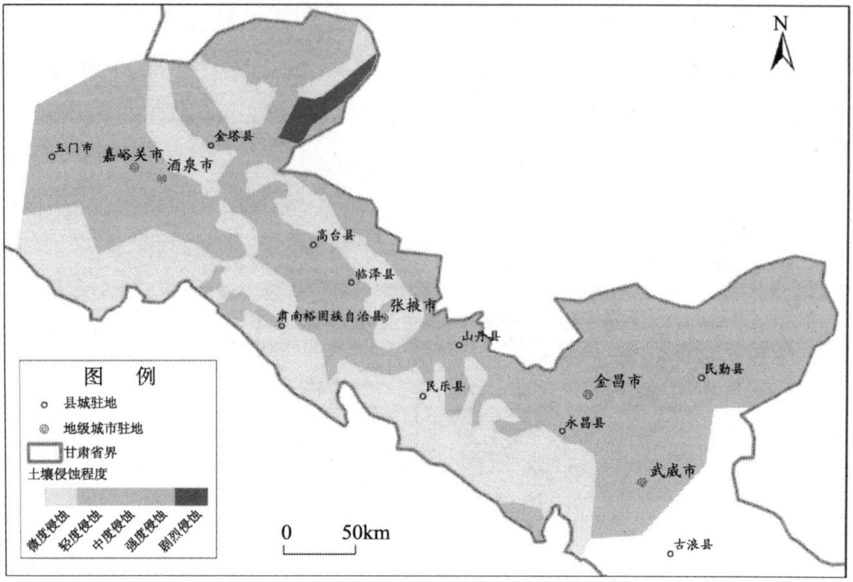

图 5-3　河西地区土壤侵蚀程度分布图（文后附彩图）

张掖市水土流失类型区可分为南部祁连山区、走廊平原区、北山风沙区。

南部祁连山区：总面积 21 884.3km^2（3282.9 万亩），土壤侵蚀面积 13 947.13km^2（2092.07 万亩），占全市总面积的 63.7%，其中风蚀面积 13 193.82km^2，占 60.29%，平均侵蚀强度属轻度以下；水蚀面积 753.31km^2，占 3.44%，年均侵蚀模数 100 ～ 300t/km^2。祁连山是我国著名的高大山系之一，山区降水较多，是张掖乃至整个河西地区水资源宝地所在，每年有 72.6 亿 m^3 的出山水通过石羊河、黑河、疏勒河三大水系，灌溉着河西走廊商品粮基地，养育着400万河西人民。祁连山水源涵养林的主要树种是青海云杉、祁连圆柏，杨、桦有少量分布，灌木优势种有金露梅，箭叶锦鸡儿和吉拉柳等。祁连山山地森林生态圈主要是由云杉林、圆柏林、高山灌丛林和中低山阳性灌木林四个森林生态系统所组成，森林活立木总蓄积量 1857.37 万 m^3，年净生长率 3.12%，林分平均每公顷蓄积 149.2m^3。

走廊平原区：总面积 16 056.9km^2（2408.77 万亩），占全市土地总面积的 38.3%，土壤侵蚀面积 5399.03km^2（809.85 万亩），其中风蚀面积 5373.37km^2，占本区的 36.63%，平均侵蚀强度属轻度–强度；水蚀面积 25.66km^2，占 0.15%，年均侵蚀模数 100 ～ 300t/km^2。走廊平原区土壤侵蚀类型为风蚀和水蚀并存，在夏秋季节，地表植被覆盖率高，土壤含水量较高，风蚀较轻，以水力侵蚀为主，根据《甘肃省水土保持区划》侵蚀模数图，水力侵蚀模数为 200 t/（km^2·a）。冬春季节，地表植被覆盖率降低、土壤含水量较低，正值大风较多的天气，因此风力侵蚀严重，根据临泽治沙站观测资料绿洲区风力侵蚀模数为 2600t/（km^2·a）。

北山风沙区：主要包括高台、临泽、甘州、山丹北部合黎山、龙首山部分，总面积 3982.8km^2（597.48 万亩），占本市土地总面积的 9.5%。其中风蚀面积 3165.53km^2，占本区的 79.48%，平均侵蚀强度属中度–剧烈，水蚀面积 59.53km^2，占 1.48%，年均侵蚀模数 100t/km^2。

第六章
聚落与水土资源耦合关系

本章主要从微观过程、微观机制、微观格局的耦合关系中探讨灌区聚落体系形成和发展的规律；分析不同类型灌区（沿山灌区与绿洲灌区；绿洲中腹灌区与边缘区灌区）聚落体系的空间分布格局，探究质点体系（居民点）-域面体系（灌区和水浇地）-廊道体系（灌渠）的耦合关系。

采用合-分-合的思路。先从总体把握张掖 39 个灌区（后聚类为 29 个灌区），刻画 39 个特征灌区的总体特征和相关属性。对 39 个灌区进行数理分析，将灌区进行聚类，从中提取出三类特征灌区，分别表征沿山独立灌区、绿洲中腹灌区和绿洲边缘区灌区；对三类特征灌区进行细分研究，分别刻画三类灌区中聚落-水-土的耦合关系；再上升到张掖整个灌区，利用空间自相关分析方法对整个灌区的聚落-水-土的空间组织关系加以判定（图 6-1）。

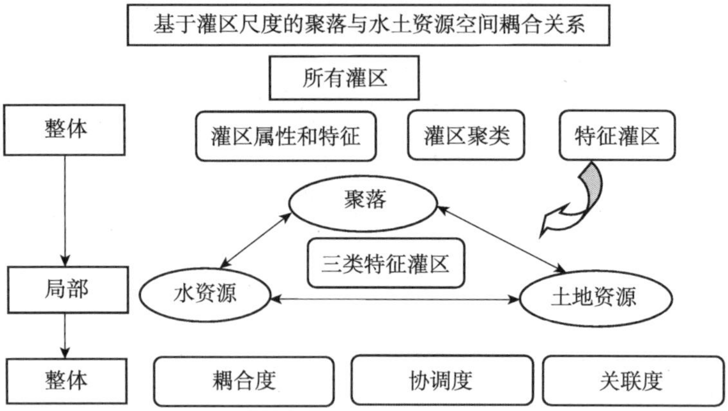

图 6-1　研究思路

第一节　张掖灌区概况

张掖绿洲地处河西走廊中段、黑河流域东片，是河西三大内陆河流域绿洲中水资源总量最大的绿洲，地理坐标为东经97°20′～102°12′，北纬37°28′～39°57′，东西长210～465km，南北宽30～148km，土地面积$4.19\times10^4km^2$，占甘肃省总面积的9.2%。年均降水量89～283mm，蒸发量1700mm，南部祁连山区年平均降水量在300～350mm，北部旱作区干旱少雨，年平均降水量在95mm左右，日照时数为2683～3088h，≥10℃的积温为1611～3078℃，平均气温川区为7.0～7.6℃，山区为2.8～5.8℃，无霜期为70～110d，属典型的大陆性干旱气候。黑河在境内全长185km，境内有可供开发利用的大小河流共26条，主要河流有山丹河、洪水河、梨园河、洪水坝河、马营河等，均发源于祁连山北麓，水资源总量$26.5\times10^9m^3$，现状人均占有可利用水资源量仅$1250m^3$，可用于农业灌溉的水量为$18.64\times10^9m^3$，地均水量仅有$7665m^3/hm^2$，低于全国、全省人均水平。尤其是沿山的山丹、民乐两县水资源量更缺，地表水资源总量仅为$4.91\times10^9m^3$，为川区水资源总量的25.6%，水的利用率仅为55%，比川区低30%。

张掖市下辖甘州区、临泽县、高台县、山丹县、民乐县、肃南裕固族自治县，共6个县区；共有93个乡镇，904个行政村。人口128万人，有效灌溉面积$23.62\times10^4hm^2$，是全国主体功能规划中“七区二十三带”的重要组成部分。

张掖现有39个灌区，其中甘州区8个（安阳、大满、花寨子、上三、甘浚、乌江、西干、盈科），临泽县8个（板桥、蓼泉、倪家营、平川、沙河、小屯、新华、鸭暖），高台县8个（大湖湾、红崖子、六坝、罗城、骆驼城、三清、新坝、友联），民乐县8个（益民、大堵麻东干、大堵麻西干、苏油口、海潮坝、小堵麻、义得、童子坝），山丹县4个（霍城、老军、马营河、寺沟），肃南县3个（明海乡–明花区灌区、莲花寺–皇城区灌区、前滩乡–大泉沟灌区）（图6-2，表6-1）。由于这些灌区所依托的自然水系不同，总体上又可划分为黑河灌区、梨园河灌区和沿山灌区。一般而言，沿山灌区由于依托相对独立的水系，水资源相对较少，因而灌区面积相对较小，结构相对简单；而典型的

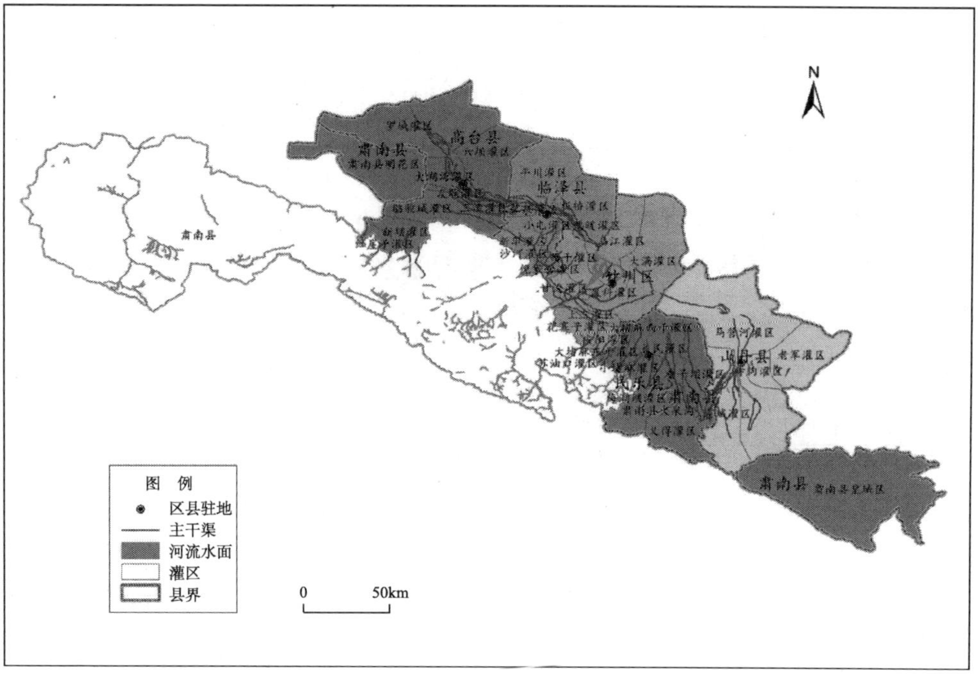

图 6-2 张掖市灌区现状分布图（文后附彩图）

黑河灌区，由于依托的是黑河干流，受总干渠、支渠的导引，各灌区之间存在着复杂的串、并联关系，对土地、人口和聚落的分布格局具有更复杂和深刻的影响。

表 6-1 张掖市灌区类型

县区	灌区名称	1998～2002 年均引水量 / 万 m³	提取地下水 / 万 m³	有效灌溉面积 / 万亩	灌区内已建成干渠
甘州区6个灌区	西浚灌区	19 714	2 243	36.89	西总干渠
	大满灌区	15 886	5 569	33.95	大满干渠
	盈科灌区	12 713	4 457	22.54	盈科干渠
	上三灌区	9 112	348	10.1	龙洞、马子干渠
	甘浚灌区	2 470	12.3	1.98	西洞干渠
	乌江灌区	5 530.6		8.9	谢家湾、元丰、上梨沟、先锋、管寨、西引、东引、东大沟、塔儿渠
	小计	65 425.6		114.36	

续表

县区	灌区名称	1998～2002年均引水量/万m³	提取地下水/万m³	有效灌溉面积/万亩	灌区内已建成干渠
临泽县4个灌区	平川灌区	9 550.4		9.25	二坝、三坝、四坝干渠
	蓼泉灌区	7 075		6.81	蓼泉、新鲁干渠
	板桥灌区	1 378.4		9	昔腊、头坝干渠
	鸭暖灌区	4 656.37		5.42	永安、鸭翅、暖泉干渠
	小计	22 660.17		30.48	
高台县3个灌区	友联灌区	29 882.95		35.37	三清、柔远、丰稔、站家、纳凌、定宁、新开、乐善、永丰、黑新开、黑泉渠、双丰、小坝、镇江干渠
	罗城灌区	5 306.06		6.9	临河、镇鲁、红山、万丰、罗城、新沟、杨家沟、候庄、常丰、天城、阎家沟、赵家沟干渠
	六坝灌区	3 619.05		5.41	五坝、六坝、七坝干渠
	小计	38 808.06		47.68	
中游合计（13个灌区）		126 893.83		192.52	

空间数据具有三大属性，即空间、时间和专题属性，后两者常常被视为非空间属性（柏延臣等，1999）。地理数据由于受空间相互作用和空间扩散的影响，彼此之间不可能相互独立，而是相关的。空间自相关给予了关于空间格局、结构和过程的相关信息（靳诚和陆玉麟，2009）。空间自相关是指一些变量在同一个区域内的观测数据之间潜在的相互依赖性，即要素的空间分布状态是集聚式（或间隔式）分布，还是随机分布。一种要素观测值如果在空间分布上呈现出高-高组合（即高的地方周围也高），或低-低组合，称为空间正相关，表明渠系、水浇地和居民点具有空间扩散的特性；如果呈现出高-低组合（即高的地方周围低）或低-高组合（低的地方周围高），则称为空间负相关，表明灌区内部各要素具有空间极化的特性；如果观测值在空间分布上呈现出随机性，表明空间相关性不明显，是一种随机分布的现象。空间自相关一般包括全局和局部两种指标；全局指标用于探测整个研究区域的空间模式；使用单一的值来反映该区域的自相关程度；局部指标计算每一个空间单元与邻近单元某一属性的相关程度。

通常需要计算两类要素的空间自相关系数：一是全局空间自相关系数，主要探索属性值在整个区域的空间分布特征，常用的自相关系数有 Moran's I 和

Geary’s C；二是局域空间自相关，主要探索属性值在子区域上的空间分布格局或空间异质性，常用的有局域 Moran’s I 和局域 Geary’s C。

Moran（1950）最早提出度量空间自相关的统计量，即 Moran’s I 指数，其计算公式为

$$I=\frac{n}{S_0}\frac{\sum_{i=1}^{n}\sum_{j=1}^{n}w_{ij}z_iz_j}{\sum_{i=1}^{n}z_i^2} \tag{6-1}$$

式中，z_i 为要素 x（渠系、水浇地、居民点）在位置或区域 i（39 个灌区）的值与其平均值的偏差；w_{ij} 为空间权重矩阵的 w 的元素，指区域或位置 i 与 j 的空间权重，如果区域或位置 i 与 j 相邻，规定 w_{ij}=1，否则 w_{ij}=0；n 为变量（灌区渠系、水浇地、居民点）观测值的总个数，也为观测值所对应区域或位置的总个数；S_0 为所有空间权重的聚合，见式（6-2）。

$$S_0=\sum_{i=1}^{n}\sum_{j=1}^{n}w_{ij} \tag{6-2}$$

对于 Moran’s I 指数，可以用标准化统计量 Z 来检验 n 个区域是否存在空间自相关关系，当 Z 值为正且显著时，表明存在正的空间自相关，也就是说相似的观测值（高值或低值）趋于空间集聚；当 Z 值为负且显著时，表明存在负的空间自相关，相似的观测值趋于分散分布；当 Z 值为零时，观测值呈独立随机分布。Z 的计算公式为

$$z_I=\frac{I-E[I]}{\sqrt{V[I]}} \tag{6-3}$$

式中，$E[I]$ 和 $V[I]$ 分别为要素 x（渠系、水浇地、居民点）的理论期望和理论方差，见式（6-4）和式（6-5）。

$$E[I]=-\frac{1}{n-1} \tag{6-4}$$

$$V[\mathrm{I}]=E[I^2]-E[I]^2 \tag{6-5}$$

当 n 较大时，Moran’s I 的期望接近于 0。如果一个变量 x 的值在空间位置上是相互独立的，则 Moran’s I 的值应该等于它的期望；Moran’s I 的值大于其期望时，则相邻区域或位置上变量的值趋于相近，意味着正自相关；Moran’s I

的值小于其期望时，则相邻区域或位置上变量的值趋于相异，意味着负自相关（靳诚和陆玉麟，2009；张松林和张昆，2007）。

Moran's I 只能说明研究对象的整体分布状态及关联度，不能说明属性相似集聚区的空间分布位置。GMI 指数则主要通过对子区域中的信息分别进行分析，探索区域信息变化，判断区域内部空间的异质性，识别不同区域热点区与冷点区的空间分布，能很好地反映某一区域与临近区域单元属性值的关联程度，见式（6-6）：

$$\text{GMI}=\sum_{i=1}^{n}\sum_{j=1}^{n}W_{ij}(X_i-\bar{X})(X_j-\bar{X})\Big/S^2\sum_{i=1}^{n}\sum_{j=1}^{n}W_{ij} \tag{6-6}$$

式中，$S^2=\frac{1}{n}\sum_{i=1}^{n}(X_i-\bar{X})^2$；$\bar{X}=\frac{1}{n}\sum_{j=1}^{n}(X_i)$；$n$ 为灌区单元数量；X_i 和 X_j 分别为属性特征 X 在空间单元 i 和 j 上的观测值；W_{ij} 为采用临近标准构建的空间权重矩阵。

当全局 GMI 的观察值大于数学期望，并且有统计学意义时，提示存在“热点区”；小于数学期望，提示存在“冷点区”。这样就可以判断区域内部的空间异质性，识别不同区域热点区与冷点区的分布，反映某一区域与临近区域单元属性值的关联程度。

GMI 的取值范围为 −1 到 1，在给定显著性水平时，GMI 显著为“+”，则表明研究区的人−水−土资源空间分布具有明显的集聚态势，GMI 显著为“−”表明研究区的人−水−土资源空间分布具有明显的空间差异（分散分布），GMI 为 0 则表明研究区的人−水−土资源空间分布呈无规律随机分布状态。

Z 得分和 P 值是统计显著性的度量，如果要素的 Z 得分高且 P 值小，则表示有一个高值的空间聚集。如果 Z 得分低并为负数且 P 值小，则表示有一个低值的空间聚集。Z 得分越高（或越低），聚集程度就越大。如果 Z 得分接近于 0，则表示不存在明显的空间聚集。换言之，热点区的空间联动发展较好，相互作用程度较高；而冷点区的空间联动发展状态较弱，区域之间的相互作用强度较低。

研究区的人−水−土资源空间分布具有明显的集聚态势，GMI 显著为“−”表明研究区的人−水−土资源空间分布具有明显的空间差异（分散分布），GMI 为 0 则表明研究区的人−水−土资源空间分布呈无规律随机分布状态。对不同时间的同类要素的分布模式，Z 得分值越大，聚集程度越大。

空间自相关分析后返回的结果显示，Sig.C 值、P 值、期望指数、方差等结果不是特征值（表 6-2），因而将其剔除，然后只需将 GMI、Z 得分（数值型变量）、离散聚集度（−2 ～ 2）（分类型变量）3 个结果进行模糊聚类分析。模糊聚类分析结果如图 6-3 所示。

表 6-2　张掖各灌区 GMI 指数

县区	灌区名称	大灌区名称	GMI 指数			Z 得分		
			渠系	水浇地	居民点	渠系	水浇地	居民点
甘州区	大满灌区	大满灌区	0.136	0.268	0.041 571	18.483 9	24.375 2	18.999 879
	乌江灌区	盈科灌区	0.096 5	0.158	0.041 6	15.937 4	18.473 5	12.478 345
	西干灌区	西浚灌区	0.018 5	0.246	0.047 099	10.839 4	9.738 2	6.891 834
	甘浚灌区	西浚灌区	0.753	0.098 3	0.048 381	11.947 2	14.835	8.452 793
	上三灌区	上三灌区	0.02	0.09	0.04	12.84	26.22	4.68
	花寨子灌区	花寨子灌区	0.257 3	0.019 8	0.009 772	2.473 1	1.738 2	0.548 253
	安阳灌区	安阳灌区	0.013 5	0.024 8	−0.016 706	1.583 2	0.928 4	−0.329 249
	盈科灌区	盈科灌区	0.32	0.37	0.27	1.74	1.99	1.46
高台县	大湖湾灌区	友联灌区	0.154	0.248	0.074 348	1.948 3	2.194 3	1.441 116
	三清灌区	友联灌区	0.038 367	0.194 532	0.069 3	16.866 809	28.445 591	2.362 65
	骆驼城灌区	友联灌区	0.046 308	0.039 806	0.027 146	19.483 5	24.839 2	3.847 52
	友联灌区	友联灌区	0.014 651	0.219 006	0.014 144	16.863 888	45.111 096	0.650 111
	新坝灌区	新坝灌区	0.35	0.31	0.22	3.78	3.43	2.55
	红崖子灌区	红崖子灌区	0.096 8	0.058 7	−0.046 839	3.284 7	2.948 3	0.105 437
	六坝灌区	六坝灌区	0.02	0.04	0.02	6.47	16.63	0.63
	罗城灌区	罗城灌区	0.052 4	0.068 9	0.014 693	9.483	15.832	0.431 39
	平川灌区	平川灌区	0.1	0.02	0.06	0.69	0.9	0.54
临泽县	板桥灌区	板桥灌区	0.032 86	0.085 42	0.010 392	3.485 2	2.948 3	1.311 10
	蓼泉灌区	蓼泉灌区	0.01	0.04	−0.048 196	10.16	33.26	−1.339 3
	鸭暖灌区	鸭暖灌区	0.018 177	0.092 614	−0.012 885	9.389 289	4.660 713	−0.405 5
	沙河灌区	沙河灌区	0.196 3	0.106 5	0.088 719	24.874 3	28.473 4	7.276 44
	小屯灌区	梨园河灌区	0.016 8	0.025 4	−0.006 75	9.472 1	14.983	−0.035 8
	倪家营灌区	梨园河灌区	0.006 612	0.065 609	0.018 805	8.563 365	19.268 531	2.038 33
	新华灌区	梨园河灌区	0.065 7	0.096 8	0.044 116	12.837 4	18.483 2	3.414 34
民乐县	大堵麻东干灌区	大堵麻灌区	0.284	0.257	0.079 189	8.472 94	4.782 35	1.309 77
	大堵麻西干灌区	大堵麻灌区	0.935	0.284	0.582	8.593 4	4.938 52	2.748 53
	海潮坝灌区	大堵麻灌区	0.017 5	0.025 8	0.009 4	4.938 5	7.483 92	6.384 75
	小堵麻灌区	大堵麻灌区	0.063 2	0.086 3	0.043 2	9.483 2	6.482 3	3.847 2
	童子坝灌区	童子坝灌区	0.185	0.084 3	0.029 4	8.493 2	16.483 2	4.364 25
	苏油口灌区	苏油口灌区	0.028 4	0.043 8	0.012 8	7.483 5	13.847 2	5.483 263
	义得灌区	洪水河灌区	0.083 2	0.098 5	0.053 9	4.983 5	5.849 3	2.584 5
	老军灌区	老军灌区	0.029 5	0.034 6	0.014 3	9.583 5	8.943 5	2.948 35
	寺沟灌区	寺沟灌区	0.063 2	0.095 2	0.053 6	4.983 2	5.483 2	3.829 5

续表

县区	灌区名称	大灌区名称	GMI 指数			Z 得分		
			渠系	水浇地	居民点	渠系	水浇地	居民点
山丹县	马营河灌区	马营河灌区	0.142	0.174	0.084 3	13.474 8	6.489 34	1.843
	霍城灌区		0.001 9	0.014 9	0.025 767	9.011 726	5.543 03	2.215 26
肃南县	肃南县明花区		0.004 83	0.009 3	−0.003 82	0.039 84	0.054 39	−0.083 7
	肃南县大泉沟		0.004 73	0.043 7	−0.032 74	0.859 3	0.004 83	−0.005 9
	肃南县皇城区		0.004 782	0.002 7	−0.000 843	0.047 82	0.085 34	−0.048 3
	肃南县		0.003 8	0.004 8	−0.004 72	0.057 832	0.037 8	−0.018 4

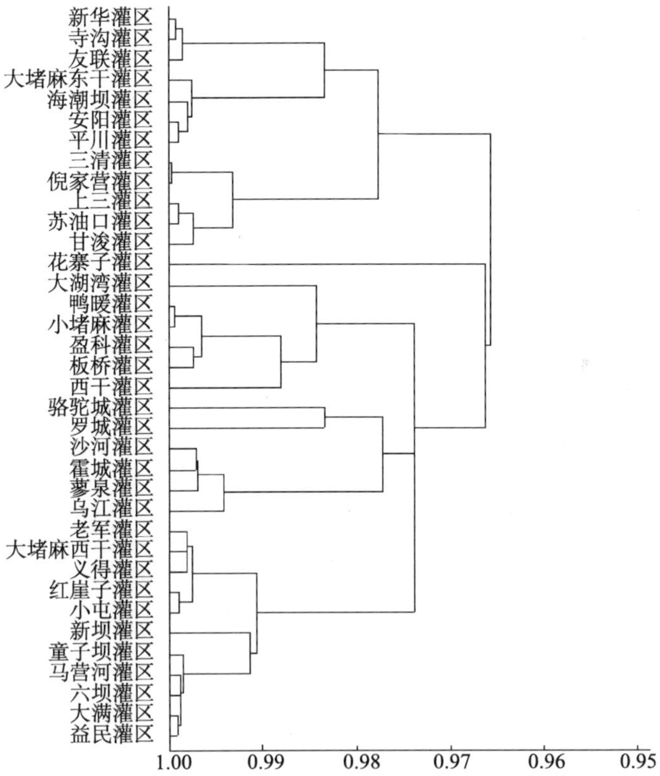

图 6-3　张掖各灌区聚类谱系图

第二节 聚落与水土资源邻近关系

空间邻近关系包括以下三个方面：拓扑关系、距离关系和方向关系（朱为和马劲松，2008）。地理邻近（geographical proximity）、组织邻近与认知邻近相互交织在一起（谭文柱，2012），在不同区域或尺度上，要素空间分布格局存在很大差异，不同尺度下的空间格局也可能存在空间关联（李仁杰等，2010）。测度点状空间分布格局的方法主要有最近邻点指数（nearest neighbor idicator，NNI）、柯尔摩哥夫-史密尔诺夫（kolmogorov-Smirnov）模型和罗伦兹曲线（lovenz curve）等（Anselin，1995）。使用比较多、相对成熟的是最近邻点指数（NNI），它可以刻画点状事物在地理空间中的相互邻近程度，判断点要素的分布格局是集聚（clumped）分布、随机（random）分布，还是规则（uniform）分布（孟斌等，2005）。

其计算公式为

$$\mathrm{NNI}=d(\mathrm{NN})/d(\mathrm{ran}) \tag{6-7}$$

$$d(\mathrm{NN})=\sum_{i}^{n}\frac{\min(d_{ij})}{N} \tag{6-8}$$

$$d(\mathrm{ran})=0.5\sqrt{A/N} \tag{6-9}$$

式中，NNI 为居民点最邻近距离系数；d（NN）为居民点平均最邻近距离；d（ran）为期望平均距离；d_{ij} 为第 i 居民点到第 j 居民点距离；min（d_{ij}）为 i 居民点到最邻近居民点距离；A 为灌区面积；N 为灌区居民点总数。

邻近距离测量的是每个要素（即地类斑块）的质心位置之间的距离。在具体的计算过程中，将土地利用现状图导入 ArcGIS 10.0 中，从土地利用现状图中提取居民点、水浇地、林地、草地、渠系和道路斑块，借助空间分析模块，计算各要素之间的最邻近距离。

一般认为，当 NNI ≤ 0.5 时为聚集分布；0.5<NNI<1.5 时为随机分布，NNI ≥ 1.5 时为均匀分布。聚集分布，每个居民点与其最近邻各居民点的距离很小，而另外的很大区域上则没有点；均匀分布，每个居民点与其他各最近邻居民点间的距离大致相等；随机分布，其中有些居民点比较集中，有些居民点比较分散（刘平等，2007）。在具体的计算过程中，结合张掖绿洲灌区

的实际情况，对计算结果细分为五级：0.1364 ～ 0.2455、0.2456 ～ 0.3703、0.3704 ～ 0.482、0.4821 ～ 0.6081、0.6082 ～ 0.9353，分别代表居民点分布呈极度聚集、高度聚集、一般聚集、一般随机、高度随机。

一、居民点分布聚集，空间差异明显

在张掖大小共39个灌区中，有22个灌区的居民点NNI值小于0.5（图6-4，表6-3），表明居民点多呈聚集分布状态，这些灌区绝大部分为沿山独立灌区（如大堵麻西干灌区、大湖湾灌区、海潮坝灌区、花寨子灌区、霍城灌区、老军灌区、六坝灌区、罗城灌区、骆驼城灌区等）或绿洲边缘区灌区（如罗城、六坝、老军灌区等）。这表明，在水资源（即灌溉保证程度）有限的状况下，居民点具有空间聚集的倾向。其中最低值为义得灌区，仅为0.136。相反位于绿洲中腹灌区（盈科灌区0.935，小屯灌区0.718），NNI值基本大于0.5，也就是说，当居民点对水资源的依赖性降低后，表现为随机分布状态。从6个区（县）情况看，灌区居民点平均NNI分别如下：甘州区（0.556）、临泽县（0.513）、高台县（0.449）、民乐县（0.444）、山丹县（0.285）、肃南县（0.353）。因此，可以观察到从绿洲中腹向边缘过渡时，居民点分布态势由相对离散走向相对聚集。

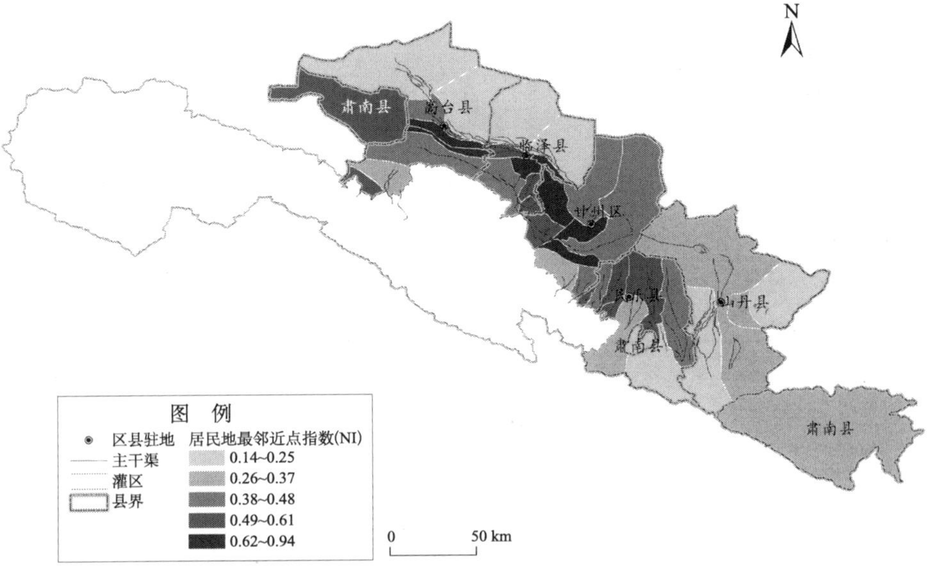

图6-4　张掖各灌区居民点最邻近指数

表 6-3　张掖各灌区居民点间最邻近点指数

县区	灌区名称	灌区面积 /km^2	居民点数 / 个	居民点平均最邻近距离 /m	NNI
甘州区	安阳灌区	14.54	172	219.66	0.478
	大满灌区	154.96	1 624	203.66	0.417
	甘浚灌区	24.27	821	139.11	0.512
	花寨子灌区	27.12	88	300.05	0.342
	上三灌区	17.36	1 191	124.58	0.653
	乌江灌区	74.29	830	195.74	0.414
	西干灌区	34.05	1 677	156.16	0.693
	盈科灌区	19.78	1 061	201.93	0.935
临泽县	板桥灌区	79.00	534	149.27	0.245
	蓼泉灌区	11.76	185	215.20	0.540
	倪家营灌区	7.77	388	131.18	0.586
	平川灌区	98.22	449	179.24	0.242
	沙河灌区	11.40	434	155.84	0.608
	新华灌区	40.77	709	161.04	0.425
	鸭暖灌区	6.35	237	191.84	0.741
	小屯灌区	12.46	201	282.75	0.718
高台县	红崖子灌区	13.33	353	165.13	0.538
	大湖湾灌区	24.23	151	273.66	0.432
	六坝灌区	93.59	214	156.30	0.149
	罗城灌区	175.64	143	420.83	0.240
	骆驼城灌区	69.12	886	212.86	0.482
	三清灌区	12.88	169	301.66	0.691
	新坝灌区	32.94	418	161.20	0.363
	友联灌区	18.75	451	225.05	0.698
民乐县	大堵麻东干灌区	21.34	150	334.91	0.562
	大堵麻西干灌区	15.70	145	240.43	0.462
	海潮坝灌区	58.38	212	271.56	0.327
	苏油口灌区	5.27	160	146.38	0.510
	童子坝灌区	68.16	331	313.42	0.437
	义得灌区	70.02	68	218.84	0.136
	小堵麻灌区	8.48	82	304.77	0.600
	益民灌区	55.98	820	212.55	0.514

续表

县区	灌区名称	灌区面积 /km²	居民点数 / 个	居民点平均最邻近距离 /m	NNI
山丹县	马营河灌区	28.93	1705	205.38	0.315
	霍城灌区	105.201	720	130.23	0.215
	寺沟灌区	21.40	346	145.60	0.370
	老军灌区	85.850	215	241.29	0.24
肃南县	大泉沟灌区	14.79	52	144.87	0.172
	皇城区灌区	337.54	540	439.24	0.351
	明花区灌区	129.11	564	406.09	0.537

渠系和水浇地 GMI 均大于 0，但绝大多数在 0.1 ～ 0.4m，说明渠系和水浇地在空间分布上具有一定的均匀性。渠系最大值出现在大堵麻西干灌区（0.935），最小值出现在肃南县大泉沟灌区（0.004 73）；水浇地最大值出现在盈科灌区（0.37），最小值出现在肃南县皇城区灌区（0.002 74）；聚落 GMI 在 −0.048 196 ～ 0.582，表明居民点的集中和离散态势一并存在。居民点最大值出现在大堵麻西干灌区（0.582），最小值出现在肃南县蓼泉灌区（−0.048 196），存在单核聚集特征。

从渠系、水浇地和居民点 GMI 看，渠系（4.783 507）> 水浇地（4.350 581）> 居民点（2.006 427），也就是说，渠系的关联性强于水浇地，更强于居民点，在三者中，渠系与水浇地之间的相关性更密切。从渠系、水浇地和居民点 GMI 在各灌区分布的对应状况看，二者具有很高的一致性（图 6-5）。

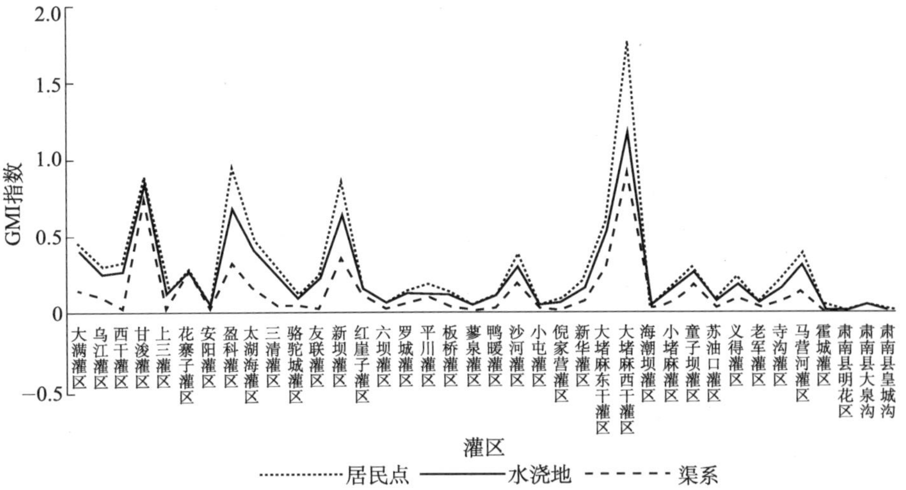

图 6-5　各灌区渠系、水浇地、居民点 GMI 指数分布图

二、沿山独立灌区与绿洲边缘灌区和绿洲中腹灌区相比，居民点与水土资源的关系更密切

从居民点与水浇地、渠系、道路之间的平均临近距离来看，表现为从沿山独立灌区–绿洲边缘灌区–绿洲中腹灌区逐步增加的态势，说明沿山灌区水浇地、渠系与居民点的关系更密切。这与水土资源的空间分布格局密切相关，沿山灌区往往是由独立水系形成的小灌区，水资源有限，灌溉保证程度差，水资源对人类活动和居民点选址的约束性更强，人类活动被挤压在相对有限的空间，势必造成人口和居民点呈聚集状态。绿洲中腹灌区由于所处区位条件好，依托黑河干流形成，水资源丰富，且开发历史悠久，人地关系缓和于沿山独立灌区，造成人口和居民点反而有一定的离散性。从沿山独立灌区–绿洲边缘灌区–绿洲核心灌区角度看，水浇地、渠系、居民点、道路斑块数量越来越多，其所占比例也逐步提高，说明这些要素在灌区中的地位越来越重要，区位交通条件好转，土地利用强度加重，人类活动强度增加，对居民点空间分布格局的影响也在加重。

三、灌区中居民点与渠系、水浇地表现出显著的“亲水型”和“亲地型”

（1）新坝灌区（沿山独立灌区），地处祁连山前沿倾斜山区和马营河复合洪积扇前缘地段，属河西走廊冷凉干旱气候，辖1乡16个村154个社。新坝灌区所属的两条河流为摆浪河和大河峡。摆浪河流域面积221km^2，多年平均径流量$3401\times10^4m^3$，$P=50\%$时水量为$3367\times10^4m^3$。大河峡流域面积25km^2，多年平均来水量$314\times10^4m^3$，$P=50\%$时水量为$309\times10^4m^3$，在灌溉期间向肃南大河区分水$170\times10^4m^3$。两河均发源于祁连山北坡，河流的共同特点是径流量年际变化大，7～9月来水量最多，其余月份均较少。灌区为山水自流灌区，水资源短缺，再加上降水时空分布不均匀，导致供需水矛盾更为突出，灌溉高峰期的5～6月，摆浪河源来水量只占全年河源来水量的24%，而灌溉需水量却占全年用水量的53%，进一步强化了水资源对人类活动的约束力[①]。灌区内最主要的地理景观要素是水浇地，其次是草地（斑块数分别为216个和104个）。从居民点与各要素之间的平均邻近距离看（表6-4），并无明显的差别，但从最小邻

① 《高台县新坝灌区水资源调查报告》，2011。

近距离观察，则居民点邻近水浇地和渠系表现出显著的“亲水型”和“亲地型”，表明渠系和水浇地对居民点空间位置具有明显的吸引作用。同时，最大邻近距离也出现在居民点-水浇地，即表明，沿山灌区受独立水系的影响更显著，导致主干渠自上游至下游延伸较远，“战线”拉得较长，因此，在居民点表现出“亲水亲地”的同时，又表现为较长的耕作半径。相反，由于整个灌区并不是张掖主要公路的沿线，因此居民点并没有表现出明显的“亲路型”特征。

表 6-4　张掖三类灌区居民点与主要地理要素之间的最邻近距离

灌区	临近地类	斑块个数 / 个	所占比例 /%	总临近距离 /m	所占比例 /%	平均临近距离 / m	最小临近距离 /m	最大临近距离 /m	临近距离标准差	临近距离方差
新坝灌区	林地	29	6.94	568.81	6.01	19.61	2.40	46.61	13.78	189.78
	水浇地	216	51.67	4 827.47	51.03	22.35	0.44	131.88	17.11	292.80
	渠系	29	6.94	811.89	8.58	28.00	3.33	99.94	20.70	428.30
	草地	104	24.88	2 184.01	23.09	21.00	8.00	56.12	11.48	131.82
	道路	40	9.57	1 067.61	11.29	26.69	6.48	69.54	13.04	169.95
平川灌区	林地	14	3.12	301.79	3.22	21.56	7.02	62.80	15.04	226.17
	水浇地	317	70.60	6 488.17	69.19	20.47	0.47	97.57	12.78	163.44
	渠系	44	9.80	1 054.53	11.24	23.97	5.61	86.65	17.11	292.79
	草地	8	1.78	124.62	1.33	15.58	0.55	27.09	7.68	59.05
	道路	66	14.70	1 408.05	15.02	21.33	2.95	58.45	10.75	115.54
盈科灌区	林地	5	0.47	169.20	0.54	33.84	9.82	104.72	39.87	1 589.82
	水浇地	780	73.52	23 268.12	74.24	29.83	0.12	112.23	18.81	353.72
	渠系	111	10.46	3 251.38	10.37	29.29	1.12	76.85	18.75	351.64
	草地	16	1.51	461.11	1.47	28.82	12.05	59.49	13.81	190.80
	道路	149	14.04	4 193.28	13.38	28.14	0.29	93.86	17.15	294.24

（2）平川灌区地处合黎山山前洼地平原地带，北靠合黎山，南依黑河，地势由 EN 向 WS 倾斜，是典型的沿河（黑河）绿洲灌区。受黑河干流的影响，主干渠基本平行于黑河干流展布，因此整个灌区呈狭长形分布于黑河干流一侧。灌区内最主要的地理要素是水浇地，其次是道路和渠系，因此居民点与水浇地之间的邻近关系最密切，其总邻近距离占全要素总邻近距离的 69.19%，可见“亲地型”特征非常显著。同时，由于灌区沿黑河干流呈带状展布，G312、连霍高速公路等干线公路贯穿全境，因此居民点也表现出明显的沿廊道（渠系和路网）分布特征。

（3）盈科灌区是典型的张掖绿洲中腹灌区，辖甘州区小满、新墩、长安、党寨，梁家墩、甘里堡、上秦、三闸、靖安、乌江、平山湖 11 个乡镇的部分或全部面积，覆盖103个行政村。灌区内水浇地、渠系道路是主要的地理要素，而草地等其他要素非常少，因此，与平川灌区相比，居民点与水浇地、渠系和道路之间的关系更密切。居民点与水浇地、渠系和道路之间的最邻近距离是三个灌区中最小的。同时发现，由于灌区紧贴张掖城区分布，路网四通八达，因此，道路斑块数量非常多，这充分映射出在绿洲中腹灌区，“质点”（居民点）-“廊道”（渠系和路网）-“域面”（土地）存在非常密切的相互依存关系。

干旱区内陆河流域的核心在于水，核心区域在于绿洲，而绿洲又是一个个灌区有机聚合的产物。在干旱区绿洲，水是生态安全和社会经济发展的命脉，绿洲发展演变、退化均与水资源之间保持着非常密切的关系。水资源的丰富和空间赋存状态在很大程度上决定和影响着人类活动的空间选择和空间态势，绿洲的时空演变伴随着历史上许多古城镇的废弃和生态环境的退化（李启森等，2006；王志敏，2007）。

从微观尺度入手，以灌区为基本研究单元，来探究水-土-人系统的耦合关系。结果表明在张掖大小共39个灌区中，有22个灌区的NNI值小于0.5，灌区中居民点总体表现为聚集分布态势，但空间差异明显，沿山灌区居民点聚集程度明显高于绿洲中腹灌区。居民点与水浇地、渠系、道路之间的平均临近距离从沿山独立灌区-绿洲边缘灌区-绿洲中腹灌区逐步增加，说明沿山灌区水浇地、渠系与居民点的关系更密切。从微观角度考察，灌区中居民点与渠系、水浇地表现出显著的“亲水型”和“亲地型”，“质点”（居民点）-“廊道”（渠系和路网）-“域面”（土地）存在非常密切的相互依存关系。在沿山灌区，水资源短缺，且水土资源组合状况较差，加之冷凉气候的制约，势必引致紧张的人地关系，当人类活动空间受到挤压后，人居空间也相应地“收敛”为聚集态势。随着“退耕还林还草”政策的实施，部分耕地转化为草地和林地，虽然一定程度上减少了灌溉用水，但耕地面积的缩减，意味着传统农业经营方式受到冲击，如果农业不进行结构调整，寻求更高收益，那么人地关系紧张的状况不会得到根本性的扭转。《黑河流域综合治理规划》实施后，张掖市提出了建设节水社会的宏大目标，并采取了一系列措施，如限额“灌溉定额”、成立农民用水者协会，实行“水票制”，实施“关井压田”等，绿洲中腹灌区水资源的短缺状况虽然有所缓解，但由于人口规模较大，用水需求旺盛，同样面临着紧张的人-水-地关系，尤其是黑河分水方案实施后，水资源结构性短缺的矛盾进一步加重（席海洋等，2007），如何将“农业人”转化为水效益更高的“城镇人”，如何将低效高耗的传统产业转型为高效低耗的现代产业，是绿洲灌区面临的更大挑战。

第三节 聚落与水土资源空间耦合关系

标准距离（standard distance，SD）和标准差椭圆（standard deviational ellipse，SDE）是空间统计方法中能够精确地揭示要素空间分布多方面特征的方法。SD可以度量空间要素分布的离散趋势，反映二维空间内空间要素分布偏离重心的程度，反映居民点、水浇地、灌区等要素的空间展布的平均范围；SDE用于揭示要素的空间分布特征，椭圆的长轴方向表征离散数据集的主要分布方向，椭圆的面积表征离散点集分布的分散（紧凑）程度，SDE中心反映要素空间分布整体在二维空间上的相对位置（重心）；椭圆长轴长度表征要素空间分布在主要方向上偏移重心的程度，短轴则代表其在次要方向上偏离重心的程度，长、短轴的比值可以体现要素空间分布的形态。空间分布的重心、展布范围、密集性、方向和形态随时间变化可能具有不同的动态特征，这就为理解和描述聚落、水浇地和灌区分布格局时空变化过程提供了新的参考标准。在空间自相关分析模型中，测量一组点或区域的趋势的一种常用方法便是分别计算地理坐标系中 X 和 Y 方向上的标准距离。这两个测量值可用于定义一个包含所有要素分布的椭圆的轴线。该方法是由平均中心作为起点对 X 坐标和 Y 坐标的标准差进行计算，从而定义椭圆的轴，因此该椭圆被称为标准差椭圆。早在1926年，Lefever就提出了利用标准差椭圆方法分析离散数据集的分布特征，Bashur利用该方法对社区人群种族、医疗设施分布等进行分析，目前该方法已经被嵌入ArcGIS中作为分散点集的分布特征分析方法，并得到了广泛应用（Bashur et al.，1967）。

标准差椭圆可表示为

$$\mathrm{SDE}_x=\sqrt{\frac{\sum_{i=1}^{n}\left(x_i-\bar{X}\right)^2}{n}}$$
$$\mathrm{SDE}_y=\sqrt{\frac{\sum_{i=1}^{n}\left(y_i-\bar{Y}\right)^2}{n}} \qquad (6\text{-}10)$$

其计算过程如下（王宝军，2009）：

（1）在离散点集的原始坐标系（XOY）下，假设存在某一方向，所有离散点到该方向的标准差距离最小，那么，该方向与原坐标轴的X方向的夹角θ就是点集的定向方向。

式（6-10）中，x_i和y_i为要素i（如居民点、地浇地）的坐标，$(\bar{X},\bar{Y})$为要素的平均中心，n为要素总数。

（2）计算旋转角

$$\tan\theta = \frac{A+B}{C} \tag{6-11}$$

$$A = \left(\sum_{i=1}^{n}\tilde{x}_i^2 - \sum_{i=1}^{n}\tilde{y}_i^2\right)$$

$$B = \sqrt{\left(\sum_{i=1}^{n}\tilde{x}_i^2 - \sum_{i=1}^{n}\tilde{y}_i^2\right)^2 + 4\left(\sum_{i=1}^{n}\tilde{x}_i\tilde{y}_i\right)^2}$$

$$C = 2\sum_{i=1}^{n}\tilde{x}_i\tilde{y}_i$$

式中，$\tilde{x}_i$和$\tilde{y}_i$为xy坐标与平均中心的偏差。

（3）计算沿长轴方向的标准差σ_x和短轴方向的标准差σ_y

$$\sigma_x = \sqrt{\frac{\sum_{i=1}^{n}(\tilde{x}_i\cos\theta - \tilde{y}_i\sin\theta)^2}{n}}$$

$$\sigma_y = \sqrt{\frac{\sum_{i=1}^{n}(\tilde{x}_i\sin\theta - \tilde{y}_i\cos\theta)^2}{n}} \tag{6-12}$$

在具体的计算过程中，首先从土地利用图中提取渠系、水浇地、居民点图斑，分别计算其图斑面积，建立要素属性数据库，然后启用ArcGIS 10.0空间分析工具，利用标准差椭圆函数计算三类灌区居民点、水浇地和渠系的空间分布模式。

（1）新坝灌区位于高台县，地处祁连北麓山前沿倾斜山区和马营河复合洪积扇前缘带，地面坡降分别为，祁连山北麓地段（即摆浪河、大河峡受益区）44.6‰，许三湾一带15‰，平均海拔1360～2115m。灌溉为山水自流灌区，用水主要依靠境内摆浪河、大河峡、石灰关、水关等6座水库塘坝解决。灌区水资源较为短缺，再加上降水时空分布不均匀，导致供需矛盾突出，灌溉高峰期（5 ～ 6 月），摆浪河源来水量仅占全年河源来水量的 24%，降水量仅占灌区全年降水量的 13%，而灌溉需水量却占全年用水量的 53%。加之灌溉工程规模小、质量差，很难保证各个区域都得到供水。根据摆浪河 1980 ～ 2002 年水文资料，摆浪河多年平均径流量为 $3401\times10^4m^3$，P=50% 时水量为 $3367\times10^4m^3$。大河峡水库多年平均来水量 $314\times10^4m^3$，P=50% 时水量为 $309\times10^4m^3$（表 6-5）。

表 6-5　新坝灌区水资源供需平衡　　（单位：10^4m^3）

频率	供水量					需水量					供需平衡
	摆浪河	大河峡	向肃南分水	井水	合计	农田灌溉	林草用水	人畜用水	工业生产用水	合计	
P=50%	3367	309	170	20	3526	3328	345	52	33	3758	−232

第一，在灌区，灌渠的等级、长度、密度和分布格局具有决定性的影响，水土资源的组合状况、水浇地的规模和聚落规模无不深受渠系的制约。人工灌溉渠系不但基本替代了原有的天然河道与水网，也显著改变了灌区景观格局。新坝灌区位于祁连山山前洪积扇，导致自然水系和后来的人工灌渠总体上呈现出放射扇形分布特征（干渠自上而下展布，支渠则沿洪积扇等高线展布，形成典型的“梳状”渠系结构）。灌区内干、支、斗渠长度比为 0.47：0.43：1，灌渠密度为 $4.5km/km^2$。在第一个梳齿中，垂直于干渠方向（即 EN—WN 方向），自干渠向外延伸时，渠系、水浇地和居民点要素的组合逐渐由 H-H（高-高）型组合地区渐变为 H-L（高-低）型组合地区，即从空间正相关走向空间负相关，从空间扩散走向空间极化。说明下游地区水浇地和居民点对渠系密度具有更高的依赖性，在来水保证程度较差的背景下，一般要靠更多的渠系才能保证灌溉。这一特征反映了沿山灌区来水方向和保证程度的空间差异，也就是说上游地区对下游地区的水资源利用具有一定程度的“剥夺”效应，上游地区具有明显的“近水楼台先得月”优势。因此，从灌区内部来水量的保证情况看，干渠沿线明显好于外侧，上游地区明显高于下游地区（图 6-6）。

第二，水浇地是灌区内最具有表征意义的地理要素，是灌区中最重要的土地利用模式，其分布格局和规模基本上决定了灌区的形态和规模。比较水浇地密度和渠系密度冷热点分布图，可以直观地看出，两者具有高度的一致性：垂直于干渠方向，从干渠向外延伸时，逐渐由热点地区变为冷点地区，说明渠系对水浇地分布具有显著的控制和引导作用。

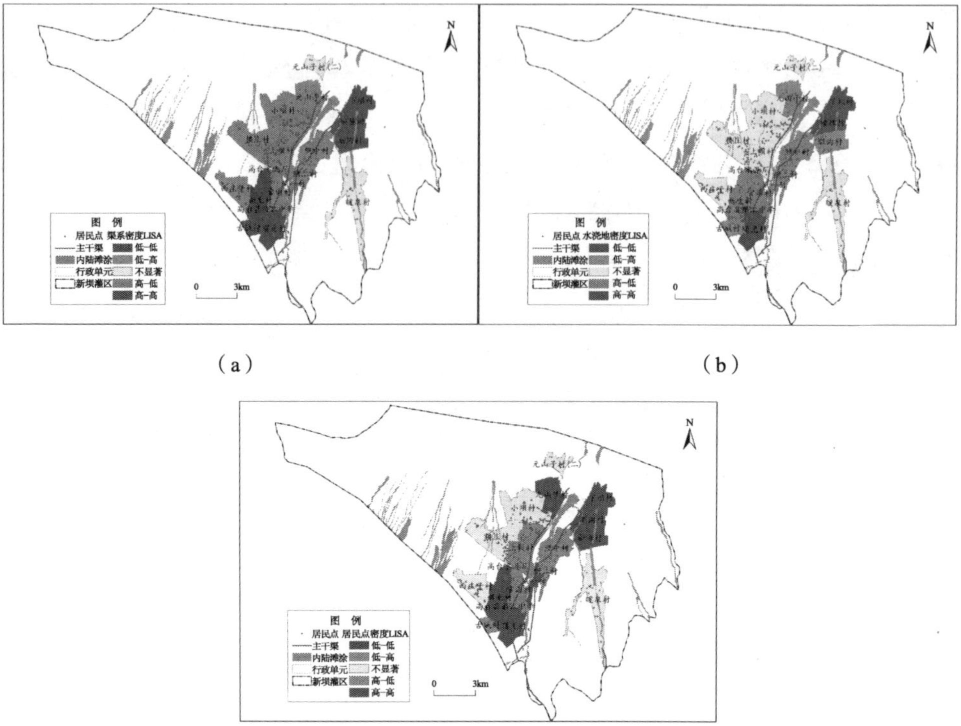

（a）　（b）

（c）

图 6-6　新坝灌区渠系、水浇地、居民点 LISA 图（文后附彩图）

第三，从居民点看，在部分区域表现为 L-L 型组合特征，且主要分布在主干渠的最外缘，表示这些区域的居民具有低度聚集的特征。热点地区基本围绕乡政府驻地，表明行政中心具有较强的联动作用；也就是说，越靠近灌区中心，居民点的密度越大，居民点之间的相互作用越强。同时可以看出，受干渠“Y”型分布格局的控制，冷热点分布格局也表现出明显的空间差异，即从干渠向外围，由 H-H（或 L-L）组合渐变为 H-L（或 L-H）组合，居民点间的相互作用减弱。这表明在以独立水系为基础的沿山灌区，渠系的分布格局对居民点的分布同样具有明显的控制作用。

第四，新坝灌区位于祁连山山前洪积扇，是典型的沿山灌区，其自然水系和人工渠系总体上呈现出放射扇形分布特征（干渠自南而北展布，支渠沿洪积扇等高线分布，形成“梳”状），这一分布格局从根本上控制了聚落与水土资源的分布态势。居民点-渠系-水浇地空间分布模式的关键特征表现为：渠系、水浇地标准差椭圆基本重合，空间分布走向一致；在南北向呈扩张状态，在东西向呈收缩状态。椭圆位于灌区的中央，呈鸭蛋状，其长轴与天然河流和主干渠的延展方向一致，说明水系和干渠对聚落和水浇地的基础性作用。暖泉村、下坝村、元山子村等由于分布在灌区最边缘地带，难以被渠系覆盖，其余的行政村均包含在椭圆范围内。渠系和水浇地空间分布的标准差椭圆几乎重合，说明水土资源在空间上存在高度的耦合性，而聚落空间分布的椭圆较渠系和水浇地空间分布的椭圆在西北方向上略微收缩，说明聚落分布更具空间聚集性（图 6-7）。

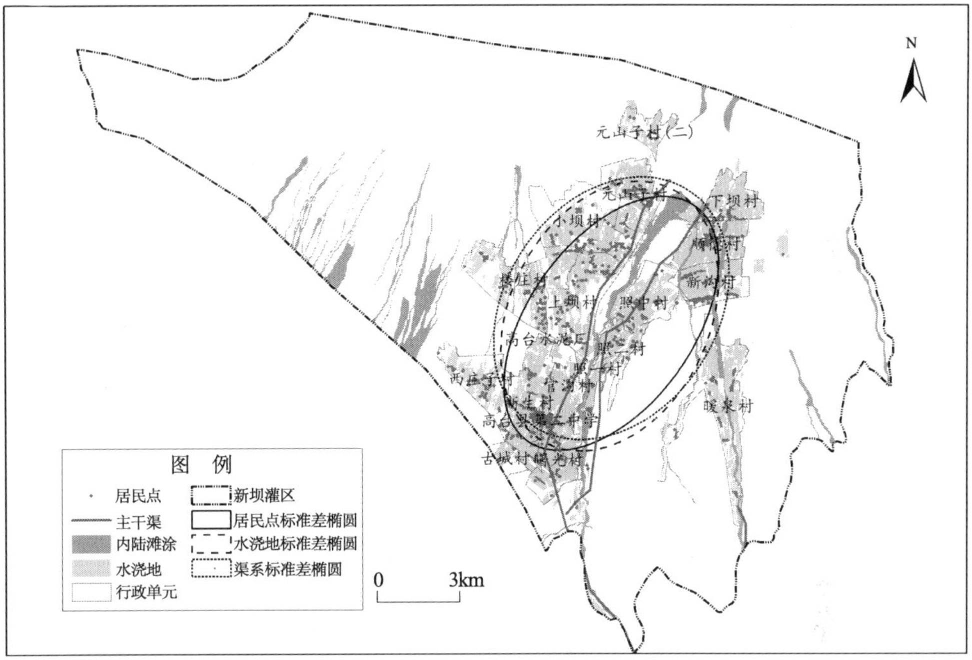

图 6-7 新坝灌区居民点、水浇地和渠系标准差椭圆

（2）平川灌区位于黑河中游中段临泽县境内，地处合黎山山前洼地平原地带，北靠合黎山，南依黑河，地势由 EN 向 WS 倾斜，是典型的沿河绿洲灌区。受黑河干流走向的影响，灌区内干渠基本与黑河平行展布。渠系在西部的贾家墩村、四坝村、芦湾村、三二村和三三村形成高密度特征，三一村、平川村、五里墩村与更外围的一工程村之间则被沙漠戈壁分割。正由于渠系的这一分布特征，控制了居民点和水浇地的分布格局和空间配置格局。灌区内部的大多数村域表现为 H-L 或 L-H 型组合特征，说明渠系、水浇地和居民点具有空间极化特征。

从图 6-8 可以直观看出，除个别行政村外，渠系、水浇地和居民点都表现出类似的冷热点空间组织格局，表明水资源、土地和人口之间具有高度的相互依赖性。并且这种依赖性沿河地带明显高于外围地带。与沿山独立灌区相比，并没有表现出上游-下游递减的格局，这意味着上游对下游的剥夺效应不明显。从表 6-6 可以对比看出，几乎沿河各村的人口都大于外围村落的人口规模。

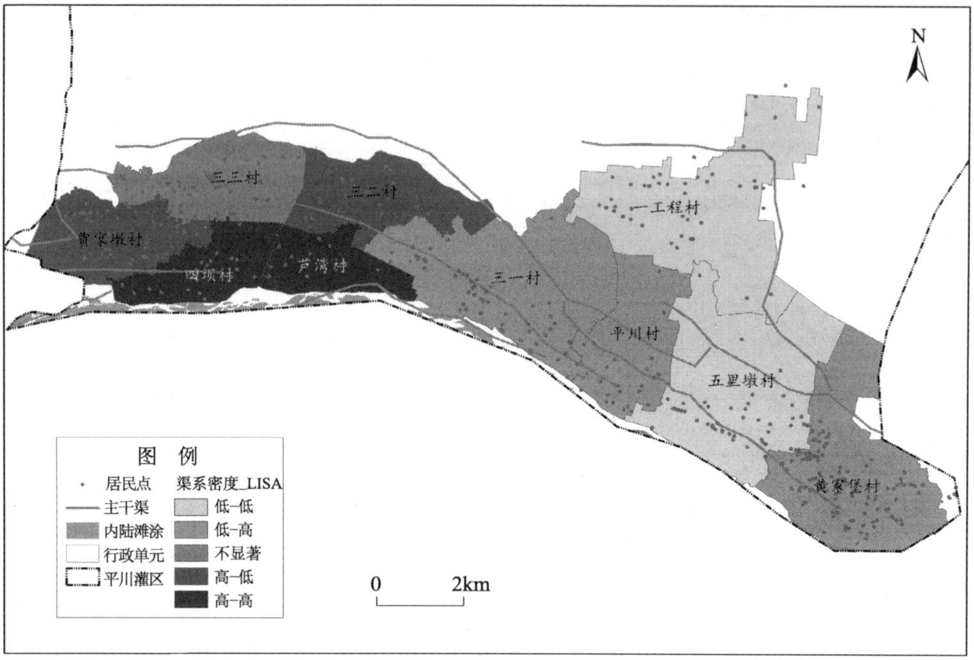

（a）

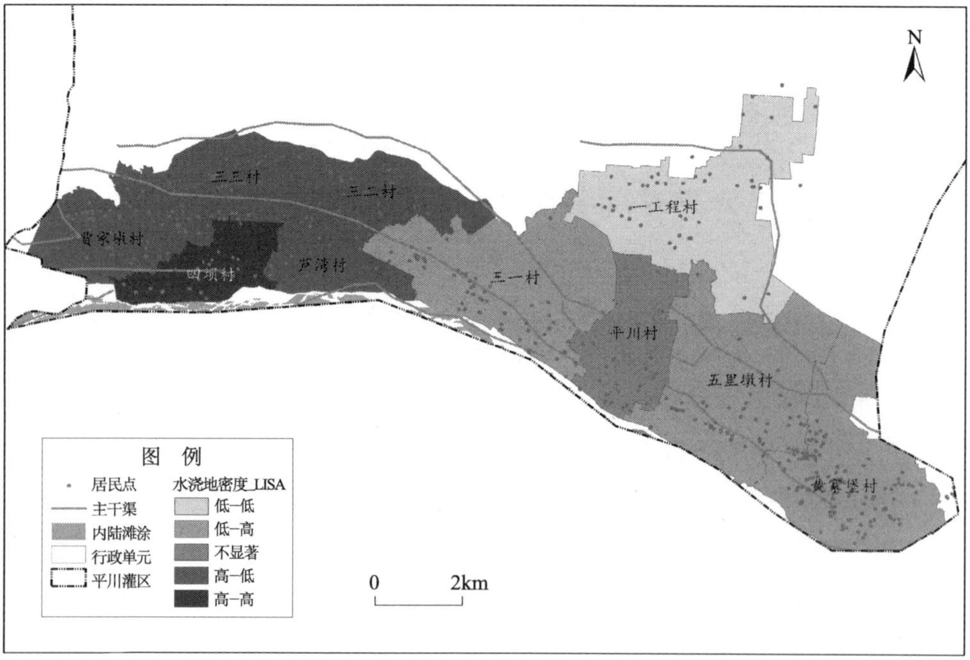

（b）

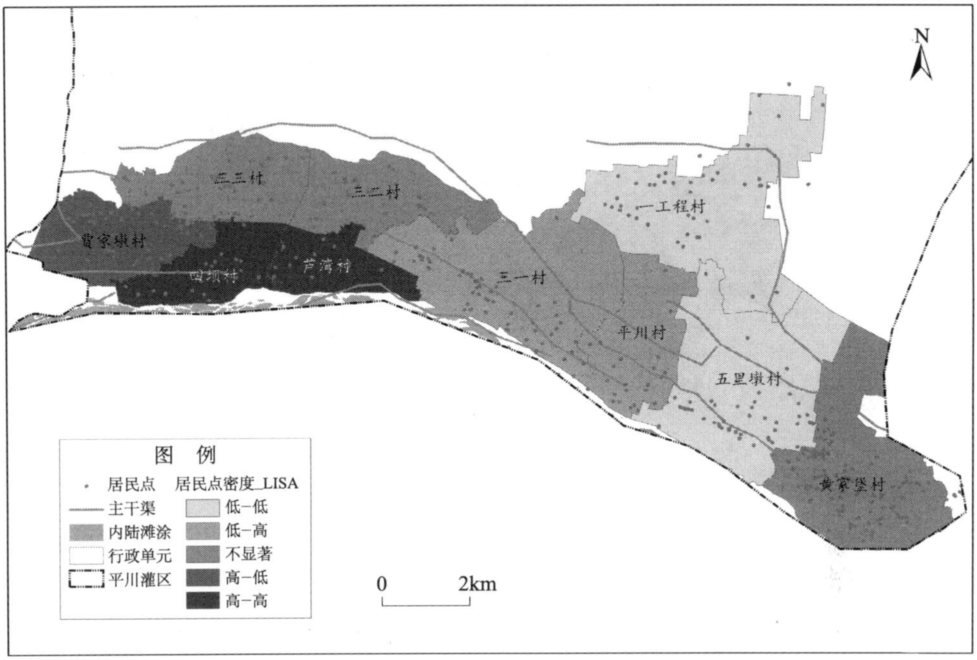

（c）

图 6-8　平川灌区渠系、水浇地、居民点 LISA 图

表 6-6　平川灌区各行政村人口分布情况

行政村	黄家堡村	平川村	三一村	三二村	三三村	芦湾村	四坝村	贾家墩村
户数 / 户	720	285	700	364	561	365	645	675
人数 / 人	2 732	1 125	2 726	1 493	2 350	1 469	2 461	2 604

居民点–渠系–水浇地空间分布标准差椭圆基本重合，只在西北北方向边缘部分略微收缩内敛，椭圆长轴呈 ES—WN 向展布，大致与黑河平行，说明干渠起主导作用。除最外缘的一工程村被中间的沙漠戈壁分离外，其余居民点和水浇地均包含在椭圆内，表现出空间相对聚集的态势（图 6-9）。与沿山灌区相比，其水浇地、居民点标准差椭圆 Y 轴与 X 轴长度之比分别为 0.35 和 0.32，远低于沿山灌区，说明聚落与水土资源的空间依赖性更强。由于灌区地处黑河干流下游末梢区段，河流到此已呈强弩之末之势，引水量和供水量深受上游区段的严重影响，在水浇地面积有限，而人口又相对较多（总人口 2.14 万，其中农业人口 2 万）的背景下，人地矛盾更尖锐。

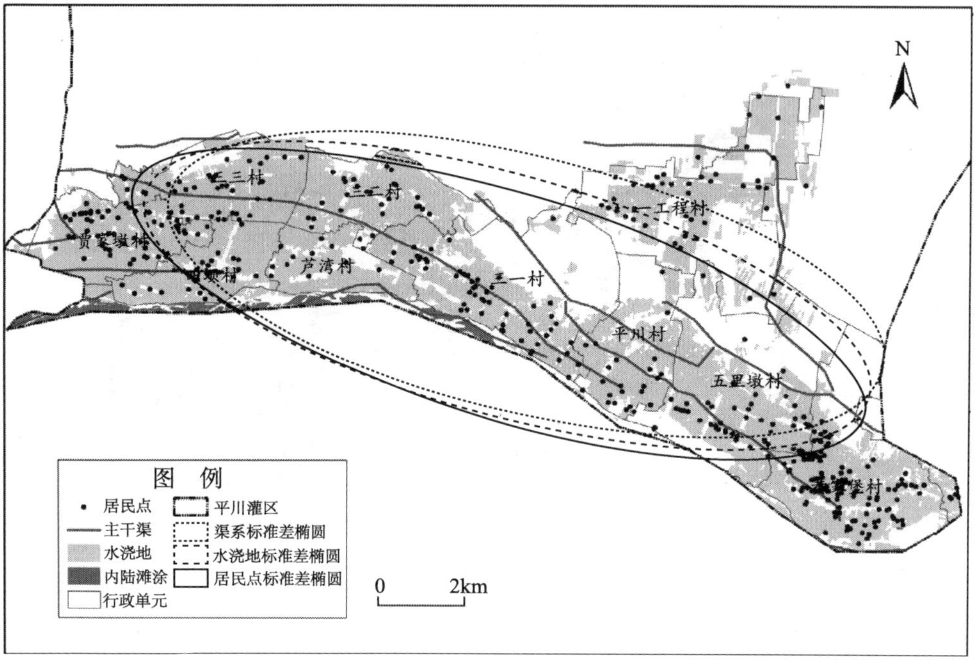

图 6-9　平川灌区居民点、水浇地和渠系标准差椭圆

（3）盈科灌区为创始于唐代的一古老灌区，是“金张掖”精华之地，现属黑河草滩庄枢纽东总干渠渠系。灌区东邻碱滩乡，西滨黑河，南以小满、党寨、廿里堡乡为界与大满灌区相毗邻，北连三闸、乌江乡，东西长 17.4km，南北宽 14.2km，总面积约 220km^2。兰新铁路沿灌区北部通过，甘新公路横贯东西。灌区辖小满、党寨、长安、新墩、梁家墩、廿里堡、上秦 7 乡镇。灌区地形自西向东北倾斜，为河西走廊冲、洪积壤土平原区，平均海拔 1600 ～ 1456m，为典型的绿洲中腹自流灌区。

盈科灌区位于张掖绿洲中腹，基本围绕市区分布。由于灌区开发历史早（始于唐代），区位条件优越，因此灌区渠系纵横交错，干渠与支渠呈典型格网状。干支渠长度 379.1km，斗农渠长度 1467.3km，密度非常高（2.7km/km^2）。从渠系密度 LISA 图看（图 6-10），绝大多数地区表现出相互依存关系，其中夹在主干渠中间的区域表现为典型的 H-L 组合特征（或不显著），而灌区边缘地区为 L-L 型组合特征。也就是说，对于典型的绿洲中腹灌区，由于水资源在各灌区间进行复杂的多级分配，灌区之间（如盈科灌区与毗邻的大满灌区）也存在着复杂的串、并联关系，灌区内各地区对于主干渠的依赖性反而低于其他

（a）

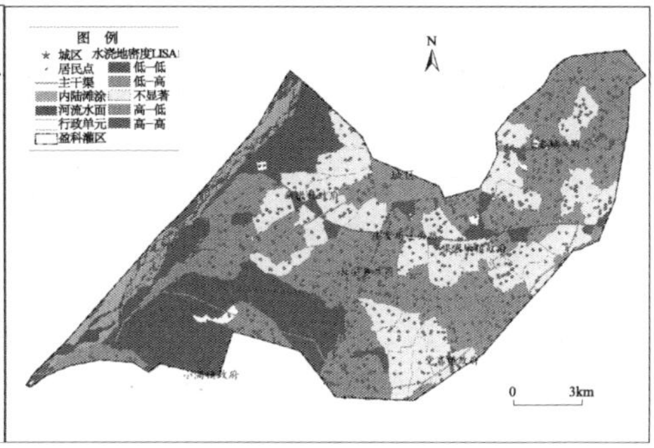

（b）

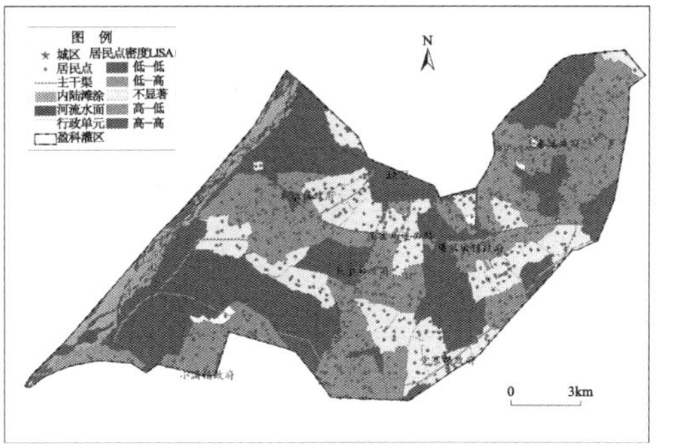

（c）

图 6-10　盈科灌区渠系、水浇地、居民点 LISA 图（文后附彩图）

类型的灌区。毗邻灌区之间可以通过干渠进行资源的调配，因此，这些边缘地带之间的相互依赖性反而强于中间地带。这映射出在绿洲中腹灌区，由于水资源丰富，保证程度高，渠系的主控作用反而降低了。从水浇地密度 LISA 图看，表征为从两干渠夹峙的中间地带到外围地带，其空间组合特征由 H-H 型向 L-L 转换，大部分区域表现为 H-L 型或不显著，说明水浇地在不同的区域间依赖性不高。主干渠对水浇地分布格局的控制性不强。从居民点分布 LISA 图看，绝大多数为冷点地区或 H-L 型、L-H 型和不显著地区，说明居民点在绿洲中腹灌区基本呈现离散分布状态。这可能与灌区开发历史悠久，人口分布均匀有关。在灌区内部，除市区的几个乡政府驻地外，由于水土资源开发历史早、开发利用程度高，水土资源对人口的基本约束作用不明显。

灌区内渠系、水浇地标准差椭圆基本重合，空间分布走向一致，说明水土资源的高度互赖性；居民点标准差椭圆较渠系和水浇地标准差椭圆在 WS 方向收缩范围较大，而 EN 方向略向外扩张，说明水土资源对居民点分布的约束性降低（图 6-11）。

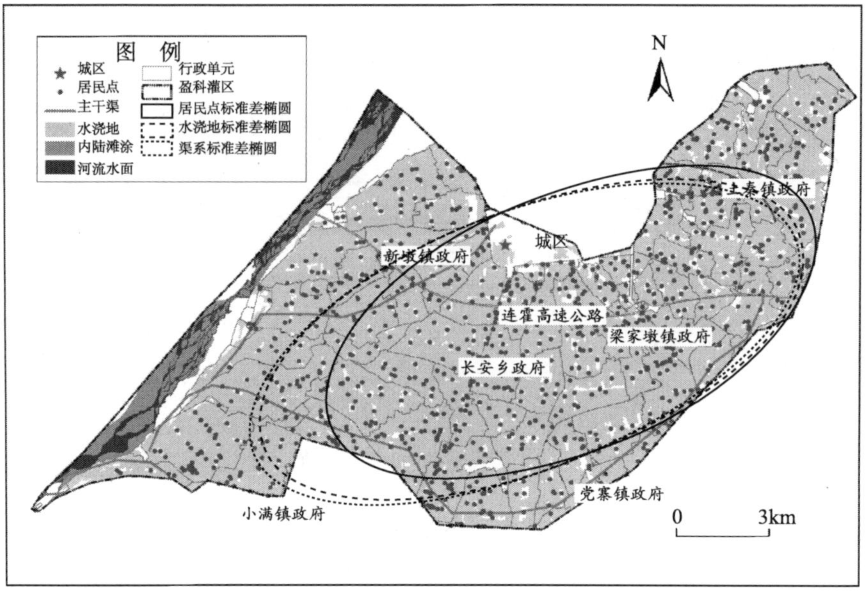

图 6-11　盈科灌区居民点、水浇地和渠系标准差椭圆

（4）从转角 θ 的变化来看（表 6-7），每一个特征灌区各要素相互间的转角差范围不超过 3°，同样说明灌区中聚落与水土资源的分布格局存在着空间耦合性。新坝灌区偏转微小，表明渠系、聚落和水浇地空间分布呈现正北偏东—正南倾西格局；平川灌区渠系、聚落和水浇地空间分布呈现正西偏北—正东倾南格局；盈科灌区聚落和水浇地空间分布呈现东北—西南格局。在沿山灌区和绿洲边缘灌区，椭圆长轴延伸的方向，正好是主干渠（或天然河流）展布的方向，说明河道和干渠是整个灌区最主要的控制因素。在绿洲核心灌区，椭圆长轴方向大致与天然河道一致，但与主干渠展布方面存在较大差异，说明绿洲核心灌区的渠系关系更复杂，与相邻灌区之间存在着复杂的“串联和并联”关系，水资源可以在相邻灌区之间进行更有效的调配，因此降低了聚落对水资源的依赖性。在同一个灌区内部的主轴方向上，渠系、聚落和水浇地各要素之间延伸的差距较小，新坝灌区、平川灌区和盈科灌区内部各要素之间的偏移范围分别是 200m、350m 和 1000m，说明要素偏近于椭圆长轴分布的方向，而这正是天然河道（或主干渠）分布的方向，同样映射出河流（干渠）对聚落和水土资源要素的强力吸引与导引作用。靠近干渠或天然河

流，可以取得“近水楼台”的邻近效应，这对于一切（无论是生态环境，还是经济、社会活动）要依靠水资源存在，而水资源又相对稀缺的干旱区绿洲而言，具有现实而深远的意义。从三个灌区长、短轴之比来考察，渠系＜水浇地＜聚落的态势，说明要素的空间聚集性集资降低，也就是说，在绿洲中，尽管各要素均依托水资源而存在，但聚落相对更有灵活性。尤其是在水资源丰度相对较好、保证程度较强的绿洲核心灌区，聚落在区位选择上具有更大的自由度。

表 6-7　张掖灌区聚落-水-土资源空间分布格局的标准差椭圆参数

灌区		转角 /（°）	沿 Y 轴的标准差	沿 X 轴的标准差	Y 轴与 X 轴之比
新坝灌区	渠系	32.52	5145.31	3847.87	1.34
	水浇地	32.92	5174.16	3627.13	1.44
	聚落	34.99	5260.81	2995.91	1.76
平川灌区	渠系	104.28	2995.12	8458.28	0.35
	水浇地	106.01	2780.10	8678.39	0.32
	聚落	107.73	2637.30	8844.66	0.29
盈科灌区	渠系	67.77	8906.40	3934.13	2.27
	水浇地	68.01	8730.18	4022.87	2.17
	聚落	65.94	7991.18	3936.83	2.03

新坝灌区（沿山独立灌区）受来水方向和保证程度的深刻影响，渠系呈典型的放射扇形特征，渠系、水浇和居民点自干渠向外，由热点地区逐渐转变为冷点地区，说明上游地区对下游地区的水资源利用具有一定程度的“剥夺”效应，渠系对水浇地分布具有显著的控制和引导作用。平川灌区（绿洲外围灌区）受黑河干流走向的影响，灌区内干渠基本与黑河平行展布，居民点、水浇地表现出明显的核心（黑河及沿岸干渠）-外围特征，即从黑河沿岸向外围过渡，居民点、水浇地和渠系逐步由热点向冷点转型，表现为黑河沿岸干渠对人口和水资源具有较强的基础性作用。盈科灌区（典型的绿洲中腹灌区）渠系呈典型的格网状特征，由于水资源在各灌区间进行复杂的多级分配，灌区之间也存在着复杂的串、并联关系，由于水资源丰富，保证程度高，渠系对水浇地和居民点的控制作用反而低于其他两类灌区。

内陆河流域由山区部分和山前平原盆地部分组成，基本上可划分为 4 个垂直景观带，即高山冰雪冻土带、山区植被带、山前绿洲带和下游荒漠带（蓝永超和康尔泗，1999；赵成义等，2001），这一分异格局从根本上决定了灌区区位条件和水土资源的组合特征（表 6-8）。

表 6-8　张掖绿洲灌区特征

灌区	位置	自然环境特征	水土资源组合状况	聚落-水土资源组合特征
沿山灌区（新坝灌区）	位于祁连山北麓山前洪积扇	平均海拔 1700～2400m，年平均温度 2.8～6.9℃，年降水量 130～210mm，年蒸发量 2000mm 左右，年日照 2915.0～2970.6h，太阳总辐射量 548.0～621.7kJ/cm²，无霜期 120～150d，属干旱区冷凉气候	独立水系，年际和年内变化大，水资源相对有限，约束性强；土层深厚、肥沃，宜耕性好，有机质含量 16.2～29.00 g/kg，数量多。水资源＜土地资源	年均实际引水量为 3619.05 万 m³，有效灌溉面积 5.41 万亩。灌区已建成干渠 3 条，总长 43.7km，分别是五坝渠、六坝渠、七坝渠。灌区呈放射扇形分布，面积有限，地多水少，水资源供需矛盾严重，人口相对较少，但人地矛盾严重，居民点具有空间聚集性
绿洲边缘灌区（平川灌区）	走廊冲积洪积细土平原	平均海拔 1350～1500m，多年平均气温 7.6℃，年均降水量 117mm，年均蒸发量 2337mm，无霜期 179d，全年日照时数 3075h，属典型的干旱区大陆性气候	依托黑河干流，水资源受上游地区用水的影响，数量有限，保证程度差，矿化度高，地下水水位较浅。土壤肥沃，宜耕性好，数量有限。水资源＜土地资源	从黑河干流右岸开口引水灌溉的中型灌区，年均实际引水量为 9550.4 万 m³，有效灌溉面积 9.25 万亩。其中，耕地面积 5.78 万亩，林草地面积 3.47 万亩。灌区已建成干渠 3 条，长 72km，分别是二坝干渠、三坝干渠、四坝干渠。灌区沿黑河干流方向呈带状展布，主干渠平行于黑河干流，水少地多，无邻近灌区进行水资源调剂，水资源矛盾十分突出，人口数量较多、密度较大，聚落与水土资源的关系紧张
绿洲核心灌区（盈科灌区）	张掖绿洲冲积洪积细土平原	多年平均气温 6.5～7.0℃，年均降水量 125mm，年均蒸发量 2047mm，干燥指数高达 16.3，无霜期 179d，全年日照时数 3075h，属典型的干旱区大陆性气候	依托黑河干流，以黑河径流供给为主，井泉水补充为辅，相邻灌区之间可以进行水资源调剂。土壤肥沃，宜耕性好。水土资源组合最佳	从黑河干流右岸开口引水灌溉的大型灌区，年均实际引水量 15 886 万 m³，灌区灌溉面积 33.95 万亩。灌区已建成干渠 1 条，总长度 59.7km，即大满干渠。灌区内部渠系呈典型的格网状，灌区开发历史悠久，人口众多，居民点数量大，密度高，分布具有一定的均匀性，人地关系相对缓和
异同	三类灌区中：水-土-人系统存在着高度的相互依存性和共生性，尤其是渠系与水浇地之间的空间耦合性最强，沿山灌区和绿洲边缘灌区均存在上游对下游地区的用水“剥夺效应”，而绿洲中腹灌区则可以通过相邻灌区之间的用水“调剂”实现水资源保障。聚落表现出明显的“亲水性”和“亲地性”特征，但空间聚集程度不同，沿山灌区强于绿洲边缘灌区，而绿洲核心灌区则表现出相对均匀性			

从灌区基本情况看，河源来水量、引水量沿山灌区＞绿洲边缘灌区＞绿洲核心灌区，与渠系结构和密度形成一定对应关系。沿山灌区分布在祁连山北麓，一般依托独立水系而成，独立性和封闭性是其最基本的特征。受独立水系径流短促、流量较少、年际变化不稳的影响，物质、能量流动在很大程度上局

限于本灌区内，无法释放各种压力。水资源保证程度差限制了灌区规模的扩张，水浇地面积有限进而限定了对人口的供养能力，聚落表现出较强的空间聚集性。同时由于沿山灌区地处祁连山山麓地带，属于冷凉气候，适宜作物大多为单产和效益较低的农作物，农民为了获得更高的收益，只能不断开垦耕地，而耕地面积的增加，意味着水浇地面积的缩小，使原本紧张的水-土矛盾更加尖锐，人居环境更加恶化。近几年随着耕地面积不断扩大，即使灌溉定额有所减少，地下水开采量增加，但水资源供需缺口仍然不小。2000 年，张掖市水资源供需基本平衡，但空间差异明显，黑河干流灌区和黎园河灌区水量有所富余，但沿山灌区存在 $1\times10^8m^3$ 以上的缺口。2005 年，实施黑河分水之后，黑河干流灌区和黎园河灌区水资源供需可以平衡并略有富余，沿山灌区由于上游来水量增加、地下水开采量增加及用水效率提高，供需缺口有所减小（石敏俊等，2011）。绿洲边缘灌区由于地处绿洲-荒漠过渡地带，生态环境本底脆弱。灌区尽管依托黑河干流形成，但受上游用水“剥夺效应”的深刻影响，水资源仍然十分紧缺，同时又由于地处走廊平原地带，聚集有一定数量的人口，人-地-水矛盾同样突出。绿洲核心灌区地处绿洲中腹地带，是绿洲自然系统最稳定的区域，水资源的保证程度，相邻灌区之间又可以进行水资源调剂，水土资源组合良好，矛盾相对和缓；同时又是区域行政中心所在地，拥有良好的区位条件（尤其是交通条件）和发达的非农经济，农民对农业土地的依赖性相对较低，因此尽管灌区是人口、聚落密度最大的区域，但人地矛盾相对和缓。

第四节　聚落与水土资源耦合协调度

耦合最初来于物理学，指两个或两个以上的系统通过相互作用而彼此影响以致协同的现象，包括非直接耦合、控制耦合、公共耦合等形式。耦合的内涵包括：关联性，指各子系统（组元）是相互关联的，封闭的、缺少要素流动的系统无法形成耦合；整体性，即参与耦合的各子系统的耦合元素按照一定的需要进行排列组合后可以形成一个新的系统，各元素具有自组织能力，耦合要素以自然关联和自由流动为原则；协调性，即参与耦合的各子系统的耦合元素能突破原来的系统组织，形成一个协同合作、优势互补的良性系统。协调度是度量系统或子系统之间在发展过程中彼此和谐的程度，体现了系统由无序走向有序的趋势。前者突出的是系统（子系统）之间相互作用程度的强弱；后者强调的是系统（子系统）相互作用中耦合程度的大小，体现了协调状况好坏程度（熊建新等，2014）。Lerie Illingworth 借鉴物理学中的容量耦合（capacitive coupling）概念率先建构了耦合系数模型（Illingworth，1996），其后，该研究范式逐渐延伸到生态、经济、社会领域。阿尔祖·艾买尔发现新疆克里雅河绿洲经济发展和生态环境的耦合关联程度在逐渐上升且耦合协调度的增长趋势在逐渐增加（阿尔祖·艾买尔等，2015）。两个相近相通，又相差相异的系统，不仅有静态的相似性，也有动态的互动性，即具有耦合关系。对具有耦合关系的系统进行引导，促进系统良性相互作用，激发两者内在潜能，从而实现两者优势互补和共同提升。系统的功能和效益（效率）是刻画耦合性和协调性的关键性因素。选取张掖绿洲 29 个灌区单元为研究对象，建构评价指标体系（表 6-9）。

表 6-9　聚落空间和水、土资源规模子系统综合评价指标体系

系统	指标	解释
聚落	居民点面积	反映居民点规模
水资源	各级渠系长度	反映灌渠发达程度
	渠系利用率	反映灌区渠系输水和田间灌溉用水状况，是衡量灌区从水源引水到田间作物水分利用过程中灌溉水利用程度
	引水量	反映灌渠引水能力
	耗水量	反映灌区消耗水资源的能力
土地资源	水浇地面积	反映灌区水资源的主体利用方向
经济系统	粮食作物总产	反映灌区种植结构和水资源产出效益

（1）功效函数。绿洲灌区水–土–人–经耦合系统由聚落和水资源、土地资源和经济四个子系统构成。每个子系统又由若干个指标组成。设子系统 i 有 n 个指标，分别为 x_1，x_2，…，x_n。x_{ij} 值越大表明系统功能越好，即数值大小对系统的功效贡献为正时，称为正指标；x_{ij} 值越小表明系统功能越好，即数值大小对系统的功效贡献为负时，称为负指标。则绿洲灌区水–土–人–经耦合系统中不同指标的功效系数 d_{ij} 计算公式为

$$d_{ij}=(x_{ij}-x_{ij\min})/(x_{ij\max}-x_{ij\min})\ \text{正指标}$$
$$d_{ij}=(x_{ij\max}-x_{ij})/(x_{ij\max}-x_{ij\min})\ \text{负指标} \tag{6-13}$$

式中，d_{ij} 为系统 i 指标 j 的功效数；$x_{ij\max}$ 为系统 i 指标 j 的最大值；$x_{ij\min}$ 为系统 i 指标 j 的最小值；x_{ij} 为系统 i 指标 j 的值。d_{ij} 为目标达成的满意程度，0 ≤

$d_{ij} \leqslant 1$。当 $d_{ij}=0$ 时，为最不满意；而当 $d_{ij}=1$ 时，为最满意。

（2）子系统功效。聚落和水土资源子系统的综合功效是各系统内所有指标对该子系统的贡献的综合，可通过集成方法来实现。其计算公式为

$$U_i=\sum W_{ij} \times d_{ij} \quad \text{其中，} W_{ij} \geqslant 0，\sum W_{ij}=1，j=1，2，\cdots，n \tag{6-14}$$

式中，W_{ij} 为子系统 i 指标 j 的权重。指标的权重是综合评价的重要信息，应根据指标的相对重要性，即指标对综合评价的贡献来确定。由于主成分分析法不仅考虑了单指标下的数据分布规律，还考虑了指标之间的信息重叠与相互干扰。因此，本书采用主成分分析法，在选用所有指标都作为主成分的前提下，利用各主成分的方差值作为权重，从而对各灌区的聚落空间和水、土资源规模子系统进行综合评价。

（3）耦合度评价。借助物理学中的容量耦合概念及其容量耦合系数模型，推广得到多个系统的相互作用耦合度模型：

$$C=\left\{\frac{U_1 \times U_2 \cdots \times U_2}{\prod (U_i \times U_j)}\right\}^{\frac{1}{n}} \tag{6-15}$$

式中，C 为耦合度（互赖性，相互影响力）；U_i 为各子系统的综合功效。耦合度的大小由各个子系统 U_i 的大小决定。由于本书度量的由聚落空间和水、土资源和经济规模子系统构成的耦合度模型，故 $n=3$。U_i 的值在 0 ～ 1，由此决定了耦合度 C 的值也在 0 ～ 1。当 $C=0$ 时，耦合度极小，系统之间或系统内部要素之间处于无关状态，系统将向无序发展。当 $C=1$ 时，耦合度最大。目前众多学者对耦合度分段方法，采用中值分段法（角媛梅等，2003b；廖重斌，1999），本书根据绿洲灌区的实际，当 $0<C \leqslant 0.3$ 时，表明系统处于低水平耦合阶段；当 $0.3<C \leqslant 0.5$ 时，表明系统处于拮抗阶段；当 $0.5<C \leqslant 0.8$ 时，表明系统进入磨合阶段；当 $0.8<C \leqslant 1$ 时，系统进入高水平耦合阶段。

（4）协调度。协调度是度量系统或系统内部要素之间在发展过程中彼此和谐一致的程度，体现了系统由无序走向有序的趋势。在灌区中，由于人口与水土资源是两个不同而又相互作用的子系统，子系统内各个序参量的有序程度的“总贡献”可通过集成方法来实现。协调度模型可以更好地评判人口与土资源交互耦合的协调程度，其计算公式为

$$T=\alpha U_1 \times \beta U_2 \times \lambda U_3 \tag{6-16}$$

$$D=C \times T \tag{6-17}$$

式中，D 为协调度；C 为耦合度；T 为子系统协调指数，它反映人–水–土系统整体协同的效应或贡献；α、β、γ 为待定权数，由于区域经济与环境同等重要，故取 $\alpha=\beta=\gamma=0.33$；U_1、U_2、U_3 为子系统的综合功效。

根据 U 数值的分布规律，协调度 D 值也在 0 ～ 1。

耦合度值和协调度值越高，人、水、土子系统对系统的综合功效也越高，和谐度也越高，反之亦然。由此采用中段分值法将协调度可以划分为 4 种类型：$0.1<D \leqslant 0.3$ 为低度协调的耦合；$0.3<D \leqslant 0.54$ 为中度协调的耦合；$0.54<D \leqslant 0.74$ 为高度协调的耦合；$0.74<D \leqslant 1$ 为极度协调的耦合。

一、耦合度空间格局

（1）张掖市 29 个灌区单元，按聚落和水、土资源耦合度高低，依次划分为低度协调的耦合、中度协调的耦合、高度协调的耦合、极度协调的耦合四类，耦合度平均值为 0.714，为高水平耦合阶段。但空间差异明显，耦合度值在 0.20 到 0.96 之间变化，最高的是盈科灌区（0.96），是典型的绿洲核心灌区，最低的是肃南明花灌区（0.2），属于典型的独立灌区（图 6-12）。

（2）围绕黑河干流形成的绿洲中腹灌区和沿河灌区，其耦合度明显高于边缘区灌区，联合灌区高于独立灌区。人–水–土高度耦合灌区（耦合度值在 0.8 ～ 0.96）主要分布在部分典型的绿洲核心区，基本沿黑河干流分布，包括盈科、梨园河、西浚、大满、上三、花寨、友联、洪水河、沙河、蓼泉灌区，这些灌区土壤肥力较好，人工渠系系统发达，渠系利用率高，人口分布相对密集；人–水–土处于磨合阶段的地区（耦合度值在 0.66 ～ 0.79），主要分布在安阳、大堵麻、红崖子、老军河、六坝、寺沟河、苏油口、新坝、友联、鸭暖、童子坝灌区，这些灌区主要是沿山灌区或绿洲边缘灌区，但基本上都有主要河流存在，如大堵麻河、寺沟河、苏油口河、童子坝河等，河流域径流量相对较大（表 6-10），水资源有一定的保证程度，因此耦合度相对较高。处于拮抗阶段的灌区（耦合度值在 0.41 ～ 0.65）主要有罗城、板桥、平川灌区，基本上分布在张掖境内黑河干流下游的外围地带，受上游用水“剥夺效应”的影响，水资源相对短缺，保证程度差，如罗城灌区，1998 ～ 2002 年平均引水量仅有 $5306.06\times10^4\text{m}^3$，有效灌溉面积仅 $0.46\times10^4\text{hm}^2$；板桥灌区 1998 ～ 2002 年平均引水量仅有 $1378.4\times10^4\text{m}^3$，有效灌溉面积仅 $0.6\times10^4\text{hm}^2$，而这些区域由于

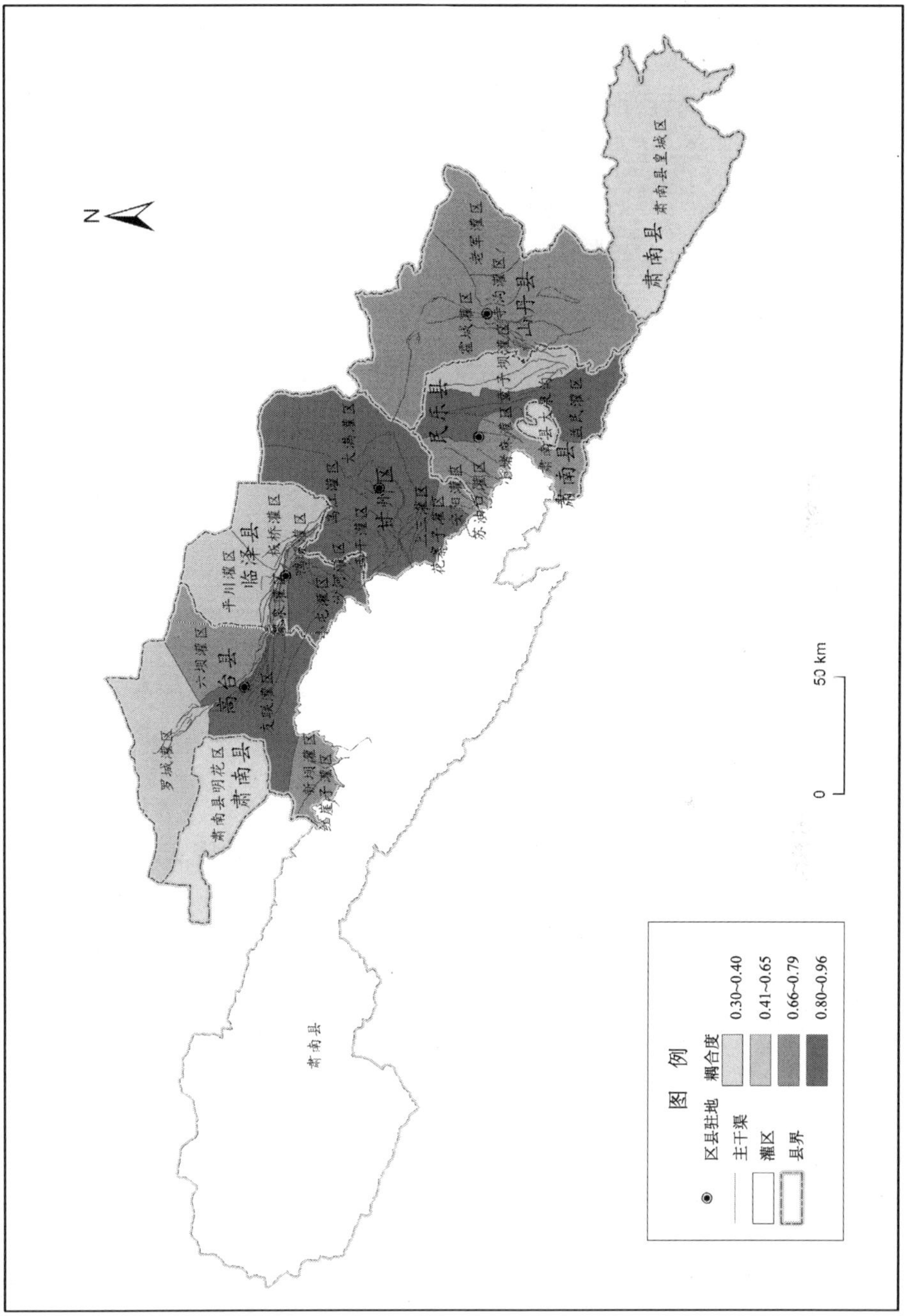

图6-12　张掖灌区水-土-人耦合度分布图

分布在过境公路和铁路沿线，又聚集了大量的人口，因此人–水–地关系相对紧张，处于中等强度耦合态势。低度耦合灌区（耦合度值在 0.3 以下），主要是肃南皇城灌区和明花灌区，区位条件非常差，属于更典型的独立灌区，水资源保护程度非常差。其中明花灌区因境内无地表水，农业用水主要靠开采地下水灌溉，20 世纪 50 年代和 80 年代曾修过两个塘坝（即贺家墩塘坝和南沟塘坝），水源为泉水，但后来都因泉水干枯无法使用，因此处于低强度耦合状态。

表 6-10　黑河流域主要支流径流量

河流名称	测站名称	流域面积 /km^2	径流量 /10^4m^3
马营河	李家桥水库	1143	0.740
洪水河	双树寺	578	1.260
大堵麻河	瓦房城	217	0.890
小堵麻河	新添	101	0.190
童子坝河	扁都口	331	0.644
摆浪河	高台新地	211	0.400

二、协调度的空间格局

（1）张掖市 29 个灌区单元，聚落–水–土资源协调度得分值从 0.12 到 0.643 分布不等。按从高到低依次划分为最高的是梨园河灌区和西浚灌区，最低的是肃南大泉沟灌区（表 6-11）。

表 6-11　各灌区聚落–水–土资源耦合度与协调度

名称	耦合度 C	协调度 D
安阳	0.78	0.67
板桥	0.62	0.83
大堵麻	0.79	0.87
大满	0.84	0.61
红崖子	0.78	0.82
洪水河	0.83	0.62
花寨	0.86	0.68
老军河	0.76	0.47
梨园河	0.93	0.89

续表

名称	耦合度 *C*	协调度 *D*
蓼泉	0.81	0.73
六坝	0.74	0.52
罗城	0.56	0.74
马营河	0.73	0.46
平川	0.57	0.68
沙河	0.83	0.47
上三	0.87	0.38
寺沟河	0.75	0.21
苏油口	0.69	0.54
肃南县	0.3	0.3
肃南明花灌区	0.2	0.2
肃南县皇城灌区	0.3	0.2
肃南县大泉沟	0.4	0.1
童子坝	0.6[illegible]	0.43
西浚	0.87	0.89
新坝	0.78	0.67
鸭暖	0.74	0.87
盈科	0.96	0.88
友联	0.86	0.81

（2）张掖灌区单元人–水–土系统协调度的空间分布格局与耦合度分布格局基本类似，但略有不同（图 6-13）。其中，高度协调的地区（协调度值在 0.75 ～ 0.89）有梨园河、板桥、红崖子、鸭暖、友联、西浚、盈科、大堵麻灌区，主要分布黑河干流流经地区，属于典型的绿洲灌区；而中度协调地区（协调度值在 0.55 ～ 0.74）有安阳、大满、洪水河、花寨、蓼泉、平川、新坝灌区，主要分布在绿洲中腹灌区的边缘和小部分沿山灌区；低度协调地区（协调度值在 0.31 ～ 0.54）包括老军河、六坝、马营河、沙河、上三、苏油口灌区，除六坝灌区处，其余基本分布在山丹县，属独立水系形成的灌区；不协调区（协调度值在 0.1 ～ 0.3）包括肃南明华灌区、皇城灌区和山丹寺沟灌区，属于更典型的独立灌区。

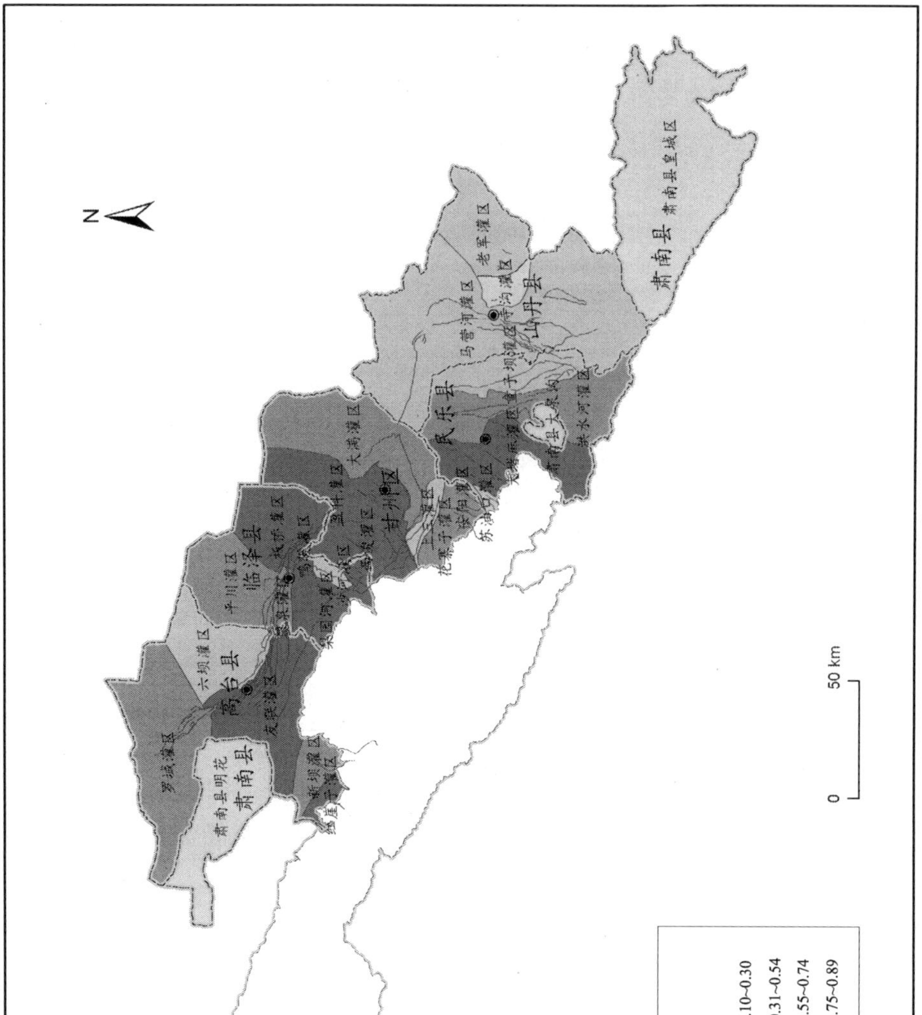

图6-13 张掖灌区水–土–人协调度分布图

三、耦合-协调空间类型

综合各灌区单元的耦合度与协调度，对张掖绿洲 29 个灌区单元进行分类，将其分为 4 个类型区（图 6-14）：

（1）人-水-土资源和谐区，即高耦合高协调地区。主要分布在黑河干流附近的沿河绿洲和典型绿洲，主要包括大满、盈科、马营河、西浚、鸭暖、友联等灌区，耦合度都在 0.8 以上，协调度在 0.5 以上。表明这些地区已经处于人-水-土资源高度耦合走向和谐的阶段。

（2）人-水-土资源磨合区，即高耦合低和谐地区。主要分布在大诸麻河、山丹河流域，这些河流尽管也是沿山独立水系，但水量相对较大，主要包括梨园河、上三、花寨、洪水河、沙河、蓼泉灌区。这些灌区单元的耦合度在 0.5 ～ 0.8，协调度处于 0.3 ～ 0.5。

（3）人-水-土资源拮抗区，即中耦合低和谐地区。主要分布在张掖绿洲黑河下游，受上游用水剥夺效应的影响，这些灌区用水受到一定限制，所以水土资源处在拮抗状态。主要包括六坝、苏油口、童子坝、板桥、平川、罗城等灌区。这些灌区单元的耦合度在 0.2 ～ 0.5，但其协调度在 0.3 之下，属于沿山灌区和边缘灌区，大部分的区域由于地形的限制或是土壤质量的贫瘠而无法进行农业生产。

（4）人-水-土资源低耦合地区，即低耦合低和谐地区。这些地区主要肃南县的皇城灌区和明华灌区，几乎独立于黑河干流和沿山河流，区位条件差，水资源非常有限，因此水-土-人关系处于高度紧张状态。耦合度与协调度都在 0.3 以下。

在现代绿洲，水-土-人-经系统存在着高度的共生性和相互依存性。本书构建了适合于绿洲灌区的测评指标体系，综合应用耦合度模型、协调度模型，对张掖绿洲 29 个灌区的聚落与水土资源之间的耦合-协调度进行了分析。结果表明：张掖绿洲 29 个灌区单元中，可划分为低度协调的耦合、中度协调的耦合、高度协调的耦合、极度协调的耦合四类，耦合度平均值为 0.714，为高水平耦合阶段，但空间差异明显。高度耦合灌区主要分布在部分典型的绿洲核心区，基本沿黑河干流分布；处于磨合阶段的地区主要分布在沿山灌区，或绿洲边缘灌区，但基本上都有径流量较大的支流，水资源有一定的保证程度；处于拮抗阶段的灌区主要分布在张掖境内黑河干流下游的外围地带；低度耦合灌区，主要是肃南皇城灌区和明花灌区，属于更典型的独立灌区。灌区人-水-

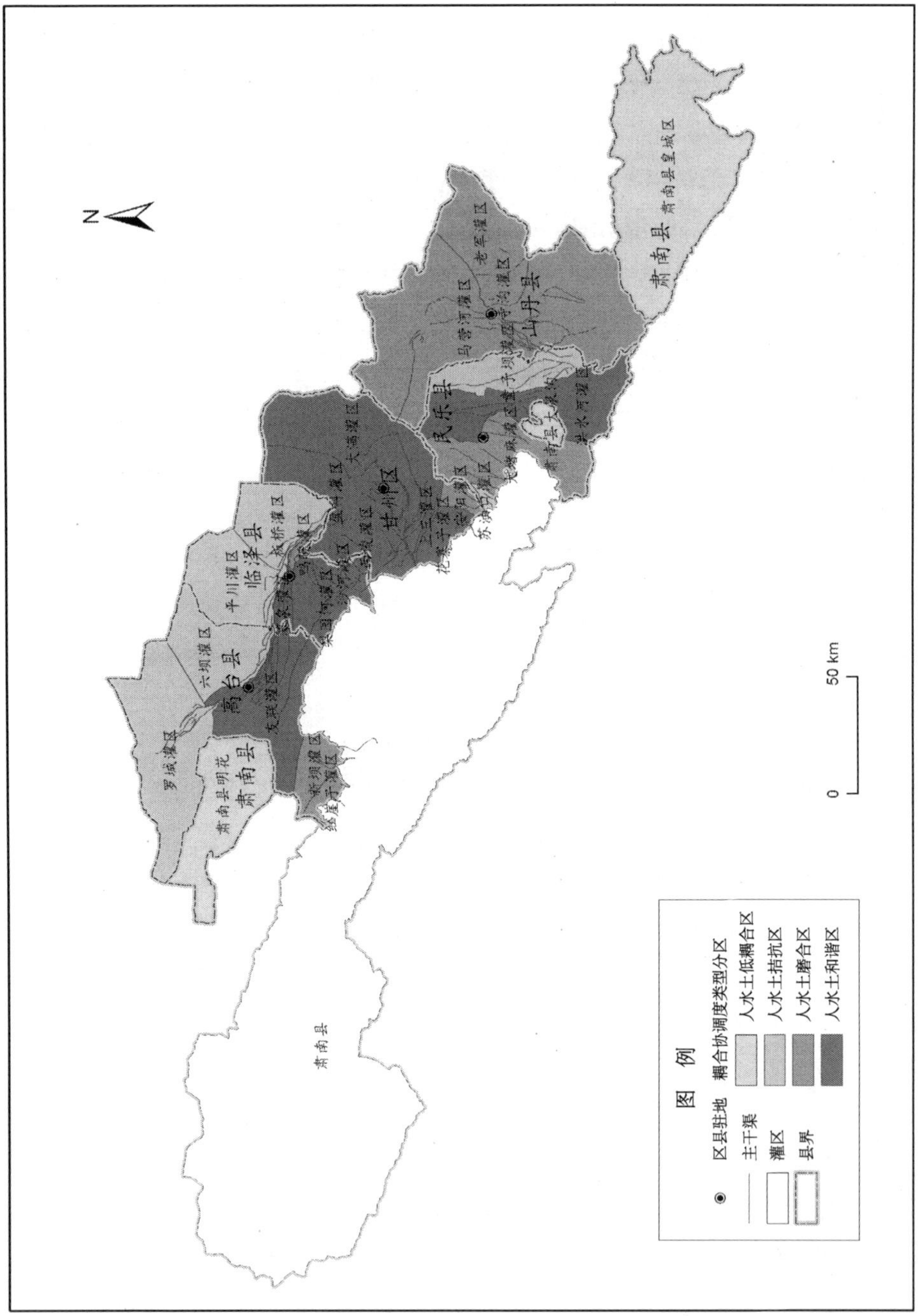

图6-14　张掖灌区水—土—人耦合—协调度类型图

土系统协调度的空间分布格局与耦合度分布格局基本类似，同样可划分为低度协调、中度协调、高度协调、极度协调四类，但略有不同，其中，高度协调灌区主要分布在黑河干流流经的典型绿洲灌区；中度协调地区主要分布在绿洲边缘和少部分沿山灌区；低度协调地区分布在依托独立水系（老军河、马营河、沙河、苏油口河）形成的沿山灌区；不协调区主要分布在肃南更典型的独立灌区。综合各灌区单元的耦合度与协调度，对张掖绿洲 29 个灌区单元进行分类，将其分为 4 个类型区：高耦合高协调地区、磨合区（即高耦合低和谐地区）、拮抗区（即中耦合低和谐地区）和低耦合低和谐地区。

大量研究表明，干旱区内陆河流域的核心在于“水”，核心区域在于“绿洲”，而灌区是构成绿洲的最基本组元。灌区一般是指有可靠水源和引、输、配水渠道系统和相应排水沟道的灌溉区域，是人类经济活动的结晶，如果说天然绿洲是自然水系孕育的结果，那么现代绿洲则是定向控制水资源的产物。也可以说，灌区通过复杂的“串、并联”关系，才形成了现代绿洲。在人工灌渠系统的控制与引导下，渠系将水资源分配到各个灌区，其供水量决定了灌溉面积的大小，而灌溉面积的规模又决定人口和经济的承载能力，因此，水–土–人–经系统存在着高度的共生性和相互依存性。

尽管在绿洲中，地表水与地下水存在着多次重复转换关系，引致用水量大于供水量，但总体而言，以“水”定“土”是基本格局，由于水资源供给弹性与土地供给弹性的不匹配，水资源的丰度和水系分布格局总体上控制了土地开发强度和开发方向。在人工灌渠系统的强烈引导与控制下，渠系的配水量决定了灌溉面积的大小；灌渠延伸的方向引导了灌区的拓展方向。从理论上讲，在自然潜力相同的情况下，灌区面积的大小决定了土地的经济给养能力和人口承载能力，进而影响聚落的规模大小与分布态势。因此，水–土–人–经济–聚落体系存在着高度的共生性和依存性。其中，任何一个因素超出合理的范围，都会深刻影响到系统的协调性与稳定性及演替方向。高耦合高协调灌区主要分布在黑河沿岸和绿洲中腹，这是整个张掖绿洲的精华所在，灌区之间存在着非常复杂的“串、并联”关系（即灌区之间有发达的灌溉渠系相连接），受区位条件、水资源供给保证程度等的深刻影响，人口与水土资源能够协调发展，但随着城镇化的快速推进和工业化的超常发展，这一地区的人口和经济发展压力将越来越大，对于城乡居民生活用水和工业用水将提出更多的需求，对水资源的分配将产生深远的影响。按《张掖市主体功能区划》方案，这些灌区所在地既是经济发展的重点开发区（重点开发区划分为“一片四点两区”，“一片”，即以甘州-临泽一体化开发为主的重点开发片区；“四点”，即以高台、山丹、民乐、肃南四县县城规划区域为重点的点状开发区；“两区”，即以张掖经济技术开发区和民乐六坝工业园区规划区域为重点的产业聚集区），也是粮食主产区，因此生活用水-生产用水-生态用水的矛盾将进一步加剧，对灌区人-水-土系统的协调状态提出新的挑战。高耦合低和谐地区主要分布在沿山独立水系流域。受独立水系特征的深刻影响，灌溉及其他用水方面不受其他区域水系的牵制和干扰，是区域性水系中基本的独立单元，具有明显的径流短、水量少、流量不稳定、调蓄能力弱、互补性差等特征，由于自然条件和灌溉条件相对有限，对人口的吸引力相对较弱，这些灌区目前虽然处在相对协调的状态，但除梨园河灌区外，基本上处于“各自为政”的状态，一旦流量出现较强的年际变化，必将影响人-水-土系统的协调状态。拮抗区（即中耦合低和谐地区）主要分布在张掖绿洲黑河下游，受上游来水的影响，水资源到达这些灌区时，已是“强弩之末”，人-水-土系统只能处在拮抗状态。如何弱化水资源分配过程中的“上游剥夺效应”，是这些灌区面临的关键问题。

参考文献

阿尔祖·艾买尔，刘勤，王宏卫 . 2015. 新疆克里雅河绿洲经济增长与生态环境的耦合协调发展研究 . 水土保持研究，22（2）：264-268.

安介生 . 2004 历史时期中国人口迁移若干规律的探讨 . 地理研究，23（5）：667-676.

安特生 . 1925. 甘肃考古记 . 北京：文物出版社 .

柏延臣，李新，冯学智 . 1999. 空间数据分析与空间模型 . 地理研究，18（2）：74-79.

曹兵武 . 1996. 中国史前城址略论 . 中原文物，（3）：38-47.

柴发熹 . 2002. 黑河流域生态环境保护和建设 . 生态经济，（9）：69-71.

常小舟，高微 . 2001 西部绿洲历史文化名城——张掖的保护开发研究 . 城乡建设，（9）：42-43.

陈昌毓 . 1995. 河西走廊实际水资源及其确定的适宜绿洲和农田面积 . 干旱区资源与环境，19（3）：122-128.

陈连洛，郝临山 . 2010. 中国古代田亩步制与亩积考 . 山西大同大学学报（社会科学版），24（4）：33-36.

陈隆亨，曲耀光 . 1992. 河西地区水土资源及其合理开发利用 . 北京：科学出版社 .

陈梦家 . 1959. 居延汉简甲编 . 北京：科学出版社 .

陈梦家 . 1964. 汉简所见居延边塞与防御组织 . 考古学报，（1）：55-109.

陈兴鹏，康尔泗 . 2000. 河西走廊绿洲生态经济系统良性循环的水资源问题 . 中国沙漠，20（1）：90-94.

陈寅恪 . 1954. 隋唐制度渊源略论稿 . 北京：生活·读书·新知三联书店 .

陈寅恪 . 2001. 隋唐制度渊源略论稿 . 唐代政治史述论稿 . 北京：生活·读书·新知三联书店 .

陈仲全 . 1987. 绿洲节水系统监控与绿洲开发 . 环境科学学报，7（1）：1-7.

程国栋 . 2002. 黑河流域可持续发展的生态经济学研究 . 冰川冻土，24（4）：335-343.

程应镠 . 1979. 南北朝史话 . 北京：人民出版社 .

党瑜 . 2001. 历史时期河西走廊农业开发及其对生态环境和影响 . 中国历史地理论丛，16（2）：114-117.

邓德芳，段汉明 . 2009. 古代新疆屯垦的时空分布特征与动力机制分析 . 西北农林科技大学学报（社会科学版），9（1）：56-61.

丁宏伟，张荷生 . 2002. 近 50 年来河西走廊地下水资源变化及对生态环境的影响 . 自然资源学报，17（6）：691-697.

丁宏伟，张举 . 2005. 河西走廊地下水水化学特征及其演化规律 . 干旱区研究，22（1）：24-28.

丁宏伟，高玉卓，何江海，等 . 2001. 黑河过正义峡河川径流量减少的原因及对策分析 . 中国沙漠，21（1）：62-66.

丁敏 . 2005. 近 3000 年来中国气候变化及对社会经济发展的影响综述 . 泰山学院学报，27（6）：89-93.

丁文晖，孟宝 . 2005. 绿洲水资源与绿洲城镇化的关系探讨——以西北地区为例 . 内蒙古师大学报（自然汉文版），34（4）：502-504.

董光荣，苏志珠，马义娟 . 2002. 中国北方农牧交错带农业经营方向初探——以晋陕蒙甘宁青地区为例 . 中国沙漠，22（5）：428-438.

杜虎林，高前兆 . 1997. 河西走廊水资源供需平衡及其对农业发展的承载潜力 . 自然资源学报，12（3）：225-232.

杜忠潮 . 1996. 中国近两千多年来气候变迁的东西分异及对丝绸之路兴衰的影响 . 干旱区地理，19（3）：50-57.

段汉明，周晓辉，苏敏 . 2004. 中国西北干旱地区城市化过程及空间分异规律 . 地球科学进展，19（增刊）：415-419.

樊胜岳，程华芳，姜明，等 . 1998. 张掖地区沙产业发展对策与关键技术 . 北京：中国环境科学出版社 .

樊自立，马映军 . 2000. 干旱区水资源开发及合理利用的几个问题 . 干旱区研究，17（3）：6-11.

范锡朋，敖淑仙，金良玉，等 . 1983. 甘肃省河西走廊地下水分布规律与合理开发利用研究报告 .

方步和 . 2002. 张掖史略 . 兰州：甘肃文化出版社 .

方创琳 . 1990a. 河西绿洲空间结构浅析 . 开发研究，（1）：29-32.

方创琳 . 1990b. 黑河中游绿洲用水系统与空间结构调整建议，干旱区研究，（3）：30-35.

方创琳 . 1991. 甘肃绿洲型城镇体系及其发展机制研究 . 干旱区地理，（4）：65-69.

方创琳，乔标 . 2005. 水资源约束下西北干旱区城市经济发展与城市化阈值 . 生态学报，25（9）：2413-2422.

方创琳，孙心亮 . 2005. 河西走廊水资源变化与城市化过程的耦合效应分析 . 资源科学，27（2）：2-9.

方克立 . 1997. 二十一世纪与东西方文化 . 中国文化研究，（4）：5-7.

房玄龄 . 1974. 晋书・张轨传 . 北京：中华书局 .

冯绳武 . 1992. 区域地理论文集 . 兰州：甘肃教育出版社 .

冯玉新，王蓉 . 2006. 唐代前期凉州的历史地位和作用考论 . 甘肃联合大学学报（社会科学版），22（4）：14-18.

甘肃省博物馆 . 1979. 甘肃省文物考古三十年 . 北京：文物出版社 .

高敏 . 1996. 魏晋南北朝经济史 . 上海：上海人民出版社 .

高敏 . 1997. 十六国时期的军镇制度 // 武汉大学中国三至九世纪研究所 . 中国前近代史理论国际学术研讨会论文集 . 湖北：湖北人民出版社 .

高前兆，李福兴 . 1990. 黑河流域水资源合理开发利用 . 兰州：甘肃科学技术出版社 .

高前兆，李小雁，仵彦卿，等 . 2004. 内陆河流域水资源转化分析 . 冰川冻土，26（1）：50-54.

高人雄 . 1999. 从出土史料看河西走廊的农桑业状况 . 敦煌研究，（2）：77-83.

高荣 . 2003a. 古代河西的兴衰及其历史地位和特点——《河西通史》代前言 . 河西学院学报，（6）：82-85.

高荣 . 2003b. 古代开发河西的历史反思 . 开发研究，（3）：61-62.

高新才，张志红 . 2002. 土地流转：突破农业产业化进程中的“瓶颈”——以张掖地区为例 . 开发研究，（1）：41-43.

葛剑雄，吴松弟，曹树基 . 1997. 中国移民史 . 福州：福建人民出版社 .

葛金芳 . 1991. 宋辽夏金经济研究 . 武汉：武汉出版社 .

耿雷华，郦建强 . 2002. 西北内陆河流域水资源特点初析 . 水科学进展，13（4）：496-501.

顾颉刚，史念海 . 2000. 中国疆域沿革史 . 北京：商务印书馆 .

顾祖禹 . 1955. 读史方舆纪要 . 北京：中华书局 .

哈米德 S，龚高法 . 1993. 中国历史时期温度的变化 . 北京：气象出版社 .

海热提・涂尔逊，叶文虎，艾力西尔・米尼热，等 . 1999. 西北干旱区城市建设与可持续发展 . 人文地理，（4）：77-80.

韩德林 . 1994. 西北干旱区水土资源开发利用优化途径与对策 . 干旱区地理，（1）：9-15.

韩德林 . 1999. 绿洲稳定性初探 . 宁夏大学学报，（2）：136-139.

韩康信，谭婧泽，张帆 . 2005. 中国西北地区古代居民种族研究 . 上海：复旦大学出版社 .

郝松枝 . 2003. 全盘汉化与北魏王朝的速亡——北魏孝文帝改革的经验与教训 . 陕西师范大学学报（哲学社会科学版），32（1）：73.

侯仁之 . 1991. 居延和阳关地区沙漠化的初步考察 // 侯仁之 . 侯仁之燕园问学集 . 上海：上海教育出版社 .

黄高宝，柴强，柴守玺 . 2001. 张掖市水资源利用现状与可持续开发 . 干旱地区农业研究，

19（3）：98-103.
黄高宝，胡恒觉 . 1996. 论河西绿洲灌区节水型集约持续农业之发展 . 地域开发与研究,（4）：30-32.
黄盛章 . 2003. 绿洲研究 . 北京：科学出版社 .
纪宗安 . 1996. 丝绸之路磨新北道考实——兼谈玉门关址的东迁 . 敦煌学辑刊,（1）：96-108.
贾东海，米娟婷 . 2007. 新世纪西部边疆民族宗教问题对中国民族关系的影响——以新疆为例分析 . 社科纵横，22（2）：1-3.
焦书乾 . 1994a. 西北地区古代城市起源与演变问题研究 . 地域研究与开发，13（1）：58-62.
焦书乾 . 1994b. 西北民族地区古代城镇发展的几个问题 . 中南民族大学学报（人文社会科学版),（3）：68-71.
角媛梅，肖笃宁，马明国 . 2003a. 绿洲景观中居民地空间分布特征及其影响因子分析 . 生态学报,（23）10：2095-2100.
角媛梅，马明国，肖笃宁 . 2003b. 黑河流域中游张掖绿洲景观格局研究 . 冰川冻土，25（1）：94-99.
颉耀文，汪桂生 . 2014. 黑河流域历史时期水资源利用空间格局重建 . 地理学报，33（10）：1977-1991.
金丽国，侯远志 . 2002. 西部地区城市化模式 . 城市问题,（2）：9-13.
靳诚，陆玉麟 . 2009. 基于县域单元的江苏省经济空间格局演化 . 地理学报，64（6）：715-724.
景爱 . 2003. 古居延绿洲的消失与荒漠化——从考古和卫星遥感观察 . 中国国家博物馆馆刊,（2）：43-49.
克莱本 R. 1978. 气候・人・历史 . 杨震宇译 . 香港：今日世界出版社 .
阚耀平 . 2001. 历史时期新疆北部城镇的形成与发展 . 人文地理，16（4）：75-79.
拉铁摩尔 . 2010. 亚洲内陆的商路 . 唐晓峰译 . 南京：江苏人民出版社 .
蓝利，穆桂金，齐乌云，等 . 2009. 古居延绿洲汉代至西夏渠系影像特征及绿洲环境变迁 . 第四纪研究，29（2）：241-247.
蓝永超，康尔泗 . 1999. 黑河出山径流年际变化特征和趋势研究 . 冰川冻土，21（1）：49-53.
蓝永超，康尔泗 . 2000. 河西内陆干旱区主要河流出山径流特征及变化趋势分析 . 冰川冻土，22（2）：147-152.
郎树德，贾建成 . 2004. 甘肃考古文化丛书——彩陶 . 兰州：敦煌文艺出版社 .
李斌，樊胜岳，周立华 . 2001. 干旱区水资源费的构成与确定 . 中国沙漠，21（1）：50-55.
李并成 . 1994. 河西走廊东部汉长城遗迹考 . 西北史地,（3）：14-20.
李并成 . 1995a. 河西走廊历史地理 . 兰州：甘肃人民出版社 .

李并成 . 1995b. 汉张掖属国考 . 西北民族研究，（2）：60-66.

李并成 . 1998. 论丝绸之路沿线古城遗址旅游资源的开发 . 地理学与国土研究，14（4）：52-54.

李并成 . 1999. 沙漠历史地理学的几个理论问题——以我国河西走廊历史上的沙漠化研究为例 . 地理科学，19（3）：211-215.

李并成 . 2002. 古代城防设施——羊马城考 . 考古与文物，（4）：79-81.

李并成 . 2003. 河西走廊历史时期沙漠化研究 . 北京：科学出版社 .

李伯重 . 1999. 气候变化与中国历史上人口的几次大起大落 . 人口研究，23（1）：15-19.

李非，李水城，水涛 . 1993. 葫芦河流域的古文化与古环境 . 考古，（9）：822-842.

李吉均 . 1990. 中国西北晚更新世以来的环境演化模式 . 第四纪研究，（3）：197-204.

李建宗 . 2015. 文化边界与族群互动"内亚"视角下的河西走廊 . 青海民族研究，26（1）：53-57.

李建宗 . 2016. 区域之间的"接点"：界限逾越与空间重构——以河西走廊与东天山地区为例 . 新疆师范大学学报（哲学社会科学版），（1）：74-82.

李江风 . 1990. 中国干旱、半干旱地区气候、环境与区域开发研究论文集 . 北京：气象出版社 .

李景斌，李景欣，陈善科，等 . 2006. 黑城兴衰与额济纳绿洲环境演变的思考 . 草业科学，23（5）：24-28.

李明伟 . 1991. 丝绸之路贸易史研究 . 兰州：甘肃人民出版社 .

李佩成 . 1984. 试论干旱 . 干旱区农业研究，（2）：49-56.

李启森，赵文智，冯起 . 等 . 2006. 黑河流域水资源动态变化与绿洲发育及发展演变的关系 . 干旱区地理，29（1）：21-28.

李清凌 . 2002. 汉唐气象与西北开发——汉唐开展西北的历史回顾 // 田澍 . 西北史研究（第二辑）. 兰州：甘肃文化出版社 .

李仁杰，郭风华，张军海，等 . 2010. 北京市健身俱乐部多尺度空间格局 . 地理科学进展，29（2）：232-240.

李述刚，程心俊，王周琼，等 . 1998. 荒漠绿洲农业生态系统 . 北京：气象出版社 .

李孝聪 . 2003. 唐代地域结构与运用空间 . 上海：上海辞书出版社 .

李学春 . 2009. 中国西北民族地区农村城市化道路问题研究 . 北京：民族出版社 .

李逸友 . 1993. 内蒙古历史名城 . 呼和浩特：内蒙古人民出版社 .

李永成 . 1992. 沙井文化研究 // 袁行霈 . 国学研究（第二卷）. 北京：北京大学出版社 .

李正宇 . 1999. 汉敦煌郡广至城新考 . 敦煌研究，（3）：69-78，187.

李志刚 . 1998. 酒泉地区城镇体系可持续发展构想 . 城市环境与城市生态，（4）：27-30.

李志刚．1999a. 干旱区地表结构与城镇体系空间格局．甘肃科学学报，11（1）：79-82.
李志刚．1999b. 酒泉、嘉峪关地域城镇系统的空间规模结构研究．地理研究，（1）：87-95.
李志刚．1999c. 酒泉地区城镇发展研究．北京：中国环境科学出版社．
李志刚．1999d. 酒泉地区资源开发与产业发展．资源科学，21（2）：49-55.
李智信．1999. 试论马家窑至卡约文化经济转变的原因及影响 // 青海省文化厅，青海省文物考古研究所．青海考古五十年文集．西宁：青海人民出版社．
李宗俊．2012. 唐代中后期唐蕃河陇之争与疆域变迁．唐史论丛，（2）：110-155.
梁鹏．1999. 干旱地区流域水利开发的生态环境系统动力学及其累积环境影响评价研究．长春科技大学博士学位论文．
梁治寇．1989. 甘肃省城镇体系结构研究．经济地理，（4）：279-282.
廖重斌．1999. 环境与经济协调发展的定量评判及其分类体系：以珠江三角洲城市群为例．热带地理，19（2）：171-177.
林干．1977. 匈奴史．呼和浩特：内蒙古人民出版社．
林岩，李益然．1999. 长城辞典．上海：文汇出版社．
刘东生．2004. 西北地区水资源配置生态环境建设和可持续发展战略研究（自然历史卷）．北京：科学出版社．
刘恒，钟华平，顾颖．2001. 西北干旱内陆河区水资源利用与绿洲演变规律研究．水科学进展，9（3）：378-384.
刘宏煊．1995. 中国疆域史．武汉：湖北人民出版社．
刘静夫．1994. 新编中国魏晋南北朝史．北京：人民出版社．
刘平，刘纪平，赵荣，等．2007. 近邻点指数法测度澜沧江流域居民地空间分布类型．测绘通报，10：32-34.
刘庆，毛元佑．1994. 新编中国军事史——中国宋辽金夏军事史．北京：人民出版社．
刘学录，任继周，张自和．2002. 河西走廊山地-荒漠-绿洲复合生态系统的景观要素及其成因类型．草业学报，11（3）：40-47.
刘玉林，黄慰文，林一璞．1984. 泾川发现的人类化石和旧石器．人类学学报，（1）：11-18.
龙爱华，徐中民，张志强，等．2002. 基于边际效益的水资源空间动态优化配置研究——以黑河流域张掖地区为例．冰川冻土，（4）：407-413.
卢玲，李新，程国栋．2001. 黑河流域景观结构分析．生态学报，21（8）：1217-1224.
马国霞，甘国辉，田玉军．2006. 水资源约束下的张掖绿洲城镇发展模式初步研究．中国沙漠，26（3）：426-431.
马鸿良，郦桂芬．1992. 中国甘肃河西走廊古聚落文化名城与重镇．成都：四川科学技术出版社．

马建华，张力华 . 2004. 甘肃考古文化丛书——长城 . 兰州：敦煌文艺出版社 .

马金珠，高前兆 . 1997. 西北干旱区内陆河流域水资源系统与生态环境问题 . 干旱区资源与环境，(4)：15-20.

马金珠，高前兆 . 2003. 干旱区地下水脆弱性特征及评价方法探讨 . 干旱区地理，26（1）：44-49.

马金珠，张惠昌 . 1996. 黑河流域水资源开发利用对下游生态环境的影响及其防治措施 . 甘肃环境研究与监测，(3)：11-14.

马克思 . 1972. 不列颠在印度的统治 // 中共中央马克思恩格斯列宁斯大林著作编译局 . 马克思恩格斯选集（第二卷）. 北京：人民出版社 .

马敏，王玉德 . 2001. 中国西部开发的历史审视 . 武汉：湖北人民出版社 .

满志敏，葛全胜，张丕远 . 2000. 气候变化对历史上农牧过渡带的个例研究 . 地理研究，19（2）：141-147.

毛佩琦，王莉 . 1994. 中国明代军事史 . 北京：人民出版社 .

蒙吉军 . 1996. 张掖绿洲生态平衡与绿洲的可持续发展 . 西北师范大学硕士学位论文 .

蒙吉军，刘家明 . 1998. 绿洲可持续性评价——以张掖绿洲为例 . 干旱区地理，(3)：51-57.

孟斌，张景秋，王劲峰，等 . 2005. 空间分析方法在房地产市场研究中的应用——以北京市为例 . 地理研究，24（6）：957-959.

穆桂金，刘嘉麒 . 2000. 绿洲演变及其调控因素初析 . 第四纪研究，20（6）：539-547.

倪健中 . 1997. 国家地理：从地理版图到文化版图的历史考察（上册）. 北京：中国国际广播出版社 .

宁笃学 . 1960. 民乐发现的二处四坝文化遗址 . 文物，(1)：35.

聂振龙，郭占荣 . 2001. 中国西北内陆河流域水循环特性分析 . 地球科学，22（2）：302-306.

牛红洲 . 2006. 黑河流域近期治理项目建设与阶段成效 . 治黄科技信息，(3)：1-2.

彭向前 . 2004. 试论辽宋西夏金时期西北民族关系的主要矛盾 . 内蒙古社会科学（汉文版），25（2）：15-17.

蒲朝绂，庞跃先 . 1990. 永昌三角城与蛤蟆墩沙井文化遗存 . 考古学报，(2)：205-237.

齐陈骏 . 1998. 河西开发史研究 . 兰州：甘肃教育出版社 .

《气候变化国家评估报告》编写委员会 . 2007. 气候变化国家评估报告 . 北京：科学出版社 .

钱正英，张光斗 . 2001. 中国可持续发展水资源战略研究报告 . 北京：中国水利水电出版社 .

切排 . 2009. 河西走廊多民族和平杂居与发展态势研究 . 北京：民族出版社 .

曲耀光，樊胜岳 . 2000. 黑河流域水资源承载力分析计算与对策 . 中国沙漠，20（1）：1-8.

曲耀光，马世敏，曲玮 . 1998. 西北干旱区水资源转化与开发利用模型 . 中国沙漠，(4)：

299-307.
任洪生 . 2005. 游牧经济的机动性分析——以古代蒙古族的游牧经济为例 . 西北民族研究，（2）：165-169.
任积泉 . 1999. 张掖历史文化名城的基本内涵 . 丝绸之路，（2）：17-19.
任积泉 . 2002. 张掖历史问题研究 . 兰州：兰州大学出版社 .
任建华，李万寿，张婕 . 2000. 黑河干流中游地区耗水量变化的历史分析 . 干旱区研究，(1):18-22.
任旺兵 . 1995. 干旱区城镇发展的理论探讨——以新疆为例 . 干旱区地理，（2）：90-95.
任重，陈仪 . 2003. 魏晋南北朝城市管理研究 . 北京：中国社会科学出版社 .
色音 . 2003. 居延故地——黑河流域人文生态 . 成都：四川人民出版社 .
邵如林，邸明明 . 2003. 河西长城 . 丝绸之路，（9）：37-40.
邵如林，吴梅萍 . 2000. 中国河西走廊——历史、文化、艺术 . 兰州：甘肃人民出版社 .
申元村 . 2001. 中国绿洲 . 北京：科学出版社 .
施和金 . 2000. 中国历史地理研究 . 北京：中华书局 .
施雅风，沈永平，李栋梁，等 . 2003. 中国西北气候由暖干向暖湿转型的特征和趋势探讨 . 第四纪研究，23（2）：152-164.
石敏俊，王磊，王晓君 . 2011. 黑河分水后张掖市水资源供需格局变化及驱动因素 . 资源科学，33（8）：1489-1497.
石培基，李鸣骥 . 2000. 历史时期西北城市发展简论 . 人文地理，（3）：64-68.
史念海 . 1998. 唐代历史地理研究 . 北京：中国社会科学出版社 .
史志林，汪桂生，颉耀文 . 2014. 西夏元时期黑河流域水土资源开发利用研究 . 中国农史，（6）：83-96.
侍建华 . 1995. 甘肃农业历史发展概要（古代至清末）. 考古农业，（1）：23-30.
水涛 . 2001. 中国史前时期与文明时代初期的环境变化与文化发展 // 水涛 . 中国西北地区青铜时代考古论集 . 北京：科学出版社 .
宋杰 . 2009. 地理枢纽与中国古代的战争 . 北京：中国社会科学出版社 .
索朗平措 . 2009. 略考唐蕃神龙会盟之历史背景 . 西藏研究，（6）：60-68.
孙静 . 2014. 试论吐蕃与唐会盟的安边功能 . 黑龙江史志，（9）：57.
苏春宏，樊忠成，张凌梅，等 . 2002. 额济纳绿洲水资源优化探析 . 内蒙古水利，（1）：99-100.
谭其骧 . 1982. 中国历史地图集 . 北京：中国地图出版社 .
谭文柱 . 2102. 地理空间与创新：理论发展脉络与思考 . 世界地理研究，21（3）：94-100.

滕铭予 . 2008. 额济纳古代遗址测量工作简报 . 边疆考古研究，（1）：353-370.

汤懋苍，汤池 . 2000. 历史上气候变化对我国社会发展的影响初探 . 高原气象，19（2）：159-165.

汤奇成 . 1995. 绿洲的发展与水资源的合理利用 . 干旱区资源与环境，（3）：107-112.

汤奇成，张捷斌 . 2001. 西北干旱地区水资源与生态环境保护 . 地理科学进展，（3）：227-233.

唐晓军 . 1994. 河西走廊农业考古概述 . 农业考古，（1）：85-96.

唐晓军，师彦灵 . 2004. 甘肃考古文化丛书——古代建筑 . 兰州：敦煌文艺出版社 .

田瞳 . 2005. 骆驼城寻古 . 丝绸之路，（1）：47.

王宝军 . 2009. 基于标准差椭圆法 SEM 图像颗粒定向研究原理与方法 . 岩土工程学报，31（7）：1082-1087.

王秉德 . 1990. 张掖历代人口变化 // 中国人民政治协商会议甘肃省张掖市委员会 . 张掖文史资料（第三辑）.

王铖，李兰军，张稳刚 . 2000. 亚欧大陆交流史 . 兰州：兰州大学出版社 .

王恩涌 . 1998. 政治地理学——时空中的政治格局 . 北京：高等教育出版社 .

王飞 . 2006. 从地缘正当看中国古代的战略思想 . 甘肃农业，（4）：215-216.

王非，赵荣 . 1999. 近现代西北城市体系的空间变化及影响因素分析 . 人文地理，14（4）：42-53.

王根绪，程国栋 . 1998. 近 50a 来黑河流域水文及生态环境的变化 . 中国沙漠，（3）：223-228.

王根绪，程国栋 . 2002. 干旱内陆流域生态需水量及其估算——以黑河流域为例 . 中国沙漠，（2）：129-133.

王根绪，程国栋，沈永平 . 2002. 干旱区受水资源胁迫的下游绿洲动态变化趋势分析——以黑河流域额济纳绿洲为例 . 应用生态学报，13（5）：564-568.

王根绪，程国栋，徐中民 . 1999. 中国西北干旱区水资源利用及其生态环境问题 . 自然资源学报，（2）：109-116.

王根绪，曲耀光，程国栋 . 1997. 黑河流域水资源开发的环境效应分析 . 干旱区资源与环境，（4）：8-14.

王根绪，王建，仵彦卿 . 2002. 近 10 年来黑河流域生态环境变化特征分析 . 地理科学，（5）：527-534.

王会昌 . 1996. 2000 年来中国北方游牧民族南迁与气候变化 . 地理科学，16（3）：274-279.

王静忠 . 1998. 干旱内陆河区水资源承载力与可持续发展研究 . 清华大学博士学位论文 .

王明珂 . 2008. 游牧者的抉择：面对汉帝国的北亚游牧部族 . 桂林：广西师范大学出版社 .

王乃昂，李吉均，穆得芬，等 . 1999. 河西走廊东段湖泊旋回及其古气候意义 . 湖泊科学，

11（3）：225-230.

王乃昂，赵强，胡刚，等 . 2003. 近 2ka 河西走廊及毗邻地区沙漠化过程的气候与人文背景 . 中国沙漠，23（1）：95-100.

王生荣 . 2001. 黄金与蔚蓝的支点——中国地缘战略论 . 北京：国防大学出版社 .

王世积 . 1999. 清代甘州屯田事略 // 张掖地区政协文史资料编辑委员会 . 张掖地区文史资料（第一辑）(内刊）.

王巍 . 2003. 聚落形态研究与文明起源 . 郑州大学学报（哲学社会科学版），(3）：9-13.

王亚俊，焦黎 . 2000. 中国绿洲分区及其基本类型 . 干旱区地理，23（4）：344-349.

王永兴，张小雷，阙耀平 . 1999. 绿洲地域系统及其演变规律的初步研究 . 干旱区地理，22（1）：62-68.

王育民 . 1995. 中国人口史 . 南京：江苏人民出版社 .

王毓铨 . 2000. 中国经济通史：明代经济卷 . 北京：经济日报出版社 .

王铮，张丕远，周清波 . 1996. 历史气候变化对中国社会发展的影响 . 地理学报，51（4）：329-339.

王志敏 . 2007. 额济纳绿洲荒漠植被退化的水环境的时空演变分析 . 甘肃联合大学学报，21（2）：88-92.

王忠静，王海峰 . 2002. 干旱内陆河区绿洲稳定性分析 . 水利学报，33（5）：26-30.

王宗维 . 1990. 汉代的属国制度与民族关系 // 马大正 . 中国古代边疆政策研究 . 北京：中国社会科学出版社 .

王宗维 . 2001. 汉代丝绸之路的咽喉——河西路 . 北京：昆仑出版社 .

魏静 . 2002. 汉置河西四郡的意义论略 . 开发研究，(5）：64-65.

翁独健 . 1984. 中国民族关系史研究 . 北京：中国社会科学出版社 .

吴必虎，刘筱娟 . 1998. 景观志 . 上海：上海人民出版社 .

吴广成，龚世俊 . 1995. 西夏书事校证 . 兰州：甘肃文化出版社 .

吴宏岐，雍际春 . 1994. 中国历史时期气候变化与人类社会发展的关系 . 天水师专学报（综合版），19（4）：51-56.

吴礽骧，余尧 . 1984. 居延新获建武秦胡册再析 . 西北师范学院学报，(4）：20-26.

吴秀永，牛颂，向平 . 1994. 中国元代军事史 . 北京：人民出版社 .

吴正科 . 1994. 汉张掖郡故城址及迁建时代考 . 西北史地，(2）：33-40.

席海洋，冯起，司建华 . 2007. 实施分水方案后对黑河下游地下水影响的分析 . 干旱区地理，30（4）：487-495.

肖化 . 1983. 略谈户水胡的族源 . 西北师大学报（社会科学版），(3）：118-120.

肖生春，肖洪浪．2004. 额济纳地区历史时期的农牧业变迁与人地关系演进．中国沙漠，24（4）：448-450.

谢俊义．1991. 甘肃西部和中部旧石器考古的新发现及其展望．人类学学报，（1）：27-33.

谢丽．2001. 绿洲农业开发与塔里木河流域生态环境的嬗变．南京农业大学博士学位论文．

熊建新，陈端吕，彭保发，等．2014. 洞庭湖区生态承载力系统耦合协调度时空分异．地理科学，34（9）：1108-1116.

徐建华，刘巧芹．2000. 张掖国家级农业高新技术产业示范区规划研究．中国沙漠，20（3）：283-285.

徐建华，罗格平，白新萍，等．1995. 绿洲型城市区位选址优化模型研究——以新疆绿洲型城市为例．兰州大学学报（自然科学版），31（3）：129-135.

徐建华，罗格平，牛达奎．1996. 绿洲型城镇生态经济系统持续发展仿真研究．中国沙漠，（3）：234-239.

徐黎丽．2004. 论西北少数民族地区生态环境与民族关系问题．西北民族研究，（4）：115-126.

徐苹芳．1995. 中国古代城市考古与古史研究 // 中国历史考古学论丛．台北：允晨文化公司．

徐中民，程国栋．2000. 黑河流域中游水资源需求预测．冰川冻土，22（2）：139-146.

许倬云．2006. 中国文化与世界文化．桂林：广西师范大学出版社．

薛英群．1991. 居延汉简通论．兰州：甘肃教育出版社．

闫廷亮．2001. 古代河西走廊环境问题初探．甘肃高师学报，6（3）：107-113.

严文明．1989. 内蒙古中南部原始文化的有关问题 // 内蒙古文物考古研究所．内蒙古中南部原始文化研究文集．北京：海洋出版社．

颜吾芟．1994. 中国秦汉军事史．北京：人民出版社．

杨东梁，张浩．1995. 中国清代军事史．北京：人民出版社．

杨发相．1990. 新疆绿洲型城镇的分布类型与兴衰．干旱区地理，13（2）：58-62.

杨芳．2006. 汉代居延塞在抵御匈奴中的作用．河西学院学报，22（1）：13-16.

杨建新．1988. 丝绸之路．兰州：甘肃人民出版社．

杨建新．1995. 丝绸之路的产生、发展和运行机制．西北史地，（2）：1-11.

杨建新．2003. 中国西北民族地区农村城市化道路问题研究．北京：民族出版社．

杨健强．2001. 城镇水价机制的形成．管理评论，（7）：7-9.

杨文臣，徐广杰．2001. 浅谈张掖地区水费改革．水资源与水工程学报，12（4）：59-61.

杨新军．2001. 西北地区城市发展模式选择与对策．中国软科学，（5）：95-99.

杨永春，赵鹏军．2001. 绿洲城镇体系研究——以甘肃省河西走廊为例．人文地理，16（3）：6-10.

俞伟超 . 1985. 关于卡约文化和唐汪文化的新认识 // 俞伟超 . 先秦两汉考古学论集 . 北京：文物出版社 .

袁国映 . 1994. 干旱区绿洲农业生态系统特征及持续发展关键问题 . 新疆环境保护，(4)：223-228.

张勃，李吉均 . 2000. 河西地区黑河流域土地资源化配置研究 . 中国沙漠，20（4）：383-388.

张呈琮 . 1988. 中国人口发展史 . 北京：人口科学出版社 .

张光直 . 1985. 关于中国初期“城市”这个概念 . 文物，(2)：61-67.

张国雄 . 1996. 中国历史上移民的主要流向和分期 . 北京大学学报（哲学社会科学版），(2)：98-107.

张宏，樊自立 . 1998. 气候变化和人类活动对塔里木盆地绿洲演化的影响 . 中国沙漠，18（4）：308-313.

张积诚 . 1980.“唐蕃八次和盟”概述 . 西藏民族学院学报，(3)：73-88.

张京祥 . 1999. 西方城镇群体空间研究之评述 . 国外城市规划，24（1）：31-33.

张景文，等 . 1984. ^{14}C 年代测定与中国海陆变迁研究进展 //《第一次全国 ^{14}C 学术会议文集》编辑小组 . 第一次全国 ^{14}C 学术会议文集 . 北京：科学出版社 .

张力仁 . 2006a. 历史时期河西走廊多民族文化的交流与整合 . 中国历史地理论丛，21（3）：84-93.

张力仁 . 2006b. 文化交流与空间整合：河西走廊文化地理研究 . 北京：科学出版社 .

张林源 . 1994. 中国的沙漠和绿洲 . 兰州：甘肃教育出版社 .

张丕远 . 1996. 中国历史气候变化 . 济南：山东科学技术出版社 .

张松林，张昆 . 2007. 局部空间自相关指标对比研究 . 统计研究，24（7）：65-67.

张文强 . 1994. 中国魏晋南北朝军事史 . 北京：人民出版社 .

张行 . 2000. 甘肃第四纪研究与旧石器时代考古评 . 丝绸之路，(1)：59-62.

张振克，吴瑞金 . 1998. 近 2600 年来内蒙古居延海湖泊沉积记录的环境变迁 . 湖泊科学，10（2）：44-51.

张志斌，王录仓，李志刚 . 1999. 绿洲型城镇体系的空间组织格局——以甘肃省酒泉地区为例 . 干旱区地理，22（4）：42-47.

张志斌，张小平 . 2002. 河西地区城镇体系特征及未来发展构想 . 冰川冻土，(4)：463-469.

张志华，吴祥定 . 1996. 祁连山地区 1310 年以来湿润指数及其年际变幅的变化与突变分析 . 第四纪研究，16（4）：368-378.

赵成义，王玉朝，李国振 . 2001. 荒漠-绿洲边缘区研究 . 水土保持学报，15（3）：93-97.

赵金铭 . 1997. 浅议河西古城研究对当代城市规划的启迪规划研究 . 城市规划，12（1）：

17-23.
赵克俭，韩丽蓉，宁黎平 . 2005. 绿洲人居环境的评价 . 青海大学学报（自然科学版），23（1）：26-29.
赵克尧 . 1993. 汉唐史论集 . 上海：复旦大学出版社 .
赵松乔 . 1987. 人类活动对西北干旱区地理环境的作用：绿洲化或荒漠化？干旱区研究，(3)：11-20.
赵永复 . 1986. 历史时期河西走廊的农牧业变迁 // 中国地理学会历史地理专业委员会 . 历史地理（第四辑）. 上海：上海人民出版社 .
中国人民解放军军事科学院 . 1990. 中国军事通史（十七卷本）. 北京：军事科学出版社 .
中国人民解放军军事科学院历史研究部 . 1990. 军事史学理论与方法研究 . 北京：军事科学出版社 .
中国科学院地学部 . 1996. 西北干旱区水资源考察报告——关于黑河，石羊河合理用水和拯救生态问题的建议 . 地球科学进展，11（1）：1-4.
钟华平，刘恒，王义，等 . 2002. 黑河流域下游额济纳绿洲与水资源的关系 . 水科学进展，13（2）：223-228.
钟巍，熊黑钢，塔西甫拉提，等 . 2001. 南疆地区历史时期气候与环境演化 . 地理学报，56（3）：345-352.
周尚哲 . 1991. 中国西部全新世千年尺度环境变化的初步研究 // 周昆叔 . 环境考古研究（第一辑）. 北京：科学出版社 .
周长山 . 2001. 汉代城市研究 . 北京：人民出版社 .
朱宏斌，郭向平 . 2003. 历史上西北地区农牧交互关系探析 . 内蒙古大学学报（人文社会科学版），35（1）：44-47.
朱士光 . 2002. 历史时期丝绸之路通塞的启迪 . 中国历史地理论丛，17（2）：9-12.
朱士光，王元林，呼林贵 . 1998. 历史时期关中地区气候变化的初步研究 . 第四纪研究，18（1）：1-11.
朱为，马劲松 . 2008. 用邻近索引来加快邻近关系处理的算法研究 . 测绘科学，33（3）：100-102.
朱幼棣 . 1995. 寻访古城遗址的启示 . 中国青年科技，(6)：52-55.
竺可桢 . 1972. 中国近五千年来气候变迁的初步研究 . 考古学报，(2)：15-28.
祝中熹，李永平 . 2004. 甘肃考古文化丛书——青铜器 . 兰州：敦煌文艺出版社 .
邹德秀 . 1992. 中国农业文化 . 西安：陕西人民教育出版社 .
邹逸麟 . 2001. 中国历史人文地理 . 北京：科学出版社 .

俎瑞平，高前兆，钱鞠，等. 2001. 2000年来塔里木盆地南缘绿洲环境演变. 中国沙漠，21（2）：122-128.

左书谔. 1987. 明代西北屯田破坏原因试析. 青海师范大学学报（哲学社会科学版），（3）：108-115.

Abahussain A A，Abdu A S，Alzubari W K，et al. 2002. Desertification in the Arab region：Analysis of current status and trends. Journal of Arid Environments，51（4）：521-545.

Adam D P. 1981. Climate and history：Studies in past climates and their impact on man. London：Cambridge University Press.

Akorede V E A. 1997. Urban deprivation：The case of Ondo Town，Nigeria. Environment Systems and Decisions，17（3）：163-172.

Alkharabsheh A A. 1999. Influence of urbanization on water quality at Wadi Kufranja basin（Jordan）. Journal of Arid Environments，43（1）：79-89.

Anselin L. 1995. The future of spatial analysis in the social sciences. Geographic Information Sciences，5（2）：67-76.

Antrop M. 2004. Landscape change and the urbanization process in Europe. Landscape and Urban Planning，67（1-4）：9-26.

Antrop M. 2005. Why landscapes of the past are important for the future. Landscape and Urban Planning，70（1-2）：21-34.

Araby M E. 2002. Urban growth and environmental degradation：The case of Cairo，Egypt. Cities，19（6）：389-400.

Baker A R H. 1975. Historal Geography and Geographical Change. London：Macmillam Education.

Bao C，Fang C L，Chen F. 2006. Mutual optimization of water utilization structure and industrial structure in arid inland river basins of Northwest China. Journal of Geographical Sciences，16（1）：87-98.

Batten D F. 1995. Network cities：Creative urban agglomerations for the 21century. Urban Studies，32（2）：313-327.

Berling-Wolff S，Wu J. 2004. Modeling urban landscape dynamics：A case study in Phoenix，USA. Urban Ecosystems，7（3）：215-240.

Bienen H. 1984. Urbanization and third world stability. World Development，12（7）：661-691.

Bouchair A. 2004. Decline of urban ecosystem of Mzab valley. Building & Environment，39（6）：719-732.

Brown L A, Sierra R, Digiacintoet S, et al. 1994. Urban system evolution in frontier setting. Geographical Review, 84（3）: 249.

Bruinsma F. 1992. Urban agglomerations in European infrastructure networks. Urban Studies, 30（6）: 919-934.

Chakrabarty B K. 2001. Urban management: Concepts, principles, techniques and education. Cities, 18（5）: 331-345.

Chan R C K, Zhao X B. 2002. The relationship between administrative hierarchy position and city size development in China. GeoJournal, 56（2）: 97-112.

Chan R C K. 1998. Cross-border regional development in Southern China. GeoJournal, 44（3）: 225-237.

Cheng W, Zhou C, Liu H, et al. 2006. The oasis expansion and eco-environment change over the last 50 years in Manas River Valley, Xinjiang. Science China Earth Sciences, 49（2）: 163-175.

Childe G V. 1950. The urban revolution. Town Planning Review, 21（1）: 3-17.

Choia H, Anadón L D. 2014. Technological forecasting and social change. Technological Forecasting & Social Change, 81（1）: 143-153.

Cohen B. 2004. Urban growth in developing countries: A review of current trends and a caution regarding existing forecasts. World Development, 32（1）: 23-51.

David A, Timberlake M. 1995. Conceptualising and mapping the structure of the World System's city system. Urban Studies, 32（2）: 287-302.

Dobkins L H, Ioannides Y M. 2001. Spatial interactions among U S cities: 1900-1990. Regional Science & Urban Economics, 31（6）: 701-731.

Dobson A P, Bradshaw A D, Baker A J M. 1997. Hopes for the future: Restoration ecology and conservation biology. Science, 277（5325）: 515-522.

Doxiadis C A. 1968. Ekistics: An Introduction to the Science of Human Settlements. London: Hutchinson.

Eaton J, Eckstein J. 1994. Cities and growth: Theory and evidence from France and Japan. Regional Science & Urban Economics, 27（4-5）: 443-474.

Fishman R. 2000. The American metropolis at century's end: Past and future influences. Housing Policy Debate, 11（1）: 199-213.

Genxu W, Guodong C. 1999. The ecological features and significance of hydrology within arid inland river basins of China. Environmental Geology, 37（3）: 218-222.

Graniel C E，Morris L B，Carrillo-Rivera J J. 1999. Effects of urbanization on groundwater resources of Merida，Yucatan，Mexico. Environmental Geology，37（4）：303-312.

Hamza M，Zetter R. 1998. Structural adjustment，urban systems，and disaster vulnerability in developing countries . Cities，15（4）：291-299.

Hamza M，Zetter R. 2004. Urban growth boundary policy and residential suburbanization：Riyadh，Saudi Arabia. Habitat International，28（4）：567-591.

Han S S，He C X. 1999. Diminishing farm land and urban development in China：1993-1996. GeoJournal，49（3）：257-267.

Henderson V. 2003. The urbanization process and economic growth：The so-what question. Journal of Economic Growth，8（1）：47-71.

Herold M，Goldstein N C，Clarke K C. 2003. The spatiotemporal form of urban growth：Measurement，analysis and modeling. Remote Sensing of Environment，86（3）：286-302.

Herzog L. 1991. Cross-national urban structure in the era of global cities：The US-Mexico transfrontier metropolis. Urban Studies，28（4）：519-533.

Holway D A，Suarez A V. 2006. Homogenization of ant communities in mediterranean California：The effects of urbanization and invasion. Biological Conservation，127（3）：319-326.

Illingworth V. 1996. The Penguin Dictionary of Physics. Beijing：Foreign Language Press.

Kepner W G，Watts G C，Edmonds C M，et al. 2000. A landscape approach for detecting and evaluating change in a semiarid environment. Environmental Monitoring & Assessment，64（1）：179-195.

Kondo H. 2004. Multiple growth and urbanization patterns in an endogenous growth model with spatial agglomeration. Journal of Development Economics，75（1）：167-199.

Kozulj R. 2003. People，cities，growth and technological change：From the golden age to globalization. Technological Forecasting & Social Change，70（3）：199-230.

Kühn I. 2006. Urbanization and homogenization-comparing the floras of urban and rural areas in Germany. Biological Conservation，127（3）：292-300.

Langton J. 1972. Potentialities and problems adopting a system appproach to the study of chang in human geography. Progress in Geography，（4）：125-179.

Lattimore O. 1935. Manchuria：Cradle of Conflict. NewYork：Macmillan Company.

Luck M，Wu J. 2002. A gradient analysis of urban landscape pattern：A case study from the Phoenix metropolitan region，Arizona，USA. Landscape Ecology，17（4）：327-339.

Mackinder H J. 1904. The geographical pivotod history. Geographical Journal，23（4）：

421-437.

Magadza C H D. 2000. Climate change impacts and human settlements in Africa：Prospects for adaptation. Environmental Monitoring & Assessment，61（1）：193-205.

Mahan C A T. 1890. The Influence of Sea Power Upon History. Boston ：Little，Brown and Company.

Moran. 1950. Wear and tear. Lancet，255（6616）：1099-1101.

Nilsson C，Pizzuto J E，Moglen G E，et al. 2003. Ecological forecasting and the urbanization of stream ecosystems：Challenges for economists，hydrologists，geomorphologists，and ecologists. Ecosystems，6（7）：659-674.

Pirenne H. 1925. Medieval Cities：Their Origins and the Revival of Trade. Princeton：Princeton University Press.

Portnov B A，Safriel U N. 2004. Combating desertification in the Negev：Dryland agriculture vs dryland urbanization. Journal of Arid Environments，56（4）：659-680.

Qi S Z，Luo F. 2005. Water environmental degradation of the Heihe River Basin in arid Northwestern China. Environmental Monitoring & Assessment，108（1-3）：205-215.

Qi S Z，Luo F. 2006. Land-use change and its environmental impact in the Heihe River Basin，arid northwestern China. Environmental Geology，50（4）：535-540.

Rao N S，Reddy R P. 2004. Geoenvironmental appraisal in a developing urban area. Environmental Geology，47（1）：20-29.

Riitters K H，O'Neill R V，Hunsaker C T，et al . 1995. A factor analysis of landscape pattern and structure metrics. Landscape Ecology，10（1）：23-39.

Schick A P，Grodek T，Wolman M G. 1999. Hydrologic processes and geomorphic constraints on urbanization of alluvial fan slopes. Geomorphology，31（1-4）：325-335.

Scott A J. 2001. Global City-regions：Trends，Theory，Policy. New York：Oxford University Press.

Spykman N J. 1942. America`Strategy in World Politics. New York：Harcourt & Brace.

Steiner H A，Lattimore O. 1950. Pivot of Asia：Sinkiang and the inner Asian frontiers of China and Russia. Western Political Quarterly，3（3）：459.

Thangarajan M，Linn F，Uhl V，et al. 1999. Modelling an inland delta aquifer system to evolve pre-development management schemes：A case study in Upper Thamalakane River valley，Botswana，southern Africa. Environmental Geology，38（4）：285-295.

Turner M G，O'Neill R V，Gardner R H，et al. 1989. Effects of changing spatial scale on the analysis of landscape pattern. Landscape Ecology，3（3）：153-162.

Wang F H. 2001. Regional density functions and growth patterns in major plains of China，1982-1990. Papers in Regional Science，80（2）：231-240.

Wang G，Ding Y，Shen Y，et al. 2003. Environmental degradation in the Hexi Corridor region of China over the last 50 years and comprehensive mitigation and rehabilitation strategies. Environmental Geology，44（1）：68-77.

Wang Q，Shi J，Chen G，et al. 2002. Environmental effects induced by human activities in arid Shiyang River basin，Gansu province，northwest China. Environmental Geology，43（1）：219-227.

Warren A，Sud Y C，Rozanov B. 1996. The future of deserts. Journal of Arid Environments，172（3985）：832-833.

Wartenberg D. 1985. Multivariate spatial correlation：A method for exploratory geographical analysis. Geographical Analysis，17（4）：263-283.

Weber C，Puissant A. 2003. Urbanization pressure and modeling of urban growth：Example of the Tunis Metropolitan Area. Remote Sensing of Environment，86（3）：341-352.

Weng Q. 2001. Modeling urban growth effects on surface runoff with the integration of remote sensing and GIS. Environmental Management，28（6）：737-748.

Wheeler J O. 2000. From urban economic to social/cultural urban geography，1980-2001. Urban Geography，23（2）：97-102.

Wichelns D. 2002. Aneconmic perspective on potential gains from improvements in irrigation water management. Agricultural Water Management，52（3）：233-248.

Wu J，Loucks O L. 1995. From balance of nature to hierarchical patch dynamics：A paradigm shift in ecology. Quarterly Review of Biology，70：439-466.

Wu F L. 2001. China's recent urban development in the process of land and housing marketisation and economic globalisation. Habitat International，25（3）：273-289.

Zhang L，Zhao S X. 2003. Reinterpretation of China's under-urbanization：A systemic perspective. Habitat International，27（3）：459-483.

Zhang Y，Zhao X. 2004. Testing the scale effect predicted by the Fujita-Krugman urbanization model. Journal of Economic Behavior & Organization，55（2）：207-222.

Zhao C，Nan Z，Cheng G. 2005. Methods for estimating irrigation needs of spring wheat in the middle Heihe basin，China. Agricultural Water Management，75（1）：54-70.

彩　图

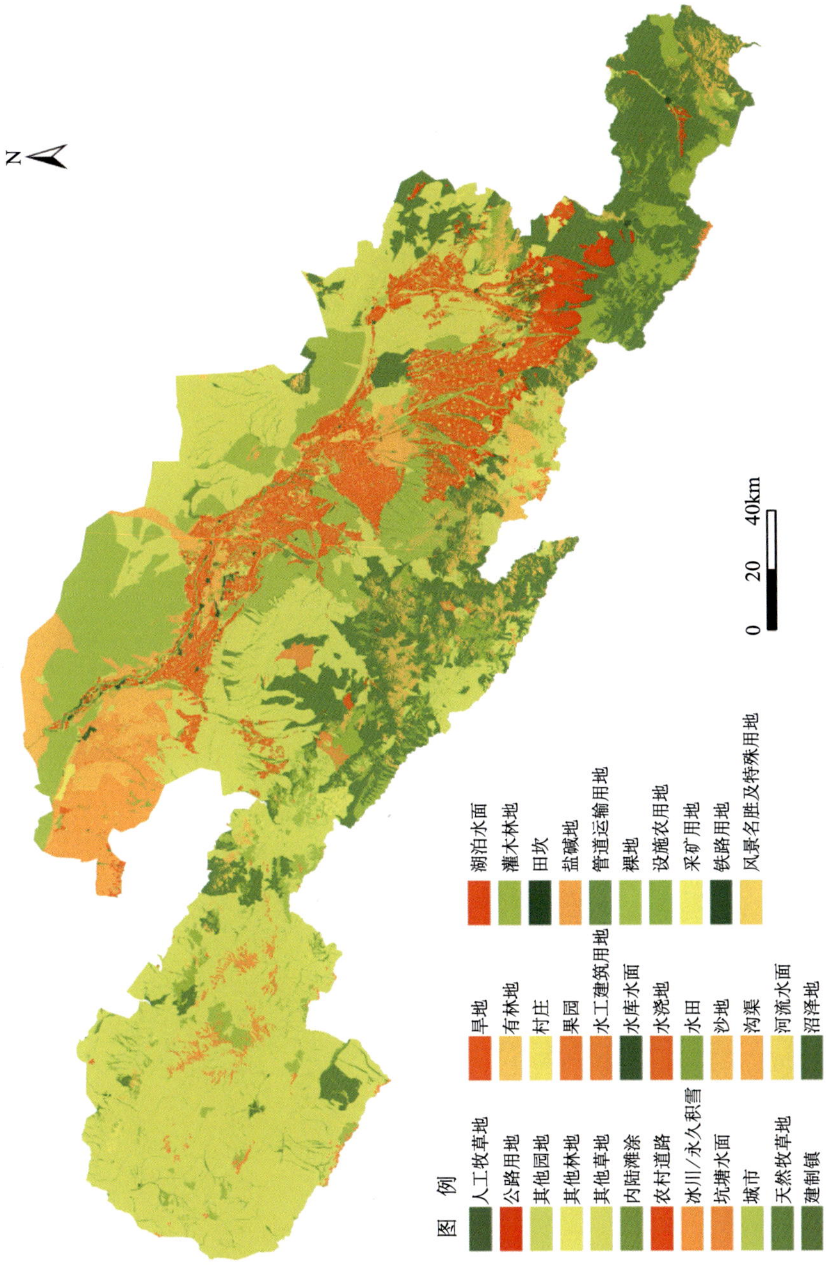

图2-7　黑河流域张掖市土地利用现状图

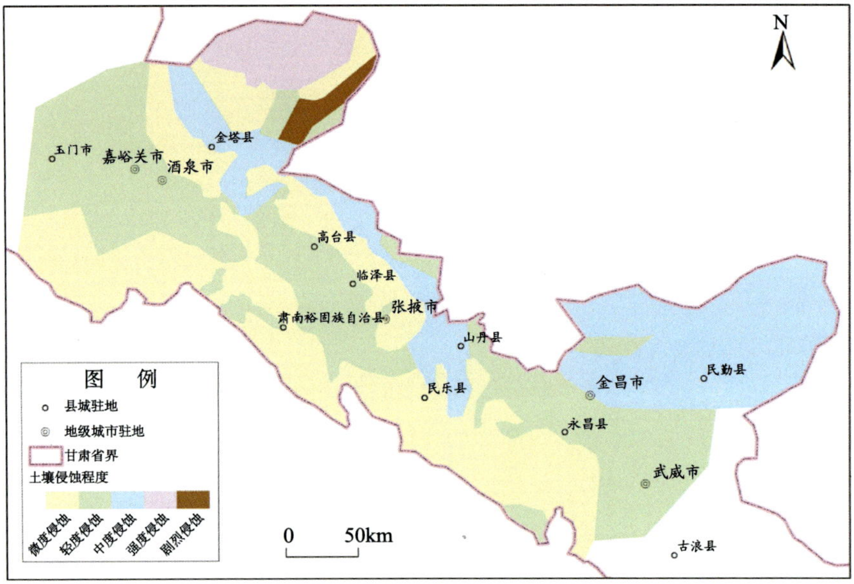

图 5-3 河西地区土壤侵蚀程度分布图

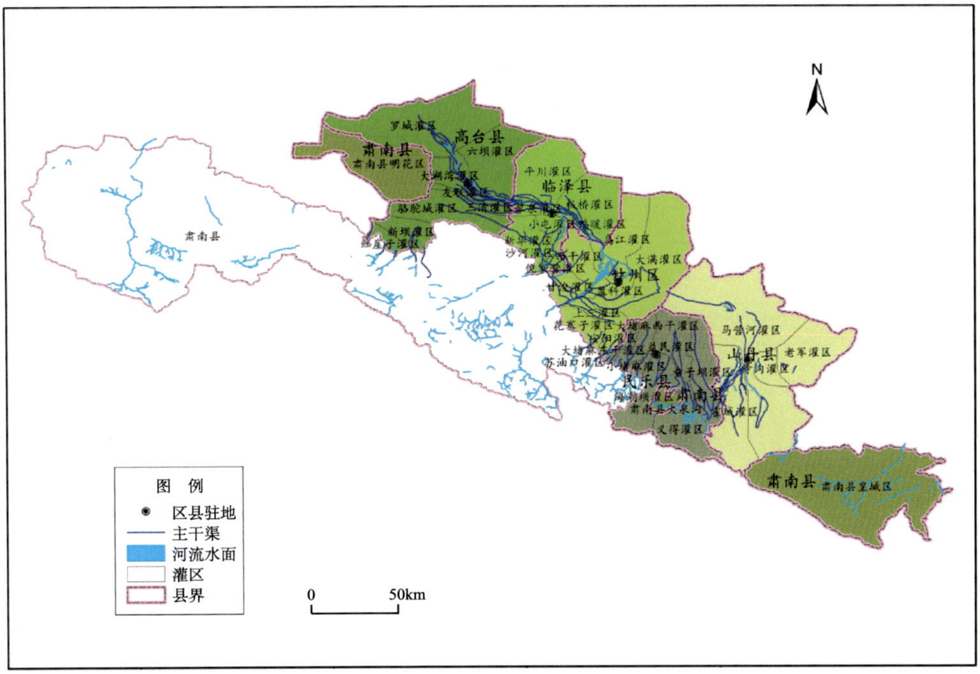

图6-2 张掖市灌区现状分布图

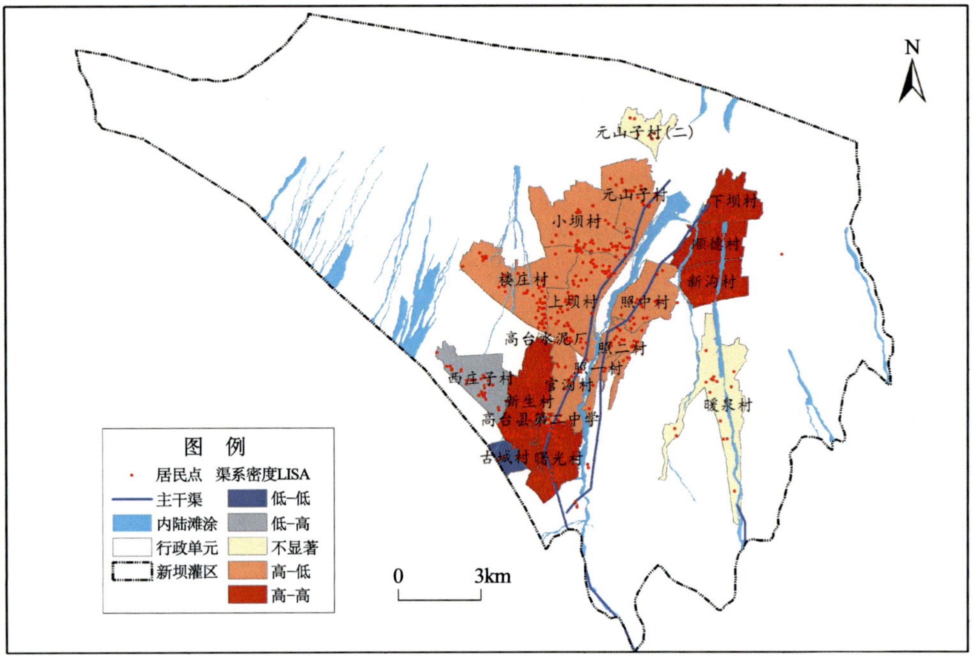
N
元山子村(二)
元山子村
小坝村
下坝村
顺德村
新沟村
楼庄村
上坝村
照中村
高台水泥厂
照二村
照一村
西庄子村
官沟村
新生村
暖泉村
高台县第三中学
古城村
曙光村
图 例
居民点
渠系密度LISA
主干渠
低-低
内陆滩涂
低-高
行政单元
不显著
新坝灌区
高-低
高-高
0
3km

（a）

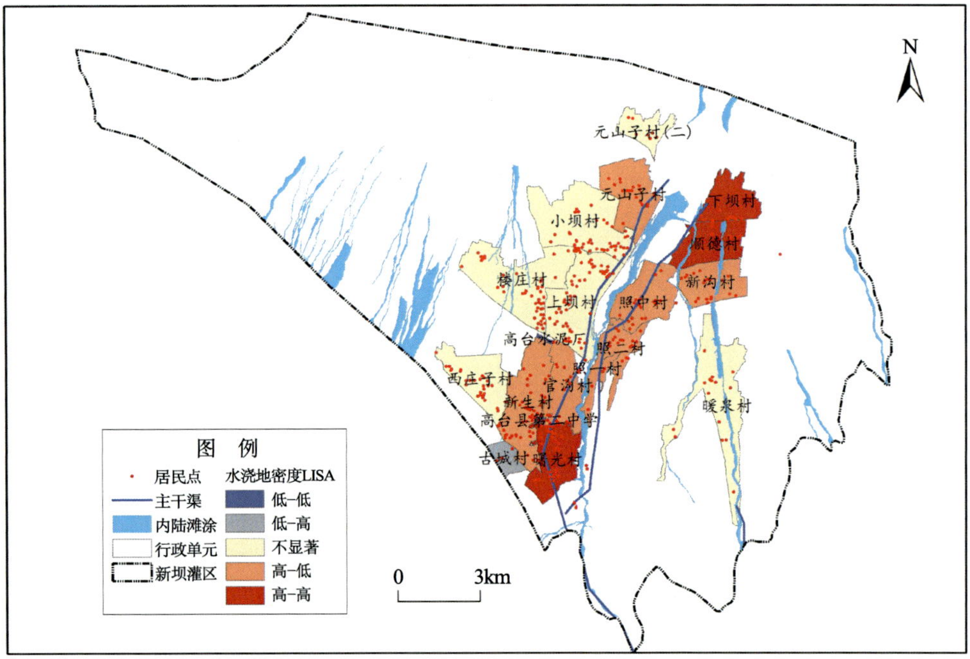
N
元山子村(二)
元山子村
小坝村
下坝村
顺德村
新沟村
楼庄村
上坝村
照中村
高台水泥厂
照二村
照一村
西庄子村
官沟村
新生村
暖泉村
高台县第三中学
古城村
曙光村
图 例
居民点
水浇地密度LISA
主干渠
低-低
内陆滩涂
低-高
行政单元
不显著
新坝灌区
高-低
高-高
0
3km

（b）

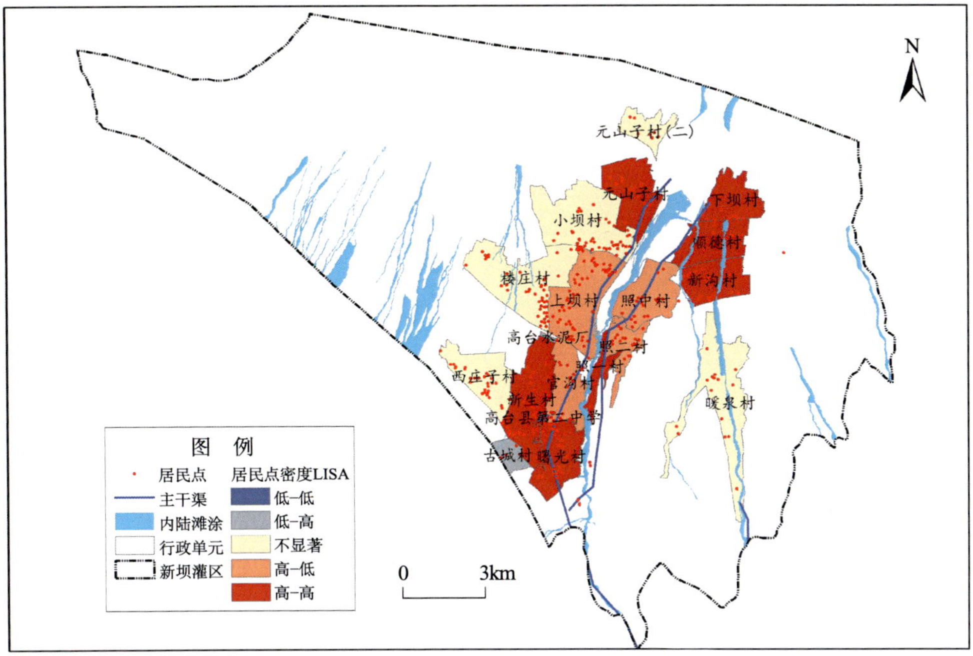

（c）

图 6-6　新坝灌区渠系、水浇地、居民点 LISA 图

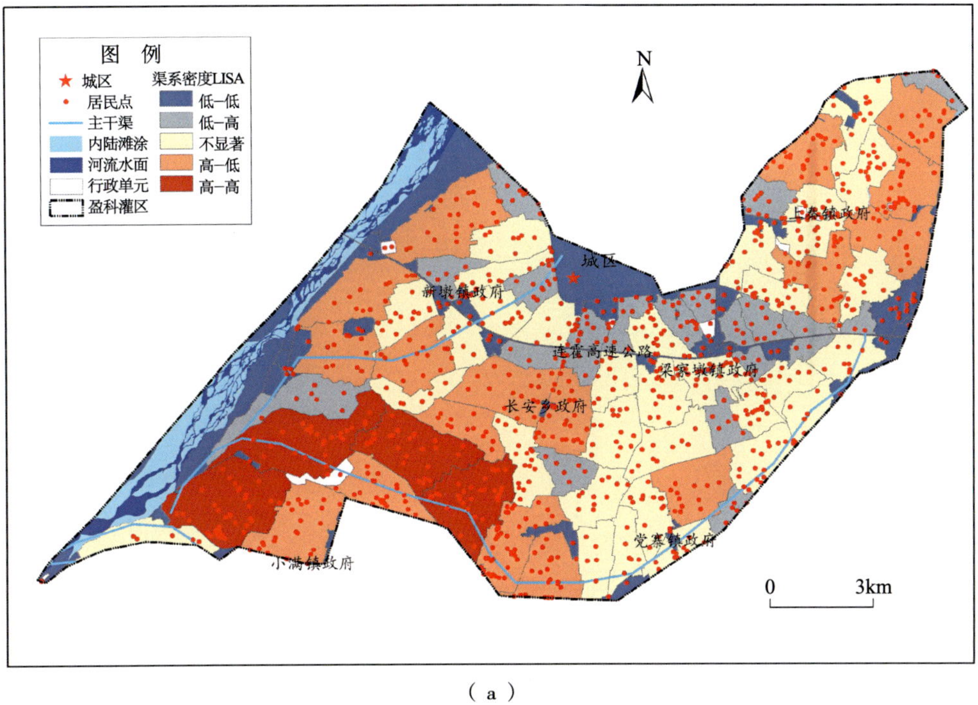

（a）

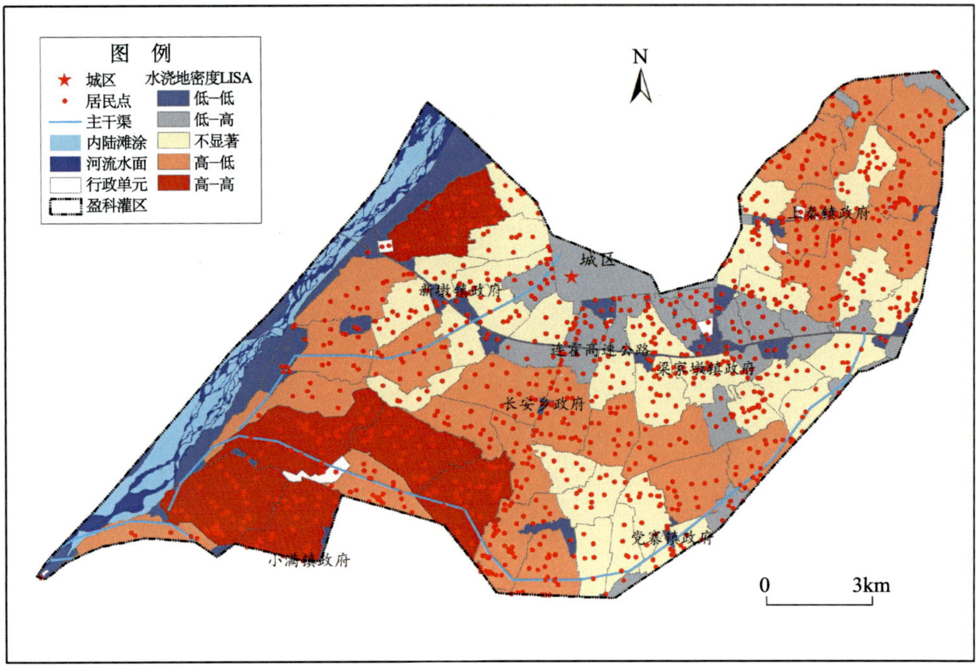

（b）

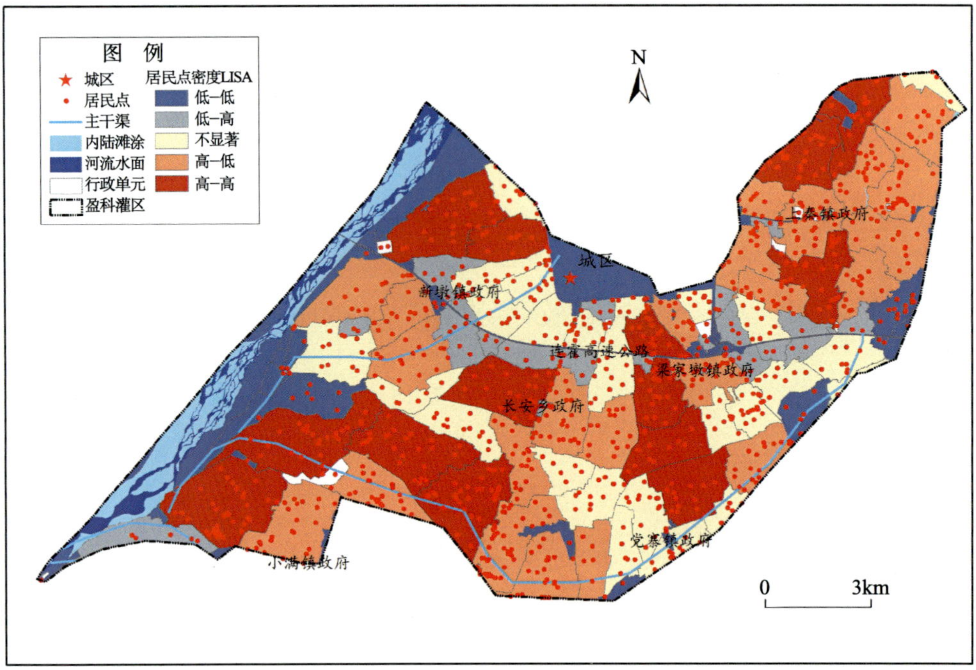

（c）

图 6-10　盈科灌区渠系、水浇地、居民点 LISA 图